HEYNE HARDCORE

Editorische Notiz zum Umschlagmotiv: Das Cover zeigt eine Bildcollage aus dem Heiliggeiststüberl, aufgenommen auf Freddie Mercurys Geburtstagsfeier 1985 im Lokal Mrs. Henderson. V.l.n.r.: Steve Strange, Freddie Mercury, Hermann (damaliger Wirt des Petit Café) und ein unbekannter Gast. Mit freundlicher Genehmigung der Eigentümer des früheren Heiliggeiststüberls, der heutigen Bar Heiliggeist 1 und des Le Clou. Hier befindet sich das Exponat zurzeit. Zwei durch den massiven grünen Holzrahmen in die Wand gedübelte Schrauben schützen das Exponat vor Diebstahl.

NICOLA BARDOLA

MERCURY
IN MÜNCHEN

Seine besten Jahre

WILHELM HEYNE VERLAG
MÜNCHEN

MIX
Papier aus verantwortungsvollen Quellen
FSC® C014496

Penguin Random House Verlagsgruppe FSC® N001967

3. Auflage

Redaktion: Lars Zwickies und David Numberger
Lektorat: Markus Naegele
Umschlaggestaltung: Johannes Wiebel/punchdesign, München
Umschlagmotiv: Archiv des Autors, Bildcollage aus
dem Heiliggeiststüberl, aufgenommen auf
Freddie Mercurys Geburtstagsfeier 1985 im Mrs. Henderson
Satz: Leingärtner, Nabburg
Druck und Bindung: GGP Media GmbH, Pößneck
Printed in Germany

ISBN 978-3-453-27352-8

I've found a place, which is called Munich, where I can actually walk the streets.

Freddie Mercury

Munich, our dangerous home from home … We did some of our best work there.

Brian May

With Barbara and Winnie he had the best of both worlds – of all worlds.

Peter Straker

Munich was a city that everybody liked for their own reasons.

Peter Freestone

Freddie war das Beste, was mir in meinem ganzen Leben passiert ist.

Reinhold Mack

München erwies sich als fruchtbarer Nährboden für Queen und Freddie.

Sean O'Hagan

Freddie liebte Bayern über alles.

David Wigg

The glory days of the Munich era … Actually we spent a lot of time here, because this city has been an inspiration for a lot of our work.

Brian May

Take me back to the Shack.

Queen

Special thanks to the people of Munich.

Queen

My God, they do know how to boogie.

Freddie Mercury

INHALT

VORWORT

Flamboyant. Kein anderes Wort fällt im Zusammenhang mit Freddie Mercury so sehr auf. Es kommt aus dem Französischen: »Flamboyer« bedeutet aufleuchten, aufflammen, flammen. Die botanische Bezeichnung für den Flammenbaum lautet Delonix regia – Gärtner im deutschsprachigen Raum nennen ihn ganz einfach: den Flamboyant. Auf Englisch heißt er entsprechend »flame tree«. Die feuerroten Blüten der – ursprünglich aus Madagaskar stammenden – Zierpflanze sind auch in bayerischen Grünanlagen als Kübelpflanzen zu finden. Die Insel Sansibar, wo Freddie Mercury am 5. September 1946 als Farrokh Bulsara geboren wird, liegt keine tausend Kilometer Luftlinie nordwestlich von Madagaskar. Kein Wunder, dass der Flamboyant auch auf Sansibar allgegenwärtig ist. Dort blüht die Pflanze jedes Jahr zwischen November und Februar. Einige Hotels und Villen auf der Insel tragen ihren Namen.

Seit den Siebzigerjahren beschreiben Journalisten in aller Welt den Frontmann der Pomp-Rockband Queen wahlweise als bizarr, charismatisch, charmant, magnetisch, majestätisch, extravagant, exzentrisch, exzessiv, exaltiert, ekstatisch, maßlos, farbenprächtig, schillernd, frivol, lasziv, glamourös, grellbunt, divaesk, hyperaktiv – aber immer wieder und vor allem als flamboyant. Freddie leuchtet.

Freddie, ein Pfau, wie Medien ihn nennen, flammt im Juni 1979 an der Isar besonders auf: Beim Schaumbad in der Badewanne der hundertsechzig Quadratmeter großen Präsidentensuite des Hilton Hotels am Tucherpark hat er die Idee zum Song »Crazy Little Thing Called Love«. Die einfache Songstruktur und die Lyrics stehen in kürzester Zeit fest. Freddie verlässt seine Fünf-Zimmer-Suite im Fünf-Sterne-Hotel und fährt hinüber in die Musicland Studios im nahe gelegenen Arabella-Hochhaus, um wenig später gemeinsam mit dem Produzenten Reinhold Mack Gesang und Gitarre aufzunehmen. Es ist seine erste Zusammenarbeit mit Mack. Ein halbes Jahr später ziehen Queen – Freddie Mercury, Brian May, Roger Taylor, John Deacon – mitsamt Gefolge durch Münchens Innenstadt. Sie stehen an einem Kneipentresen, als ihnen jemand aus der Entourage sagt, dass »Crazy Little Thing« in den USA auf Platz eins ist. »Mehr Drinks«, ruft Freddie.

Freddies flamboyante Seite ist auch nach seinem Tod noch präsent. Schon 1978 hat er in »Don't Stop Me Now« die Zeile »I'm a shooting star leaping through the sky« gesungen. Im Jahr seines Todes 1991 wird dann der Asteroid Nummer 17437 entdeckt. Sein Durchmesser beträgt dreieinhalb Kilometer, und er befindet sich zwischen den Planetenbahnen von Mars und Jupiter. 2016 wird der Himmelskörper zu Freddies siebzigstem Geburtstag von der Internationalen Astronomischen Union (IAU) offiziell auf den Namen »17473 FREDDIE MERCURY« getauft. Dazu veröffentlicht die IAU dieses Statement: »Freddie Mercury (Farrokh Bulsara, 1946–1991) war ein britischer Songwriter und Leadsänger der legendären Rockgruppe Queen. Sein unverwechselbarer Sound und sein riesiger Stimmumfang waren Kennzeichen seiner Performance, und er gilt als einer der größten Rock-Sänger aller Zeiten.« Im Song »Don't Stop Me Now« heißt es weiter: »I'm burning through the sky, yeah, two hundred degrees, that's why they call me Mister Fahrenheit. I'm travelling at the speed of light (…) Don't stop me now«. Niemand wird den Asteroiden aufhalten. Als Lichtpunkt zieht er seine Bahnen durch das Universum.

»Crazy Little Thing Called Love«, made in Munich, ist eine Verneigung vor Elvis Presley und erreicht als erste Queen-Single die Spitzenposition in den US-Charts. Mit bayerischer Leichtigkeit geht der Song Freddie, seinem neuen Produzenten Reinhold Mack und der Band von der Hand. Ein spielerisches Kunststück. Minimalistische Instrumentierung plus effizient-zielführende Studio-Technik. So harmlos wie Lüftlmalerei und doch so unverwüstlich wie das Münchner Kindl. Jetzt wird gefeiert.

Vier Briten haben, als Steuerflüchtlinge, mit geringem Arbeitsaufwand und mit viel Lebensfreude, von München aus im Nu den amerikanischen Kontinent erobert. Und sie kehren in den kommenden sechs Jahren immer wieder nach München zurück. Für Freddie wird die Isarmetropole in dieser Zeit zur zweiten Heimat. Gemeinsam mit Brian, Roger und John entstehen in den Münchner Jahren – jeweils von Reinhold Mack aufgenommen, abgemischt und koproduziert – die Alben *The Game* (1980), *Flash Gordon* (1980), *Hot Space* (1982), *The Works* (1984) und *A Kind of Magic* (1986). Mit Hits wie »Crazy Little Thing Called Love«, »Another One Bites the Dust«, »Save Me«, »Body Language«, »Radio Ga Ga«, »It's a Hard Life«, »I Want to Break Free«, »Hammer to Fall«, »One Vision« oder »Who Wants to Live Forever«. Dazu werden in München Freddies Solosingle »Love Kills« (1984) sowie sein Soloalbum *Mr. Bad Guy* (1985) produziert.

Queen sind von Beginn an eine experimentierfreudige Band, die viel Zeit im Studio verbringt, um alle Möglichkeiten der Aufnahmetechnik auszureizen. 1975 führt dies zu einem der wohl elaboriertesten Songs der Rockgeschichte: »Bohemian Rhapsody«. Die musikalische Neugier bleibt bis zu Freddies Tod am 24. November 1991 in London bestehen. 1979 kaufen Queen mit den Mountain Studios in Montreux sogar ihr eigenes Studio. Dort improvisieren sie im Jahr darauf mit David Bowie: Aus der Songskizze »Feel Like« wird der Hit »Under Pressure«. Im selben Jahr entsteht, an verschiedenen Orten, der Soundtrack *Flash Gordon* mit Mack am Mischpult. Das Album *The Works*, ebenfalls mit Mack und mehrheitlich in Los Angeles aufgenommen, wird in den Musicland Studios in Bogenhausen abgemischt. Von solchen Eskapaden abgesehen sind München und die Musicland Studios zwischen 1979 und 1985 das musikalische Zentrum von Queen. Auch nach dem Auftritt bei Live Aid im Juli 1985 – für viele eine der legendärsten Rock-Shows überhaupt – geht die Band wieder nach München, um Songs für das Album *A Kind of Magic* (1986) aufzunehmen.

In einem über einstündigen Interview fragt die US-Radio-Journalistin Mary Turner (sie arbeitet damals für den Sender Westwood One in New York, wo sie ihre Sendung »Off the Record« moderiert) Freddie 1984 in München als Erstes, warum er immer wieder hier ist, warum er hier lebt und arbeitet statt in Montreux, New York, Los Angeles oder London. Turner will wissen, ob zwischen dem Ort, an dem ein Album aufgenommen wird, und seinem Sound ein Zusammenhang besteht. »Ja, sehr sogar«, antwortet Freddie. »Das einzige Studio, in das wir immer wieder zurückkehren, liegt in München.« Mary Turner will dann wissen, wie Freddie das Münchner Studio im Vergleich mit seinem eigenen in Montreux sieht. »Um ehrlich zu sein, ich hasse mein Studio (lacht). Die bringen mich um, weil ich das jetzt sage. Ich mag Montreux, aber nur ein paar Tage lang. Es ist landschaftlich sehr schön dort, der herrliche See, der Ausblick. Aber ich kann mir absolut nicht vorstellen, dort ein komplettes Album aufzunehmen. Nicht einmal größere Teile davon. Die Studios hier mag ich, weil ich München mag. München ist so sauber, so sicher. Wenn du in New York lebst, denkst du ständig, dass sie dir das Auto klauen. Hier ist alles ganz anders. Mal abgesehen davon, dass sie Deutsch sprechen (lacht). Aber auch das ist okay. Ich lerne sogar ein wenig Deutsch.«

Im Juni 1985 gibt Freddie in London dem Sender BBC Radio 1 ein Interview, in dem noch deutlicher wird, wie wichtig München für ihn ist. »Mit München habe ich einen Ort gefunden, an dem ich in Ruhe durch die Stadt laufen kann. Es fühlt sich an wie ein kleines Dorf. Ich habe dort eine Menge Freunde. Sie wissen, wer ich bin, aber sie behandeln mich wie ein ganz normales menschliches Wesen. Sie akzeptieren mich so, wie ich bin, und das hilft mir sehr dabei zu entspannen.« Freddie arbeitet intensiv in München, erholt sich hier aber auch und feiert viel und gern.

In der Isarmetropole erstrahlt Flamboyant-Freddie von 1979 bis 1985 in vielerlei Hinsicht – menschlich und musikalisch. Bei den Bayern stürzt er sich wie nirgendwo sonst in Sex, Drugs und Rock'n'Roll, es gibt »big tits and misconduct«, wie Freddie in den Linernotes zu seinem Soloalbum *Mr. Bad Guy* schreibt. Freddie schätzt die Schwulenbars und Clubs des berüchtigten Münchner Bermudadreiecks im Glockenbachviertel. Er will ans Limit und darüber hinaus. Einmal bricht er im Studio zusammen, scheucht alle bis auf Mack hinaus, setzt sich im Kontrollraum auf den Boden, fängt an zu weinen und erzählt, dass er neulich in einem Müllcontainer aufgewacht ist. Er weiß nicht mehr, wie er da hineingeraten ist. Filmriss.

Mehrere Jahre lang ist Freddie in Winnie Kirchberger verliebt, den schnauzbärtigen Wirt vom Sebastianseck in der

Münchner Altstadt. Die beiden leben als Paar in Winnies Wohnung. Zur selben Zeit vertraut sich Freddie wie keiner anderen Frau der Schauspielerin Barbara Valentin an. Sie ist fast sechs Jahre älter als er und stammt wie Winnie aus Österreich. Ende der 1950er-Jahre wird Valentin für den Film entdeckt, gilt lange als »Busenwunder« und »Sexbombe« und wird erst durch die Zusammenarbeit mit Rainer Werner Fassbinder zur Charakterdarstellerin.

In München komponiert Freddie unermüdlich einige der besten Lieder seiner Laufbahn und nimmt sein einziges Solo-Studioalbum auf, das auch über fünfunddreißig Jahre später erstaunlich frisch klingt und sich als raffiniert polierter Edelstein entpuppt hat. *Mr. Bad Guy* hat im Mercury-Œuvre inzwischen einen herausragenden Platz. Ohne seine Queen-Kollegen gelingen ihm Songs wie »Made in Heaven«, »I Was Born to Love You«, »There Must Be More to Life Than This« oder »Love Me Like There's No Tomorrow«.

Rauschhaft wie der Münchner »Crazy Little Thing«-Auftakt ist auch Freddies legendäre Party zu seinem neununddreißigsten Geburtstag sechs Jahre später, die viele Weggefährten als ultimative Rock'n'Roll-Party und seinen vorweggenommenen Abschied von München ansehen. »Freddie Mercury/invites you to/A BLACK AND WHITE DRAG BALL/for his BIRTHDAY, at/HENDERSONS/Thursday 5th September 1985/From 10pm – 4am/Please come in Black/White Drag Costume/Entrance by invitation only/HENDERSONS, Munich, Müllerstraße 1«. So steht es auf der Einladungskarte, die samt Kuvert in Schwarz-Weiß gestaltet und mit Harlekin-Muster verziert ist. Freddie trägt entsprechende Leggings auf der Party, während der es zum finalen Streit zwischen Winnie Kirchberger und ihm kommt. Kein Wunder, Freddies neuer Schwarm Jim Hutton ist extra aus London eingeflogen.

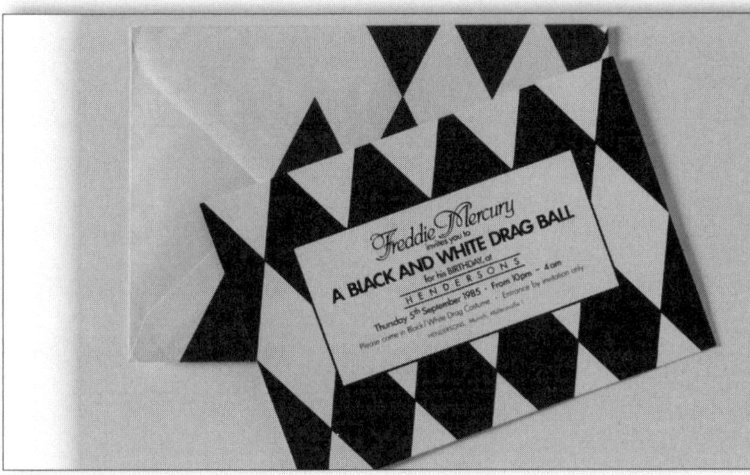

Einladungskarte zu Freddie Mercurys Geburtstagsparty
im Mrs. Henderson, einem seiner Lieblingslokale.

Zwischen diesen beiden Polen – der Badewannen-Eingebung 1979 und der ausschweifenden, dekadenten Geburtstagsfeier 1985 – liegen sechs Münchner Jahre.

Freddie, steady, go.

Nicola Bardola, München im Mai 2021

TEIL EINS

Prüfung bestanden

MIT ART-DÉCO-ROCK

Von 1979 bis 1985 entwickeln sich Queen zu einer der erfolgreichsten Rockbands der Welt. Es sind die Münchner Jahre, in denen dieser beispiellose Aufstieg gelingt. Queen brechen in dieser Phase mehrere Rekorde in der Musikwelt, was Charts und Live-Shows betrifft. Erstmals schnuppert Freddie Mercury aber schon 1974 bayerische Luft. Es gibt zwar keine Film- und Tonaufnahmen vom ersten Queen-Konzert in München, doch die Setlist ist bekannt und identisch mit der beim Konzert im Rainbow Theatre in London, das nur knapp zwei Wochen zuvor, am 20. November, stattfindet. Dieses und das Konzert am Vortag ebenfalls im Rainbow sind ausführlich auf CD, DVD, Blu-ray und Vierfach-Vinyl unter dem Titel *Queen – Live At The Rainbow '74* dokumentiert. Es ist der Beginn des Höhenflugs der Band in Großbritannien. Queen fallen auf, Queen reißen ihr Publikum mit, und Queen wirken *queer*. Freddie trägt in München dieselbe, von der Modedesignerin Zandra Rhodes entworfene, plissierte Bluse wie in London. Rhodes hat zuvor bereits Kleider für T-Rex entworfen. Die Bluse gehört eigentlich zu einem Hochzeitsensemble für eine Braut.

Rhodes ist bei der Anprobe überrascht, wie aufmerksam und gründlich der Frontmann seine künftige Wirkung testet,

Freddie wiederum ist begeistert von dem ausgefallenen Bühnenoutfit. Er vollführt im Atelier Moves und Gesten, für die er bald weltberühmt werden wird. Besonders überzeugend wirkt er in dem strahlend weißen Hemd mit ausgebreiteten Armen bei Pirouetten und Flugsimulationen. Ein auffallender Kontrast zu den schwarz bemalten Fingernägeln der linken Hand, den stark mit Kajal geschminkten Augen, den schulterlangen, rabenschwarzen Haaren und den schwarzen Handschuhen, »die mir der Teufel persönlich gegeben hat«, so Freddie. Er trägt die Bluse noch 1975 auf der Japan-Tournee, bei der die Queen-Mania ausbricht. Und auch im Heimatland des Glam-Rock ist man bereit für Freddies neuen Look. Bald bilden sich in Großbritannien Gruppen von Hardcore-Fans, die der Band von Gig zu Gig hinterherreisen. Eine davon nennt sich »The Royal Family«, weil Freddie sie nach einer Weile wiedererkennt und mit diesen Worten begrüßt. Samantha Fox sagt später einmal: »Wenn eine Frau mit dem Mikrofon das täte, was Freddie macht, dann würde die Sitte es verbieten.« 1974 und in den folgenden Jahren machen Queen eine rasante Entwicklung durch: Nach dem eher erfolglosen Debütalbum *Queen* im Sommer 1973 erscheinen im Frühling 1974 *Queen II* und im November 1974 *Sheer Heart Attack* mit dem ersten großen Hit »Killer Queen«.

Freddie hat den Song geschrieben und gibt im Studio keine Ruhe, bis ihn das komplexe Klangergebnis zufriedenstellt. »Killer Queen« ist ein frühes Beispiel für ein späteres Markenzeichen der Band: den vielstimmigen Gesang, der wie Brians Gitarrensolo mehrere Tonspuren beansprucht (wenn auch noch bei Weitem nicht so viele wie später »Bohemian Rhapsody«). »Killer Queen«, diese Geschichte um ein Callgirl der High Society, beeinflusst durch Erlebnisse des damaligen EMI-Promoters Eric Hill, begeistert das Publikum auf der Insel, das nach dem Ende von Marc Bolans Hit-Serie und dem Abflauen der T-Rextasy besonders offen ist für neue Stars. Auch David Bowie hat zu diesem Zeitpunkt scheinbar seinen Zenit überschritten, doch der Hunger des Publikums nach ausgefallenem Art- und Glam-Rock ist unstillbar. Das Timing für Queen ist ideal, um die entstandenen Lücken zu füllen. Die Plattenfirma wirbt mit dem Slogan: »Queen has arrived«. Die Print-Anzeige der EMI enthält das neue Logo der Band mit der Krone – Freddie hat es entworfen. Er war es ja auch, der die Gruppe 1971 von Smile in Queen umbenannte.

In Deutschland kam zu jener Zeit Rosa von Praunheim auf: Sein Film *Nicht der Homosexuelle ist pervers, sondern die Situation, in der er lebt* wurde am 17. Dezember 1971 im Gloria-Kino am Stachus gezeigt. Für Rosa von Praunheim der Durchbruch als Filmemacher, für die Szene der Beginn der deutschen Schwulenbewegung.

Freddies reich verziertes Q ist auch auf der Rückseite des ersten Albums von 1973 zu sehen. Es erinnert an das Wappen des Vereinigten Königreichs, das Symbol der königlichen Herrschaft. Statt eines quadrierten Schildes befindet sich im Logo der Band jedoch zentral das Q und darin eine Monarchenkrone. Links und rechts davon stehen zwei ihrerseits gekrönte Löwen. Sie symbolisieren John Deacon (links) und Roger Taylor (rechts). Beide wurden im Sternzeichen des Löwen geboren. Freddie, am 5. September zur Welt gekommen, platziert sich selbst ganz unten, dafür aber gleich doppelt in Form von zwei Jungfrauen. Das Schalentier, das oben auf dem Q liegt, ist ein Krebs. Brians Sternzeichen. Darüber thront ein Feuervogel als Symbol für Macht und Stärke.

Freddie hat seit 1969 ein Diplom in der Tasche: Er hat erfolgreich ein Studium als Grafikdesigner am Ealing College of Art abgeschlossen. Dort ehrt man ihn bis heute mit einer

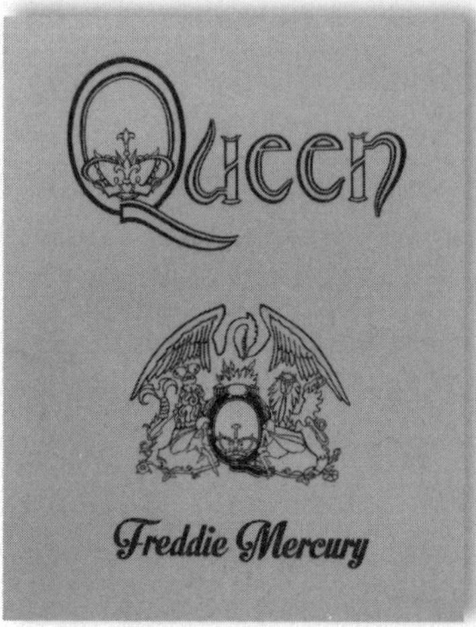

Grafikdesigner Freddie Mercury entwirft das Logo der Band.

nach ihm benannten »Bar«, bei der es sich in Wirklichkeit um eine Cafeteria für Studenten handelt. Er gehört zu den prominenten Absolventen der Hochschule, an die in einer Fotogalerie erinnert wird. Freddie zeichnet in jenen Jahren nicht nur fürs Studium, er porträtiert außerdem die beiden Rockstars, die er am meisten verehrt: John Lennon und Jimi Hendrix. (1982 wird auf dem in München produzierten Album *Hot Space* seine musikalische Hommage »Life Is Real (Song for Lennon)« erscheinen.) Er malt auch Paul McCartney, seine eigene Schwester Kash und versucht sich in bunten psychedelischen Motiven. Zu jener Zeit signiert er seine Werke mit schwungvoller Handschrift als »Fred Bulsara«.

Die Band nimmt schon vor ihrer ersten Deutschland-Tour in vielerlei Hinsicht ihre später erfolgreiche Gestalt an. Freddie entwickelt sein androgynes Image und animiert Brian, Roger und John, ihre eigenen Ausdrucksweisen für die feminine Ausstrahlung

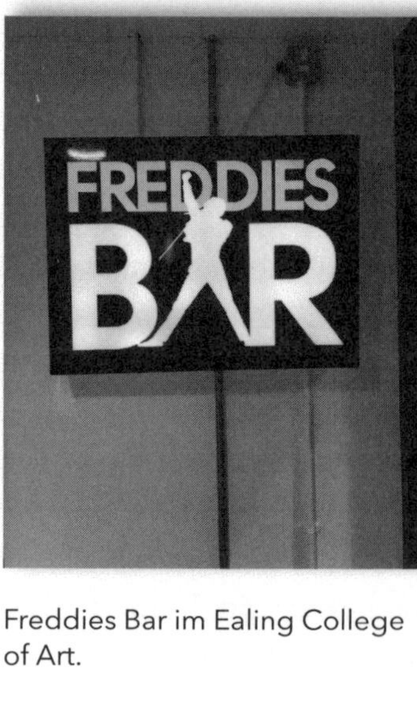

Freddies Bar im Ealing College of Art.

von Queen zu finden. Bürgerschreck Freddie begeistert in diesen Post-Glamour-Zeiten vor allem die Teenager. Von Anfang an will er sein Publikum bestmöglich unterhalten – und sich mit Musik den Lebensunterhalt verdienen. In einem Interview in München bezeichnet er sich 1984 selbst als »musical prostitute«. Halb scherzhaft, halb ernst nennt er Geld als Hauptmotivation für sein Leben als Komponist, Musiker und Sänger. Das trifft selbstverständlich seit den späten Siebzigerjahren nur noch bedingt zu. Geld fließt nach dem Welterfolg von »Bohemian Rhapsody« schließlich zur Genüge auf seine Konten – aber auch wieder ab. Freddie ist großzügig: Sein Assistent Peter Freestone, genannt Phoebe, schreibt in seinen Memoiren, Freddie habe deshalb immer so gerne Weihnachten gefeiert, weil er dann all seine Verwandten, Freunde und sogar seine geliebten Katzen überraschen konnte. Die Geschenke für das Fest 1991 bereitet er schon im Oktober und November vor – er schreibt handschriftlich auf Weihnachtskarten Grüße dazu –, sodass seine Liebsten noch einen Monat nach seinem Tod mit Bedacht ausgesuchte Geschenke von ihm bekommen. Elton John erzählt 2019, dass er in Tränen ausgebrochen sei, als er damals Freddies posthumes Geschenk erhielt. »Mein Drag-Name ist Sharon, Freddie heißt Melina, wie Melina Mercourie. Sorgfältig eingepackt in einen wunderschönen Kissenbezug war ein Gemälde. Auf der Begleitkarte stand: ›Dear Sharon, I saw this at an auction and I thought you would love it. I love you, Melina‹.« Freddie ist schon schwerkrank, als er das Bild für Elton auf einer Auktion kauft. Es stammt von Henry Scott Tuke, einem britischen Maler, der von 1858 bis 1929 gelebt hat und für seine männlichen Akte bekannt ist. Tuke kaufte sich 1858 in Falmouth ein Fischerboot, das er zu einem schwimmenden Atelier samt Gästezimmer umbauen ließ. Dadurch konnte er ungestört seiner

Leidenschaft nachgehen: dem Malen meist nackter Jungen direkt auf dem Boot oder an abgelegenen Stränden.

Freddies Biografin Lesley-Ann Jones berichtet genau wie Kay Wörsching von Kays Bistro und viele andere, dass im Restaurant oder am Tresen stets Freddie die Rechnung übernommen hat. Er gibt den Auftrag, einer seiner Begleiter zahlt. Später erzählt Freddie verschmitzt, wie seine »Freunde« sofort von Bier und Soft-Drinks zum teuersten Whisky wechseln, sobald er auftaucht. Trotzdem setzt sich Freddie auch Grenzen. Der einzige Fotograf aus London, der bei der berühmt-berüchtigten Schwarz-Weiß-Geburtstagsfeier am 5. September 1985 im Old Mrs. Henderson an der Rumfordstraße 2 (Eingang Müllerstraße, heute Paradiso Tanzbar) 01 arbeiten darf, ist Richard Young. Er fliegt am Vormittag des 5. September mit einem knappen Dutzend Freunden vom Flughafen Heathrow zum Flughafen Riem. Trotzdem muss er mit fast allen anderen am 6. September nachmittags wieder zurückfliegen. Als er sich daran erinnert, ahmt Richard Young die flatternde Handbewegung des Rockstars lachend nach: »Budget, Darlings, Budget.«

In der britischen Heimat stehen die Chancen im Spätherbst 1974 nicht schlecht, dass das neue Bandprojekt Queen nach den Vorgänger-Gruppen 1984 (benannt nach dem Roman von George Orwell) und Smile (mit Brian und Roger) sowie Ibex, Wreckage und Soul Milk (mit Freddie – damals noch Bulsara) endlich erfolgreich wird. Es ist ein schmaler Grat zwischen Aufstieg zum Weltruhm und Absturz, auf dem sich die Band gerade bewegt. Das Queen-Management ist von Anfang an optimistisch und lässt sich bemerkenswerte Werbetexte einfallen. Bereits beim Debütalbum ist zu lesen: »Queen – British Rock In the Royal Tradition – With a name like Queen you'd better be strong on content. This premier album presents

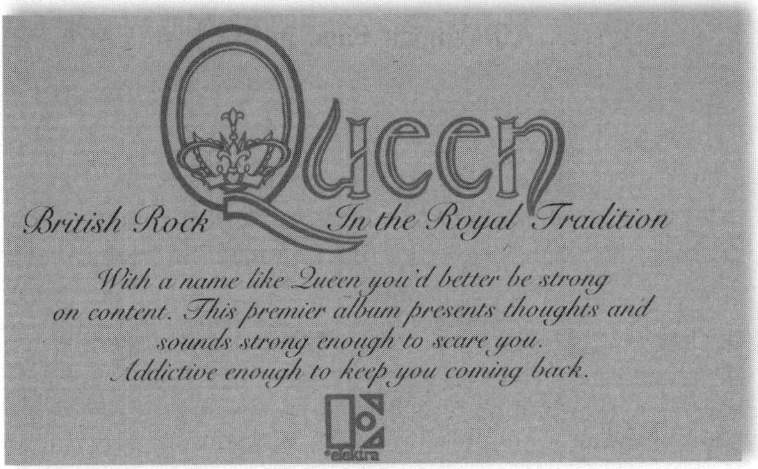

Selbstbewusst kündigt die US-Plattenfirma Elektra 1973 die Rockband Queen an.

thoughts and sounds strong enough to scare you. Addictive enough to keep you coming back.« Diese Prophezeiung mit Betonung der starken Inhalte und der erschreckenden, aber süchtig machenden Klänge wird sich selbst erfüllen, allerdings mit zweijähriger Verspätung. Das grenzenlose Selbstvertrauen der Band wirkt jedenfalls ansteckend auf die PR-Abteilungen der Plattenfirmen.

Gleichwohl sind die bisher ausgehandelten Verträge – abgesehen von den daraus resultierenden großzügigen Investitionen in die PR – so ungünstig, dass die vier jungen Männer trotz Auslandstourneen mehr schlecht als recht von der Musik leben können und immer wieder gezwungen sind, Schulden zu machen. Brian May schildert das Henne-Ei-Problem, das Queen Anfang der Siebzigerjahre fast verzweifeln lässt und das zu den nachteiligen Verträgen führt, die sie unterschreiben. »Um eine Platte produzieren zu können, musst du im Marquee Club auftreten. Aber du darfst dort nicht auftreten, wenn du nicht vorher eine Platte veröffentlicht hast.« Die Eltern der vier Jungs begleiten sie sorgenvoll auf ihrer riskanten Laufbahn als Künstler. Allen wäre es viel lieber, sie würden sichere Berufe ergreifen. Und alle vier Band-Mitglieder hätten dank ihrer guten Ausbildung die Möglichkeit dazu. Der Vater von Brian May ist besonders zwiegespalten. Einerseits fördert der Elektroingenieur von Anfang an die musikalische Begabung seines Sohnes. Gemeinsam beginnen die beiden schon 1963 damit, aus Gegenständen des täglichen Lebens, aus Material, das bei ihnen herumliegt (ein wurmstichiger Kaminsims, ein stumpfes Brotmesser oder die Federn eines alten Motorrads), eine E-Gitarre zu bauen – die später legendäre »Red Special« (bzw. »Old Lady« oder auch »Fireplace« genannt). Andererseits wünscht sich Vater Harold nichts sehnlicher für seinen Sohn als einen bürgerlichen Beruf auf der Basis des Studiums der Physik und Infrarotastronomie, das Brian 1968 erfolgreich abgeschlossen hat. Es ist rührend, wie Vater Harold stets zweifelnd und doch mit Hingabe den Werdegang seines Sohns als Rockmusiker begleitet. Für die erste Europatour von Queen zeichnet er eine Landkarte. Rote Linien mit Richtungspfeilen zeigen die Reise vom 22. November bis zum 14. Dezember 1974. Sie führt die Band im Süden bis nach Barcelona und im Norden bis nach Helsinki. München ist die südöstlichste Station.

Die Queen-Diskografie ist bis dahin schon recht beeindruckend: Auf dem Debütalbum befinden sich Songs wie »Keep Yourself Alive«, »Liar« oder die Instrumentalfassung von »Seven Seas of Rhye«. Auf *Queen II* überzeugen vor allem Freddies »Ogre Battle«, »The Fairy Feller's Master-Stroke«, »Nevermore« und natürlich »Seven Seas of Rhye« (mit Gesang). Mit diesem Song sind Queen zum ersten Mal im Februar 1974 in der Sendung *Top of the Pops* zu sehen. Freddie ist ganz in

Schwarz gekleidet, aber die Fingernägel sind noch nicht lackiert. Am 1. November 1974 erscheint das dritte Album *Sheer Heart Attack*, das statt progressiver Suchbewegungen, songübergreifender Konzepte und musikalischer Experimente eher griffige Pop-Nummern und krachende Hardrock-Songs enthält. »Killer Queen« wird der erste große Hit in Großbritannien, wo der Song Ende Oktober Platz zwei der Charts erreicht. In Deutschland steigt er erst zum Jahresende bis auf Platz 12, ebenso wie in den USA, dort allerdings erst im Februar des darauffolgenden Jahres. »Killer Queen« bedeutet den internationalen Durchbruch für die Band, aber zum Zeitpunkt ihres Konzerts in München ist das noch nicht absehbar. In Deutschland kennen die wenigsten diese neue Band aus London. Der Erfolg in ihrer britischen Heimat hat sich hier noch nicht herumgesprochen. 1974 gibt es kein Internet, keine sozialen Netzwerke, keine Mobiltelefone, mit denen sich Erfolgsmeldungen rasch verbreiten ließen. Die PR-Abteilungen von EMI und Electrola tun ihr Bestes, um den US-Amerikanern, den Europäern und nun auch den Münchner Medien klarzumachen, dass es sich bei Queen um kommende Superstars handelt.

Der erste Deutschland-Gig von Queen findet am 2. Dezember 1974 im Theater an der Brienner Straße statt. Der enge Terminkalender auf Tour lässt Freddie kaum Zeit, sich mit kulturellen oder gesellschaftspolitischen Ereignissen zu beschäftigen. 1974 tritt Willy Brandt zurück, Walter Scheel wird Bundespräsident, und in München gewinnt die deutsche Fußball-Nationalmannschaft im Olympiastadion mit 2:1 gegen die Niederlande und wird Weltmeister. ABBA landen nach ihrem Sieg beim Eurovision Song Contest in Brighton mit »Waterloo« einen internationalen Hit und platzieren sich auch in Deutschland an der Spitze der Charts. Der fröhliche

Ohrwurm aus Schweden bildet einen starken Kontrast zum Terror der RAF. Der gebürtige Münchner Andreas Baader ist drei Jahre älter als Freddie, sein Onkel ist Tänzer und Schauspieler, und er pflegt sein bisexuelles Image. Baader kennt die Kneipen und Clubs in München, in denen Freddie Mercury sechs Jahre später Stammgast sein wird. Baader zieht zwar schon 1963 als Zwanzigjähriger nach Berlin, kehrt aber immer wieder nach München zu seiner Mutter zurück. Hier wie dort gilt er zunächst als Paradiesvogel der Bohème. Die Mischung aus Kulturschaffenden und Schickeria, aus Halb- und Unterwelt reizt ihn. Halbnackt posiert er für den schwulen Fotografen Herbert Tobias. Baader pflegt penibel sein Äußeres: ein Dandy in Seidenhemd und italienischen Schuhen, der im auberginefarbenen Porsche zum Tennisplatz fährt. Gleichzeitig steckt ihm noch die Erfahrung aus den Schwabinger Krawallen in den Knochen. Der Tod von Benno Ohnesorg und die Liebe zu Gudrun Ensslin verstärken Baaders Hang zu Kriminalität und Gewalt. Aus dem Gecken wird ein Marxist, aus dem Antibourgeois ein Terrorist. Am 4. Dezember 1974 besucht Jean-Paul Sartre den Gefangenen Andreas Baader in der JVA Stammheim. Zwei Tage davor, am 2. Dezember 1974, geben Queen ihr erstes Konzert in München. Freddie Mercurys Songs beschäftigen sich fast nie mit Politik, aber ein Bürgerschreck ist der Frontmann von Queen auf seine Weise auch.

Am Ort des ersten Queen-Gigs in der Brienner Straße 50 02 befindet sich heute das Volkstheater. Die im Sommer 2021 ausgeschilderte Freddie-Mercury-Straße befindet sich nordwestlich davon beim Kreativquartier in Neuhausen und ist in nur zehn Minuten zu Fuß erreichbar 03. Sie verbindet die Dachauer Straße mit der Heßstraße, wobei die dortigen Bauarbeiten noch mehrere Jahre dauern werden. Bestimmt hätte sich Freddie an jenem Wintertag in München nicht träumen lassen, wie wichtig diese Stadt in den folgenden Jahren für ihn noch werden würde, geschweige denn, dass ihm hier eines Tages eine Straße gewidmet wird.

Der Schauplatz des ersten Münchner Konzerts ist geschichtsträchtig: Schon gut sechs Jahre davor, am 24. Oktober 1968, steht ein schwarzer Teenager auf der Bühne des Theaters an der Brienner Straße. Die damals neunzehnjährige Donna Gaines wird später als Donna Summer Karriere machen. Sie tanzt und singt bei der deutschen Erstaufführung des Musicals *Hair*. 1973 trifft Donna in München Giorgio Moroder. 1975 entsteht in den Musicland Studios Donna Summers und Giorgio Moroders zweiter Disco-Song »Love to Love You Baby«, der es bis auf Platz zwei der US-Charts schafft. Auf Freddie und John Deacon wird dieser innovative Track zwischen Avantgarde und Anmache, der siebzehn Minuten dauert und auf der Langspielplatte eine ganze Seite einnimmt, mit seiner erotischen Ausstrahlung und seiner jazzigen Basslinie noch starken Einfluss haben. Das gilt auch für die folgenden Donna-Summer-Hits. Bevor Freddie 1979 zum ersten Mal selbst mit seiner Entourage in die Musicland Studios im Keller des Arabella-Hauses hinabsteigt, sind ihm die weltweiten Erfolge bereits gut bekannt, die an der Isar entstanden sind. Ihm gefallen auch die Gerüchte rund um die Produktionsweise in München. Donna Summer etwa liegt 1975 auf dem Studioboden, der Raum ist abgedunkelt, und die Fachpresse munkelt, sie habe beim Singen und Stöhnen mehrere Orgasmen gehabt.

Die Setlist am 2. Dezember 1974 in der Brienner Straße enthält schon einige Titel, die auch später ihren festen Platz im Repertoire von Queen haben. Nach dem Instrumental »Procession« knallt es gleich mit »Now I'm Here« samt den berüchtigten Stereoeffekten und der für damalige Verhältnisse beeindruckenden Lightshow. »Killer Queen« ist als Höhepunkt in der Mitte des Konzerts platziert, der achte Song von sechzehn. Es gibt drei Zugaben: Interpretationen von »Big Spender« und »Jailhouse Rock« sowie »Modern Times Rock'n'Roll«. Der Auftritt sorgt nicht bei allen nur für Begeisterung. Das spiegelt sich auch in zwei Konzertbesprechungen wider.

Ingeborg Schobers erster Text über Queen erscheint am 5. Dezember 1974 in der *Süddeutschen Zeitung*. Die Überschrift lautet: »Art-Déco-Rock«. Exakt wie ihre Kollegin Stephanie Ruppmann schreibt Schober noch »Freddy« statt »Freddie«, »Deacon John« statt »John Deacon« und immer schön ausführlich »Roger Meddows-Taylor«. Schobers Kritik beginnt zunächst recht positiv: »Trotz des immensen Erfolges in den USA und England (...) hat Queen bisher bei uns kaum einen Namen. Aber das könnte sich nach ihrem beeindruckenden Auftritt im Theater an der Brienner Straße schnell ändern.« Prophetisch trifft sie damit ins Schwarze. Doch dann kritisiert sie, dass der Saal für die Bühnen- und Lightshow zu klein gewesen sei und das Konzert zu laut. Immerhin habe es keine nennenswerten Pannen gegeben. »Die Musiker von *Queen* sind Perfektionisten, sowohl in ihren präzis ausgearbeiteten Stücken als auch in Interpretation und Bühnenpräsentation«, so Schober. Die »pittoreske Szenerie« zentralisiere sich um »Sänger Freddy Mercury, der, kostümiert wie ein schwarzer Engel des Todes, den Einsatz von Musik und Licht bestimmt«. Seine Rolle als böser Bube habe er nur für kurze Zeit aufgegeben, wenn er »am Piano delikate Rockschnörkel« spielte. Schober schreibt von »vielschichtigen, filigranen Arrangements«, von »komplizierten Rockzitaten« und von »Mäanderlinien der vierstimmigen Chöre«. Die Lyrics von Queen machen einen starken Eindruck auf die Kritikerin. »Kompliziert wie die Kompositionsweise der Gruppe sind auch ihre Texte mit versteckten, zweideutigen Symbolismen und Parabeln für Sexualität und Unterbewußtes«, so Schober.

Kollegin Stephanie Ruppmann setzt in ihrem Artikel für die *Abendzeitung* unter der Überschrift »Rock-Musik mit Rauch und Parfüm« die in Deutschland noch unbekannte Band in einen größeren Kontext. Die dritte Generation des Rock habe ihre Stars gefunden. Gruppen wie Sparks, Cockney Rebel, Alex Harvey und Queen seien die Spitze der »Enkel«-Popper. Nicht mehr der Inhalt, sondern die Verpackung lasse sich verkaufen. Die Texte seien zynisch und doppeldeutig. Die Neuen wüssten, wo und wie es läuft. »Gitarre und Jeans machen heute keinen Rock-Star mehr, da gehört neben Musikalität, der Beherrschung eines Instruments noch die Kenntnis vom Präsentieren; der glitterhafte Varieté-Rock wird 1974/75 die Leute in die Säle ziehen«, schreibt Ruppmann.

Die beiden jungen Journalistinnen sind gezwungen, ganz aus sich selbst heraus und ohne Referenzgrößen das unerwartete Spektakel erstmals zu beurteilen. Queen bringen nicht nur eine Menge an Melodien mit, urteilt Ruppmann spürbar beeindruckt: »Sie ziehen alle Register. Wallende Gewänder, schwarz-weiß gelackte Nägel, viel Rauch, dazu eine Lichtshow, die genau einsetzt und nicht nur die übliche rot-weiß-gelb-grüne Soße darübergießt.« Sie schreibt über die Raffinessen der Gruppe und über die vielen Einflüsse von Yes bis Led Zeppelin. »Aber sie verbinden diese geschickt und auch musikalisch flüssig, garnieren sie mit vielen eigenen Einfällen – und mit viel Glitter und Glamour, Rauch und Parfüm, schwarz und weiß.«

MIT DER LINKEN HAND ÜBER DEN RECHTEN ARM

Zwei Zeitzeugen dieses ersten Queen-Gigs in München erinnern sich noch heute lebhaft daran: der Gründer und Leiter des Münchner Rockmuseums Herbert Hauke und der Fotograf Didi Zill. Herbert (Herbi) Hauke, Chef des Rock-Archivs hoch oben im Olympiaturm, organisiert auch Ausstellungen in Bodennähe. Wir treffen uns im Restaurant Cantina in der Pasinger Fabrik. In den Lofts im Münchner Westen finden von Herbi Hauke kuratierte Ausstellungen zu den Beatles und den Rolling Stones statt. Wir besprechen die Möglichkeiten für eine Queen-Ausstellung. Herbi Hauke hat schon einige Exponate und Fotos parat, auf die auch in diesem Buch Bezug genommen wird. Als Dauer-Exponat ist in seinem Rockmuseum unter anderem eine Hose von Freddie zu sehen: »Das ist ein Lieblingsstück der Münchner und der Touristen,

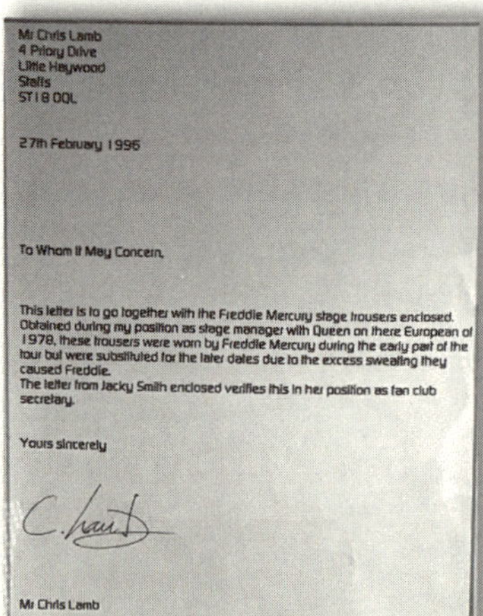

Mr Chris Lamb
4 Priory Drive
Little Haywood
Staffs
ST18 0QL

27th February 1996

To Whom It May Concern,

This letter is to go together with the Freddie Mercury stage trousers enclosed. Obtained during my position as stage manager with Queen on there European of 1978, these trousers were worn by Freddie Mercury during the early part of the tour but were substituted for the later dates due to the excess sweating they caused Freddie.
The letter from Jacky Smith enclosed verifies this in her position as fan club secretary.

Yours sincerely

Mr Chris Lamb

Echtheitszertifikat: Freddie hat die Hose getragen.

die zum Olympiaturm kommen. Die Besucherinnen aus aller Welt rufen immer wieder völlig überrascht genau das Gleiche, wenn sie die Hose zum ersten Mal sehen: ›War der Freddie aber klein!‹«

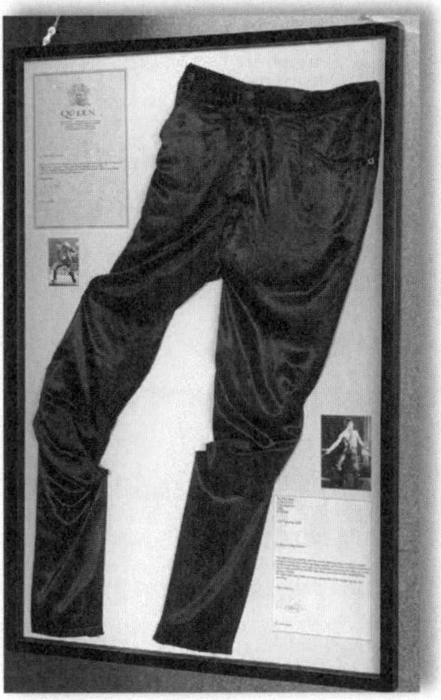

Für alle Betrachter ist es überraschend, wie klein Freddie war.

In einem Begleitbrief der Queen-Fanclub-Leiterin Jacky Gunn steht, warum diese Hose den Besitzer wechselte: »... due to the excessive sweating it caused Freddie.« Die Latex-Hose war für weitere Queen-Konzerte nicht mehr zu gebrauchen. Freddie schwitzte darin zu sehr. Jacky hatte die Hose von Freddie geschenkt bekommen und gemeinsam mit anderen Queen-Devotionalien im Einverständnis mit der Band versteigert und die Echtheit im Begleitbrief zertifiziert. Herbi Hauke erwarb die Hose später vom damaligen Käufer für sein Rockmuseum.

Es befände sich heute wohl nicht in der bayerischen Landeshauptstadt, hätte es in den Siebziger- und Achtzigerjahren nicht viele gute Gründe dafür gegeben, dass britische Rockstars sich an der Isar wohlfühlten. Da sind natürlich das Bier, der Fasching, das Oktoberfest. München, die liebenswerte Stadt mit Herz, mit ihrer besonderen Architektur, ihren Parkanlagen, ihren Biergärten. Zudem entstehen zu den Olympischen Spielen 1972 große Hallen, die von etablierten Bands gut gefüllt werden. Weitere Faktoren sind die astronomisch hohen Steuersätze in Großbritannien – und vor allem die

Musicland Studios in München. Die Technik dort ist immer auf dem neuesten Stand, und am Mischpult zaubern Produzenten wie Giorgio Moroder und Reinhold Mack Sounds, die auf der ganzen Welt für Aufsehen sorgen. Britische Bands wie die Rolling Stones oder Led Zeppelin nennen Letzteren einfach nur »Mack«. Aus tiefster Überzeugung sagt Freddie Mercury in einem Gespräch 1985: »Mack ist ein Genie. Er ist wirklich genial.« Den Studios im Keller des Arabella-Hochhauses wohnt eine besondere Atmosphäre inne. Fünf Jahre nach ihrem ersten Besuch in München für den Gig im Theater an der Brienner Straße werden Queen zum ersten Mal von den Musicland Studios profitieren.

Neben der Ludwig-, der Maximilian- und der Prinzregentenstraße ist die Brienner Straße eine der vier bedeutenden Prachtstraßen Münchens, benannt nach der Schlacht bei Brienne 1814, die Napoleon Bonaparte als Teil seiner Befreiungskriege in Frankreich gewann. Die Brienner Straße beginnt im Zentrum beim Odeonsplatz und zieht sich in nordwestlicher Richtung bis zum Stiglmaierplatz. 1974 und noch Jahre danach behindert eine Baustelle den Verkehr. Verwitterte Altbaufassaden und Trümmergrundstücke prägen das Bild. Im November '74 sieht Herbi Hauke hier ein Plakat, auf dem das Queen-Konzert angekündigt wird. »Wie frech ist das denn, dass sich eine Band

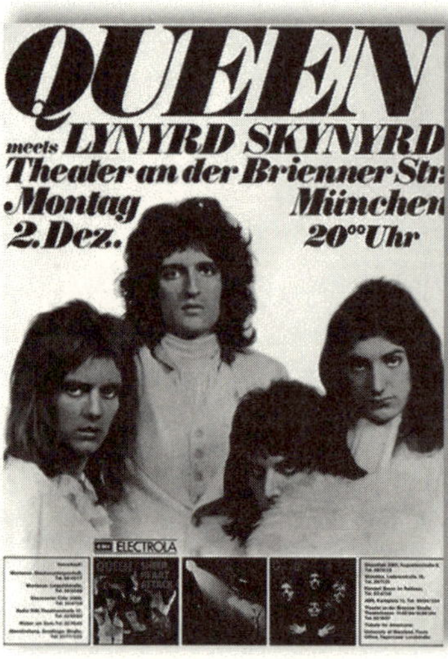

Der erste deutsche Queen-Auftritt findet in der Maxvorstadt statt.

wie die englische Königin nennt?«, denkt der damals neunzehnjährige Hauke und besorgt sich sofort ein Ticket. Kostenpunkt: 11,30 D-Mark. Hauke schätzt, dass bei diesem historischen Moment etwa hundertfünfzig Zuschauer anwesend sind. »Ich werde das nie vergessen: als die anfingen, diese Scheinwerferwand«, sagt er, noch immer beeindruckt. »Eine Stellwand mit Beleuchtung, also völlig anders als die paar Scheinwerfer von oben, die man so gewohnt war. Dann hat der Drummer angefangen, und auf den Trommelfellen war Parfum, das sofort ins Publikum schwappte. Und dann kam dieser Freddie Mercury raus, mit einem Mikrofon, das keinen langen, sondern nur einen kurzen, abgehackten Ständer hatte. Er hatte lackierte Fingernägel, ein völlig verrücktes Hairdo, wie man so schön sagt, und einen irrsinnigen Bühnenanzug. Seine Präsenz hat mich umgehauen. Man merkte sofort: Da geht jetzt richtig was ab. Und wie es der Zufall wollte, war für mich nach den Zugaben das Erlebnis nicht zu Ende. Ich hatte die Angewohnheit, immer nach den Konzerten an der Bühne rumzuhängen und die Roadies zu fragen: ›Hey Sir, can I have a drumstick or a guitar

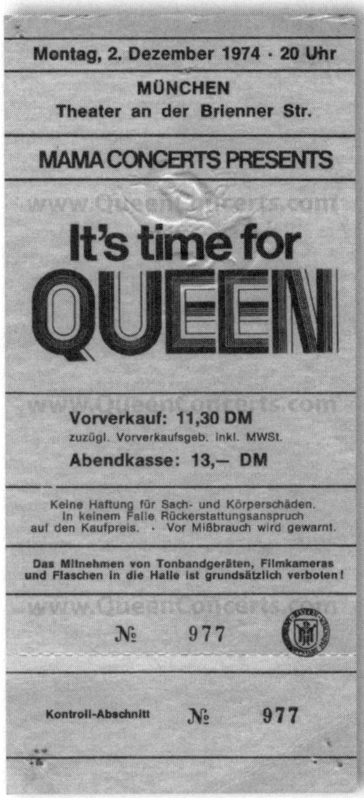

Noch sind die Preise für Queen-Gigs bescheiden.

pick?‹ Ich habe immer versucht, ein Souvenir mitzunehmen, auch Setlisten. Und da stand damals der Reporter von der Zeitschrift *Bravo*, der Didi Zill. Er kam auf mich zu und sagte: ›Wir haben hinten eine kleine Pressekonferenz, aber Queen sind noch unbekannt. Wir brauchen Leute, die man da hinstellen kann. Würden Sie vielleicht hinter die Bühne mitkommen?‹ Da sagte ich: ›Ja klar, aber ich kenne die auch nicht.‹ Und so kam ich hinter die Bühne.«

Dort befinden sich auch Stephanie Ruppmann und Ingeborg Schober. Doch es ist hart für Rock-Newcomer, wenn beim After-Show-Empfang mehr Gastgeber anwesend sind als Gäste. Nach dem Konzert ist Hauke also im Backstage-Bereich. Neben ihm gibt jemand ein Interview. Er fällt ihm gleich auf, weil er einen großen Überbiss hat und mit seiner Lispelstimme wie die Zeichentrickfigur Daffy Duck klingt. Aber er erkennt ihn nicht, weil er nicht mehr sein Bühnenoutfit trägt. »Und dann dreht er sich auf einmal zu mir um und sagt freundlich lächelnd: ›Hey, how are you? My name is Freddie.‹ Und ich habe mich kurz mit ihm unterhalten.«

Dann bedient sich Hauke am Büfett. Und da stehen sie alle. Der neunzehnjährige Hauke hat zu jenem Zeitpunkt keine Ahnung, wem er begegnet. Er redet noch ein bisschen mit Brian May. »Es war eher Smalltalk, weil ich eben nicht viel über die wusste. Ich habe mir nicht mal ein Autogramm geben lassen. Aber ich habe schon gemerkt, das war eine neue Art von Musiker. Das waren keine Rock'n'Roller, die nur Saufen im Kopf hatten. Das waren ehemalige Studenten, gebildete Leute, die hatten einen ganz anderen Appeal. Aus heutiger Sicht ist es natürlich verrückt, dass ich damals mehr am Büfett als an der Band interessiert war.«

Doch Reue hilft nichts. Herbi ist in diesem Punkt ähnlich gestrickt wie Freddie, der Reue für das überflüssigste Gefühl überhaupt hält. Für Herbi ist diese erste Begegnung mit Freddie rückblickend betrachtet wichtig. Was in den Münchner Queen-Jahren von 1979 bis 1985 passieren wird, zeichnet sich schon 1974 im Theater an der Brienner Straße ab. »Freddie war unglaublich bescheiden. Ich denke, dass die meisten Menschen in München später einfach an ihm vorbeigegangen sind. Sie haben ihn schlicht nicht erkannt. Oder sie wussten, wer er war, aber ließen ihn in Ruhe. Das gefiel dem Freddie ja auch so an München: Die Menschen sahen ihn nicht als Rockstar, sondern als Bürger dieser Stadt. Das entspricht natürlich alles nicht dem Bild von den irren Partys und Bühnenshows, das man mit Freddie sofort in Verbindung bringt«, spricht Hauke die Diskrepanz an. »Er war ein sehr zurückgezogener Mensch, der sich dann aber innerhalb von drei Sekunden zum Pfau entwickeln konnte.« Hauke hat seit diesem ersten Deutschland-Konzert den Werdegang von Queen verfolgt. Bekannt ist, dass Brian May an der Isar eine besondere Liebschaft hatte. »Eine sehr hübsche und nette Dame aus Moosach. Nachdem May ihr beibringen musste, dass die Beziehung beendet ist, weil die Produktion von *Hot Space* in den Musicland Studios abgeschlossen war, hat er ihr die Bänder, die Master-Aufnahmen hinterlassen«, sagt Hauke. »Es gibt fantastische Münchner Aufnahmen von Queen, die die Welt noch nicht gehört hat. Aber ich denke, die Songs liegen bei ihr als persönliche Erinnerung ganz gut.«

Wir unterhalten uns noch lange über Queen in München und malen uns schon die Ausstellung in der Pasinger Fabrik aus. Der Entschluss steht fest, die Queen-Expo in Angriff zu nehmen. Material und Potenzial sind vorhanden.

Ein weiterer Zeitzeuge des ersten Münchner Queen-Auftritts ist der Fotograf Didi Zill, der Herbert Hauke nach dem Konzert hinter die Bühne holt. Seitdem sind die beiden

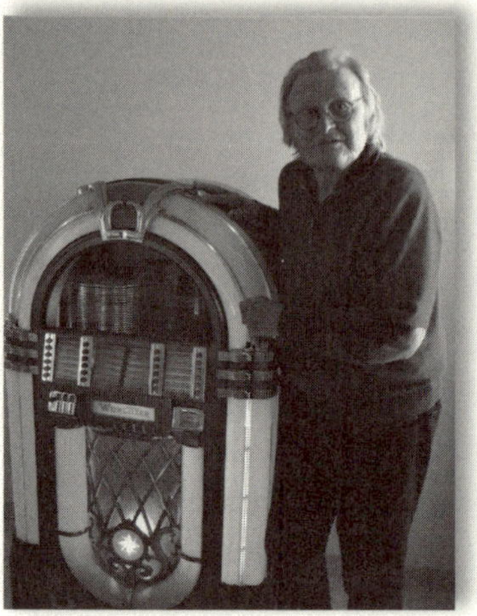

Musiker und Fotograf Didi Zill zu Hause in Sendling.

befreundet. Wir treffen uns in Zills Wohnung in München-Sendling. Im Wohnzimmer steht eine große Jukebox, die Zill aus den USA importiert hat. Er blättert durch opulente Coffee Table Books über diverse Rockbands, in denen seine Fotos zu sehen sind, darunter Creedence Clearwater Revival oder die Scorpions. Didi Zill, geboren 1942 in Berlin, blickt auf eine lange Karriere zurück. Anfang der Sechzigerjahre gründet er die Rockband Didi & his ABC Boys. Deren Album *Beat from Berlin* mit Beatles-Coverversionen erscheint 1965. Anfang der Siebzigerjahre veröffentlicht Zill mehrere Soloplatten und arbeitet auch als Discjockey. Schon 1969 beginnt er mit seiner vielleicht erfolgreichsten Tätigkeit: Zill wird Fotograf und Fotoredakteur der Jugendzeitschrift *Bravo*. In dieser Funktion ist er 1974 im Theater an der Brienner Straße.

Wir gehen in Zills Arbeitszimmer. Hunderte von Dias warten darauf, sortiert zu werden. Er schaltet den Computer ein und zeigt mir Dutzende von Fotos, die er im Lauf der Jahre von Queen gemacht hat. Seine Aufnahmen von der Band bei ihrem ersten Besuch in München sind selten zu sehen. Die Fotosession dazu findet am Nachmittag vor dem Konzert statt. Didi Zill ist dabei seiner Zeit voraus. Bilder von Freddie mit Hermelinmantel und Krone sind heute allgegenwärtig, allerdings entsteht dieses Image erst am Ende von Freddies Live-Karriere 1986.

Freddie hat seit seinem Kunststudium ein besonderes Talent dafür, sich optisch in Szene zu setzen. Die Bluse von Zandra Rhodes ist ein erster Höhepunkt. Seitdem gewinnen seine Outfits für Shows und Videoclips immer mehr an Bedeutung. Dabei zeigt er sich so vielseitig wie kaum ein anderer Rockstar. Mal präsentiert er sich im Spandex-Bodysuit, mal halbnackt in Hotpants und Halstuch; elegant im Anzug mit Fliege und Manschettenknöpfen, dann als Hausfrau mit falschen Brüsten; im weißen Feinripp-Unterhemd mit Nieten-Lederarmband oder in verschiedenen Military-Looks. Die Königsrobe trägt er aber eben erst 1986 auf seiner allerletzten Konzertreise, der *Magic*-Tour. Der Kopfschmuck ähnelt den Kronen der bayerischen Könige. Das Bild von Freddie mit Krone und Hermelinmantel gehört seither zu den am meisten verbreiteten, obwohl er damit zu Lebzeiten vergleichsweise selten zu sehen ist.

Im Dezember 1974 ist Freddie jedoch schon sehr nah dran an diesem opulenten Outfit. Chefausstatter und Ideengeber ist in diesem besonderen Moment Didi Zill. Er trifft die Band unweit der heutigen Freddie-Mercury-Straße. »Das war damals meine erste Fotosession mit Queen. Sie fand in München in der Erzgießereistraße 9 04 im *Bravo*-Studio am Nachmittag vor dem Konzert statt. Dort habe ich viele Stars fotografiert. Gegenüber gab es einen Antiquitätenladen, in dem ich mir immer meine Requisiten geholt habe. Für die Session mit Queen besorgte ich mir eine Krone, ein Schwert und einen Sessel. Den Hermelinmantel hatte ich aus dem Kostümhaus Heiler in der Corneliusstraße 7. 05 Die Idee war: Queen – da musst du einen königlichen Bezug herstellen.« Im Eingang zum *Bravo*-Studio hängt in jenen Jahren ein großes Poster von Uschi Obermaier, oben ohne und mit geöffneter Hose. »Daran haben sich alle aufgegeilt. Egal, wer reinkam – Queen, die Stones, Deep Purple, Uriah Heep –, alle starrten Uschi an, bevor es an die Arbeit ging. Und eines Tages hat jemand das Poster dann geklaut.« Der offene Hosenknopf wird ein Markenzeichen von Freddie. Das liegt auch daran, dass er seine Hosen meistens eine Nummer zu klein kauft, damit sie besonders sexy sitzen. Kaum ein anderer Star betont in der Glam-Rock-Zeit sein Gemächt so sehr wie Freddie. Allenfalls sein Freund Peter Straker übertrifft ihn manchmal bei seinen Bühnenshows. Wenn Freddie sich setzt, öffnet er den Hosenknopf mit derselben Selbstverständlichkeit, mit der Politiker ihr Sakko öffnen. Und wenn er wieder aufsteht, vergisst er oft, ihn wieder zu schließen. Als Freddie im *Bravo*-Fotostudio die royalen Accessoires sieht, ist er nicht angetan. Schwer zu sagen, weshalb. Vielleicht, weil er selbst noch nicht darauf gekommen ist. Vielleicht, weil ihm diese königlichen Attribute damals anmaßend erscheinen. Aber dann macht er doch mit. Freddie hat einen ausgeprägten Sinn für das Majestätische, setzt sich in den Sessel und greift nach dem Schwert. Didi drapiert die anderen drei Musiker um ihn herum, wie Ritter um ihren König. Ausgebreitet vor der Band liegt der Hermelinmantel.

»Ich bin auch Musiker«, sagt Didi. »Ich kann mich in die Stars hineinversetzen. Und ich finde, das ist eins meiner absolut besten Bilder. Freddie setzt zwar die Krone nicht auf und hängt sich den Mantel nicht um, aber alle vier machen mit. Bei Freddies letzten Konzerten sieht man ihn auf der Bühne mit Mantel und Krone. Ich denke, da schließt sich der Kreis. Ich behaupte jetzt mal, dass er sich das auch bei mir abgeguckt hat. Zwölf Jahre nach unserer Fotosession hat er das Arrangement aus München wieder aufgegriffen. Und niemand weiß, dass diese Idee in der Maxvorstadt entstanden ist.«

Didi Zill fotografiert Freddie Mercury später auch in Montreux, beim Open Air '79 in Saarbrücken, bei Konzerten in Los Angeles oder London – und in Freddies Londoner Zuhause in der Stafford Terrace 12 anlässlich einer Homestory. Peter Straker ist ebenfalls da, und Didi hat sie beide vor der Linse. Peter Straker ist seit 1975 sehr eng mit Freddie befreundet und bleibt es fast bis zum Schluss. Peters Charakter wird im Gegensatz zum eher griesgrämig und verbissen wirkenden Paul Prenter – Assistent von Queen und später Freddies persönlicher Berater – von einer überbordenden Lebenslust bestimmt. Es wird viel gelacht. Die Witze müssen nicht tiefschürfend sein. Hinzu kommt die gemeinsame Liebe für die Musik. Peter Straker beherrscht die Kunst, Freddie bei Laune zu halten, ganz egal, wie die Umstände gerade sind. Scheinbar mühelos verwandelt er Trübsal in Freude und Heiterkeit. Freddie und Peter trinken Champagner, prosten Zill zu.

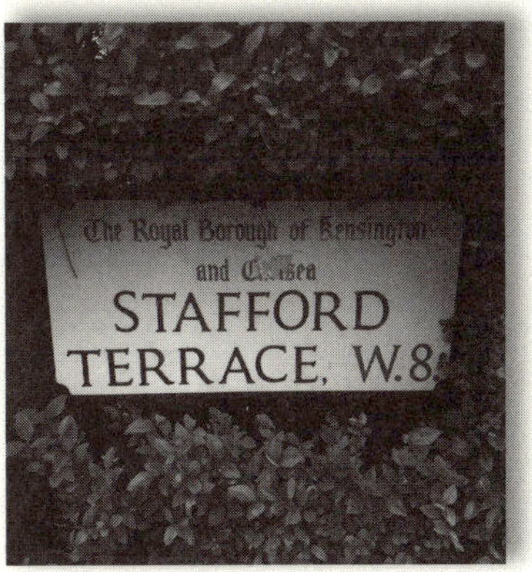

In Kensington wohnt Freddie in den 1970ern.

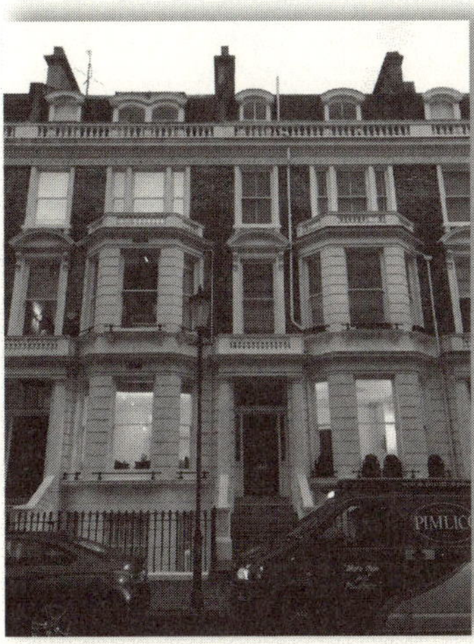

Hier richtet sich Freddie mit seiner Freundin Mary Austin ein.

»Queen, das waren immer sehr nette Leute, das war die

netteste Band überhaupt. Freddie war immer, immer liebenswürdig.« Didi Zills Freddie-Portfolio ist groß: Mercury mit Gitarre, mit Ballettschuhen, in verschiedensten Kostümen und in verschiedenen Lebensabschnitten. Didi Zill fotografiert Queen von 1974 bis 1986. Kaum ein Buch über Freddie, kaum eine Dokumentation kommt um seine Fotos herum. Man kennt sie – oft ohne zu wissen, dass Zill sie gemacht hat. Manche seiner Aufnahmen vom 2. Dezember 1974 sind jedoch bisher unveröffentlicht. So sehr die Journalistin Stephanie Ruppmann die Lightshow auch lobt, so schwierig ist es, gute Bilder davon zu machen. »Die Kameras waren damals noch nicht so lichtempfindlich. Und die Filme waren qualitativ längst nicht so gut wie in den Achtzigerjahren, vor allem die Farbfilme. Aber die *Bravo* druckte schon viel in Farbe. Und wir verdienten mehr mit Farbfotos. Für eine Seite gab es dreihundert Mark. Deshalb habe ich immer versucht, das Beste daraus zu machen.«

Didi Zill erzählt Anekdoten aus seinem Fotografen-Leben. Dazu gehört auch ein Erlebnis bei einem späteren Konzert von Queen in München. Er kann sich nicht mehr an das Jahr erinnern, aber es muss wohl 1978 in der ausverkauften Olympiahalle im Rahmen der *News of the World*-Tour gewesen sein. »Es war 20 Uhr. Wir waren alle da. Nur Queen nicht. In der Halle wurde es immer unruhiger. Der Promoter war nervös, und ich bot ihm an, an seiner Stelle das Publikum zu informieren. Ich gehe also raus. Die Halle ist voll. Ich nehme das Mikro und sage: ›Leute, ich habe eine gute und eine schlechte Nachricht. Was wollt ihr zuerst hören?‹ Es gab ein Durcheinander an Reaktionen. Also sage ich: ›Ich sag erst die gute Nachricht. Queeeeen kooommt! Es dauert aber noch ein bisschen. Und die schlechte Nachricht: Es dauert noch etwas länger als ein bisschen.‹ Zuerst habe ich einen

Riesenapplaus bekommen. Und dann bin ich schnell wieder raus.«

Mehr als vier Jahrzehnte später lassen wir vor Didis Bildschirm lachend die Situation Revue passieren. Didi allein auf der Bühne in der ausverkauften Olympiahalle vor einer angespannten, erwartungsvollen Menschenmenge. Eine Situation, wie Freddie sie liebte. Das trieb seinen Adrenalinpegel in die Höhe.

Es gibt kaum Fotos, auf denen Zill mit Rockstars zu sehen ist. »Das war nicht meins, Arm um die Schulter und Selfies.« Er ist auch kein Autogrammjäger. Aber eine Zeit lang bittet Didi Zill manche Künstler, für ihn eine Katze zu malen. Zill liebt Katzen. So hat er Zeichnungen von Kim Wilde oder John Lord bekommen. Freddie Mercury, der Katzen-Liebhaber und Grafikdesigner, hätte sicher ein wunderschönes Tier gezeichnet. Leider hat Didi ihn nie gefragt.

Das zweite Queen-Konzert in Deutschland findet am 4. Dezember 1974 in Frankfurt statt, wieder organisiert von Mama Concerts. Jean-Paul Sartre ist am selben Tag in Stuttgart-Stammheim bei Andreas Baader. Daniel Cohn-Bendit fungiert als Dolmetscher. Die Begegnung im Gefängnis ist an diesem Mittwoch das Top-Thema in der Bundesrepublik. Das interessiert aber die GIs nicht, die nach Frankfurt zum Queen-Konzert pilgern. Das Konzert sollte eigentlich in der Jahrhunderthalle stattfinden, aber der Vorverkauf ist so schleppend gelaufen, dass man in den viel kleineren Palmengarten umgezogen ist. Dort haben rund tausend Zuschauer Platz, aber es kommen nur einige Hundert. Und die haben ein Lied auf den Lippen, einen brandneuen Hit aus den USA: »Sweet Home Alabama«. »QUEEN meets Lynyrd Skynyrd«, steht auf den Tickets; die Südstaatenband spielt im Vorprogramm. Die Show, die damals von den sieben Musikern aus Jacksonville

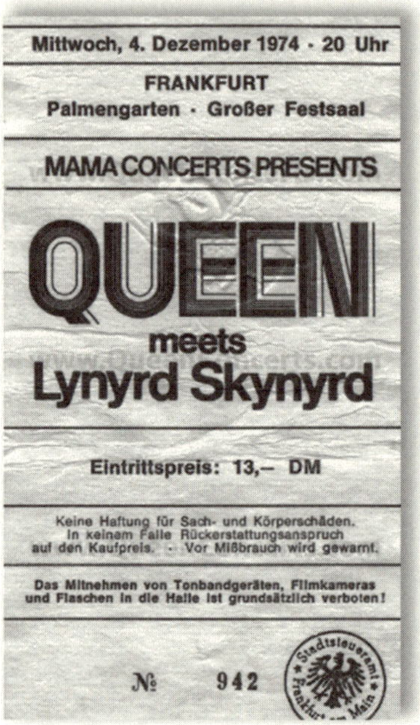
Mittwoch, 4. Dezember 1974 · 20 Uhr
FRANKFURT
Palmengarten · Großer Festsaal
MAMA CONCERTS PRESENTS
QUEEN
meets
Lynyrd Skynyrd
Eintrittspreis: 13,– DM
Keine Haftung für Sach- und Körperschäden. In keinem Falle Rückerstattungsanspruch auf den Kaufpreis. · Vor Mißbrauch wird gewarnt.
Das Mitnehmen von Tonbandgeräten, Filmkameras und Flaschen in die Halle ist grundsätzlich verboten!
№ 942

Viele Besucher kommen in Frankfurt wegen der Vorband.

geboten wird, lässt sich heute gut rekonstruieren, denn schon am nächsten Abend treten Lynyrd Skynyrd in der Hamburger Musikhalle mit unveränderter Setlist erneut als Vorband von Queen auf und werden gefilmt. Peter Rüchel und die Redaktion der TV-Sendung *Rockpalast* entscheiden sich im ersten Jahr ihres Bestehens gegen Queen und für die Südstaaten-Rocker. Kein Wunder: Am Abend zuvor verlässt ein Großteil des Publikums bereits nach der Vorband den Palmengarten. Die amerikanischen Zuschauer wollen keinen »Art-Déco-Rock«. Für manche von ihnen ist das schlimmer, als Leitungswasser in ein Glas Kentucky Straight Bourbon zu gießen. Das verbliebene Publikum zeigt Queen die kalte Schulter. Brian May sagt danach, er habe das Gefühl gehabt, seine Zeit zu verschwenden und für Staubsauger zu spielen: »Wir haben alles gegeben, sie haben alles aufgesaugt, und wir haben nichts zurückbekommen. Zum ersten Mal nach vielen Monaten auf Tour hatte ich das Gefühl, hart gearbeitet zu haben, als ich die Bühne verließ.« Diese harsche Kritik am Frankfurter Publikum ist gleichzeitig ein Lob für die Konzertbesucher in München.

Die beiden Bands trennen Welten. Vor allem Roger Taylor äußert sich wiederholt abfällig über Lynyrd Skynyrd, beschimpft sie als »southern rednecks« und sagt: »They were arseholes, frankly.« Er macht sich lustig darüber, dass die Band mit drei Leadgitarristen auftritt. Queen reiche ein einziger. Und er kritisiert vor allem ein Lied: »Als sie ›Free Bird‹ spielten, dauerte das Stück Monate.« Von Freddie ist keine Reaktion auf Skynyrd bekannt. Er genießt ganz im Gegenteil die Drinks nach dem Frankfurt-Gig. Brian darf noch keinen Alkohol trinken, er erholt sich von seiner Hepatitis-Erkrankung, die zum Abbruch der US-Tour als Vorband von Mott the Hoople führte. Freddie kommentiert den ärgerlichen Auftritt im stickigen Palmengarten umhüllt von Marihuana-Schwaden mit keinem Wort. Stattdessen erzählt er im Beisein von Journalisten nach der Show lieber von einem russischen Restaurant in Kopenhagen, in dem er einmal die Spezialität des Hauses bestellt hat. Es schmeckte ihm köstlich. Er fragte, worum genau es sich handelte. Darauf sagte man ihm, dass er gerade Bärenfleisch aß. »Bear, dear, I loved it!«

Freddie lässt sich seine gute Laune nicht verderben. Im Gegenteil: Er ist ein vorurteilsfreier und aufmerksamer Beobachter mit feinem Gespür für Nuancen, Toleranz für stampfende Rock-Rhythmen, Bewunderung für gelungene Melodiebögen und Sinn für optische Bühnen-Effekte. Freddie bezeichnet sich selbst als Augenmensch. Konzentriert beobachtet er seine Umwelt, die Menschen, die Tiere, und verwandelt Gesehenes in

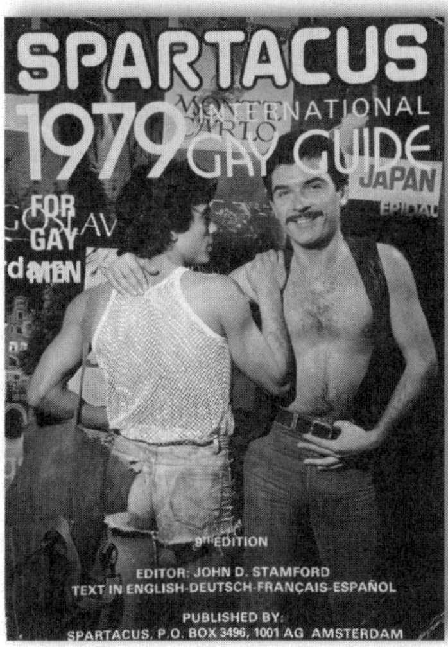

Freddies damalige Lieblingslektüre.

Musik. Er ist kein Leser. In seinen Wohnungen in München gibt es keine Bibliothek, auch nicht in Feltham (der ersten Wohnung bei London nach Ankunft als Vierzehnjähriger aus Sansibar mit seinen Eltern), in der Holland Road (der ersten eigenen Wohnung), später in Stafford Terrace, in New York oder in der Garden Lodge. Eine Ausnahme gibt es jedoch: Freddies wichtigstes Buch ist der Almanach *Spartacus Guide to places of gay interest,* und manchmal greift er auch persönlich zum Telefonbuch, um die Nummer eines neuen Freundes zu suchen. Später, als die Sorgen wegen Aids zunehmen und Sex in Freddies Leben weniger Raum einnimmt, ersetzen Auktions- und Kunstkataloge den *Spartacus.* Das Lesen von Literatur oder Essays empfindet er als Zeitverschwendung. Es geht bei ihm ums Hören und Sehen, immer und überall.

Lynyrd Skynyrds Sänger Ronnie Van Zant steht bei den Konzerten meist wie angewurzelt am Mikro. Dramaturgisch betrachtet, ist er keine Inspiration für Freddie. Auch die anderen Bandmitglieder wirken eher statisch. Immerhin glänzen besonders die drei Sologitarristen Allen Collins, Ed King und Gary Rossington mit deutlich längeren Haaren als die Musiker von Queen. In den Jahren 1975 und 1976 lassen sich diese – allen voran John Deacon – die Haare auf vergleichbare Länge wachsen.

Freddie entgeht nicht, was Pianist Billy Powell jeden Abend im Intro von »Free Bird« macht. Es ist einer der wenigen ruhigen Songs der Band. Zu Beginn greift Powell sehr schnell mit der linken Hand über den rechten Arm, um den einzelnen Ausreißer, den hohen Ton ganz rechts auf der Klaviatur zu treffen. Die flinke Armbewegung hin und wieder zurück geschieht dreimal in schneller Folge, wobei sich die Tonlage jedes Mal steigert. Dieselbe Geste, aber sehr viel auffälliger, mit Freddies weit ausholender linker Hand, wird wenig später zum optischen

Markenzeichen für ein ganz anderes Intro: das Vorspiel zu »Bohemian Rhapsody«.

Am 24. Dezember 1975 treten Queen zum Abschluss ihrer langen Tour noch einmal im Hammersmith Odeon in London auf. Die BBC überträgt das Weihnachtskonzert live. Vierzig Jahre später unterhalten sich Brian und Roger mit dem damaligen Gastgeber und *The Old Grey Whistle Test*-Moderator Bob Harris. Brian ahmt dabei Freddies Anschlag-Technik nach, die bei der TV-Übertragung aus dem Odeon erstmals ein größeres Publikum zu sehen bekam. Freddie schlug dabei mit den Handballen auf den Rahmen vor der Tastatur – anders als man es im Klavierunterricht lernt. »Das machte ihn zu einem Pianisten, der rhythmisch die Band vorantrieb«, erklärt Roger. Dann kommt Bob Harris auf das Überkreuzen der Unterarme zu sprechen. Roger und Brian machen sich über Freddies theatralische Geste lustig. Sie sind der Ansicht, dass der Angeber einfach nur seine lackierten Fingernägel in Szene setzen wollte.

MIT DEM GANZEN KÖRPER

Am 25. März 1975 nehmen die Rolling Stones in den Musicland Studios den Song »Munich Reggae« auf, der später auf dem Bootleg *Black and Blue Sessions* erscheint. Das reguläre Album *Black and Blue* erreicht Platz eins in den USA und Platz zwei in UK. Queen touren 1975 durch die USA, Japan und Großbritannien. Im Oktober erscheint die Single »Bohemian Rhapsody«, im November das Album *A Night at the Opera*. Der große weltweite Erfolg setzt ein. 1976 touren Queen erneut durch die USA und Japan. Dieses Mal besuchen sie auch Australien und sorgen in Großbritannien für einen Live-Höhepunkt mit dem Gratiskonzert im Londoner Hyde Park am 18. September 1976. Im November erscheint die Single »Somebody to Love«, im Dezember das Album *A Day at the Races*. Die Entwicklung der Band kennt nur eine Richtung: aufwärts. 1977 touren Queen wieder durch die USA sowie durch Kanada und Europa; dabei machen sie halt in Hamburg, Frankfurt, Düsseldorf, Rotterdam und Basel. Näher an München kommen sie in diesem Jahr nicht. Am 18. Oktober 1977 stirbt Andreas Baader in Stuttgart-Stammheim. Zu dieser Zeit beginnt Freddie, schwarze Leder- und PVC-Jacken auszuprobieren, so wie Baader sie getragen hat. Auf dem Plattenteller in Baaders Todeszelle in der JVA Stammheim liegt Eric

Claptons 75er-Album *There's One in Every Crowd.* Vergeblich versuchen Historiker, Verbindungen zwischen Baader und Claptons Musik zu ziehen.

Im Februar 1977 wird Roger Taylor in Boston interviewt. Dabei gibt er zu Protokoll, dass er viele Songs geschrieben hat, die von der Band nicht umgesetzt wurden. Irgendwann will er sie solo veröffentlichen. Er spricht auch von seinen Plänen, ein Aufnahmestudio in England zu kaufen. Und tatsächlich sind es nicht die Haupt-Songwriter von Queen, Freddie und Brian, die als Erste eine eigene Single veröffentlichen, sondern Drummer Roger Taylor: Der Hardrock-Song »I Wanna Testify«, eine Coverversion von The Parliaments, erscheint im August 1977. Fast zeitgleich stirbt Elvis Presley, was in den USA ein lange anhaltendes Rock'n'Roll-Revival auslöst. Gut zwei Jahre später wird Freddies erste Arbeit in München, der Queen-Song »Crazy Little Thing Called Love«, auf fruchtbaren US-Boden fallen.

Das »I Wanna Testify«-Video, das für Marc Bolans TV-Show *Marc* gedreht wird, zeigt Roger nicht nur am Schlagzeug, sondern erstmals auch an der Gitarre. Freddies erste Solo-Single »Love Kills« – in München gemeinsam mit Giorgio Moroder entstanden – wird erst sieben Jahre später, im September 1984, als Teil des Soundtracks zur restaurierten Fassung von Fritz Langs *Metropolis* erscheinen. Auch Brian May kommt Freddie mit seiner ersten Solo-EP und der Single »Star Fleet« mehr als ein Jahr zuvor. Brian geht im April 1983 unter anderem mit Eddie Van Halen ins Studio und veröffentlicht die Ergebnisse als EP mit drei Songs im Oktober desselben Jahres. Roger Taylors und Brian Mays Solo-Experimente verpassen jedoch den Sprung in die Charts. Den Gründungsmitgliedern von Queen wird rasch klar, wie schwierig Erfolge ohne die Band und ohne ihren Leadsänger zu erzielen sind. Es ist also nicht

Freddie, der mit seinem Münchner Soloalbum *Mr. Bad Guy* die anderen Bandmitglieder irritiert. Es ist nicht Freddie, der als Erster seinen eigenen musikalischen Weg ohne Queen geht. Im Gegenteil: Er lässt sich viel Zeit für seinen ersten Ego-Trip, aber er wird ihn dann in München voll auskosten. Es ist eher der sehr hohe finanzielle Vorschuss, den Freddie für sein Projekt bekommt, der für Spannungen mit Roger und Brian sorgt. Er fällt deutlich höher aus als für jedes bisherige Queen-Album, ganz zu schweigen von den bescheidenen Honoraren, die Brian und Roger für ihre Solo-Aktivitäten erhalten haben.

Im Frühjahr 1977 nutzt Freddie eine kurze Auszeit und produziert gemeinsam mit Roy Thomas Baker das Album *This One's On Me* seines guten Freundes Peter Straker. Im Oktober 1977 erscheinen die Queen-Single »We Are the Champions« und das Album *News of the World*. 1978 tourt die Band wieder durch Europa und durch die USA. Am 3. Mai 1978 tritt sie erneut in München auf. Rainer Germann ist damals vierzehn und besucht sein erstes großes Rock-Konzert: Queen im Rahmen ihrer *News of the World*-Tour in der ausverkauften Olympiahalle 06. Der 1964 in München geborene Autor, Journalist und Musiker (Cat Sun Flower, Fuck Yeah u.a.) wird von seinem Vater mitgenommen, genau wie drei Freunde aus dem Gymnasium Garching. Ohne erwachsene Begleitperson geht es nicht. Alle sind Queen-Fans. Dieses Erlebnis beeinflusst sein Leben als Musiker – und indirekt möglicherweise auch noch die nächste Generation: Germann ist der Vater des Singer-Songwriters Jesper Munk. Wir treffen uns im Glockenbachviertel, Ecke Müller- und Papa-Schmid-Straße 07. Dort befindet sich das Moro, eine beliebte Schwulen-Wirtshausbar. »Das war in den Siebziger- und Achtzigerjahren noch ein gewöhnliches Gasthaus«, sagt Germann, der seit Jahrzehnten im Glockenbachviertel lebt. Als Sechzehnjähriger fährt »Gussie«, wie man ihn heute noch nennt, mit Freunden auf Mopeds die Fraunhofer Straße entlang. Es ist Sommer 1980, die Zeit der Punks, aber Gussie interessiert sich mehr für New Wave. »Die Szene vermischte sich damals. Es gab New-Wave-Abende, manchmal mit Livemusik, und manchmal auch in Schwulenlokalen«, erklärt Gussie. In den Münchner Homo-Kneipen sind an solchen Abenden auch viele Heteros unterwegs, zum Beispiel im Mandys Club, einer Tanzbar mit Spiegeln, goldenen Adonis-Statuen und großer Discokugel. Die Bar ist ein beliebter Cocktail-Treff in der Baaderstraße Ecke Buttermelcherstraße 08. Es gibt kaum einen Musiker aus Großbritannien und den USA, der Ende der Siebziger-, Anfang der Achtzigerjahre nicht Münchner Discotheken wie das Cadillac 09 oder das Sugar Shack 10 besucht. Wenn in den Musicland Studios gerade ein neues Album entsteht, sind unter anderem Deep Purple, Electric Light Orchestra, Led Zeppelin, die Rolling Stones, Spandau Ballet, Sparks, Sweet oder Uriah Heep vor Ort. Zwischen den Sessions vergnügen sich damals auch Stars wie Marc Bolan, Rory Gallagher, Elton John, Meat Loaf oder Iggy Pop in München. Aber niemand kostet das Münchner Nachtleben so intensiv aus wie Freddie, der im Mai 1978 in der Olympiahalle eine erste Ahnung davon bekommt, was ihm die Isarmetropole zu bieten hat.

»Es muss im New York 11 oder im Old Mrs. Henderson 12 gewesen sein, ich glaube im Henderson«, sagt Gussie. »Wir gingen rein, und da saß jemand mit Lederkappe an der Bar und spritzte mit Champagner um sich. Ich fragte den Wirt, wer das ist. Und er sagte: ›Das ist Freddie Mercury.‹« Gussie kann es damals kaum glauben, denn er hat Freddie mit längeren Haaren in Erinnerung. »Ich hatte ihn zwei Jahre zuvor in der Olympiahalle gesehen. Da trug er noch seinen schwarz-weiß-karierten Strampelanzug und hatte halblange Haare. Deshalb waren wir Jungs im Henderson also etwas schockiert von seinem Look mit Schnurrbart und Lederkappe«, erinnert er sich. Rückblickend glaubt Gussie, dass er und seine Freunde früh Zeugen des neuen Freddie-Looks geworden sind. »Aber es könnte einfach auch ein Doppelgänger gewesen sein«, sagt Germann. Den Jungs im Henderson ist das Queen-Konzert von 1978 immer noch sehr präsent: »Der Auftritt in der Olympiahalle begann mit einer Dreiviertelstunde Verspätung. Das weiß ich noch: die wachsende Ungeduld, die Buh-Rufe, die lauten GIs, die totale Queen-Fans waren, das Intro, ein endloses Synthesizer-Gedudel, das irgendwann immer lauter wurde. Und plötzlich setzte es aus, alles wurde dunkel – und alle stampften und klatschten los.« Gussie imitiert mit Füßen, Händen und Mund die damalige Reaktion auf den Rhythmus von »We Will Rock You«. Einige Gäste im Moro drehen sich zu uns um, und Gussie sagt: »Da habe ich heute noch Gänsehaut. Mehr geht eigentlich nicht.«

Die *News of the World*-Tour gehört zu den erfolgreichsten Konzertreisen von Queen. Noch heute erinnern Queen + Adam Lambert daran, wenn sie bei ihren Konzerten den riesigen, von Frank Kelly Freas gemalten Roboter auf den Leinwänden zeigen. Das Ungetüm hält die Bandmitglieder in seinen Händen. Die Idee stammte diesmal jedoch nicht von Freddie, sondern von Roger Taylor, der das Science-Fiction-Bild von Freas aus dem Jahr 1953 als Covermotiv vorschlägt. Queen treten am 14. April 1978 in Hamburg auf, danach sind sie in Brüssel, Rotterdam und Paris zu sehen. Am 26. April spielen sie in Dortmund, am 28. April in Berlin, am 30. April in Zürich, am 2. Mai in Wien und als krönender Abschluss der Konzerte auf dem europäischen Festland am 3. Mai 1978 in München. Die Gigs beginnen jeweils mit »We Will Rock You« – und mit Verspätung. Das ist so geplant. In der Halle läuft meist klassische Musik vom Band. Die Fans pfeifen, trampeln, klatschen und schreien »We want Queen«. Vergeblich. Freddie ölt in der Garderobe seine Stimme mit Honig-Zitronen-Tee, manchmal auch mit Earl Grey mit Milch und zwei Zuckerwürfeln, gelegentlich auch mit Wodka, seiner Lieblingsmarke Stolichnaya. Die Haare trägt er inzwischen ein wenig kürzer. Der Schnitt ist dem von Mireille Mathieu in jenen Jahren zum Verwechseln ähnlich. Doch Freddies Spitzname lautet nicht Mireille, sondern dank Elton John Melina. Für jeden in der Clique gibt es einen weiblichen Spitznamen: Elton ist Sharon, Rod Stewart ist Phyllis. Brian May heißt Maggie, Roger Taylor Liz, Paul Prenter Trixie. Peter Freestone wird Phoebe genannt, Richard Young ist Muriel, Eric Hall Sophie und Kurt Raab Rebecca. Jeder Spitzname, den Freddie vergibt, hat seine eigene Geschichte. Wer aber den Kosenamen ablehnt oder sich darüber ärgert, begeht meist einen Fehler; denn entweder bekommt er dann prompt einen neuen, deutlich unschmeichelhafteren, oder der Widerstand sorgt erst recht dafür, dass der erste Spitzname sich durchsetzt. Freddie tauft seine männliche Entourage nicht immer auf vorteilhafte Weise. Den Roadie Peter Hince nennt er Ratty, weil er es stets schafft, sich wie eine Ratte zwischen dem Equipment in den Trucks zu bewegen. In frühen TV-Interviews taucht Hinces echter Name gar nicht auf. Er wird auch noch Jahre nach Freddies Tod einfach nur Ratty genannt. Wer seinen neuen Namen akzeptiert, wird mit Freddies Wohlwollen belohnt. So auch Manager Jim Beach, den Freddie mal Miami, mal Sylvia La Plage nennt.

Im Jahr 1978 begleiten Trennungsgerüchte die Band, weil Freddie sich in New York niederlassen will, während die anderen drei in England bleiben möchten. Aber negative Pressekommentare belasten Queen nicht – im Gegenteil, sie gehören von Anfang an zu ihrer Karriere und beflügeln sie eher. Sie sind es gewohnt, Spott aller Art zu ertragen. Ein Journalist, der die Show in Paris im ausverkauften Pavillon am 23. April 1978 für den *Record Mirror* beschreibt, stört sich an Freddies Sprüchen (»Voulez-vous coucher avec moi ce soir?«). Beim Song »It's Late« hört der Reporter nicht mehr zu, sondern konzentriert sich nur noch auf Freddies Aussehen: »Zum Beispiel hat Fred sehr kleine Brustwarzen. Ich kann sie ganz deutlich sehen. Ich bin froh, dass ihn diese offensichtliche Unterentwicklung nicht hemmt.« Wie bei den Plattenrezensionen gehen auch bei den Konzertkritiken die Urteile von Presse und Publikum oft weit auseinander. Am Ende schlägt der Journalist vor, man solle den Song »We Are the Champions« in »We Were the Champions« umbenennen. Aber die Plattenverkäufe gehen weiter durch die Decke, und die Hallen sind ausverkauft. Sie können gar nicht groß genug sein: Für viele Auftrittsorte ist der Bühnenaufbau mit den gezackten Stoffbahnen und einigen Spots, die sich noch über den regulären Scheinwerfern befinden, völlig überdimensioniert. Der Aufbau muss dort angepasst werden.

Das riesige Bühnendesign stellt eine Krone dar, und Freddie ist stolz darauf. Nach dem Berlin-Konzert berichtet die TV-Sendung *Report Berlin*: »Freddie Mercury rockt die Berliner mit seinem wildesten Song ›We Will Rock You‹. Das pompöse Bühnenspektakel und die extravaganten Posen des Frontmannes bringen die Deutschlandhalle zum Tosen. Die Fans sind begeistert. Sie erleben eine der spektakulärsten Shows der Welt.« Freddie steht im hautengen Trikot am linken Bühnenrand, Brian am rechten. Die vielfarbigen Spots werden in die Höhe gekurbelt, und aus mehreren Kanonen quillt Trockeneisnebel. Es wirkt wie ein Raketenstart. Blitzartig verwandeln Queen die Hallen in Hexenkessel. Freddie wirft seine schwarze

Lederjacke weg. Die Trikot-Träger rutschen von der Schulter. Zuschauer in den ersten Reihen entdecken Freddies Leberfleck an der Hüfte. Die Setlist wird auf der Tour kaum variiert. »We Will Rock You«, »Brighton Rock«, »Somebody to Love«, »Death on Two Legs«, »Killer Queen«, »Good Old Fashioned Lover Boy«, Rogers »I'm in Love With My Car«, »Get Down, Make Love«, »The Millionaire Waltz«, »You're My Best Friend«, Johns »Spread Your Wings«, »It's Late«, »Now I'm Here«, »Love of My Life«, »'39«, »My Melancholy Blues«, »White Man«, »The Prophet's Song«, »Stone Cold Crazy«, »Bohemian Rhapsody«, »Keep Yourself Alive«, »Tie Your Mother Down«, noch einmal »We Will Rock You« und »We Are the Champions«. Dann als Zugabe das Rock'n'Roll-Set (fast wie in den Anfangstagen) mit »Big Spender«, »Sheer Heart Attack« und »Jailhouse Rock« und am Ende traditionell vom Band »God Save the Queen«.

Das steht auch den Münchner Fans bevor. Die Hallenbeleuchtung erlischt. In der Dunkelheit gibt Roger Taylor den Rhythmus vor. Und rund fünfzehntausend Fans in der Olympiahalle steigen ein: BOOM-BOOM-CHA, BOOM-BOOM-CHA. Ein einzelner, weißer Scheinwerfer durchschneidet die Dunkelheit. Am Bühnenrand beginnt Freddie den Rap: »Buddy, you're a boy, make a big noise, playing in the street, gonna be a big man someday.« Schon sind Queen und München eins. Die Münchner feiern fast drei Stunden lang mit der Band. »Vier deutsche Städte hatten Rock-Staatsbesuch von Queen«, beginnt K.E. Siegfried alias Siggi Niedergesäß seinen Rückblick in der *Bravo*. »Freddie weiß sich zu verkaufen. Er ist eine Mischung aus Primadonna, Mick Jagger und wildem Rocktyp«, schreibt Siggi und schildert die Höhepunkte des Konzerts, die Kontraste zwischen Heavy Rock und Folk, zwischen Stadion-Bombast-Sound und akustischen Nummern. Siggi erwähnt auch die zwei Umbaupausen, Rogers großen

Gong und Brians Zehn-Minuten-Gitarrensolo: »Seit Jimi Hendrix und Jimmy Page habe ich keinen anderen Gitarristen so spielen sehen und hören. Völlig neue Töne entlockt er seinem Instrument, lässt es wimmern und kreischen, spielt es mal sanft, mal hart – und wenn zwischendurch die Fans mal applaudieren, huscht ein schüchternes Lächeln über seine Lippen. Leise sagt Brian ›Danke schön‹.« Siggi erwähnt Rogers Schlagzeugsolo, beschreibt das sich dreimal ändernde Bühnen-Outfit der Band. Bei den Zugaben trägt Freddie den silbern glitzernden Lurex-Anzug. Am Ende wirft er weiße Nelken ins Publikum. »Vor dieser Tournee hatten wir Angst«, sagt Freddie der *Bravo* für Siggis Reportage. »Schließlich waren wir mindestens zwei Jahre nicht mehr in Deutschland. Unsere ersten beiden Tourneen liefen nicht besonders gut, außerdem spielten wir nur in kleinen Hallen. Darum wussten wir nicht, ob überhaupt genügend Fans kommen würden. Schlimm war auch, dass nur die Münchner Olympiahalle groß genug ist, um unsere gesamte Anlage und vor allem unsere Riesenkrone aufzuhängen. Alle anderen Hallen waren zu klein. Wir fürchteten, dass die Fans enttäuscht sein würden – aber sie empfingen uns mit offenen Armen. Eine Tournee ist so anstrengend, dass wir jede freie Minute für uns nutzen möchten. Meine Stimmbänder sind sehr anfällig. Wenn ich über zwei Stunden singe, bringe ich anschließend kaum noch einen Ton heraus. Während unserer letzten Amerika-Tournee mussten deswegen Konzerte ausfallen. Ich habe schon versucht, Gesangsunterricht zu nehmen, um die Stimmbänder zu kräftigen. Aber das ist gefährlich: Ich verliere dabei das Gefühl für Rock'n'Roll.«

Vor allem bei hohen Tönen hilft Roger ihm gelegentlich live aus. Legendär sind auch Rogers Falsett-Galileos in »Bohemian Rhapsody« und Freddies Kommentar dazu: »Das hören doch nur noch Hunde.« Auf Filmaufnahmen vom Münchner Queen-Konzert im Mai 1978 ist zu sehen, wie Freddie bei »Keep Yourself Alive« im Harlekinkostüm mit Lederjacke zwei Tambourins in das begeisterte Publikum wirft. Seine Performance am Klavier bei »We Are the Champions« ist noch intensiver als sieben Jahre später bei Live Aid im Wembley-Stadion: Freddie spielt und singt in München mit dem ganzen Körper. Die Münchner jubeln ihm zu. Später verwandelt sich die Halle in ein Meer aus Feuerzeugflammen.

In München feiert die Band tags darauf, am 4. Mai 1978, einen weiteren Höhepunkt ihrer Karriere. Queen bekommen für 250 000 allein in Deutschland verkaufte *News of the World*-Alben die Goldene Schallplatte. Der nächste Auftritt wird erst am 6. Mai in Stafford stattfinden. Freddie hat also Zeit, erstmals das Nachtleben in München ausführlich zu erkunden. Was Clubs und Discos betrifft, macht die Stadt an der Isar in den späten Siebziger- und frühen Achtzigerjahren New York Konkurrenz. Das Blow Up am Elisabethplatz 13 ist die erste Großraumdisco Deutschlands und bietet zweitausend Besuchern laute Musik und eine spektakuläre Lightshow. Die Disco wird 1967 eröffnet, sorgt international für Schlagzeilen und dient als Vorbild für das Studio 54 in New York, das erst 1977 eingeweiht wird. Im Blow Up treten unter anderem Jimi Hendrix, Pink Floyd und Julie Driscoll auf. Uschi Obermaier, Andreas Baader, Rainer Langhans oder Fritz Teufel sind gern gesehene Gäste. Das Blow Up schließt zwar schon 1972 (das Gebäude gehört der Stadt, seit 1976 befindet sich das Theater der Jugend darin), aber das hat keine negativen Auswirkungen auf die Münchner Club- und Disco-Szene. Im Gegenteil, sie erfährt in den folgenden Jahren ihre Blütezeit. Eine Entwicklung, die 1986 in der Fernsehserie *Kir Royal* den Höhepunkt der medialen Darstellung findet. Die Geschichten um den Klatschreporter Baby Schimmerlos basieren auf den Ideen Helmut Dietls, Patrick Süskinds und Kurt Raabs.

In München findet Freddie nicht nur in musikalischer, sondern auch in erotischer und hedonistischer Hinsicht ein attraktives Umfeld vor. Von Juli bis Oktober 1978 entdecken Queen zudem die Schönheit der Schweiz, insbesondere von Montreux, wo sie mehrheitlich ihr Album *Jazz* aufnehmen, das im November 1978 erscheint. Die Singleauskopplung »Don't Stop Me Now« erreicht im Februar 1979 mit Platz neun der britischen Charts eine bessere Position als das zuvor veröffentlichte »Bicycle Race«. Im Jahr 2006 schafft es »Don't Stop Me Now« in der Version der britischen Band McFly auf Platz eins.

Damit das Geld endlich in die eigenen Taschen fließt, trennen sich Queen nach Ablauf des vereinbarten Dreijahresvertrages Anfang 1978 von ihrem Manager John Reid und gründen mehrere Firmen. Sie sind nun ihre eigenen Chefs. Drei Spitzenleute arbeiten jetzt für die Band, darunter der Rechtsanwalt Jim Beach, der im Lauf der nächsten Jahre immer mehr Verantwortung übernehmen wird. Unter der Labour-Regierung kassiert das Finanzamt 83 Prozent der Band-Einnahmen. Der Steuerexperte Peter Chant macht ihnen klar, wie sie sich künftig verhalten müssen, um legal ein Vermögen am britischen Fiskus vorbeizuschleusen. Dazu gehören der Kauf von Immobilien im Ausland, aber auch unangenehme Regeln: Queen müssen sich an dreihundert Tagen im Jahr außerhalb von Großbritannien aufhalten. Vielleicht gerade dank dieser Auflage entdecken sie München und die Musicland Studios für sich.

Das Leben der Band ist klar strukturiert: Nach jedem neuen Album folgt eine Tournee, dann geht es erneut ins Studio. Freddie, Brian, John und Roger gönnen sich nur wenige Pausen. Doch wenn sie es tun, dann richtig. Dazu gehören die ausschweifenden Aftershow-Partys genauso wie die Fete zu Freddies zweiunddreißigstem Geburtstag in Nizza im September 1978, unweit der Super Bear Studios. Freddie bietet seinen Gästen in einem Nobelhotel exotisches Essen, Drinks und Kokain in Hülle und Fülle. Irgendwann reißen sich alle die Kleider vom Leib und springen in den Pool. Freddie bleibt trocken und sieht sich alles genüsslich an.

MIT SCHWARZEM LEDER

Die Entwicklung von Freddies Persönlichkeit seit dem internationalen Durchbruch von Queen mit »Bohemian Rhapsody« ist atemberaubend. Bereits am Ealing College of Art verliebt sich eine Studentin in ihn. »Wir hatten eine sehr körperliche Beziehung, und er war ein sehr leidenschaftlicher Liebhaber. Er war einfach anders«, sagt Rosemary Pearson (heute Dr. Rose Rose) 2019. Im Buch *Life, Art and Freddie Mercury*, das erstmals 2013 erscheint, beschreibt sie ihn aber auch als einen Mann, der sich seiner Homosexualität absolut bewusst ist. Rose und Freddie lernen sich am College kennen und sind danach ein knappes Jahr lang ein Paar.

Die Beziehung mit Rose ist noch nicht beendet, da trifft Freddie 1969 Mary Austin, seine spätere große Liebe, der er 1975 den Song »Love of My Life« widmet. So betitelt auch Freddies Biografin Lesley-Ann Jones 2021 ihr zweites Buch über ihn. Mary Austin bekommt von Freddie schon bald den Spitznamen Steve. Sie kümmert sich von 1969 an um seine Finanzen und um Organisatorisches. Für Renovierungen in den gemeinsamen Wohnungen und alles Praktische ist Mary zuständig. Sie ist der Mann im Haus. Bis zu seinem Tod 1991 bleibt Mary Freddies Liebe des Lebens. Sie ist Haupterbin seines Vermögens. Sie kümmert sich später auch um sein Grab. Sie kennt ihn so gut wie niemand sonst. In mehreren Interviews schildert sie, wie er sich Mitte der Siebzigerjahre sexuell neu orientiert.

Fortan beginnt Freddie ein außerordentlich rauschhaftes und temporeiches Leben voller Kreativität und Triebhaftigkeit. »Ich habe wirklich nichts ausgelassen«, sagt er im Gespräch mit David Wigg 1987, und wohl kein anderer Rockstar kann das mit größerer Berechtigung von sich behaupten. Er geht bis ans Limit: Im Studio und auf der Bühne ist er Perfektionist und verausgabt sich vollkommen. Sein Motto lautet: »Du bist nur so gut wie deine letzte Performance.« Das sagt er im Gespräch mit Hannes Rossacher. Privat reizt Freddie alle Möglichkeiten aus, um noch mehr Freude im Alltag zu spüren und seine Lebenslust zu steigern. Nach dem letzten Gig der *News of the World*-Tour in Los Angeles am 20. Dezember 1978 machen Queen vier Wochen Pause. Freddie fliegt nach New York, die anderen kehren nach London zurück.

Der *Spartacus International Gay Guide* gehört da längst zu Freddies ständigem Reisegepäck. Der Reiseführer für Schwule erscheint erstmals 1968 als Zeitschrift in Großbritannien und seit 1970 einmal jährlich in Buchform. Herausgeber ist damals John D. Stamford, der seine Arbeit als katholischer Priester in Brighton aufgegeben hat, um sich für die Rechte der Schwulen einzusetzen. Allein in Großbritannien werden Anfang der Achtzigerjahre von jeder Ausgabe des Almanachs über eine Viertelmillion Exemplare verkauft. Das Buch enthält auf sieben- bis achthundert eng bedruckten Seiten Städteporträts, Listen der einschlägigen Bars, Clubs und Discotheken, Stadtpläne, Essays und Werbung. Den *Spartacus Guide* gibt es bis 2018 in gedruckter Form, ab 1987 erscheint er auch als deutsche Fassung im Bruno Gmünder Verlag in Berlin.

Mittlerweile existiert der Almanach nur noch online und als App, bleibt aber bis heute die weltweit führende Publikation seiner Art.

Der Verlag in Brighton, der 1970 das Wagnis einer Buchveröffentlichung eingeht, heißt ebenfalls Spartacus – daher der Name des Almanachs. Damals ist die Gay Community in Brighton vergleichsweise groß. Freddie wird in der Stadt am Ärmelkanal später seinen Geliebten Tony Bastin treffen.

Unter Freddies Lovern gibt es fast keine Musiker, Künstler oder Intellektuelle. Alle seine Partner haben eine deutlich bescheidenere Bildung als er selbst. Bei der Wahl seiner Liebhaber – und oft auch seiner Entourage – achtet Freddie darauf, dass von Anfang an ein soziales Gefälle herrscht. So kann er seine Dominanz in der Beziehung besser ausleben. Denn Freddie erwartet von seinen Lovern absolute Treue, ohne selbst treu zu sein. Diesen Umstand macht er seinen Partnern rasch klar und sorgt damit oft für Ärger. Es dauert manchmal nur Monate, manchmal auch Jahre, bis die Beziehungen meist genau daran zerbrechen. Freddie liebt es, mehrere Männer gegeneinander auszuspielen. Das sorgt für enorme Spannungen, die er herbeisehnt und oft sogar provoziert. Einerseits bricht er so mit der Zeit den Willen seiner Partner und treibt sie nicht selten zu Wutausbrüchen und in die Verzweiflung. Andererseits zieht er aus dem Kampf, aus den von Eifersucht und Leidenschaft, von Verrat und Versöhnung geprägten Streitereien, die nicht selten handgreiflich werden, Energie für seine Bühnenauftritte und für sein Songwriting.

Ein weiteres Hindernis für eine ausgewogene Partnerschaft ist Freddies Gewohnheit, seine Männer mit Geschenken zu überhäufen. Die Präsente sind oft so teuer, dass vergleichbare Gegengeschenke vollkommen ausgeschlossen sind.

Zu Freddies wichtigsten Liebhabern zählen: Joe Fanelli (1978, Barmann und später Freddies Assistent und Koch), Tony Bastin (1979, DHL-Kurier aus Brighton), Thor Arnold (1980, Krankenpfleger in New York), Peter Morgan (1981, britisches Model), Vince Gioielli (1982, Barkeeper aus Los Angeles), Bill Reid (1982, kein klares Berufsbild, aus New York), Winnie Kirchberger (1982, Wirt und Koch aus Österreich, lebt in München) und Jim Hutton (1985, Friseur in London).

In New York hat Freddie einen festen Freundeskreis, den er »The New York Daughters« nennt. Dazu gehören Lee Nolan, der als Kellner in einem italienischen Restaurant arbeitet, sowie Joe Scardilli und John Murphy, die als Flugbegleiter ihr Geld verdienen.

Eine Ausnahme betreffend Ausbildung, Beruf und Augenhöhe bildet Freddies erster Liebhaber in London, David Minns. Die beiden lernen sich schon 1975 kennen. Freddie ist da noch nicht der internationale Superstar, »Bohemian Rhapsody« noch nicht erschienen und David ein im Showbiz gut vernetzter und ambitionierter Werbefachmann in leitender Funktion bei Elektra Records. Freddie spürt, dass er von David profitieren kann. Die beiden kommen sich näher, aus der Männerfreundschaft wird Liebe, aber es dauert einige Zeit, bis Freddie sich Mary Austin gegenüber privat outet. 1976 drängt David auf ein öffentliches Coming-out. Er will seine Beziehung zu Freddie nicht länger geheim halten und stellt ihm ein Ultimatum: Outing oder Trennung. Aber Freddie lehnt das Outing ab und nimmt die Trennung in Kauf. Denn vieles spricht dagegen, seine Beziehung zu David Minns öffentlich zu machen: sein Elternhaus, das nichts ahnt; seine religiöse Prägung; die Interessen der Schallplattenindustrie; und vor allem die in vielen Ländern strengen gesetzlichen Bestimmungen. Statt sich zu outen, macht Freddie das, was er bis an sein Lebensende sehr gekonnt praktizieren wird: Er sublimiert Lust und Schmerz in seinen Songs und kokettiert in den Medien mit seiner Sexualität. Bereits 1976 sagt er dem Journalisten James Johnson vom *Evening Standard*: »Mein Sextrieb ist enorm. Ich schlafe mit Männern, Frauen, Katzen – was auch immer. Ich gehe mit egal was ins Bett! Mein Bett ist so groß, da passen bequem sechs rein.«

Ein Jahr nach dem Ultimatum macht David Minns Schluss. Freddies Verhalten ist für ihn nicht akzeptabel. Das Ende der Beziehung ist allerdings langwierig. Offenbar leidet letztlich Minns deutlich mehr unter der Trennung als Freddie, vor allem als Queen-Manager Jim Beach Minns auffordert, schriftlich zu bestätigen, dass er keinerlei Ansprüche an Freddie stellen und nicht an die Presse gehen wird. Das macht Minns fertig. Freddie ist in der Stadt, lässt sich wenige Kilometer entfernt von Stafford Terrace, dem gemeinsamen Zuhause, die Haare richten, aber den *dirty job* lässt er seinen Manager erledigen. Bevor Minns aus der Stafford Terrace auszieht, unternimmt er einen Suizidversuch.

Es gibt plötzliche Momente größter Arroganz und Skrupellosigkeit in Freddies Privatleben. Das Ende seiner Beziehung zu Minns ist ein entscheidender Moment in seinem Liebesleben, auch wenn ihr Verhältnis schon lange nicht mehr auf Augenhöhe läuft. David erscheint neben Freddies wachsendem Größenwahn – »I won't be a rockstar, I'll be a legend« – zunehmend als gewöhnlicher PR-Mann, der zudem acht Jahre jünger als der Rockstar ist. 1992, kurz nach Freddies Tod, schreibt David Minns gemeinsam mit David Evans ein Buch über seinen Ex-Lover, das Evans fünfzehn Jahre später, kurz nach Minns Tod, unter dem Titel *This Was the Real Life: The Tale of Freddie Mercury* als aktualisierte und erweiterte Fassung wiederveröffentlicht. Dabei berücksichtigt Evans auch die bislang unveröffentlichten Manuskripte, an denen Minns bis zu seinem Tod geschrieben hat.

David Minns ist sich sicher, dass Freddie den Song »You Take My Breath Away« für ihn geschrieben hat. Queenologen ordnen das Lied aber eher Mary Austin zu. Ähnliches gilt für »Love of My Life«. John Reid, von 1975 bis September 1978 Manager von Queen, äußert sich mehrfach dazu: Reid ist sicher, dass der Song Minns gewidmet ist.

Minns' Absicht, seine Memoiren von 1992 zu vervollständigen, bleibt unerfüllt. Er stirbt 2007 mit nur dreiundfünfzig Jahren. Trotzdem bietet das von Evans wiederveröffentlichte, kommentierte und ergänzte Fragment den vielleicht besten Einblick in Freddies Gefühls- und Liebesleben. Nirgends sonst werden seine Schwierigkeiten bei der Partnerwahl so umfassend geschildert.

Während des Jahreswechsels in New York 1978/79 reift bei Freddie die Überzeugung, dass ein Imagewechsel für ihn und die Band angesagt ist. Freddie orientiert sich mithilfe des *Spartacus Guide* jedes Jahr neu: Die Bars und Clubs, die er dadurch findet, werden von Männern besucht, die ganz anders gekleidet sind, als er es gewohnt ist. Es setzt ein Umdenken ein. Freddie verabschiedet sich bereits Ende 1977 von schwarz lackierten Fingernägeln, von Mascara und Rouge, von Zandra-Rhodes-Gewändern, weitgehend auch von Eyeliner und einige Zeit später auch von den hautengen Trikots und den Ballettschuhen, die er so gerne bei Konzerten trägt.

Am 29. Oktober 1977 findet die Premiere des Films *Die Konsequenz* nach der autobiografischen Romanvorlage des Schweizer Schauspielers und Schriftstellers Alexander Ziegler statt: Regie Wolfgang Petersen, Produktion Bernd Eichinger. Bei der Erstausstrahlung in der ARD am 8. November boykottiert der Bayerische Rundfunk den Film, obwohl es sich um eine bereits zensierte Fassung handelt. Die Wirkung des preisgekrönten Films ist groß und führt zu Outings und Selbstfindungen. Fortan ist Ziegler bis zu seinem Tod 1987 einer der meistgelesenen schwulen Schriftsteller deutscher Sprache.

Als erstes neues Accessoire kommt bei Freddie im November 1977 während der *News of the World*-Tour die schwarze Lederjacke (und abwechselnd die schwarze PVC-Jacke) zum Einsatz. Später ergänzt durch eine schwarze Bikercap. Freddie trägt die neue Joppe zu engen Gymnastik-Trikots, was für einen starken Kontrast sorgt: Rocker trifft auf romantischen Tänzer. Ein modischer Mischmasch entsteht. Freddie ist auf der Suche nach dem adäquaten Image. Mark Hayward hat diese Übergänge in seinem Bildband *Queen. On camera, off guard* dokumentiert. Darin sind rare Fotos von Alan Ballard zu sehen, die Freddie bei seinem ersten Aufenthalt in Montreux im Sommer 1978 zeigen.

Dort befindet sich das später berühmt gewordene »Duck House«. Das Holzhaus im Chalet-Stil auf gemauerten Stelzen ist ein fotogenes Motiv. Die große und luxuriöse Wohnung selbst befindet sich etwa zwanzig Meter dahinter in einer modernen Anlage direkt am Strand von Clarens an der Rue de Lac 165. Am Ufer des Genfer Sees entlang beträgt die Distanz zu den Mountain Studios dreieinhalb Kilometer in Richtung Nordwesten. Es gibt verschiedene Erklärungsansätze, warum das dort entstandene Album *Jazz* heißt. Denn Jazz ist darauf wirklich nicht zu hören.

Eine mögliche Erklärung könnte die Tatsache sein, dass Europas berühmtestes Musikfestival seit 1967 einmal im Jahr in der Schweiz stattfindet und trotz seines Namens »Montreux Jazz Festival« weit mehr bietet als Jazz. Der Festival-Gründer Claude Nobs (»Funky Claude«, wie ihn Deep Purple in ihrem

Song »Smoke on the Water« nennen) ist schwul und weltoffen, und seine Käse-Fondues oben in seinem Chalet über dem See sind legendär. Auch Freddie zieht hier wie unzählige andere Größen der Musikbranche genüsslich Käse-Fäden und staunt über die Qualität der Westschweizer Weißweine. Er lernt, wie man die Bombe macht: Das Brotstück wird zuerst in das mit Schweizer Kirschwasser gefüllte Schnapsglas getaucht und danach in den Käse. Die Geschmacksexplosion im Mund ist einzigartig.

Peter Straker, einer von Freddies besten Freunden, kommt ebenfalls in den Genuss von Claudes Fondue. Peter lebt heute in London. Wir telefonieren im Februar 2021. »Ja, Freddie kannte Claude. Claude kannte alle Musiker, die sich in und um Montreux aufhielten.« Das Casino ist für Claude so etwas wie sein zweites Wohnhaus. Er schaut oft in den Mountain Studios vorbei, um zu sehen, wer dort gerade an neuem Material arbeitet. Queen treten nie im Rahmen des Montreux Jazz Festivals auf; dafür spielen sie 1984 und 1986 jeweils im Frühjahr beim Festival Rose d'Or in Montreux, dem Claude Nobs als Beobachter und inoffizieller Berater verbunden ist.

Straker erklärt, was die Arbeit in Montreux und München voneinander unterscheidet: »Ich habe 1979 in den Mountain Studios mit meiner Band das Album *Real Natural Man* aufgenommen. In Montreux war nachts nichts los. Dann sind wir nach München gegangen, um mit Mack in den Musicland Studios einige Stücke noch mal aufzunehmen und das Album abzumischen. Der Aufenthalt dauerte etwa zwei Wochen. In München sind wir ständig ausgegangen. Verglichen mit Montreux war das ein Unterschied wie Tag und Nacht. München war eine Traumwelt der Freude.«

In München spielt Peter Straker mit seiner Band 1979 eine Woche lang jeden Abend im Marienkäfer. Es ist ein

Zwischenspiel; in London ist er davor und danach in der Westend-Inszenierung des Musicals *Tommy* von The Who zu sehen. »Das war hektisch im Marienkäfer. Wir kamen in München an, und die erste Show fand schon am selben Abend statt. Aber das Publikum war fantastisch. Es reisten sogar Leute aus Frankreich an, um uns zu sehen. Sie waren alle verkleidet, sie wussten, dass ich das mochte. Es waren Zirkusleute dabei, Mimen, Schauspieler. Sie warfen Tulpen und Rosen auf die Bühne. Ich performte manche Stücke auf High Heels. Etwas entspannter waren im Jahr darauf die Arbeiten im Studio. Wir nannten das Studio ›Mackland‹. Es war eine tolle Zeit. Und wir gingen danach fast jede Nacht ins Sugar Shack. Ich bin Tennis-Fan, und Vitas Gerulaitis war dort. Wir haben uns oft im Shack getroffen. Auch Jeff Lynne von ELO war da. Für mich war das ein guter Treffpunkt in der Kunst- und Sportwelt. Wir gingen spät nach der Arbeit ins Shack, dann blieben wir bis zum Morgen, und nachmittags ging es wieder ins Studio. Ich kann mich aber nicht erinnern, wo wir damals übernachteten. Jahre später mit Freddie war ich im Hilton. Ich habe davon sogar noch Erinnerungsstücke aus dem Hotel. Und Freddie stellte mir Barbara Valentin vor. Ich habe die beiden mehrfach in München und dann in London begleitet. Ich flog oft von London nach München, nur für ein paar Tage. Freddie liebte München nicht nur wegen des Nachtlebens und der Mackstudios. Da war auch die Geschichte der Stadt, die Schlösser, die Lebensart. Freddie war sehr europäisch und sagte, er fühle sich so frei in München. Und mit Barbara und Winnie hatte er das Beste aus beiden Welten – aus allen Welten.«

Auf den Duck-House-Fotos von Alan Ballard im Sommer 1978 trägt Freddie hautenge schwarze Lederhosen mit Hosenträgern. Darüber die schwarze Lederjacke samt Bikercap. Der

Schnurrbart fehlt noch, genau wie das Nieten-Oberarmband. Hier, in der Schweizer Abgeschiedenheit, testet Freddie erstmals sein neues Outfit.

Bei der US-*Jazz*-Tournee im Herbst 1978 tritt er dann in schwarzem PVC und mit Bikercap auf, dazu dunkelgraue Baumwollsocken und weiße Ballettschuhe – aber immer noch ohne Schnauzer. Die Verwandlung vollzieht sich schrittweise. Bis auf Brian tragen in Montreux und danach auf der US-Tour alle Bandmitglieder kurze Haare, was sie in Bayern weiter pflegen werden. Friseure und Frisuren sind wichtig für Freddie.

Imagetechnisch ist es eine Übergangszeit (Ballettschuhe und schwarzer Lack) für Freddie hin zu einem fest definierten Outfit (kurze Haare, Schnauzer und keine Ballettschuhe mehr), das erst an der Isar seine endgültige Form finden und dann bis zu Freddies Tod fast durchgehend Bestand haben wird. Auch beim allmählichen Imagewandel von Queen ist Freddie der Motor; die anderen passen sich zögernd an.

Die Stimmung in den New Yorker Schwulen-Clubs Ende der Siebzigerjahre fängt der Film *Cruising* von William Friedkin gut ein. Der Thriller mit Al Pacino wird 1979 teilweise in der Lederszene von New York gedreht und sorgt schon im Vorfeld für großes Aufsehen. Aktivisten befürchten, dass Schwule stigmatisiert werden sollen, und stören die Dreharbeiten. Ihre Kritik: Der Film könnte in der Öffentlichkeit den Eindruck erwecken, schwules Leben bestehe hauptsächlich aus der Lederszene, auf die sich der Film konzentriert.

Friedkins Wunschlokal für die Innenaufnahmen ist dann auch das berüchtigte Mineshaft im Meatpacking District von Manhattan. Hier, zwischen Fleischfabriken, Nachtclubs, Dealern, Prostituierten und Strichern, in einem Bezirk, der fest in der Hand der Mafia ist, herrscht eine extreme

Atmosphäre. Hier entfalten sich die Gay Community der Ostküste und die BDSM-Szene. Friedkin holt sich schon in der Drehbuch-Phase Rat bei Mafia-Mitgliedern und der Leder-Community.

Allerdings wird ihm im Mineshaft – denn der Club setzt Mitgliedschaft voraus – keine Drehgenehmigung erteilt. Friedkin bleibt aber im Schlachthofviertel, dreht die Außenaufnahmen rund um das Mineshaft und weicht für die Innenaufnahmen in den nahe gelegenen Heavy-Leather-BDSM-Club Hellfire aus, der durch eine neue Dekoration ins Mineshaft verwandelt wird. In vielen Szenen, die nicht im finalen Film landen, um dem Vorwurf der Pornografie zu entgehen, sieht Pacino im Club neugierig Männern beim Sex zu. Später wollte Friedkin diese herausgeschnittenen Szenen für einen Dokumentarfilm verwenden. Sie existierten jedoch nicht mehr; möglicherweise wurden sie von der Produktionsfirma vernichtet. Kleine Passagen davon sind aber auch in der veröffentlichten Fassung enthalten (der Film bekam bei seinem Erscheinen die FSK-Freigabe ab 18, heute ist der Film ab sechzehn Jahren freigegeben).

Die entsprechenden Filmpassagen bieten einen realistischen Eindruck von Freddies gelegentlicher Freizeitbeschäftigung in Prä-Aids-Zeiten (und wohl auch später noch). So wird Al Pacinos Figur beispielweise im Club zum Tanz aufgefordert. Dicht aneinandergedrängt bewegen sich leicht bekleidete und schwitzende junge Männer zur Musik. Viele tragen den Look, den sich Freddie später zu eigen machen wird – »moustache, short hair, leathers«: Lederjacken, Ledercaps, Unterhemden, Lederhosen, Lederstiefel, Arm- und Halsbänder mit Nieten, Schnauzer, kurze Haare. Ein Tänzer riecht an einem Taschentuch und reicht es Pacino, der es ihm nachmacht. Die beiden pushen sich mit Poppers (Amylnitrit), um ihre Empfindungen zu verstärken, die Potenz zu steigern, um ihren Schließmuskel für den folgenden Analverkehr zu lockern und den möglichen Schmerz zu lindern. Poppers sind noch heute ein beliebtes Rauschmittel unter Schwulen. Der Besitz ist erlaubt, der Handel verboten. In Discotheken und Sex-Shops wird damit gedealt. Die Party-Droge wirkt gefäßerweiternd und sorgt für Flashs ohne Halluzinationen.

Pacino sieht sich um. An die Wand gelehnt stehen Mauerblümchen und vielleicht auch der Serienkiller des Films mit einer Ledermaske. In dafür vorgesehenen Zonen treiben es mehrere Männer gleichzeitig miteinander. Al tanzt intensiver und konzentrierter, wirkt angespannt und wird gleichzeitig immer geiler. Wie Pacinos Figur tastet sich auch Freddie an diese geheimnisvolle Welt heran, jedoch meistens nicht alleine, sondern mit seiner Entourage. Undercover ist der schmächtige und unauffällige Sänger aber in gewisser Weise trotzdem unterwegs: Queen haben es in den USA mit ihren Platten noch nicht bis an die Spitze der Charts geschafft. Das wird sich erst nach ihrem Aufenthalt in München ändern.

Während Freddie in New York im Winter '78/'79 wochenlang die *Spartacus*-Tipps testet – darunter auch das Anvil, in dem Lou Reed Stammgast ist –, läuft ein Song in Dauerschleife: »Y.M.C.A.« von den Village People erscheint im Oktober 1978 und wird zum weltweiten Hit. Er gilt heute noch als einer der erfolgreichsten Disco-Songs aller Zeiten. Als Joe Biden im November 2020 als designierter Präsident feststeht, feiern ihn seine Anhänger überall in den USA, indem sie in den Straßen neben anderen Liedern auch »Y.M.C.A.« singen und dazu tanzen. Freddie ist 1978 nicht nur vom Erfolg des Songs beeindruckt, sondern vor allem von der Mehrdeutigkeit der

Aussage und der Selbstdarstellung der Band. Den Village People gelingt die Wanderung auf dem schmalen Grat, auf dem auch Freddie sich spätestens seit seiner Münchner Zeit bewegt: Das Mainstream-Publikum begeistert sich für Songs, mit denen sich Schwule identifizieren können. Als die Village-People-Produzenten die Band zusammenstellen, lautet der Text der Anzeige: »Macho types wanted: Must dance and have a moustache.« Beim »Y.M.C.A.«-Video fehlt nur beim amerikanischen Ureinwohner der Schnurrbart.

Die Village People bieten viele Möglichkeiten der Identifikation: ein Biker, ein Bauarbeiter, ein Cowboy, ein Soldat und ein Native American. Leadsänger und Frontmann ist der Co-Autor des Songs und Mitbegründer der Band Victor Willis, der auch im Videoclip den Takt angibt (er ist der Polizist). »Y.M.C.A.« ist die erfolgreichste Single in der langen Karriere der Village People und eine Auskopplung aus dem Album *Cruisin'*. »Cruising for sex« ist ein feststehender Begriff und bezeichnet das Herumgehen oder -fahren auf der Suche nach Sexpartnern. Oft werden One-Night-Stands daraus. Friedkins Film und die Romanvorlage spielen mit der Doppeldeutigkeit des Wortes auch in Bezug auf die Polizei.

Eine Person erregt im Anvil besonders Freddies Aufmerksamkeit: Village-People-Mitglied Lee Mouton, der Ledermann mit dem großen Hufeisen-Schnauzer. Dessen Outfit kristallisiert sich für Freddie als zukunftsweisend heraus. Dazu kommen seine Sympathien für schnauzbärtige »Marlboro Man«-Darsteller. Freddie beginnt in dieser Phase auch selbst zu rauchen – natürlich Marlboro, erst die roten, dann die weißen. (Unter den maskulinen Marlboro-Männern fällt die Ikone Robert Norris besonders auf. Er ist allerdings Nichtraucher, was lange verschwiegen wird. Norris, einer der wenigen echten Cowboys, die für die Zigarettenmarke werben, stirbt 2019 mit neunzig Jahren.)

In München wird Freddie zum starken Raucher. Er entscheidet sich dann aber gegen die Macho-Marke und für die eher ausgefallene Tabaksorte Silk Cut. Er raucht auch nicht männlich-lässig wie Humphrey Bogart, sondern eher kapriziös-verführerisch wie Lauren Bacall. Sein bevorzugter Tabak und seine Art, am Glimmstängel zu ziehen, zeigen Freddies Ambivalenz. Hardrock? Ja. Ballett und Oper? Auch. Macho? Natürlich. Graziös und feminin? Selbstverständlich. Selten zündet er seine Zigarette selbst an. Meistens gibt ihm jemand aus der Entourage Feuer. Manchmal raucht er aber auch Kette und steckt sich eine Zigarette an der anderen an. Sein Assistent Peter Freestone schätzt, dass es in den Münchner Jahren von 1979 bis 1986 etwa vierzig Zigaretten und mehr am Tag sind. Freddie raucht zunächst Silk Cut Purple, erst spät weicht er auf die etwas schwächeren gelben Silk Cuts aus. Die vergleichsweise unbekannte Marke fällt durch das edle Design unter Verwendung der Farben Lila und Gelb auf.

Freddies Lieblingsfarbe ist zwar Gelb, aber je nach Jahreszeit und Stimmung bevorzugt er auch andere Farben. Rot und Lila gehören dabei stets zu seinen Favoriten. Dazu ziert jede Silk-Cut-Packung ein Wappen, das dem Queen-Logo ähnelt; statt der Löwen befinden sich zwei Pferde links und rechts des Schildes, darüber thront die Krone.

Silk Cut, Freddies Zigarettenmarke in den Münchner Jahren.

Die Marke Silk Cut wird der Öffentlichkeit 1963 vorgestellt. Sie schafft den großen Durchbruch nicht, hält sich aber bis heute. Manche Männer, die Silk Cut Purple rauchen, wollen Ästheten, Kenner oder Feinschmecker sein und manchmal auch androgyn wirken.

Anfang der Achtzigerjahre raucht Freddie Kette bei Interviews, um die Nervosität zu bekämpfen oder seine Konzentration zu erhöhen. Zudem ist er davon überzeugt, dass durch das viele Rauchen seine Stimme interessanter klingt.

MIT QUERRIEGEL

Ende 1978 promoten Queen das am 10. November erschienene Album *Jazz* mit Auftritten in den USA, Kontinentaleuropa, Japan und schließlich auch in Großbritannien. »Queen, die Könige im Hard-Rock-Reich? Queen, nur dekadenter Romanismus? Queen – Freddie Mercury, eine Stimme wie ein Orchester!« So wird während einer Reportage in der Sendereihe *Musicbox* im deutschen Fernsehen der *Melody Maker* zitiert. Anlass: die vierte Deutschland-Tour von Queen begleitend zum neuen Album mit den darauf enthaltenen neuen Krachern »Fat Bottomed Girls« und »Let Me Entertain You« sowie den als Singles ausgekoppelten Hits »Bicycle Race« und »Don't Stop Me Now«.

Letzterer erscheint exakt bei Queens Ankunft in München am 9. Februar 1979. Das Timing wirkt wie ein Zeichen: München wird wenig später der Ort sein, wo Freddie die Stimmung dieses Songs in Taten umsetzen wird: *Pleasure, indulgence, hedonism, ecstasy*.

Psychologen haben die Wirkung von »Don't Stop Me Now« untersucht: Laut Jacob Jolij, kognitiver Neurowissenschaftler an der University of Groningen, erreicht kein anderer Rocksong eine vergleichbar euphorisierende Wirkung. »Freddie hat die Kerze an beiden Enden angezündet. Und in der Mitte«, sagen Freddies Freunde, wenn es um das ausschweifende Leben des Rockstars geht. Damit sind das Feierbiest, der Alkohol- und Drogen-Konsument und der Erotiker gemeint. »I'm a sex machine ready to reload/Like an atom bomb about to explode«, singt er in »Don't Stop Me Now«. »I'm floating around in ecstasy (…) I'm a rocket ship on my way to Mars/On a collision course/I'm a satellite, I'm out of control (…) I wanna make a supersonic woman of you«, textet er beim Versuch, seiner Lebenslust und virilen Potenz sprachlich Ausdruck zu verleihen. Und natürlich fehlt nicht die Variante: »I wanna make a supersonic man out of you.« (Immer wieder singt er direkt und unmissverständlich: »I want.« »I want to ride my bicycle«, »I want to break free«, »I want it all«.)

Die Single wird in Großbritannien der erste Top-Ten-Erfolg für Queen seit 1977. Die Band macht Druck: Sie will es wissen, will wieder ganz an die Spitze. Die *Jazz*-Tour wird die längste in Europa, die Queen jemals absolvieren. Alleine in Deutschland gibt es elf Konzerte. Aus Aufnahmen von diesen Konzerten wird anschließend das erste Doppel-Live-Album *Live Killers* zusammengestellt. Es erscheint schon am 29. Juni 1979 und wird dadurch später auf der langen *Jazz*-Tour mitpromotet.

Die beiden Münchner Konzerte im Westpark in der Rudi-Sedlmayer-Halle [14] am 10. und 11. Februar 1979 sind eine ideale Gelegenheit für den Südfunk Stuttgart, im Rahmen der Sendereihe *Musicbox* (nicht zu verwechseln mit dem 1984 gegründeten Kabelsender) ein Feature zu drehen. Von 1972 bis 1974 hieß das Gebäude noch Olympische Basketball-Halle, von 1974 bis 2011 dann Rudi-Sedlmayer-Halle, heute Audi Dome. Moderator Thomas Gottschalk ist mit dem Kamerateam des Südfunk Stuttgart schon am ersten Tag von sieben Uhr früh bis nach Konzert-Ende vor Ort. Er stellt fest: »Der

Aufwand wird immer größer.« Die Dokumentation zeigt eine Materialschlacht. Licht, 430 000 Watt: Wie ein Pizza-Ofen schweben die Spots über der Bühne. Pizza-Ofen nicht nur wegen der Hitze, die die für damalige Verhältnisse gigantische Konstruktion ausstrahlt, sondern auch wegen der Farben der Spots: vornehmlich Grün, Hellorange und Rot, was an die italienische Flagge erinnert. Der für München verantwortliche deutsche Chef-Roadie Bernie erklärt, dass mit der dafür benötigten Energie zehn Einfamilienhäuser vier bis sechs Wochen lang geheizt und mit Strom versorgt werden könnten. Die Soundanlage schätzt Bernie auf 26 000 Watt. »Die Musik ist ganz anders als die von anderen Gruppen. Man kann kaum sagen, warum«, sagt Gottschalk, zeigt als Beispiel das »Somebody to Love«-Video und interviewt dann Trip Khalaf, den britischen Soundmixer. Das seien ja wohl mehr als vier Stimmen, mutmaßt Gottschalk. »Wir haben viele Geräte, um mehr Stimmen daraus zu machen. Mit diesem Delay-Revox-Tonband kann ich die Stimmen verdoppeln, dann sind es acht. Dann haue ich den Harmonizer rein, dann sind es noch mal acht. Ich bekomme etwa zwanzig Stimmen aus diesem Gerät«, sagt Trip. Playback gebe es aber während des Konzerts nur eins, nämlich bei »Bohemian Rhapsody«, und da befinde sich die Band gar nicht auf der Bühne. Alles andere sei live.

Gottschalks Sendung ist wie ein Countdown gestaltet. Drei Stunden vor Konzertbeginn ist der Aufbau komplett. Das *Jazz*-Logo ziert die Bassdrum. Gottschalk steht jetzt unter dem Pizza-Ofen, klagt über die Hitze und spricht mit dem Verantwortlichen für die Lightshow. »Jeder Abend ist anders. Das hängt von der Band ab, wie sie spielt und wie sie drauf ist, und auch vom Publikum, wie es mitgeht«, so der britische Licht-Techniker. Klar, grundsätzlich sei der Ablauf gleich, aber dann gebe es doch jeden Abend viele Abweichungen.

Thomas Gottschalk ist da seit 1976 beim Bayerischen Rundfunk angestellt. Alle, die sich in Bayern für Rockmusik interessieren, kennen seine Sendung *Pop nach acht* auf Bayern 3. Zudem moderiert er seit 1976 die Musik-Clip-Sendung *Szene* in der ARD. Seine Stimme hat im Rock-Sektor Gewicht, und sein Gesicht wird in der Republik immer bekannter. Gottschalk lässt sich knackige Formulierungen einfallen, um Queen in dieser Sondersendung zu präsentieren. Er stellt die Bandmitglieder mit Fanfarenklängen im Hintergrund vor: »Durch die Hintertür auf die Bühne geschlichen: The Queen! Roger Taylor, geboren am 26. Juli 1949 in Norfolk, 1,78 groß, blonde Haare, blaue Augen. John Deacon, geboren am 19. August 1951 in Leicester, 1,83 groß, dunkelbraune Haare, graugrüne Augen. Brian May, geboren am 19. Juli 1947 in London, 1,85 groß, dunkelbraune Haare, haselnussbraune Augen. Freddie, der Leadsänger und der Star der Gruppe: Freddie Mercury, geboren am 5. September 1946 als Frederick (sic!) Bulsara in Sansibar, 1,75 groß, schwarze Haare, haselnussbraune Augen. Wenn Mick Jagger das alte Sexsymbol war, dann ist Mercury das neue. Er vermag seine Stimme variantenreich einzusetzen, er besitzt eine fast charismatische Ausstrahlung und ist einer der wenigen wirklichen Rock-Entertainer. Die Gruppe beweist, dass es den vielbeklagten Bruch zwischen dem Hard- und dem Soft-Rock bei Queen nicht gibt. Ihre Songs sind mal hart, mal weich, ohne dass sich die Gegensätze beißen. Es gibt Operetten-Anleihen und kanonartige Vokalharmonien und auch mal ein Vaudeville-Klavier. Doch die klassischen Elemente werden mit rasanten Rock-Kombinationen versetzt, mal dudelt auch antiquierte Jahrmarktmusik. So sind die Queen-Kompositionen von subtiler Schönheit, von konzertanter oder gar symphonischer Struktur. Und Queen scheint noch eine Menge im Busch zu haben.«

Der Soundcheck wird durch eine Programmänderung überraschend aufgelockert. Mädchen in Badeanzügen radeln über die Bühne und wippen zum Rhythmus von »Fat Bottomed Girls«. Gottschalks Kommentar: »Die Girls radelten redlich, doch der Gag war am Abend wenig erfolgreich.« In der Tat: Während der Show sind die Mädchen oben ohne. Die Medien in München berichten, und das Ordnungsamt schaltet sich ein. Die nächste Show läuft ohne Girls auf Fahrrädern ab. Bemerkenswert: Während der gesamten *Jazz*-Tour findet diese Einlage nur zweimal statt, einmal am 17. November 1978 im Madison Square Garden in New York und einmal in München. Freddie scheint die bayerische Frivolität zu gefallen. Bei den Proben hat er sichtlich Spaß zwischen den Halbnackten, dirigiert sie im Kreis und gibt schmunzelnd den Takt vor.

Es gibt aber auch Kritik an der *Jazz*-Tour in Deutschland. Der Reporter Hermann Haring schreibt im *Musikexpress* vom März 1979: »Hohl und seelenlos wie die Lichtmaschinerie donnert die Musik (…) Eine tragische Entwicklung, in die Queen da hineingeraten sind.« Auf einer Doppelseite mit der Überschrift »Queen: Heldentod im Lichtgewitter« macht sich die Redaktion schon in der Einleitung lustig über die Queen-Shows: »Musikalisch passierte nicht viel auf dieser Tournee – geboten wurden Queens greatest hits, dazu ein Querschnitt durch die neue LP ›Jazz‹. Aufsehenerregender war dagegen die gewaltige Lichtanlage, die die vier Musiker mit immer neuen Strahlenschauern bombardierte. Hermann Haring, der Queen in Hamburg erlebte, hatte dummerweise seine Sonnenbrille zu Hause gelassen.« Daraufhin betont Haring zunächst mit ironischem Unterton das Positive: Queen gehe es doch ganz gut. Die Band habe mit ihrem schwergewichtigen, aber melodiösen Rock und den dazu kontrastierenden artistischen

MIT QUERRIEGEL

Gesangssätzen die populäre Musik der Siebzigerjahre bereichert. »Sänger Freddie, der unübertreffliche Narziss, hat dem Rock-Volk mit seinen eigenwilligen Kostümen und seinem vollen Brusthaar (ist's nun ein Toupet oder nicht oder doch?) immer auch einen Augenschmaus geboten.« Die Popularität von Queen habe Anfang 1979 einen neuen Höhepunkt erreicht, vor allem auch in Deutschland, wo *Jazz* gerade in die Top Ten der Charts eingezogen sei. Auch der Rubel rolle bei Queen, die sich nun selbst managen. Aber dann folgt der Verriss: »Queen in Konzert, das war diesmal eine frustrierende Angelegenheit. Die Musik, die aus den Boxen donnerte, hatte kein Feeling und erzeugte nicht mal einen Funken jenes Feuers, das bei einem echten, aufrichtigen, emotionsgeladenen Rockkonzert in jedem Hörer abbrennt, der mit Musik großgeworden ist.« Queen '79 seien zwar technisch brillant, Schwingungen gleicher Wellenlänge auf der Bühne und im Publikum, Musik als Medium für emotionale Botschaften habe man aber vergeblich gesucht.

Im Interview für *Musicbox* will Thomas Gottschalk wissen, ob die ganze Queen-Show Eigenbau sei oder ob ein Regisseur mit im Spiel ist. »Unsere Show, das sind wir. Wir machen die Show ganz alleine, Choreographie, Licht, alles«, reagiert Freddie sofort. Gottschalk weist darauf hin, dass andere Bands gerade den Aufwand wieder reduzieren. »Weniger werden wir nicht machen«, erwidert Roger selbstbewusst. »Unsere Show ist sowohl zum Sehen als auch zum Hören gedacht, und wir machen eine gute Show.« Gottschalk spricht das veränderte Bühnenoutfit an. Die wallenden Kostüme sind passé. Freddie trägt hautenge schwarze Lederhosen und unter der schwarzen Lederjacke ein T-Shirt. Die Haare trägt er kurz. Der Schnauzer fehlt noch. »Der individuelle Charakter kommt jetzt durch. Jetzt ziehen wir uns so an, wie wir es schon immer wollten«, sagt Freddie. Später dann, während des Konzerts, kontrastiert Freddie allerdings mit Brian, der im zweiten Teil der Show immer noch ein Gewand von Zandra Rhodes trägt. Gottschalk fragt, ob es überhaupt möglich sei, so einen großen Betrieb ohne Manager zu leiten. »It's a wonderful feeling«, sagt Freddie, und John bestätigt: »Wir sind unsere eigenen Bosse. Es ist natürlich schwerer. Wir müssen viele Entscheidungen selbst treffen, auch geschäftlich. Aber wir fühlen uns wohler, und es klappt.« Einen Tipp aus Freddies berufenem Mund für Newcomer, die selbst in Bands spielen, wünscht sich Gottschalk zum Schluss. Und er bekommt ihn: »Niemanden kopieren und an dich selbst glauben. Wenn du anfängst, ist es immer sehr schwierig. Man wird immer mit anderen verglichen. Egal, wie sehr man es versucht. Uns ist es auch so ergangen. Deshalb ist das Wichtigste, an sich selbst zu glauben.«

Mit schwarzer Biker-Kappe eröffnet Freddie dann das Konzert: »Hello Munchen! Ist alles klar? Feeling alright? Ready to rock? Are you ready to roll? Okay, let's goooooo!« Das T-Shirt fehlt. Stattdessen sorgen rote Hosenträger auf nacktem Oberkörper für Halt. Später kommentiert Gottschalk die Konzertbilder aus dem Off mit reichlich Pathos: »›Bohemian Rhapsody‹. Das Playback, eingebettet in ein furchteinflößendes Licht- und Qualmspektakel, hat eine

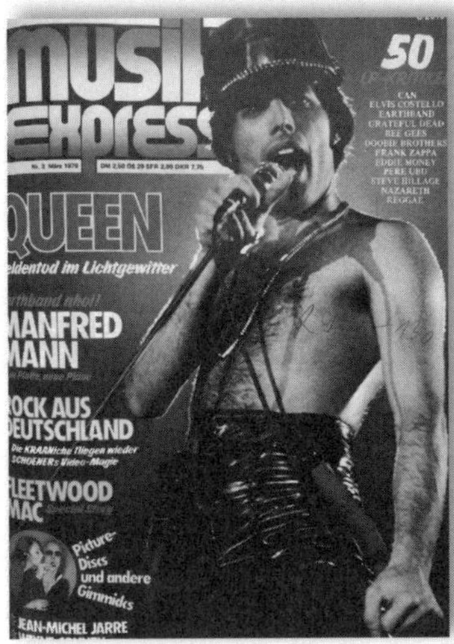

Freddie und Queen:
Die Titelstory im *Musikexpress*.

gewaltsame mythische Sprache«, worauf er mehrere Zeilen aus dem Song zitiert und dann darauf hinweist, dass das »der erfolgreichste Titel der Queen ist, der sich neun Wochen lang auf der Nummer eins der englischen Charts halten konnte«. Eine Kamera filmt vom entgegengesetzten Ende der Bühne nur knapp über Kopfhöhe: Das Münchner Publikum reckt die Arme und klatscht. Es erwidert mit Begeisterung Freddies »Yeah«-Schreie. Den Dialog zwischen Publikum und Sänger in der Extended Version des Songs »Now I'm Here« quittiert Freddie mit den Worten: »You passed the test.« Prüfung bestanden. In den ersten Reihen schreien vor allem junge Mädchen jede Phrase nach, die Freddie vorgibt. Sie schmachten den Frontmann an. Bei Balladen und vor den Zugaben hält das Publikum Tausende von Feuerzeugen in die Höhe und feiert frenetisch mit den vier Briten.

Für »We Will Rock You«, das inzwischen nicht mehr nur als Opener, sondern auch als Zugabe gespielt wird, trägt Freddie wieder die Kappe. Die Hosenträger hängen herab. Brian glänzt an der roten Gitarre, John leckt sich Zeige- und Mittelfinger, um Blasenbildung zu vermeiden, und Roger wird eins mit seiner großen Schießbude samt Gong im Rücken. Beim darauffolgenden und abschließenden »We Are the Champions« sitzt Freddie am Klavier und schmunzelt nach jeder Zeile, um dann aufzuspringen und dem Publikum den

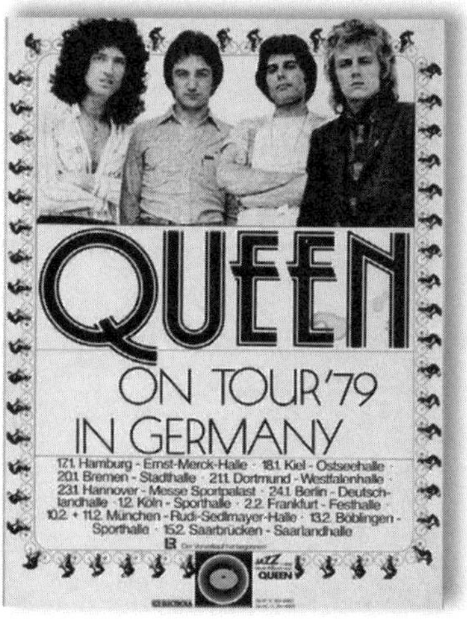

Beliebtes Souvenir: Queen umrahmt von Fahrraddamen.

letzten Wohlfühl-Kick für den Nachhauseweg zu geben. Die meisten Fans pilgern von dort aus als kleine »champions of the world«, manche mit Fahrradklingeln in ihren Jackentaschen, zur U-Bahn-Haltestelle Westendstraße und schnappen sich noch das Schwarz-Weiß-Poster »Queen on Tour '79 in Germany«, das von fahrradfahrenden Damen umrahmt wird.

Einige Fans spazieren am Abend darauf zum zweiten Mal diesen Weg entlang. Freddie fragt gleich am Anfang des Gigs vom 11. Februar, wer am Vorabend bereits da war. München ist auf der gesamten Deutschland-Tour die einzige Stadt, in der Queen zweimal auftreten. Nirgends verkaufen sie auf der *Jazz*-Tour so viele Tickets wie an der Isar, weder in Hamburg noch in Berlin oder Frankfurt. Und die Tickets sind nicht billig. Fans im Teenageralter beklagen sich: Zwischen siebzehn und zweiundzwanzig D-Mark kostet der Eintritt. Eine Bratwurst schlägt mit zwei Mark zu Buche, ein Becher Cola kostet 1,80 Mark, ein Programmheft vier D-Mark. Oft reichen das Taschengeld und der Lohn vom Zeitungsaustragen nicht für mehr als insgesamt vier oder fünf Konzerte im Jahr. Doch Queen-Fans wissen: Queen live, das ist das Beste.

Gerry Stickells, Tourmanager und Chef von fünfunddreißig Queen-Roadies, ist während dieser großen Europatour nervös und skeptisch. »Normalerweise beginnen wir Tourneen lieber in den USA. Dort spielen wir in größeren Hallen und können alles gut testen. Wenn wir dann nach Europa kommen, sind wir perfekt vorbereitet. Hier sind die Hallen manchmal zu klein. Viel ist mit dieser Tour nicht zu verdienen. Außerdem können wir die Licht- und Soundanlage nicht optimal einsetzen«, sagt Stickells in einer TV-Reportage des belgischen Fernsehens. Er ist verantwortlich für das gesamte Equipment inklusive der 359 Scheinwerfer, die mit einem Gewicht von über fünf Tonnen über der Bühne hängen, und natürlich auch für die vier Lastwagen, die von Stadt zu Stadt fahren. Der Auf- und Abbau dauert jeweils etwa acht Stunden. Dazu gehört auch die transportable Küche, für die zwei ausgebildete Köche aus London – Dennis und Dave – verantwortlich sind.

Stickells, ein gelernter Automechaniker, der in seinem Transporter schon mit Anfang zwanzig im Auftrag von Chas Chandler Jimi Hendrix samt Equipment durch die Lande fuhr und seit Mitte der Siebzigerjahre Queen betreut, stirbt 2019 in Los Angeles mit sechsundsiebzig Jahren.

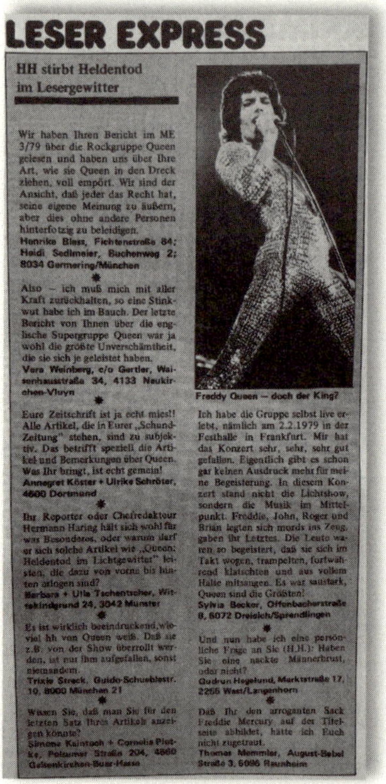

LESER EXPRESS

HH stirbt Heldentod im Lesergewitter

Wir haben Ihren Bericht im ME 3/79 über die Rockgruppe Queen gelesen und haben uns über Ihre Art, wie sie Queen in den Dreck ziehen, voll empört. Wir sind der Ansicht, daß jeder das Recht hat, seine eigene Meinung zu äußern, aber dies ohne andere Personen hinterfotzig zu beleidigen.
Henrike Bless, Fichtenstraße 84; Heidi Sedlmeier, Buchenweg 2; 8034 Germering/München

*

Also – ich muß mich mit aller Kraft zurückhalten, so eine Stinkwut habe ich im Bauch. Der letzte Bericht von Ihnen über die englische Supergruppe Queen war ja wohl die größte Unverschämtheit, die sie sich je geleistet haben.
Vera Weinberg, c/o Gertler, Waisenhausstraße 34, 4133 Neukirchen-Vluyn

*

Eure Zeitschrift ist ja echt mies!! Alle Artikel, die in Eurer „Schund-Zeitung" stehen, sind zu subjektiv. Das betrifft speziell die Artikel und Bemerkungen über Queen. Was Ihr bringt, ist echt gemein!
Annegret Köster + Ulrike Schröter, 4600 Dortmund

*

Ihr Reporter oder Chefredaktour Hermann Haring hält sich wohl für was Besonderes, oder warum darf er sich solche Artikel wie „Queen: Heldentod im Lichtgewitter" leisten, die dazu von vorne bis hinten erlogen sind?
Barbara + Ulla Tschentscher, Wittekindsgrund 24, 3042 Munster

*

Es ist wirklich beeindruckend, wieviel hh von Queen weiß. Daß sie z.B. von der Show überrollt werden, ist nur ihm aufgefallen, sonst niemandem.
Trixie Streck, Guido-Schuchblestr. 10, 8000 München 21

*

Wissen Sie, daß man Sie für den letzten Satz Ihres Artikels anzeigen könnte?
Simone Kainzoch + Cornelia Plotke, Polsumer Straße 204, 4660 Gelsenkirchen-Buer-Hassel

Freddy Queen – doch der King?

Ich habe die Gruppe selbst live erlebt, nämlich am 2.2.1979 in der Festhalle in Frankfurt. Mir hat das Konzert sehr, sehr, sehr gut gefallen. Eigentlich gibt es schon gar keinen Ausdruck mehr für meine Begeisterung. In diesem Konzert stand nicht die Lichtshow, sondern die Musik im Mittelpunkt. Freddie, John, Roger und Brian legten sich mords ins Zeug, gaben ihr Letztes. Die Leute waren so begeistert, daß sie sich im Takt wogen, trampelten, fortwährend klatschten und aus vollem Halse mitsangen. Es war saustark, Queen sind die Größten!
Sylvia Becker, Offenbacherstraße 8, 6072 Dreieich/Sprendlingen

*

Und nun habe ich eine persönliche Frage an Sie (H.H.): Haben Sie eine nackte Männerbrust, oder nicht?
Gudrun Hegelund, Marktstraße 17, 2255 Wast/Langenhorn

*

Daß Ihr den arroganten Sack Freddie Mercury auf der Titelseite abbildet, hätte ich Euch nicht zugetraut.
Thomas Memmler, August-Bebel-Straße 3, 6096 Raunheim

Heftige Leserreaktionen nach Queen-Kritik.

Der *Musikexpress* hat den Mumm, in der April-Ausgabe neun zornige Leserbriefe als Reaktion auf Harings Kritik abzudrucken, darunter den von Sylvia Becker aus Dreieich in Hessen: »Ich habe die Gruppe selbst live erlebt, nämlich am 2.2.1979 in der Festhalle in Frankfurt. Mir hat das Konzert sehr, sehr, sehr gut gefallen. Eigentlich gibt es schon gar keinen Ausdruck mehr für meine Begeisterung. In diesem Konzert stand nicht die Lichtshow, sondern die Musik im Mittelpunkt. Freddie, John, Roger und Brian legten sich mords ins Zeug, gaben ihr Letztes.

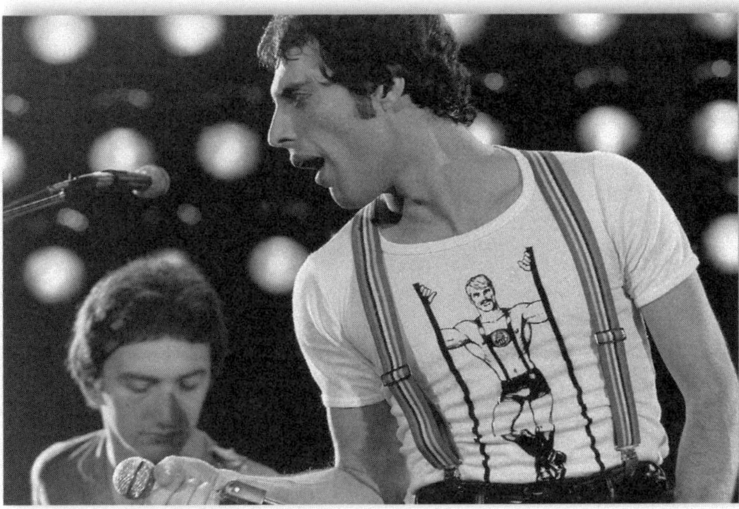

Freddie wirbt mit seinem T-Shirt, das er von Manfred »Lohengrin« Stavenhagen bekommen hat, für den »Münchner Löwen Club«.

Die Leute waren so begeistert, dass sie sich im Takt wogen, trampelten, fortwährend klatschten und aus vollem Halse mitsangen. Es war saustark, Queen sind die Größten!«

Freddie hat nach den beiden Konzerten in München am 12. Februar 1979 noch fast achtundvierzig Stunden Zeit, die Stadt zu erkunden, und wieder begeistert ihn, was er erlebt. Er besucht vermutlich jetzt schon, spätestens aber im Juni, die in der Schwulenszene beliebten Lokale: die Deutsche Eiche, den Ochsengarten und das Pimpernel. Er bekommt bei seinen Streifzügen ein T-Shirt geschenkt, das er beim Konzert in Saarbrücken trägt. Darauf prangt ein muskulöser Kerl in Leder-Hotpants mit Hosenträgern und Querriegel über der breiten Brust in Anlehnung an die bayerische Trachtenlederhose. Darauf stehen die Buchstaben »MLC«. Der »MLC München – Münchner Löwen Club e.V.« wird im Dezember 1974 im Ochsengarten von etwa dreißig bayerischen Lederkumpels gegründet. Damit ist der MLC eine der ältesten schwulen Institutionen in München. Bis heute ist er einer der größten schwulen Leder- und Fetischvereine der Welt. Die Mitglieder bezeichnen sich als Münchner Löwen. Wer dem Verein beitreten will, muss beim ersten Treffen in Leder gekleidet sein, nur kurz die Hose öffnen, wird um etwas Geld gebeten und ist Mitglied.

Das T-Shirt steht in Zusammenhang mit einem fast in Vergessenheit geratenen Münchner Lokal. Das Motiv auf dem Shirt stammt von Touko Valio Laaksonen, genannt »Tom of Finland«. Das Lokal heißt Zum Lohengrin und liegt damals an der Maistraße 10. [15] Etwa dreißig Gäste finden darin Platz. (Heute befindet sich an dieser Stelle ein vietnamesisches Restaurant.)

Der Gründerwirt ist Manfred »Lohengrin« Stavenhagen. Er arbeitet in der Technik bei der Staatsoper und ist unter anderem Statist am Gärtnerplatztheater. 1974 ist er außerdem der erste Vorsitzende des MLC. Heute ist er siebenundsiebzig Jahre alt und wohnt in Berlin. Wir telefonieren im Februar 2021: »Das Motiv hat mir Tom of Finland für ein Plakat gemalt. Ich war 1974 in Kopenhagen und hab ihm gesagt, dass wir bald ein internationales Treffen in München haben. Das fand dann 1976 statt. Ich hab ihn gefragt, ob er für diesen Anlass etwas zeichnen könnte. ›Ich brauch was mit einem Bayern drauf‹, hab ich ihm gesagt. Daneben wollte ich die zwei Frauentürme haben, weil die ja so ein bisschen Schwanzsymbole sind. Dazwischen sollte der Bayer stehen. Danach hat er mir geschrieben, er wisse nicht mehr, wie die Münchner Frauenkirche aussieht: ›Ich schicke euch nur den Kerl. Den könnt ihr dann da reinstellen.‹ Das Bild war jahrelang in meinem Privatbesitz. Daraus wurden dann T-Shirts und auch Bierkrüge gemacht. Darauf zu sehen sind auch die zwei männlichen Löwen. Also schon eindeutig, nicht? Der

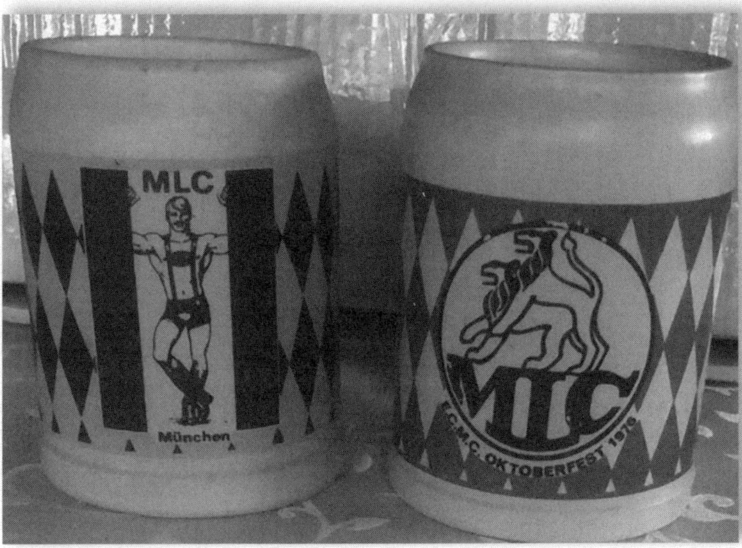

Bierkrüge im Besitz von Manfred Stavenhagen mit dem Motiv des Künstlers Tom of Finland und dem MLC-Logo.

Freddie hat das T-Shirt von mir bekommen. Mein Lokal Zum Lohengrin habe ich 1979 gegründet, davor war ich der erste Kellner vom Ochsengarten bei der Wirtin Auguste Wirsing. Ich habe auch mal einen Vortrag gehalten: fünfzig Jahre Ochsengarten. Der Vortrag ist verschollen, aber das Plakat habe ich noch. 1983 habe ich Tom of Finland in Chicago wieder getroffen, und er sagte mir, er habe überall auf der Welt, in jeder Kneipe, in die er kam, dieses Plakat gesehen. Damals kamen viele Amerikaner nach München. Für die meisten ist München ja gleich Germany. Flugbegleiter aus aller Welt haben die Plakate mitgenommen und bei ihnen zu Hause in ihren Bars aufgehängt. Das Zum Lohengrin hatte ich bis 1987.

Freddie war charmant. Er hatte eine große Ausstrahlung. Und viele Jungs sind mit ihm deswegen, und weil er so berühmt war, ins Bett gegangen. Bei Feiern in der Deutschen Eiche habe ich ihn auch oft erlebt. Mein Freund Richard Sieger könnte Ihnen da mehr sagen, aber leider ist auch er gestorben. Freddie und er waren intim zusammen. Die Barbara hat öfter so Sexpartys gemacht, da war Richard da. 1984 hat Freddie eine Geburtstagsparty in seiner Wohnung im Stollberg Plaza organisiert. Er hat viel Kaviar aufgebaut, ein Riesenbüfett. Da waren mindestens dreißig Leute da. Wir waren dann im Jahr darauf alle auf Freddies Geburtstagsparty im Henderson. Da bin ich auf dem Film auch ein paar Mal zu sehen. Ich bin der in Leder mit Vollbart.«

Freddie, der Münchner Löwe, zeigt 1979 gerne, wo er sich neuerdings wohlfühlt, und macht Werbung für die Clubs und Lokale, die er entdeckt. So trägt er im offiziellen »Don't Stop Me Now«-Video, das im Januar 1979 in Brüssel gedreht wird, und auch bei einem Interview am 14. April in Tokio ein T-Shirt mit Namen und Logo des bereits erwähnten Schwulenclubs Mineshaft. Freddie überprüft auf Tour ständig die Informationen aus dem *Spartacus*. Die Vielfalt der Münchner Schwulenszene begeistert ihn. Den Ochsengarten muss man sich als Mini-Mineshaft vorstellen, inklusive Hinterzimmer samt Badewanne im Dunkelraum, einem der ersten Darkrooms in Deutschland. Der Name Ochsengarten klingt wohliger als Mineshaft, der Club ist übersichtlich und vertraulich und bietet erhöhte Anonymität.

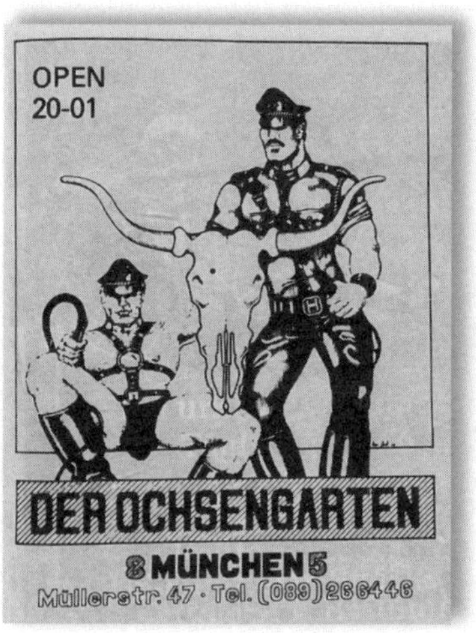

Der Ochsengarten, Deutschlands älteste Lederbar.

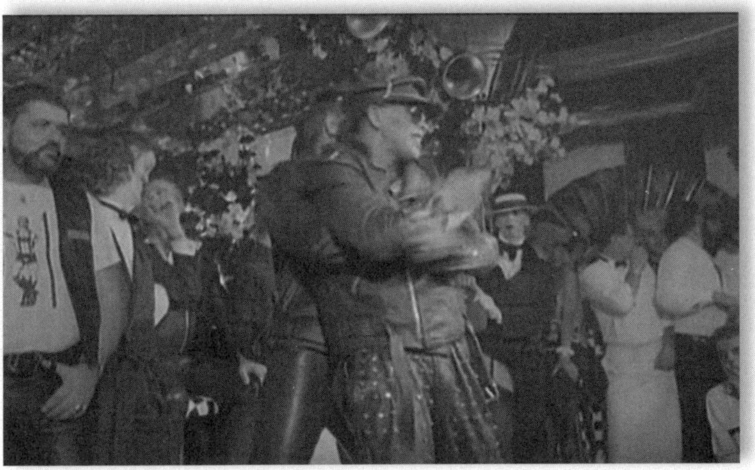

Manfred »Lohengrin« Stavenhagen – links im Bild – ist mehrfach im »Living on My Own«-Video zu sehen. Er trägt das T-Shirt mit dem Motiv des Künstlers Tom of Finland.

TEIL ZWEI

Made in Munich

URKNALL

Robin Edmond Scott ist ein knappes Jahr jünger als Freddie. Er besucht das Art College in Croydon im Süden von London und lernt in den späten Sechzigerjahren Vivienne Westwood und Malcolm McLaren kennen. Er komponiert Songs und hat kleine Auftritte, verfolgt aber auch Westwoods und McLarens Mode-Experimente. Als die beiden ihm 1974 anbieten, sich an ihrer Boutique *Sex* an der King's Road finanziell und kreativ zu beteiligen, lehnt er ab. Genau wie Freddie spürt er, dass Musik sein Ding ist.

1969 veröffentlicht Scott sein erstes Album *Woman From the Warm Grass*, auf dem er sich als sensibler Singer-Songwriter präsentiert. Stilistisch bewegt sich Scott zwischen Folk, Pop, Rhythm and Blues und Psychedelic. Als Session-Musiker gewinnt er den Gitarristen Martin Stone und dessen Band Mighty Baby. Stone wird nach Brian Jones' Tod 1969 noch im selben Jahr als dessen Nachfolger bei den Rolling Stones gehandelt. Später spielt er in der Band von Marianne Faithfull. Robin Scotts Debütalbum mit Martin Stone erscheint bei einem kleinen Label, erhält gute Kritiken, verkauft sich aber schlecht. Allerdings kann Scott dadurch mit David Bowie oder Ralph McTell auftreten, die genau wie er noch auf der Suche nach ihrem Sound sind.

Anfang der Siebzigerjahre realisiert Scott Multimedia-Projekte und spielt unter anderem mit Camel und Roogalator, deren Debüt er für das Label Do It Records produziert. Eines der ersten Alben des Labels, das Scott 1978 mitbegründet, ist Adam and the Ants' *Dirk Wears White Sox*. John Deacon ist wenig später bekennender Fan und trägt ein Adam-and-the-Ants-Shirt mit der Aufschrift: »A new royal family. A wild nobility.« 1978 geht Scott nach Paris, wo er als Produzent für das Label Barcley Records arbeitet. Gleichzeitig nimmt er weiterhin eigene Demos auf.

Mit Studiomusikern gründet er die Band M und nimmt den Song »Pop Muzik« auf, in dem er etwas frustriert, aber immer witzig auf seine ersten fünfundzwanzig Jahre Popmusik zurückblickt und zugleich zuversichtlich in die Zukunft schaut. »Rock'n'Roll hat zu einem Bruch der Generationen geführt, Disco bringt sie wieder zusammen«, so Scott. Der stark rhythmisierte und originell gereimte (Nonsens-)Text sprüht vor Lebensfreude: »Radio, Video. Boogie mit einem Koffer. In der Disco leben. Vergiss das Hamsterrad. Lass uns einen Milchshake mixen. Verkauft sich wie ein heißer Scheiß. Probier mal, kauf mal. Sprich darüber. Alle haben es geschafft. Infiltriere es. Aktiviere es. Singen in der U-Bahn. Schaufeln mit dem Schuhputzzeug. Mix mir einen Molotow. Ich bin die Schlagzeile. Ich will der Revolverheld sein. Sei kein Rocksänger. Triff es. Jetzt weißt du, was ich meine. Alle reden darüber. Weltweit. Wo auch immer du bist, tanz auf der Straße. Mach es im Auto. Mitten in der Nacht. Tanz im Supermarkt. Mach's auf der Überholspur. Hör dir den Countdown an. Sie spielen wieder unser Lied. Ich pack Jumping Jack nicht. Ich will Get Back umarmen. Es ist überall um dich herum. Jitterbug. Mondschein-Muzak.« Dazwischen streut Scott Kinderreime.

1979 nimmt Scott in Montreux in den gerade von Queen

erworbenen Mountain Studios ein Album auf: Der Titel ist dem Refrain von »Pop Muzik« entnommen, *New York – London – Paris – Munich*. Am Mischpult sitzt Queen-Tonmeister David Richards. Scotts Freund David Bowie schaut vorbei, sorgt für gute Stimmung und klatscht gemeinsam mit der Band M in die Hände. Die von Synthesizern geprägten Songs stammen alle aus Scotts Feder. Album und Single werden im Sommer 1979 zu Welterfolgen. Der Ruf Münchens wird durch den Ohrwurm »Pop Muzik« international gefestigt. Und Moroders Musicland Studios spielen dabei eine zentrale Rolle.

Reinhold Mack sagt, dass für die Entdeckung Münchens als Produktionsstandort auf internationaler Ebene vieles auch T. Rex zu verdanken sei. Marc Bolan nimmt bereits 1973 im Musicland im Keller des Arabella-Hochhauses an der Arabellastraße 5, Nebeneingang Nord, 16 das Album *Zinc Alloy and the Hidden Riders of Tomorrow – A Creamed Cage in August* auf. Es irritiert die Fans in ähnlicher Weise wie neun Jahre später Queen mit ihrem an selber Stelle eingespielten Album *Hot Space*.

Marc Bolan sei von den Möglichkeiten in München begeistert gewesen, und das habe sich herumgesprochen, so Mack. Es kommen viele weitere Bands aus Großbritannien. Die Erfolgsgeschichte kulminiert mit Queen.

Giorgio Moroder pendelt 1979 zwischen Los Angeles und München und sorgt für Innovationen: In diesem Jahr erscheinen drei Alben, für die Moroder verantwortlich zeichnet. Mit seinem Projekt Munich Machine veröffentlicht er die dritte Platte *Body Shine*. Für den satten Bass sorgt Stephan Wissnet, der später auf drei Songs von Freddies Soloalbum spielen wird. Moroder produziert auch Suzi Lanes Debüt-Hit »Ooh, La, La«, der zu den meistgespielten Disco-Songs des Sommers 1979 gehört. Moroders wichtigstes Projekt in diesem Zeitraum

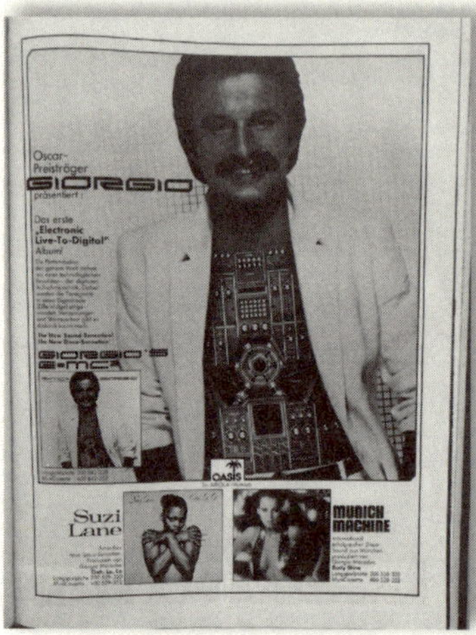

Giorgio Moroder ist technisch auf dem neuesten Stand.

ist aber sein eigenes Album *E=MC²*, das die Plattenfirma so ankündigt: »Das erste ›Electronic Live-To-Digital‹ Album! Die Plattenstudios der ganzen Welt stehen vor einer technologischen Revolution: der digitalen Aufnahmetechnik. Dabei werden die Tonsignale in einen Digitalcode (Ziffernfolge) umgewandelt. Verzerrungen und Störrauschen gibt es dadurch kaum noch.«

Queen wollen die Revolution nicht verpassen. Freddie und John verfolgen Moroders Experimente besonders aufmerksam: *E=MC²* interessiert sie weniger wegen Moroders Vocoder-Verfremdungen, sondern mehr wegen des konsequenten Einsatzes von Elektronik und der Wirkung der Musik auf das Tanzpublikum in Discotheken, lange vor Techno und House.

Freddies Erfolgsgeschichte an der Isar beginnt im Juni 1979 allerdings in einer stilistisch ganz anderen Kategorie: Der Song »Crazy Little Thing Called Love« bildet das Fundament für die kommenden Jahre. Die Arbeitsatmosphäre in München ist gut, das Hitpotenzial dank modernster Studiotechnik und zukunftsorientierter Ideen der Studiobetreiber groß. Die Verkaufszahlen des ’78er-Albums *Jazz* lassen Luft nach oben: Platz sechs in den USA, Platz fünf in Deutschland und Platz zwei in Großbritannien. Das erste Münchner Album *The Game* wird das im Jahr 1980 locker toppen – mit Platz eins in den USA, Platz eins in Großbritannien und Platz zwei in Deutschland.

Der Münchner Auftakt, der alle Erwartungen übertrifft, gelingt in der bayerischen Sommerfrische unter weißblauem Himmel mit großer Leichtigkeit, mit Neugier und Nostalgie, mit Spontaneität und – entgegen allen bisherigen Gewohnheiten – mit raschen Entscheidungen und einer großen Portion Lässigkeit. Diese Coolness geht auch vom Song »Crazy Little Thing Called Love« selbst aus und steht dem üblichen Perfektionismus von Queen diametral entgegen. Die Rockabilly-Melodie ist eingängig und eine Hommage an Elvis, die Lyrics sind leicht und unbeschwert. Freddie singt harmlose Sätze, in etwa: »Dieses verrückte kleine Ding namens Liebe: Damit kann ich einfach nicht umgehen. Ich muss mich darum kümmern. Ich bin nicht bereit. Es schreit die ganze Nacht wie ein Baby in der Wiege. Es schwingt, es nervt, es schüttelt überall wie eine Qualle. Irgendwie mag ich das. Dort geht mein Baby. Sie weiß, wie man rockt. Sie macht mich verrückt. Sie steckt mich an mit heißem und kaltem Fieber. Dann lässt sie mich zurück in kaltem Schweiß. Ich muss cool sein, relaxen, hip werden, meinen Kurs finden, mich zurückziehen, hitch-hiken und lange auf meinem Motorrad fahren, bis ich bereit bin.«

Reinhold Mack spricht in vielen Interviews von seiner ersten Begegnung mit Freddie und von der allerersten gemeinsamen Aufnahme, nämlich »Crazy Little Thing Called Love«. Brian May sagt zwar in den Nullerjahren in einem Interview, dies sei nicht der erste Track der *The Game*-Sessions in den Musicland Studios gewesen, den sie aufgenommen hätten, aber Macks frühe Aussagen sind glaubhaft. Das wohl ausführlichste Interview dazu gibt Mack schon Anfang 1992 dem Journalisten Rick Sky, und seine Erinnerungen sind zu diesem Zeitpunkt vergleichsweise frisch.

Im Juni 1979 erreicht Mack demnach eine mysteriöse Nachricht. Er solle in die Musicland Studios kommen, dort erwarte ihn Arbeit. Mack versucht, genauere Informationen zu erhalten und telefoniert rum, ohne am Ende viel schlauer zu sein. Niemand weiß etwas Präzises zu den angeblich bevorstehenden Aufnahmen. Trotzdem ist die Aufforderung so überzeugend, dass Mack sich auf den Weg macht: »Wo immer ich gerade in der Welt war in jener Zeit, ich entschied mich, in den Flieger nach München zu steigen. Ich kam in den Studios nur wenige Minuten vor Freddie an. Er fragte mich: ›Was tust du hier?‹ Ich antwortete, ich solle die Tonaufnahmen machen. Freddie erwiderte, er habe nicht gewusst, dass ich zur Verfügung stehe, aber er fände das großartig. Und falls ich mit Queen arbeiten wolle, dann sollten wir jetzt sofort damit beginnen. Wir nahmen ›Crazy Little Thing Called Love‹ an Ort und Stelle auf. Es war das erste Mal überhaupt, dass Freddie bei einer Aufnahme Rhythmusgitarre spielte. Er sagte mir: ›Ich kann nicht Gitarre spielen, aber das ist egal.‹« Mack glaubt, dass das für Freddie eine willkommene Abwechslung war. Der Hauptgrund sei aber Brian May gewesen.

Freddie will den Song fertigstellen, bevor Brian daran herumnörgeln kann. Das Motto lautet: »Rasch, das muss fertig werden, bevor Brian kommt.« Freddie hat einen bestimmten Sound für das Lied im Sinn, zu dem Brians übliche Gitarrensoli nicht passen würden. Laut May und Mack gibt es eine erste Fassung, in der Freddie selbst das Solo spielt. »Ich habe einfach ein paar Rock'n'Roll-Echos eingefügt, und es klang großartig«, erinnert sich Mack. Er ist damals beeindruckt von der Schnelligkeit, mit der Freddie arbeitet. Die komplette Aufnahme des Rock'n'Roll-Pasticcios habe nur sechs Stunden gedauert. »Freddie war unfassbar schnell. Er schrieb oft Songs in zwanzig Minuten. Ich glaube, dass er schon eine Vorstellung vom Song hatte, als er hier ankam, aber dann entwickelte er ihn im Studio und vollendete ihn. Es war unglaublich.«

In diesen sechs Stunden sind auch die Tonspuren von Roger und John enthalten. Und als Brian schließlich im Studio ankommt, gibt es nichts auszusetzen. Nur Freddies Solo, das ersetzt Brian natürlich, aber erst an einem der kommenden Tage. Denn die Frage ist, ob die Red Special für diesen Song geeignet ist. Nach einigen Versuchen, die nicht retro genug klingen, fragt Mack, ob Brian nicht auf einer Telecaster spielen wolle, anstatt zu versuchen, die Red Special wie eine Telecaster klingen zu lassen. Roger leiht daraufhin Brian seine Fender Esquire, und Mack jagt das Solo durch einen Mesa-Boogie-Gitarrenverstärker. Fertig ist der Welthit.

Biografien müssen die Glaubwürdigkeit von Quellen immer wieder gegeneinander abwägen. Im Lauf der Jahrzehnte ändern sich manche Aussagen. Manchmal ändert sogar ein Zeitzeuge selbst seine Erinnerungen. Beides geschieht im Zusammenhang mit den Anfängen von Queen in München, und manchmal spielt Geld dabei eine Rolle: Queen-Begleiter geben vor und nach Freddies Tod »Exklusiv«-Interviews, und manche erwarten Anerkennungshonorare, manchmal sogar hohe Gagen, die bis in den mittleren vierstelligen Bereich gehen.

Paul Prenter ist von 1977 bis 1986 Freddies Assistent und Freund und diesbezüglich Vor- und Spitzenreiter. Nach der Trennung im Streit bekommt Prenter für seine Enthüllungen im Mai 1987 – gut vier Jahre vor Freddies Tod – von der Boulevardzeitung *The Sun* 32000 Pfund. Prenter stirbt im August 1991 an Aids, drei Monate vor Freddie.

In den meisten Fällen sind Enthüllungen gegen Honorar mit Vorsicht zu genießen, zumal sie sich oft in einer Reihe bereits veröffentlichter Informationen befinden und nun mit immer neuen Varianten auftrumpfen müssen. Je mehr Zeit vergeht, desto größer ist bei manchem Freddie-Vertrauten die

Erwartungshaltung an potenzielle Geldgeber – und umgekehrt: Die Medien erwarten ihrerseits schlagzeilenträchtige Indiskretionen. Ein Problem dabei besteht darin, dass in den vergangenen Jahrzehnten die Experten und Zeitzeugen im Grunde schon alles gesagt haben. Neue Anekdoten müssen her. Einige von Freddies Wegbegleitern haben dicke Erinnerungsbücher veröffentlicht und halten ein halbes Jahrhundert später dennoch die Hand auf, um noch einmal »etwas Überraschendes« zu berichten. Den Ausschmückungen und Fantastereien sind in einigen Fällen kaum Grenzen gesetzt.

Bei einem Exklusiv-Interview im Dezember 2020 mit udiscovermusic.com, einer Website, die zur Universal Music Group gehört, fällt auch Reinhold Mack zur ersten Begegnung mit Freddie eine neue Variante ein, die sich allerdings durchaus so ereignet haben könnte. Demnach stand fest, wo er sich befand, als ihn die erwähnte Nachricht erreichte, nämlich in Los Angeles. Er habe dort gerade mit Gary Moore ein Album aufgenommen. Man habe ihm gesagt, Queen seien in den Musicland Studios und könnten ihn vielleicht gebrauchen. Er habe sich ein Flugticket gekauft und Freddie 1980 (sic!) zum ersten Mal getroffen. Freddie habe ihm dann vor Ort zunächst wenig Hoffnungen gemacht. Es sei nicht seine Absicht, in den Musicland Studios zu arbeiten. Queen seien gerade zurück von einer Japan-Tournee (Queen treten vom 13. April 1979 bis zum 6. Mai 1979 in Japan auf, 1980 findet gar keine Japan-Tournee statt) und hätten noch zwei Wochen Zeit, die sie aus steuerlichen Gründen außerhalb Großbritanniens verbringen müssten.

Rührend und schön ist Macks Erinnerung an einen ersten gemeinsamen Spaziergang, den er 1992 noch nicht erwähnt. Wenn es nicht wahr ist, so ist es doch sehr gut erfunden: »Egal«, habe Freddie ihm bei der allerersten Begegnung gesagt, »ich habe gehört, dass es hier diese tollen Biergärten gibt.« Es sei ein warmer Tag im Mai und das Wetter sehr schön gewesen, also seien sie auf ein paar Bier zum Chinesischen Turm gegangen. 17 Von den Musicland Studios aus fährt man dafür mit dem Auto gute zehn Minuten Richtung Westen. Man überquert die Isar auf der Max-Joseph-Brücke, fährt über die Tivolibrücke und sucht sich an der Hirschbauer Straße einen Parkplatz. Von dort ist es an der Orangerie vorbei nur noch ein kurzer Spaziergang zum Chinesischen Turm. »Was jetzt passierte, war wirklich sehr, sehr lustig«, berichtet Mack und fährt fort: »Freddie trug Ballettschuhe und Shorts, die farblich zu seinem Hawaiihemd passten.« (Hier führt möglicherweise ein Übersetzungsfehler die Redakteure von Udiscovermusic in die Irre. In Interviews auf Deutsch spricht Mack von Ballerinas, die eine strapazierfähigere Sohle haben als echte Ballettschuhe, die Freddie gerne auf der Bühne trägt. Man mache den Test, mit Ballettschuhen von einem Parkplatz nahe der Tivolibrücke bis zum Chinesischen Turm über die spitzen Kieselsteine und den Waldboden zu laufen. Kaum vorstellbar, dass Freddie sich hier nicht ein wenig beschwert hätte.) Wenn nicht an diesem ersten Tag, so doch an den folgenden sieht Freddie auch die Surfer auf der Eisbachwelle an der Prinzregentenstraße 18.

Seit Anfang der Siebzigerjahre steigt die Beliebtheit bei Surfern und Publikum: Erstere kämpfen ums »Überleben« beim Wellenreiten, Letztere amüsieren sich und drücken manchmal den Anfängern die Daumen, dass sie wenigstens drei Sekunden durchhalten mögen. Die coolen Poser, die virtuos und lange die Dynamik der stehenden Welle für sich nutzen und mehrmals die ganze Breite der Welle hin und her surfen, bekommen nicht selten Szenenapplaus. (Das Haus der Kunst 19 nebenan wird bald zum Schauplatz einer Queen-Pressekonferenz werden.) Das pompöse Maximilianeum am östlichen Isar-Hochufer im Renaissancestil beeindruckt durch seine Größe; dasselbe gilt für die Bierkrüge. Der Garten am Chinesischen Turm ist rappelvoll. Es könnten durchaus zehntausend Leute da sein. »Wir mussten durch diese riesige Menschenmenge gehen. Wir liefen eng nebeneinander. Freddie hakte sich bei mir ein. All seine Leute folgten uns. Das muss ziemlich schräg ausgesehen haben«, so Mack. Offenbar finden er, Freddie und die Entourage einen freien Tisch. Das Bier schmeckt. Die Stimmung im Park ist beschwingt.

Später wird die Münchner Band Spider Murphy Gang diese Stimmung besingen: »I renn nackert durch den Englischen Garten, sitz high aufm Monopteros. I kauf ma a Mass am Chinesischen Turm und flanier mit dir auf der Leopoldstrass.« Günther Sigl, Frontmann der Spider Murphy Gang, sagt 2020: »Freddie Mercury und Queen waren auch für uns eine geile Band in dieser Zeit. Eigentlich bis heute. Für Freddie Mercury war München ja das zweite Zuhause.« Gut möglich, dass Freddie dann auch die folgenden Verse zu Ohren gekommen sind: »In München steht ein Hofbräuhaus, doch Freudenhäuser müssen raus. Damit in dieser schönen Stadt das Laster keine Chance hat.«

Sie seien danach zurück ins Studio flaniert, erinnert sich Mack. Dort habe Freddie ihm die Melodie von »Crazy Little Thing Called Love« zum ersten Mal vorgesungen und auf der Gitarre vorgespielt. Daraufhin habe er Freddies Improvisation aufgenommen. Erst einige Stunden später seien Roger Taylor und John Deacon im Studio angekommen. Mack habe sie gefragt, ob sie den Song hören wollten. Sie seien unentschlossen gewesen.

Sie finden das Studio, so wie Mack es rasch für Queen eingerichtet hat, etwas spartanisch. Aber Mack überredet sie mit Pathos. Es seien doch nur drei Minuten ihres Lebens. Es würde bestimmt nicht wehtun. Wenn es ihnen nicht gefalle, könne er das Band einfach wieder löschen. Also hören sie es sich an, finden es wirklich gut und wollen ihren Teil dazu beitragen. So habe die Zusammenarbeit mit Queen begonnen. »Einige Stunden später war der brillante Song ›Crazy Little Thing Called Love‹ fertig, der Song, den Freddie in seinem Hotel in München geschrieben hatte«, erinnert sich Mack. Die Badewannen-Geschichte ist mindestens ebenso witzig wie Freddie in Ballettschuhen – oder wohl eher Ballerinas – im Biergarten. Und beide Ereignisse finden an ein und demselben Tag statt.

Freddies Geniestreich beginnt im Hilton Hotel am Tucherpark 20. Er fühlt sich ausgesprochen wohl dort, wird auch später bei Kurzbesuchen im Hilton übernachten und quartiert meistens seine Gäste dort ein. Dem *Melody Maker* sagt Freddie im Mai 1981, er habe das Stück in fünf bis zehn Minuten auf der Gitarre komponiert. Weil er ein sehr schlechter Gitarrenspieler sei, habe er sich auf wenige Akkorde beschränken müssen. Das sei das Geheimnis des Songs, die Disziplinierung auf wenige Griffe und darauf, innerhalb dieses engen Rahmens etwas Besonderes zu schaffen. »Ich glaube, so habe ich einen guten Song geschrieben.« Mercury sagt, er habe außerdem an seiner Stimme gearbeitet, um so zu klingen wie der King of Rock'n'Roll: »Meine Stimme klingt ein bisschen wie Elvis bei ›Crazy Little Thing Called Love‹.« Seine Freundin (Freddie macht keine näheren Angaben, wer das sein könnte) habe gedacht, es sei ein Cover, aber das stimmte ganz und gar nicht: »I wrote it while taking a bath.«

Warum in der Hotel-Suite eine akustische Gitarre steht und wer sie ihm reicht, ist nicht klar. In einem Interview, das Freddie am 20. September 1984 in Leiden in Südholland vor laufender Kamera gibt, sagt er: »I was in the bath and called Paul: Give me a guitar.« Freddie sagt ganz klar »Paul« – nicht Peter. Denn Peter Hince, Roadie von Queen, der unter dem Spitznamen Ratty bekannt wird, behauptet viele Jahre nach Freddies Tod, er sei es gewesen, der ihm die Gitarre gereicht habe. Das überrascht, denn Ratty war längst nicht so intim mit Freddie, dass er sein Badezimmer hätte betreten können. Zudem werden die Hotelunterkünfte strikt nach Bandmitgliedern und Roadies getrennt. Letztere übernachten in einfacheren Unterkünften. Ganz anders *Paul* Prenter: Dass sich Freddies persönlicher Assistent ebenfalls im Hilton und gelegentlich auch in Freddies Suite aufhält, ist offensichtlich. Paul Prenter ist in jenen Jahren nicht nur beruflich Freddies enger Vertrauter, sondern auch privat ein enger Freund. Zudem ist Prenter schwul, Hince heterosexuell. Bleiben Queen über längere Zeit in einem Hotel, werden jeweils zwei Salons reserviert, der eine heißt PPP, der andere HH. PPP steht für Presidential Poofter Parlour (in etwa: Präsidialer Schwuchtel-Salon), HH für Hetero Hangout. Es ist klar, welcher Raum der geräumigere und luxuriösere ist. Die Bediensteten des Hotels wissen Bescheid, niemand stört sich daran. Es ist also offenbar so, dass Paul Prenter Freddie die Gitarre ins Bad reicht, nicht Ratty. Erst Jahre nach Freddies und Pauls Tod beginnt Ratty mit seiner Legendenbildung.

Freddie jedoch schildert den Vorgang beim TV-Interview 1984 sehr genau: »Ich war im Bad und hatte plötzlich so eine Idee. Ich rief Paul und sagte ihm, er solle mir eine Gitarre bringen.« Freddie lehnt sich während des Interviews zurück und spielt Luftgitarre, dann fährt er fort: »Ich war also im Bad, und weil mich das einschränkte, konnte ich nur drei Akkorde spielen.« Freddie lächelt und lehnt sich noch weiter zurück, spielt inzwischen Luftgitarre in Brusthöhe und berichtet weiter: »Deshalb hatte ich nur wenige Möglichkeiten. So entstand ›Crazy Little Thing‹.« Offenbar sind Freddies bescheidene Fähigkeiten an der Gitarre also nur bedingt für die einfache Liedstruktur verantwortlich – anders als oft kolportiert wird. In einem Interview 2009 wird Brian May nicht müde zu betonen, wie gerne und vor allem wie gut Freddie auf der akustischen Gitarre spielte: »Freddie war sehr bescheiden. Aber er war ein sehr guter Gitarrist mit einem unnachahmlichen und frenetischen Stil. Ich erinnere mich, wie er ›Ogre Battle‹ auf der akustischen Gitarre komponierte.« Roger ergänzt: »Ja, mit viel Klopfen und Fingernägel-Geräuschen.« Brian: »Ja, seine Finger bewegten sich doppelt so schnell wie die anderer Gitarristen, die etwas im selben Tempo spielten. Ich höre noch seine Hornhaut-Fingerkuppen auf die Saiten schlagen in diesem Song. Die schwarzen Fingernägel natürlich, die für jene Zeit typisch waren.« Roger bestätigt. Die melodiöse Reduktion in »Crazy Little Thing Called Love« hängt also mit der Situation in der Badewanne zusammen, mit der Gefahr, dass das Instrument nass wird, wodurch Freddie eine Minimallösung für den Rhythmus und die Tonfolge findet. Er komponiert die Rohfassung nach Selbstaussage in wenigen Minuten.

Und wenn nicht nur Elvis der Ideengeber gewesen wäre? Barbara Valentin nimmt 1966 mit Werner Müller und seinem Orchester den vom Duo Buchholz und Bader getexteten und komponierten Dixie-Fox »Dreh dich nicht um, Monsieur« auf. Nicht nur rhythmisch ist »Crazy Little Thing Called Love« damit verwandt. Und auch Barbara beherrscht den Rockabillyl. Die Wahrscheinlichkeit einer Beeinflussung ist jedoch gering. Barbara und Freddie kennen sich zu diesem Zeitpunkt im Juni 1979 wohl noch nicht. Auch wenn eine Bekanntschaft nicht ausgeschlossen ist: Freddie entdeckt in

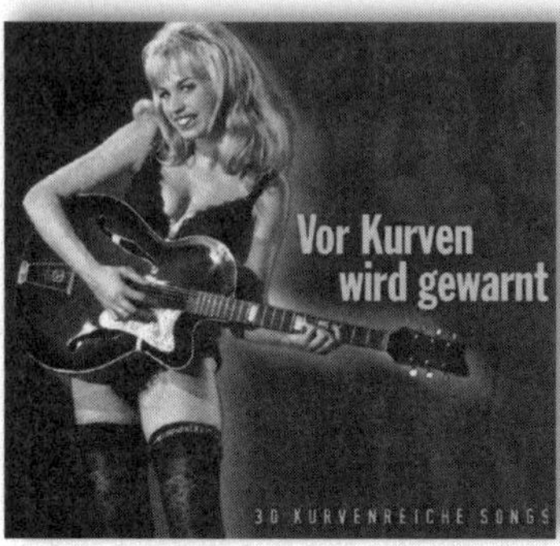

Barbara Valentin beherrscht schon 1966 den Rockabilly.

diesen Sommerwochen nicht zum ersten Mal Münchner Bars, Clubs und Discos. Das Sugar Shack ist ihm schon von früheren München-Besuchen vertraut. Das Schwabylon, ein futuristisches Vergnügungszentrum mit Restaurants, Disco und Eisbahn, besuchen Queen bereits 1974. Die hiesige Schickeria lässt sich gerne dort blicken. Im Sugar Shack schwingt auch Barbara Valentin gern das Tanzbein. Barbara fällt auf, sie ist stadtbekannt. Und Freddie interessiert sich für Menschen, die in ihren Kreisen prominenter sind als er.

Die ersten Sessions in den Münchner Musicland Studios im Juni 1979 für *The Game* dauern insgesamt drei Wochen, einmal eine Woche und danach noch einmal zwei Wochen bis hinein in den Juli 1979. Drei weitere Songs neben »Crazy Little Thing Called Love« werden in diesen Sessions aufgenommen: Rogers »Coming Soon« sowie Brians »Sail Away Sweet Sister« und »Save Me«. Die Ereignisse überstürzen sich: Im Juli 1979 kaufen Queen die Mountain Studios in Montreux. Am 18. August 1979 sind sie Headliner beim Open Air Festival in Saarbrücken. »Crazy Little Thing Called Love« steht da noch nicht auf der Setlist. Die PR für *Jazz* läuft noch auf Hochtouren, und die für *Live Killers* hat zum Erscheinen des Doppelalbums im Juni 1979 gerade erst begonnen. Entsprechend viele Albumcover und Poster zieren die Fotowände, vor denen Queen für die Medien blödeln, auch in Saarbrücken. Freddie ist dort in Hochform. Seine Stimme hat er in der langen Konzertpause zwischen der Japan-Tour und der bevorstehenden *Crazy*-Blitztournee, die Ende des Jahres in Großbritannien stattfinden wird, geschont. Beim Open Air können Queen ihre deutsche Fangemeinde erweitern, denn zum »Saarbrücker Woodstock« pilgern aus ganz Deutschland und auch aus dem benachbarten Ausland vor allem Hardrock-Fans, die eigentlich meinen, mit Queen wenig anfangen zu können. Sie kommen wegen Alvin Lee und seinen Ten Years Later, wegen Rory Gallagher oder wegen Molly Hatchet. Sie wollen es krachen lassen. Die Commodores, Lake und Voyager haben es schwer vor den rund 35 000 Zuschauern im Saarbrücker Ludwigspark.

Die Stimmung hinter der Bühne ist ausgelassen. Rogers Versuch, seine Haare blond zu färben, misslingt. Sie strahlen grünlich. Queen fragen Rory, ob er Lust hat, bei der Zugabe – dem Rock'n'Roll-Medley – auf die Bühne zu kommen und mitzuspielen. Aber Rory mag nicht. Er, Alvin und Molly Hatchet liefern. Die Erwartungen für den Top-Act Queen aber sind eher niedrig. Queen kennen diese problematische Hardrock-Situation noch von ihren Gigs mit Lynyrd Skynyrd. Freddie schraubt seinen Aggressionspegel noch höher als sonst vor Konzerten. Mit dem Münchner Tom-of-Finland-Shirt stürmt er auf die Bühne. Queen rocken, was das Zeug hält, und gewinnen viele neue Fans, die bislang nur ihre Pop-Hits aus dem Radio kannten.

Die Stimmung ist gut nach diesem Gig im Spätsommer 1979. Queen haben bereits vier Songs für das kommende Album im Kasten. Im September drehen sie in den Trillion Studios in London das sexy Video zu »Crazy Little Thing Called Love«. Der einfach gemachte, aber raffinierte Clip ist eine Hommage an die Fünfzigerjahre. Die Bandmitglieder sind in Leder gekleidet, Brian trägt eine übergroße Brille. Freddie schwingt die Hüften wie Elvis und fährt sich mit der Hand durch die gegelten Haare. Ganz in Schwarz zwischen zwei Tänzerinnen spielt Mercury sein Charisma aus. Er trägt weiße Knieschoner als Kontrast zum schwarzen Leder. Eine gespreizte Frauenhand fasst ihn am Hintern an. Die wenigsten westlichen Zuschauer wissen damals das Fremdländische in seinen Gesichtszügen einzuordnen, aber sie sind fasziniert. Sie ahnen nicht, dass der in Afrika geborene Rockstar mit indo-persischen Wurzeln gerade dabei ist, die nächste Metamorphose zu vollziehen. Nicht nur äußerlich, auch musikalisch ist eines der wichtigsten Merkmale Freddie Bulsaras: Vermeidung von Wiederholungen, stetige Veränderung, *never boring*. Die Stage-Persona muss immer wieder überraschen. Jetzt gibt er den frühen Marlon Brando aus *The Wild One* (1953). Freddies schmutzig-weißes, abgerissenes, ärmelloses und löchriges T-Shirt unter der Lederjacke wirbt nicht für neue Club-Entdeckungen, sondern spielt auf Brando an. Die gewagten Kameraeinstellungen faszinieren die Teenager vor den Fernsehern: Po und Beine einer Tänzerin bilden das Guckloch hinüber zu Freddie, der sich am Boden sentimental räkelt. Sein Mädchen hat ihn ja verlassen, so singt er. Dann sitzen die beiden auf einer schwarzen Honda Goldwing, die allerdings stillsteht. Und immer wieder fallen Rogers Sticks auf, mit denen er zur Abwechslung nicht auf das Fell trommelt, sondern über den Rahmen des Tomtoms wirbelt. Dieses Drum-Detail sorgt für das gewisse rhythmische Extra im Song.

In England erscheint »Crazy Little Thing Called Love« am 5. Oktober 1979. Auf der Original-Vinyl-Single ist ein anderer Mix zu hören als auf dem Album und auf den späteren CD-Veröffentlichungen. Konzentriert man sich auf den linken Kanal und die akustische Gitarre, hört man deutlich den

Unterschied: Die Single bietet eine frühe Fassung, einen stark reduzierten und trockenen Sound, sehr puristisch. Für das Album entscheiden sich Mack und Queen dafür, den Klang aufzumotzen, damit der Unterschied zu den anderen Songs auf der Platte nicht zu groß ist. Freddie performt »Crazy« zum allerersten Mal in der Öffentlichkeit anlässlich einer Wohltätigkeitsgala am 7. Oktober 1979 im London Coliseum, allerdings nicht mit Queen, sondern dem Royal Ballet. Die Musik kommt vom Royal Philharmonic Orchestra, Freddie singt dazu. Vorab besucht Freddie gemeinsam mit Paul Prenter die Garderobe. Die beiden unterhalten sich erstmals mit Peter Freestone, der dort über die Gewänder wacht. Hier lernt Freddie den Ballett- und Opernliebhaber kennen. Freestone ist bei der Gala für das passende Outfit verantwortlich, so wie Freddie es sich wünscht. Freestone wird Queen auf ihrer kurzen *Crazy*-Tour begleiten und nicht nur in die ständige Entourage aufgenommen werden; mehr noch, Peter »Phoebe« Freestone wird zu Freddies persönlichem Assistenten und Freund bis zu dessen Tod.

Auf der Bühne des Coliseum – versteckt hinter den Tänzern des Royal Ballet – gibt es einen raschen Kostümwechsel: Freddie befreit sich von seinem schwarzen, mit silbern glitzernden Pailletten besetzten Trikot und schlüpft in ein hellblaues, noch stärker glitzerndes Stück. Darin tanzt und singt er weiter zu »Bohemian Rhapsody«. Danach erklingt »Crazy Little Thing Called Love«, und Freddie kommt wieder nach vorn auf die Bühne. Er hat einfach eine schwarze Lederjacke über das blaue Trikot gezogen. Dieser Auftritt ist in mehrfacher Hinsicht interessant: Kontrastreicher könnten die Lieder und die Outfits nicht sein. Die Präsentation als Rocker und feinfühliger Tänzer innerhalb von nur wenigen Minuten demonstriert die Bandbreite von Freddies Interessen und

Talenten. Allerdings stellt er schon während der Proben fest, dass er für das klassische Ballett, bei dem jeder Schritt geplant, jede Bewegung choreografiert wird, nicht geschaffen ist. Er bewegt sich auf der Bühne virtuos und posiert originell, aber planen bis ins Detail will er das nicht. So zeigt der Auftritt zwei Freddie-Welten: die bisherige, mit der androgynen Erscheinungsweise und vom Glam-Rock kommend, und die neue, maskuline, die sich verstärkt der Disco-Musik zuwenden wird. Noch trägt er den Schnurrbart nicht, aber das schwarze Leder verweist auf Freddies Zukunft in München. »Crazy Little Thing Called Love« ist der Urknall für seine Jahre in Bayern.

John Deacon tüftelt bereits seit November 1978 allein an einer Idee vor sich hin: Er hat ein Riff für ein neues Lied. Bei der US-Tour im Herbst und Winter 1978 lernt er die Band Chic kennen und besucht sie im November 1978 im Studio. Damals spielen Queen zwei Konzerte nacheinander im Madison Square Garden. Chics Song »Le Freak« steht im Herbst 1978 auf Platz eins der US-Charts und ist europaweit ein Top-Ten-Erfolg. John ist im Studio Zeuge der Aufnahmen zum neuen Album *Risqué* und insbesondere des Songs »Good Times«, der 1979 in den USA zum Hit wird. Ihm schwebt etwas Ähnliches vor. Deaky liebt das überraschend lange Bass-Solo von Bernard Edwards, der den Song gemeinsam mit Nile Rodgers komponiert hat. Auch Deacons eigene Basslinie steht. Der Rhythmus soll dem von Nile entsprechen. Der Ärger mit Brian, der sich eher als Solist, weniger als Taktgeber und Nachahmer von Chic-Grooves versteht, ist vorprogrammiert. John hat mehrere Strophen für die Lyrics beisammen: Es soll unabhängig von Chics Inspiration eine Art ironisch-fröhlicher Cowboy-Song werden. Der Refrain am Ende jeder Strophe lautet: »Another one bites the dust«. Doch Johns Vorstellung einer heiteren Parodie auf das harte Leben im Wilden Westen, wo regelmäßig einer ins Gras beißt, wird ihm Anfang des kommenden Jahres in den Musicland Studios gründlich ausgetrieben. »Drama, darlings«, wird Freddie fordern und die harmlose Songskizze mit Emotionen aufladen.

DAS ARABELLA-HAUS

Am 20. November 1979 beginnt die *Crazy*-Tour in Cork, der nach Dublin zweitgrößten Stadt Irlands. Es ist der erste Auftritt von Queen im Inselstaat. Dann folgen weitere zwanzig Gigs in Großbritannien, zum Abschluss in London sieben Auftritte hintereinander in mittelgroßen Hallen, der letzte am 26. Dezember. Derweil mag die Plattenfirma Elektra in den USA »Crazy Little Thing Called Love« überhaupt nicht. Allerdings besorgen sich amerikanische DJs die Single aus England und spielen sie so oft und mit so viel positiver Resonanz, dass die Plattenfirma mit großer Verspätung den Song am 7. Dezember 1979 veröffentlicht. In den USA läuft gerade der Film *American Graffiti 2*, wodurch auch George Lucas' *American Graffiti* von 1973 ein Revival erfährt. Auch *Grease* aus dem Jahr 1978 ist immer noch erfolgreich, und der Tod von Elvis Presley im August 1977 sorgt für eine starke Präsenz des Rock'n'Roll der Fünfziger- und Sechzigerjahre. Das erklärt aber nur bedingt den enormen Erfolg von Freddies spontaner Badewannen-Idee, denn sein Rockabilly-Geniestreich ist auch in Europa, Japan und Südamerika erfolgreich. Am 9. Dezember performen Queen im Hippodrom in Bristol ohne Publikum, aber vor laufenden Kameras den Song live auf der Bühne. Freddie, noch immer ohne Schnurrbart, aber mit noch kürzeren Haaren, spielt während des Songs fast durchgehend auf der akustischen Gitarre. Diese Aufnahme mit A-cappella-Intermezzo und rockigem Outro wird wenig später in der Sendung *Top of the Pops* ausgestrahlt. In einem Gespräch mit David Wigg während der *Crazy*-Tour im Dezember berichtet Freddie von dem Angebot, den Soundtrack zum Film *Flash Gordon* zu komponieren. Zudem spricht er vom neuen Queen-Album, das im kommenden Jahr fertiggestellt werden soll. All dies zeigt seinen Optimismus und seine Zuversicht.

Die Wochenzeitschrift *Mädchen* berichtet in der Ausgabe vom 3. Januar 1980 über die *Crazy*-Tour in England und kommt zu einer interessanten Schlussfolgerung, die sich aber schon bald als falsch erweisen wird. Prognosen über Modeströmungen in der Rockmusik sind riskant und beim eklektischen Stil von Queen fast unmöglich. Was aber die Erfolgsaussichten von Freddie mit seinen Münchner Songs betrifft, liegt *Mädchen* richtig: »Freddie als Rock'n'Roll-King – Neuer Sound, neue Klamotten. Queen-Sänger überraschte bei England-Tournee«, lautet die Überschrift. »Die neue Queen-Show riss die Fans von den Stühlen. Auch in den Achtzigerjahren werden Queen wieder voll bei den besten Rockgruppen der Welt sein. Daran besteht kein Zweifel, besonders nachdem Freddie Mercury (33) bei der letzten England-Tournee einmal mehr für Schlagzeilen sorgte.« Der in München entstandene Sound reüssiert auch live vor britischem Publikum: »Der sonst so ausgefallen wie möglich gekleidete Star trat in schlichten Lederklamotten auf. Kein hautenger Glitzeroverall, keine kurzen Streifchenhöschen, keine schulterlangen Haare mehr. Freddie hatte streichholzkurze, schwarze Locken, die er mit Pomade streng nach hinten frisierte.« Es ist bemerkenswert, wie oft zu Beginn der Münchner Jahre John Deacon in den Medien zu Wort kommt. *Mädchen* zitiert den Bassisten: »Wir möchten in Zukunft unsere Musik etwas einfacher gestalten.« Roger Taylor kündigt an: »In Germany sind wir bereits wieder im April auf Tour!« Am Ende folgt die falsche Prognose der Zeitschrift: »Nach dem Welterfolg ihres Rock'n'Roll-Hits ›Crazy Little Thing …‹ werden die vier Jungs aus England künftig diesem Sound erst einmal treu bleiben. Schließlich kommt dieser schlichte Rock derzeit bei den jungen Leuten am besten an. Die Discomusik scheint schon Anfang 1980 keine Chance mehr zu haben …« Aber was tut Freddie? Er begibt sich in heiße Räume: *Hot Space* und ein für Queen ungewohnter Sound, der viel mit München zu tun hat, schweben ihm und John zu diesem Zeitpunkt bereits vor. Ja, der Sound wird einfacher sein, aber kein »schlichter Rock«, sondern einzigartiger Queen-Disco-Sound.

Am 10. Dezember 1979 lernt Freddie in Brighton nach einem Konzert den DHL-Fahrer Tony (Brian) Bastin kennen. Tony zieht nach kurzer Zeit mit seinem Kater Oscar in Freddies Wohnung in der Londoner Stafford Terrace ein. Die wilde Romanze hält aber nur achtzehn Monate, weil Freddie auf Tournee in den USA erfährt, dass Tony ihn betrügt. Er lässt den ahnungslosen Tony extra einfliegen, um ihm mitzuteilen, dass er seine Sachen packen und ausziehen soll. Allerdings behält Freddie Tonys Kater Oscar – er wird bis zu Freddies Tod bei ihm bleiben.

Am 22. Dezember 1979 wird im bei London gelegenen Alexandra Palace das Video zum Song »Save Me« gedreht. Es sind die letzten Filmaufnahmen von Freddie ohne Schnurrbart für viele Jahre. Im Frühjahr 1984 nimmt er sich zwar für die Ballettszenen im Video zu »I Want to Break Free« die Freiheit, den Bart abzurasieren. Aber er wird ihn danach sofort wieder wachsen lassen.

Brian May kündigt im Januar 1980 in London an, dass die

Fortsetzung der Aufnahmen in München zum neuen Album, das zu diesem Zeitpunkt noch keinen Namen hat, sowie die Arbeiten am *Flash Gordon*-Soundtrack im Februar beginnen werden. Zudem wird am 25. Januar die zweite Vorauskopplung aus dem neuen Album – sechs Monate vor dessen Erscheinen – als Single in Großbritannien veröffentlicht: »Save Me«. Roger Taylor nutzt die Ruhe Anfang des Jahres und nimmt im neuen Queen-eigenen Studio in Montreux mit Hilary Vance (Hilary Hilary) die Single »How Come You're So Dumb« auf, die er mitkomponiert hat. Er spielt alle Instrumente. Das Lied floppt, und Hilary wird im Musik-Business nicht mehr in Erscheinung treten.

Freddie kauft in London im Stadtteil Kensington ein schönes und großes Haus, die Garden Lodge. Die Lage ist zentral, aber Garden Lodge ist eine Insel der Ruhe. Nur entspricht sie innenarchitektonisch nicht Freddies Vorstellungen. Die Renovierungen und der Umbau werden mehr als fünf Jahre dauern, und lange Zeit ist völlig ungewiss, ob Freddie das Haus jemals beziehen wird.

Als die fantastische Nachricht eintrifft, sind Queen schon wieder an der Isar: Am 16. Februar 1980 steht »Crazy Little Thing Called Love« auf Platz eins der US-Single-Charts. Roger Taylor und Brian May erinnern sich, dass das Ereignis in München ausgiebig gefeiert wird. Das sorgt für Motivation bei den weiteren Arbeiten in den Musicland Studios. Es ist überhaupt die erste Nummer eins in den USA für Queen. Die zweite und letzte folgt sogleich. Sie ist wieder made in Munich: »Another One Bites the Dust«. Queen forcieren jetzt die Produktion. Mack wird zum Koproduzenten ernannt. Es herrscht Hochstimmung 1980 in München.

Die Anwesenheit von Queen spricht sich herum. Als Andy Gibb in der Stadt ist, schaut er in den Musicland Studios vorbei. Der 1958 geborene Andy ist bereits von 1978 bis 1980 nacheinander mit sechs Singles in den Top Ten der US-Charts vertreten. Er singt gelegentlich mit seinen drei älteren Brüdern, und diese fördern ihn, aber Andy wird nie Mitglied der Bee Gees. Er profitiert also indirekt vom weltweiten Erfolg von *Saturday Night Fever*. Andy hat jedoch Mühe, mit dem frühen Starrummel umzugehen, und wird bald drogenabhängig. Freddie fühlt sich durch Andys Besuch geehrt und lädt ihn zu einer Session ein. Die beiden singen im Duett Freddies neuen Song »Play the Game«. Mack lässt die Bänder laufen. Alle sind beeindruckt von Andys stimmlichen Fähigkeiten und seinem charmanten Auftreten. Der Song erscheint dann aber später ohne Andys Beitrag auf dem Album. Mack bestätigt, dass es die Bänder noch gibt, aber sie bleiben unveröffentlicht. Der Teenieschwarm Andy Gibb stirbt schon 1988, wenige Tage nach seinem dreißigsten Geburtstag, an einer Herzmuskelentzündung – möglicherweise eine Folge übermäßigen Drogenkonsums.

In »Play the Game« singt Freddie: »Öffne deinen Geist und lass mich hinein. Ruh deinen müden Kopf aus und lass dein Herz entscheiden. Es ist so einfach, wenn du die Regeln kennst. Alles, was du tun musst, ist, dich zu verlieben. Spielt das Spiel, alle, spielt das Spiel der Liebe, ja. Wenn du dich niedergeschlagen fühlst und dein Widerstand gering ist, zünde dir noch eine Zigarette an und lass dich gehen. Dies ist dein Leben. Spiel nicht den Unnahbaren. Es ist eine freie Welt. Alles, was du tun musst, ist, dich zu verlieben. Mein Spiel der Liebe hat gerade erst begonnen. Die Liebe fließt von meinem Kopf bis hinunter zu meinen Zehen. Meine Liebe pumpt durch meine Venen. Mach mich wahnsinnig. Komm, spiel das Spiel, alle, spielt das Spiel der Liebe«.

Der Song »Play the Game« ist der Opener und wird dem

Album *The Game* indirekt seinen Titel geben. Roger findet, der Ausdruck »play the game« sei zu verbraucht und könne der Platte schaden, daher die Abkürzung. Freddie eröffnet den Song und damit das ganze Album mit Synthesizer-Sounds. München bedeutet also auch einen musikalischen Tabubruch. Bisher sind Queen stolz darauf, alle Klangeffekte ohne Synthesizer zu erzeugen, und erwähnen diesen Umstand auch auf ihren Plattenhüllen. In den Musicland Studios hat diese Tradition ein Ende: »This album includes the first appearance of a Synthesizer (an Oberheim OBX) on a Queen album«, ist auf der Innenhülle der Original-Vinyl-Ausgabe und später auch auf den Booklets der CD-Ausgaben zu lesen. Pioniere wie Tangerine Dream oder Jean-Michel Jarre brechen das Synthesizer-Eis für die bislang skeptischen Briten. Es ist Roger, der die Freunde mit dem neuen Instrument vertraut macht. Queen sind von den Möglichkeiten begeistert. John erklärt später, dass Queen technisch immer auf dem neuesten Stand sein wollten und dass der aktuelle Oberheim nicht mehr mit einem frühen Moog zu vergleichen sei.

Queen bedanken sich auf dem Album namentlich bei »Paul Prenter, Gerry Stickells, Jim Beach, the staff of Musicland, our own crew Peter Hince, Chris Taylor, Brian Zellis«. Zuletzt wird deutlich, wie wohl sich Queen schon ganz zu Anfang in Bayern fühlen: »Special thanks to the people of Munich.«

Das hedonistische Element ist in »Play the Game« deutlich weniger dringlich als in »Don't Stop Me Now«. Freddie ist viel entspannter und trifft bei dieser verführerischen Einladung gesanglich sehr hohe Töne. Der Song wirkt ganz konkret aus Freddies Lebenswirklichkeit gepflückt: Es sind Appelle an Liebhaber, die sich noch nicht entscheiden können. Nach welchen Regeln das Liebesspiel dann aber letztlich stattfinden soll, verrät die romantische Ballade nicht. Freddies Liebhaber finden das in München nach und nach selbst heraus. Freddie interpretiert seine Lieder grundsätzlich nicht (sehr selten macht er manchmal eine Andeutung) und widmet sie auch nur in Ausnahmefällen bestimmten Menschen – oder Katzen. Aufgrund von Freddies Promiskuität und Spontaneität und auch wegen der Danksagung auf dem Album (»People of Munich«) ist es durchaus denkbar, dass sich die Aufforderung »Play the Game« schon an Beinahe-Eroberungen aus dem Münchner Nachtleben richtet.

Miss Piggy (Peter Ambacher), ein Freund Freddies in den Münchner Jahren, berichtet beim Stadtrundgang auf den Spuren des Stars davon, wie schüchtern Freddie in der Anfangszeit gewesen sei. Miss Piggy erlebt den Sänger in den Bars als jemanden, der einerseits scheu, fast ängstlich, andererseits ständig auf der Lauer ist, der die Jungs aus einer sicheren Ecke am Ende des Lokals begutachtet. »Don't play hard to get. It's a free world. All you have to do is fall in love.«

Das Video zu »Play the Game« läutet eine neue Phase für Queen ein. Es wird am 29. Mai 1980 in den Trillion Studios in London gedreht und enthält als erstes Queen-Video Blue-Screen-Aufnahmen und weitere optische Effekte. Bemerkenswert: Freddies großer Sprung von Rogers Bassdrum hinab – und zurück. Freddie trägt schon das *Flash*-T-Shirt und singt ausnahmsweise mit einem kabellosen Mikro. Dieser Traditionsbruch hält nicht lange. Bald kehrt er zum halben Mikrofonständer zurück. Aber es passt in diese Zeit des Ausprobierens und der Neugier. Doch Freddie springt nicht nur, er wirft Brian auch eine E-Gitarre zu. Um die Red Special nicht in Gefahr zu bringen, handelt es sich um eine Stratocaster-Imitation. Mittendrin – »My game of love has just begun« – zeigt sich Mercury mit nacktem, nassem Oberkörper und viel Sex-Appeal. Doch das sind alles nur kleine Details im Vergleich zu Freddies

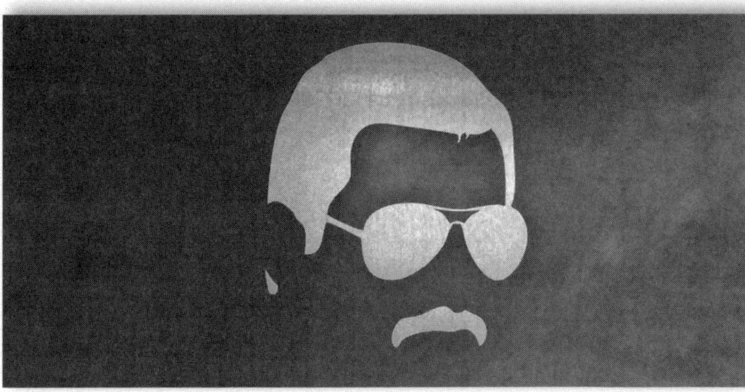

Mit einfachen grafischen Mitteln lässt sich Freddie porträtieren.

Kopf- und Gesichtsbehaarung. Der Friseur hat ihm irgendetwas zwischen Topfhaarschnitt und Vokuhila verpasst. Das wird sich jedoch in den kommenden Monaten bessern. Auffallender und folgenreicher: Der Schnurrbart ist da. München hat Freddie den letzten Schub gegeben. Noch nicht auf dem Album-, aber schon auf dem Single-Cover (die Single wird am 30. Mai in Großbritannien und wenig später in vielen anderen Ländern veröffentlicht) trägt er den Schnauzer. Diesen Look wird er bis fast zu seinem Tod – mit einigen Ausnahmen – nicht mehr ändern. Er wird sein Markenzeichen. Mit wenigen Zeichenstrichen und einfachen grafischen Mitteln lässt sich der Frontmann von Queen fortan darstellen. Keine andere

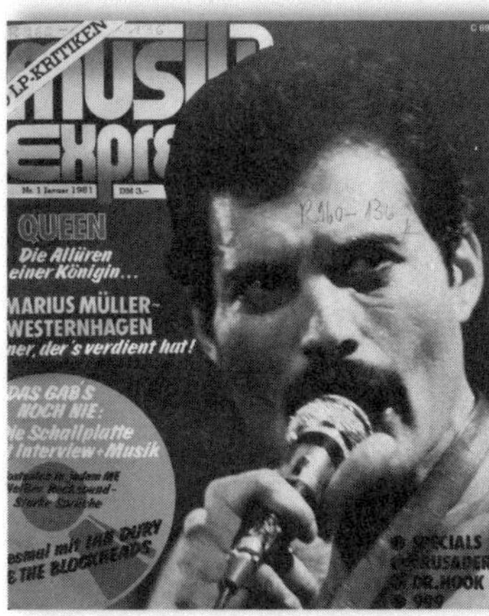

Freddies Stil in den Münchner Jahren setzt sich durch.

Phase seiner langen Karriere hat Freddies Aussehen stärker geprägt. »Freddies famous moustache« wird zum Emblem. Das hat auch praktische Gründe: Freddie stellt fest, dass sein starker Bartwuchs dafür sorgt, dass sein Überbiss weniger auffällt. Auch sein Tick, mit der Oberlippe nach jedem dritten Satz rasch hinab über die Zähne zu fahren, wird weniger stark wahrgenommen.

Song und Video präsentieren Queen aufgefrischt, modisch à jour und technisch up to date. Allerdings hadert Freddie noch eine Zeit lang mit dem Schnauzer. Viele Hardcore-Queen-Fans kommen mit dem Imagewechsel nicht gleich klar. Sie wollen ihren feminin-zierlichen Sänger zurück. Mit der Fanpost erreichen ihn Päckchen mit Rasierzeug. Noch im Dezember 1980 fragt Freddie das Publikum bei einem Konzert in der Wembley Arena, ob es seinen Schnurrbart mag: »Einige sagen, ich sähe aus wie ein italienischer Kellner, oder Kellnerin, oder was auch immer …« Wie nebenbei spielt er wieder einmal in aller Öffentlichkeit auf seine Sexualität an.

Die energiegeladene Ballade »Play the Game« kann den Erfolg von »Crazy Little Thing Called Love« nicht wiederholen. In Irland, Norwegen und der Schweiz schafft sie es in die Top Ten, in UK auf Platz 14, in Deutschland auf Platz 40 und in den USA auf Platz 42.

»Don't Try Suicide« ist Freddies dritter und letzter Song auf *The Game*. Er wird im Frühling 1980 in den Musicland Studios aufgenommen. Freddie singt: »Tu's nicht, versuch's nicht, Baby. Tu's nicht, tu's nicht, tu's nicht. Tu das nicht. Du hast jetzt etwas Gutes laufen. Tu's nicht, versuch nicht, Selbstmord zu begehen. Niemand ist es wert. Versuch's nicht mit Selbstmord. Niemanden kümmert es. Niemand schert sich darum. Du denkst, es ist der einfache Ausweg. Du denkst, du schneidest dir die Pulsadern auf. Tu's nicht. Versuch nicht, Selbstmord zu begehen. Du brauchst Hilfe. Sieh dich an, du brauchst Hilfe. Du brauchst das Leben. Also häng dich nicht auf. Es ist okay. Du kannst nicht immer ein Arschkriecher sein. Brauchst ein bisschen Aufmerksamkeit, kriegst du. Brauchst etwas Zuneigung, kriegst du. Leg nicht die Schlinge um deinen Hals. Ertrink nicht wegen mir. Das Hirn wegpusten: Tu das nicht. Du hast etwas Gutes vor dir, Baby. Tu's nicht! Tu's nicht! Tu's nicht! Versuch nicht, dich umzubringen. Niemand ist es wert. Versuch's nicht mit Selbstmord. Niemanden kümmert es. Du wirst es nur hassen.« In Japan und in den USA wird der Song zur B-Seite der »Another One Bites the Dust«-Single und findet daher eine enorme Verbreitung.

Queen arbeiten gerne ungestört und mit wenig Anwesenden im Studio. Das berühmte »One Vision«-Video, das fünf Jahre später in den Musicland Studios gedreht werden wird, zeigt, wie Freddie sich in diesen Räumen bewegt, wie er das Mikro attackiert und umschmeichelt, wie er sich neben Mack über das Mischpult beugt und die Regler bedient, wie er in den Sesseln im Rhythmus auf und ab hüpft vor Freude. So ähnlich könnte es auch bei den Aufnahmen zu »Don't Try Suicide« ausgesehen haben. Freddie ist hier weit entfernt von den rätselhaften Lyrics der Frühphase. Tolkien und die Orks, Richard Dadds *The Fairy Feller's Master-Stroke* sowie Scaramouche, Fandango, Bismillah und Beelzebub haben hier nichts verloren. Trotzdem wirft der Song, so klar und einfach die Aussage erscheint, viele Fragen auf. Freddie konkretisiert nicht, wem der Text gilt. Also versuchen andere, das zu tun. In erster Linie erhebt David Minns, Freddies erster Liebhaber in London, Ansprüche darauf. Nach 1986 werden Freddie und Minns wieder Freunde und treffen sich oft in London. Freddie vergisst die guten Zeiten nicht, aber er verabscheut die schlechten. Das drückt er auch künstlerisch aus, wie in diesem Song.

Die Kombination aus ernster Aussage und heiterer Melodie sorgt für Debatten. Freddie provoziert wieder einmal, aber auf ungewohnte Art. Vor allem die Zeile »nobody gives a damn« irritiert Fans bis heute. Manche glauben, eine tiefe Verachtung depressiver und suizidgefährdeter Menschen in dem Lied herauszuhören. Aber das könnte auch ganz anders gemeint sein, es könnte Selbstschutz, Verdrängung und die Flucht nach vorne sein: Lebensfreude um jeden Preis.

Der Text von »Don't Try Suicide« bezieht sich womöglich auch auf das Arabella-Hochhaus in der Stadt, in der der Song entsteht. Das merkwürdige Gebäude in Bogenhausen ist fünfundsiebzig Meter hoch, hundertfünfzig Meter lang und nur neunzehn Meter breit. Dieser Betonklotz mit seinen dreiundzwanzig Stockwerken entsteht Ende der Sechzigerjahre. Die Nutzung verändert sich seither ständig: Wohnungen, Büroräume, Arztpraxen, eine Privatklinik, ein Hotel, zeitweise mit über vierhundertfünfzig Zimmern das größte von ganz München. Heute befindet sich das Sheraton München Arabellapark Hotel in dem Gebäude. Neue Lokale versuchen die große Tradition weiterzutragen; so lautet der Slogan der Bar 5 samt Discokugel als Assoziation an jene goldene Zeit: »Munich meets the world«. Die aktuelle Website des Hotels vermittelt mit Fotos vor allem auch einen Eindruck von der spektakulären Aussicht. Zuoberst befindet sich der Wellnessbereich, der höchstgelegene der Stadt München. Der Blick ist atemberaubend. Da oben, aber auch in den Zimmern direkt darunter, sollte man

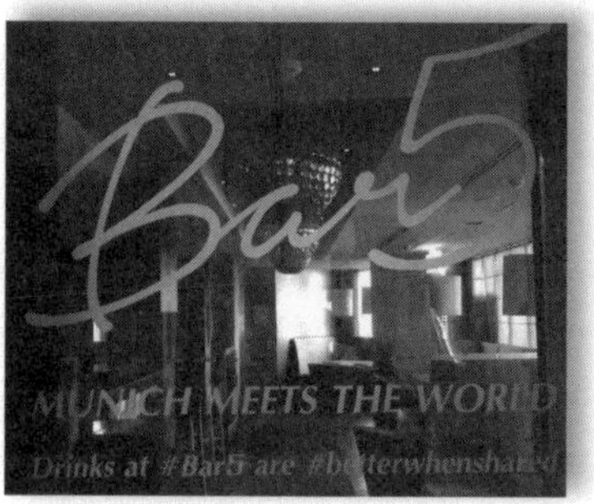

»Munich meets the world« auch heute noch im Arabella-Haus.

schwindelfrei sein. Bei Föhn sieht man die Alpen: ein wolkenloser Himmel, die strahlende Sonne, gleißendes Licht und die felsige Naturgewalt in der Ferne evozieren Euphorie. Hier herrscht Freiheit in jeder Hinsicht, denn gleichzeitig dient diese letzte Etage Selbstmördern als Plattform. Diese Diskrepanz – eine Wohlfühl-Anlage mit Sauna, Solarium, Swimmingpool, Fitnessräumen und Fernsicht und gleichzeitig die Basis für verzweifelte Menschen zum Absprung in den Tod –, dieses Nebeneinander von Heiterkeit und Glück sowie Depression und Suizid enthält auch Freddies Song: der aufgeräumte und lustige Singsang da, das Tabu-Thema dort. Diese seltsame Atmosphäre von himmelhoch jauchzend und zu Tode betrübt wird verstärkt durch den Unten-oben-Kontrast im Arabella-Haus. Die dreiundzwanzig Stockwerke können von denjenigen, die sich in den Kellerräumen befinden, in denen Tag und Nacht nur Kunstlicht herrscht, als Last empfunden werden. Dort im Boden eingegraben ist der Ort für Kreativität; dort, in diesem Bunker der Musik, in den Musicland Studios im Untergrund, entstehen Freddies Münchner Songs. Kein Wunder, dass diese einmalige Mischung aus Himmel und Hölle das Schöpferische bei Mack und Queen fördert. Die ungewöhnliche Konzeption und das außerordentliche Ambiente wirken sich auf die Lyrics und die Sounds von Freddie aus.

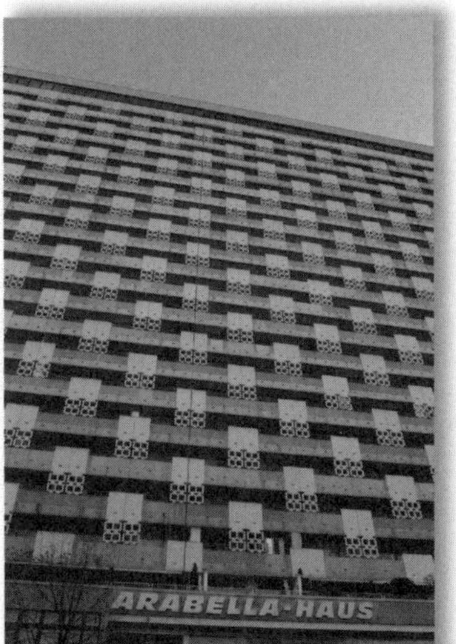

Das Arabella-Haus:
Himmel und Hölle.

Giorgio Moroder sagt: »Es war erst ein sehr kleines Studio, dann habe ich Räume dazugemietet. Ich kannte viele Studios in ganz Europa, und fast alle waren ungemütlich, viereckig. Ich wollte ein Studio, in dem die Musiker sich wohlfühlen. Es gab eine Couch, einen Tisch, wo man essen konnte. Und weil oben ein Hotel war, konnten die Musiker mit dem Fahrstuhl nach Hause fahren. Freddie Mercury hat es am meisten geliebt. Er hatte seinen Freund in München, tagsüber hat er aufgenommen, nachts sind sie durch die Discos gezogen.«

Das Arabella-Haus wird im Zusammenhang mit den Olympischen Sommerspielen von 1972 in München gebaut, den ersten Nachkriegsspielen in Deutschland. Viele weitere Bauwerke verändern in jenen Jahren das Gesicht der Stadt: Das Olympische Dorf entsteht, die Sportanlagen im Olympiapark inklusive Olympiahalle, in der auch Queen mehrfach auftreten, das heute noch futuristisch wirkende transparente Dach des Olympiastadions und nicht zuletzt die U-Bahn.

Aktuelle Pläne der Stadt München sehen vor, das Arabella-Haus, dieses schmale Gebäude mit der markanten Kassettenfassade, abzureißen und durch ein neues zu ersetzen. Das Scheiben-Hochhaus entspreche nicht den Kriterien für den Denkmalschutz, sagen die Eigentümer von der Firma Bayerische Hausbau. Aber die vielen Mieter wehren sich. Auch Architekturhistoriker wollen den Abriss verhindern, der in der Tat immer wieder verschoben wird. Im Jahr 2021 lautet der neue Termin 2030. Der Neubau soll dann wieder ganz ähnlich aussehen und als »Boarding House« einen vergleichbaren Nutzungsmix anbieten. Ende der Sechzigerjahre jedoch ist die Errichtung des Arabella-Hauses der Startschuss für viele weitere Gebäude in der Umgebung, darunter die hundertvierzehn Meter hohe Zentrale der Hypovereinsbank, was dazu führt, dass die Gegend »Manhattan an der Isar« getauft wird. Das historische, wabenförmige Arabella-Haus ist ein Stück Münchner Architekturgeschichte, ein städtebauliches Monument, dessen besondere Bedeutung und Einzigartigkeit Freddie erfasst und bewundert.

Der Name Arabella geht auf die Tochter des Bauherrn und ihr Name wiederum auf die gleichnamige Oper des gebürtigen Münchners Richard Strauss zurück. Sie wird 1933 uraufgeführt. Freddies Kenntnisse der Opernmusik sind umfassend. Er wird von 1987 bis 1988 sein Duett-Album *Barcelona* mit der Opernsängerin Montserrat Caballé aufnehmen, damals eine Pionierarbeit, die Rock und Oper miteinander verbindet. »It's amazing! Now I'm going into opera – forget rock'n'roll!«, bereitet Freddie seine Fans auf das gewagte Album mit seiner »Super Diva« vor, wie er »Montsi« auch nennt. Schon vor und während seiner Münchner Zeit bewundert er die Caballé: Für ihn hat sie die schönste Stimme der Welt. Caballé hat vielfach Kompositionen von Richard Strauss gesungen, unter anderem 1976 »Vier letzte Lieder«. Richard Strauss ist erklärtermaßen Montserrats Lieblingskomponist.

Arabella, das klingt gut in Freddies Ohren. Oft kommt er an der großen, 1969 errichteten und bis heute erhaltenen Marmortafel bei den Fahrstühlen im Erdgeschoss vorbei, wenn er beispielsweise noch zu einem Drink an die Bar geht. Im Erdgeschoss befinden sich die Rezeption des Hotels, die Bar und das Restaurant sowie Shops und vieles mehr. Jedes Mal, wenn Freddie sein Apartment verlässt, zum Beispiel um draußen ein Taxi zu nehmen, oder wenn er zurückkommt, sieht er die Tafel an der Stirnseite des Fahrstuhlbereichs. Dort ist die Geschichte der *Arabella*-Oper kunstvoll in Stein gemeißelt. Die Inschrift weckt wohl Freddies Neugier: »Richard Strauss – ARABELLA – Lyrische Komödie in drei Akten von Hugo von Hofmannsthal – Uraufführung: 1. Juli 1933 in Dresden – Arabella ist die

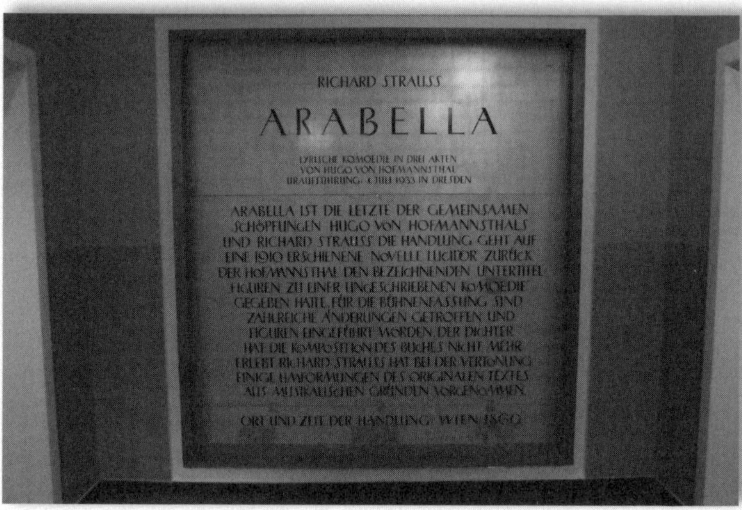

Die Geschichte der *Arabella*-Oper bei den Fahrstühlen im Erdgeschoss kunstvoll in Stein gemeißelt.

letzte der gemeinsamen Schöpfungen Hugo von Hofmannsthals und Richard Strauss'. Die Handlung geht auf eine 1910 erschienene Novelle ›Lucidor‹ zurück, der Hofmannsthal den bezeichnenden Untertitel: ›Figuren zu einer ungeschriebenen Komödie‹ gegeben hatte. Für die Bühnenfassung sind zahlreiche Änderungen getroffen und Figuren eingeführt worden. Der Dichter hat die Komposition des Buches nicht mehr erlebt. Richard Strauss hat bei der Vertonung einige Umformungen des originalen Textes aus musikalischen Gründen vorgenommen. Ort und Zeit der Handlung: Wien 1860.«

Freddie liebt den Mix aus Oper und Rock, aus Klassik und Moderne, aus Natur und Beton, der im Arabellapark und seiner Nähe zum Englischen Garten zum Ausdruck kommt. Wenn er nicht im Arabella-Haus, sondern im Hilton wohnt, fährt er hunderte Male auf dem Weg vom Studio zum Hotel an der Skulptur an der Max-Joseph-Brücke vorbei: Ein nackter

Jüngling, umfangen von einem Adler, symbolisiert das Feuer. 21 Um sich für die Tourneen fit zu halten, geht es im Laufschritt in drei Minuten vom Hilton zum Chinesischen Turm. Im Park entdeckt Freddie beim Querfeldein-Joggen architektonische und landschaftliche Besonderheiten. Brian fallen andere Dinge auf: Mehrfach weist der Gitarrist auf Probleme in Bogenhausen (das Rauschen des Wasserfalls beim Hilton) und insbesondere auf die Suizid-Problematik im Arabella-Haus hin. Das habe seine Stimmung gedämpft, sagt er. Immerhin wird wegen der Selbstmordgefahr das Sonnenbaden auf dem Dach noch in den Achtziger-

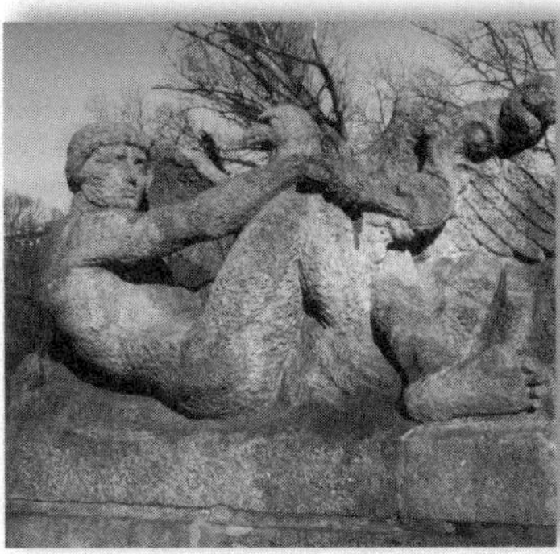

Nackter Jüngling auf dem Weg zum Studio.

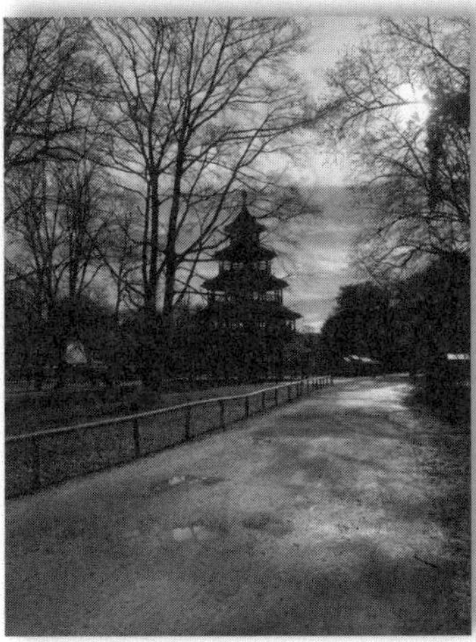

Nicht asphaltierte Wege im Englischen Garten.

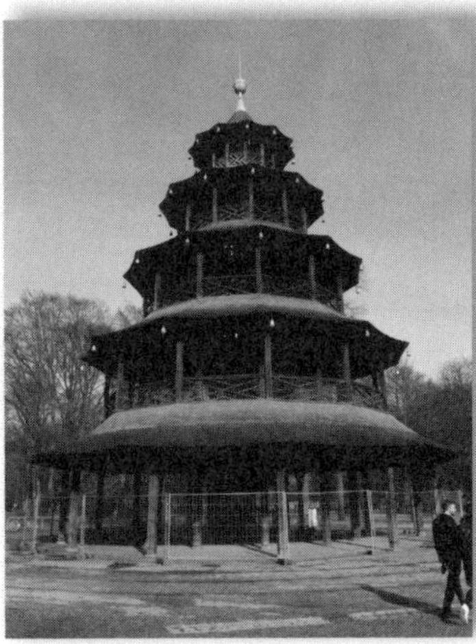

Chinesischer Turm: Hier trinken Freddie und Mack Bier.

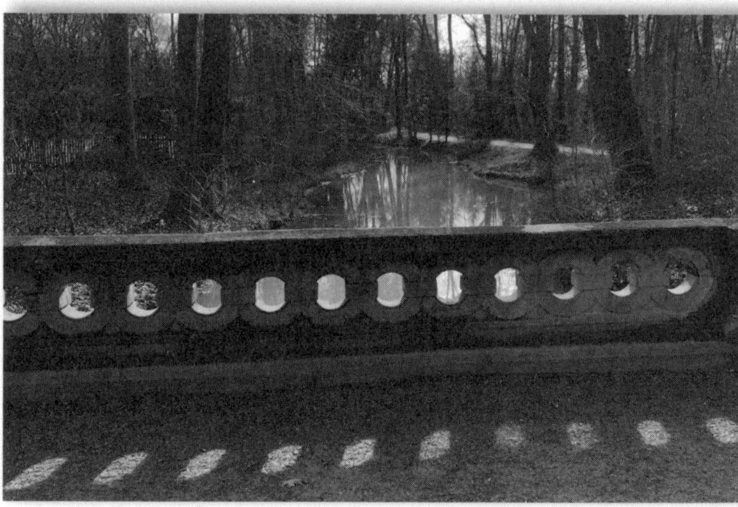

Licht und Schatten auf Freddies Jogging-Strecke
im Englischen Garten.

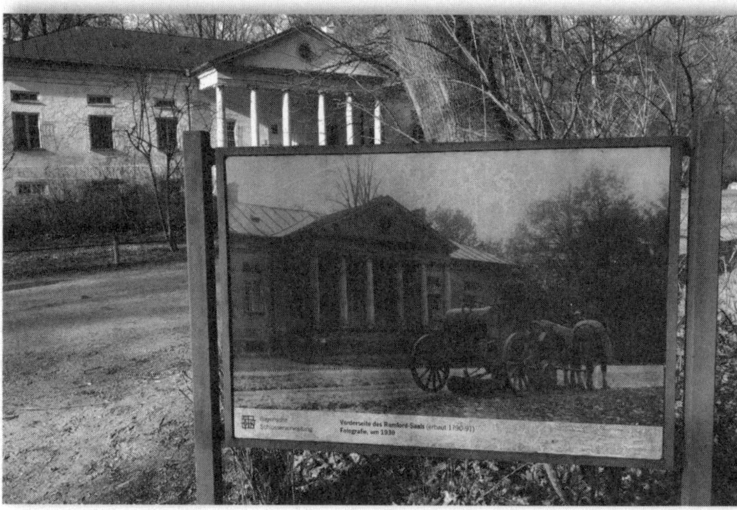

Der Natur- und Kulturtreff Rumfordschlössl
im Englischen Garten.

jahren verboten. Die spezielle Atmosphäre des Arabella-Hochhauses, die Brian eher belastet, verhindert allerdings nicht, dass er dort im Keller hochkonzentriert und virtuos großartige Soli spielt und Riffs wie das für »One Vision« erfindet, die Queen von München aus in die Welt tragen.

Die Interpretationsmöglichkeiten von »Don't Try Suicide« sind vielfältig: Der Text kann als allgemeiner Appell an junge Menschen verstanden werden, die in Momenten der Verzweiflung den Lebensmut verlieren. Die fröhliche Melodie erinnert daran, wie nah möglicherweise auch in einer depressiven Phase das nächste Glück ist. Der Song könnte sich auch auf Freddie selbst beziehen. Die Aggression und Kraft von Freddies Stage-Persona haben ihre Gegenpole: Selbstzweifel und Verzweiflung in der Einsamkeit. Weggefährten und Liebhaber betonen immer wieder seine Angst, allein zu sein. Doch wie immer reduziert Freddie die Mehrdeutigkeit seiner Lyrics nicht durch interpretierende Aussagen.

Aus John Deacons Westerngeschichte »Another One Bites the Dust« wird in denselben Sessions, in denen »Don't Try Suicide« entsteht, letztlich die Andeutung eines Liebesdramas: »Steve geht vorsichtig die Straße entlang, mit tief nach unten gezogener Krempe. Kein Geräusch, nur seine Schritte. Maschinengewehre bereit zum Abschuss. Bist du bereit, hey, bist du bereit dafür? Hältst du es vor Aufregung denn noch aus? Aus der Tür fallen Schüsse zum Klang der Beats, yeah. Noch einer beißt ins Gras. Hey, dich krieg ich auch noch. Noch einer beißt ins Gras. Was glaubst du denn, wie ich ohne dich klarkommen soll? Wie soll ich weitermachen, wenn du weg bist? Du hast mich genommen, wegen allem, was ich hatte. Und hast mich rausgeschmissen. Bist du glücklich? Bist du zufrieden? Wie lange kannst du die Hitze ertragen? Aus der Türöffnung fallen Schüsse zum Klang der Beats, pass auf! Noch einer beißt ins Gras. Oh, nimm das – beiß ins Gras. Oh, schieß los. Es gibt viele Arten, einen Mann zu verletzen und ihn zu Fall zu bringen. Du kannst ihn schlagen. Du kannst ihn betrügen. Du kannst ihn schlecht behandeln und ihn verlassen, wenn er am Boden ist. Aber ich bin bereit, ja, ich bin bereit für dich. Ich stehe auf meinen eigenen Füßen. Aus der Türöffnung fallen Schüsse im Takt der Beats.« John Deacon spielt dazu nicht nur Bass, sondern auch Gitarre und Klavier. Das ist eine Seltenheit, und die hat ihre Gründe.

Mack erinnert sich 2016 im Gespräch mit dem Magazin *Sound & Recording*: »John Deacon fand an der Arbeitsweise bei ›Crazy Little Thing Called Love‹ ganz klasse, dass sie so problemlos war, dass nicht erst der Schamane kommen und einen Regentanz aufführen musste, sondern dass ich gesagt habe: ›Da, steck ein und mach das.‹ Also berichtet mir John von seiner Idee. Na gut, das können wir doch probieren. Aber John: ›Da gibt's ein Problem. Die anderen wollen nicht spielen. Und es ist auch noch viel zu wenig da, dass man daraus etwas basteln könnte.‹ Da habe ich ihm eine Drum-Schleife gebaut. Und er hat Bass dazu gespielt. Und Freddie fand das dann absolut super, auch weil es tanzbar war.«

Die Schlagzeugschleife bastelt Mack rasch zusammen. Der Beat stammt von »Save Me«, mit leicht verändertem Tempo. Mack kann ja nur das benutzen, was er schon hat, wie er mehrfach betont. Die Schleife dauert vier Minuten. Er nimmt sie auf mehrere neue Spuren auf. Dann spielt John das Bassriff auf seinem Music Man StingRay dazu. Daraufhin baut Mack die Rückwärtsbecken und das Rückwärtsklavier ein, »nur als Platzhalter praktisch, damit mir niemand auf die Füße tritt. Manche Leute sind da doch empfindlich, wenn du eine Gitarre in die Hand nimmst, und deshalb habe ich's halt so gemacht«. Was Freddie zu hören bekommt, begeistert ihn. Er fragt John, wie er es singen soll, und macht selbst Vorschläge. »Ich werde lange an diesem Track arbeiten«, verspricht Freddie und lässt nicht locker, bis er zufrieden ist. Später nimmt tatsächlich noch Brian die Gitarre in die Hand. Er fügt die »dirty little guitars around Deakey's percussive riff« ein, wie er selbst sagt. Er ist fasziniert vom Engagement Freddies, der sich »die Kehle blutig singt«. John spielt auch E-Piano und E-Gitarre, eine Fender Telecaster, sowie Holz-Percussion. Die Tele hat den idealen trockenen Klang für den Song.

Das Zischen der Kugeln wird nicht mit Synthesizern, sondern mit den herkömmlichen Instrumenten, Brians Eventide Harmonizer und Macks Playback-Effekten erzeugt. Und letztlich darf auch Roger noch trommeln, aber der Bombast-Hall ist passé. Die Snare Drum und die Tomtoms werden mit Tüchern abgedeckt, damit ein harter und trockener Sound entsteht. Allerdings glaubt Roger rückblickend, dass er bereits hier die sechseckigen E-Drums von Simmons benutzt hat. Sie kommen später verstärkt auf *Hot Space* zum Einsatz und sind seit 1981 im Umlauf. Die Drums konkurrieren mit dem Händeklatschen der Band. Roger findet das alles suboptimal, und auch Brian macht nur gute Miene zum bösen Spiel. Ihnen ist noch nicht klar, dass das alles nur einen Probelauf zum sich bald darauf öffnenden heißen Raum, zum »Hot Space«, darstellt. Zu diesem Zeitpunkt finden alle, dass dies ein passabler Song fürs Album ist, der Abwechslung bringt, viel mehr auch nicht. Doch das Lied entzweit dann auf überraschende Weise die Band: Brian und Roger möchten gerne so weitermachen wie davor, Freddie und John stürzen sich in ihre Disco- und Funk-Phase.

Weder John Deacon noch Nile Rodgers und Bernard Edwards geht es bei ihren Erinnerungen an »Another One Bites the Dust« um Fragen des Kopierens oder Plagiierens. Es geht um das Fortsetzen von Traditionen im Verlauf der Jahrzehnte: Die Anmutung ihrer beider Songs und insbesondere die Basslinie von Chic in »Good Times« findet sich davor schon in ähnlicher Weise in »Hollywood Swinging« von Kool & the Gang, einer Hit-Single aus dem Jahr 1974, ausgekoppelt aus dem Erfolgsalbum *Wild and Peaceful*. Wer weitersucht, findet sie in verschiedenen Jazz-Kompositionen.

Bei ihrer Gründung 1964 heißen Kool & the Gang noch Jazziacs. Der Übergang zu R&B und Funk ist für Kool & the Gang ein allmählicher. Ähnliches gilt für den Übergang von Queen zu Disco und Funk. »Another One Bites the Dust« bildet die solide Brücke, gebaut in München von John und Mack. Der deutsche Koproduzent sagt über John: »Er war wie ein Vogel, der lange still ist, bis er schließlich ein perfektes Ei legt.« Deaky, der Tüftler, der schon 1972 aus verschiedensten Elektroteilen den sogenannten Deacy Amp baut, kreiert nun in einer gewagten Mischung aus Westernmotiven und Funk-Rhythmen einen der größten Hits der Queen-Geschichte. In einem Gespräch mit der *Abendzeitung* im Oktober 2014 anlässlich der Ausstellung »One Vision – The Magic of Queen« im Kulturzentrum Gasteig schildert Mack den Produktionsprozess auf besondere Weise. (In jenem Herbst und Winter läuft im Deutschen Theater außerdem das Musical *We Will Rock You*.) Auf die Frage, wie groß sein eigener Anteil an der Entstehung von »Another One Bites the Dust« ist, antwortet Mack:

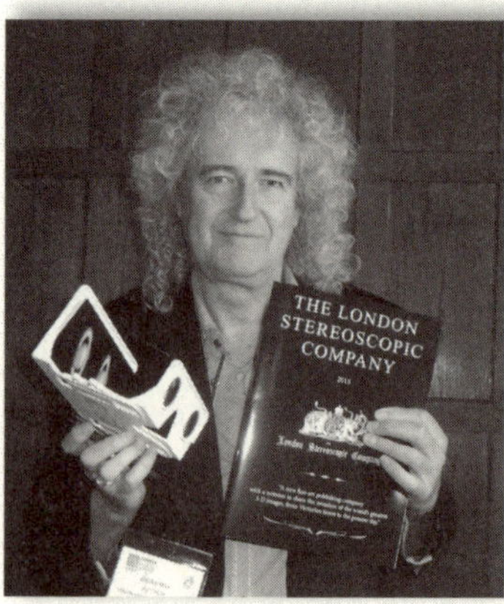

Brian May auf der London Book Fair 2015.

»99 Prozent, wenn man Freddies Stimme nicht hinzuzählt. Das habe ich zusammengebastelt aus der Grundidee von John Deacons Bassriff. Aber außer Freddie und John fand das keiner toll.«

Im Frühling 2015 stellt Brian May auf der London Book Fair, der zweitgrößten Buchmesse der Welt, den neuen Kunstbuch-Verlag London Stereoscopic Company vor. Schon als Kind entdeckt Brian die Faszination von 3-D-Bildern. Seither beschäftigt er sich mit dieser Technik und präsentiert als Verleger, Autor, Fotograf und Entwickler eines neuen Stereoskops Neuerscheinungen der von ihm wiederbelebten altehrwürdigen London Stereoscopic Company. Der Fokus liegt auf Veröffentlichungen mit 3-D-Fotografien vom Viktorianischen Zeitalter bis zur Gegenwart. Brian fördert und verfolgt das Projekt bis heute, und es erscheinen regelmäßig neue Bücher. Wir treffen uns bei einer Pressekonferenz auf der Messe in einem getäfelten Konferenzraum in der prächtigen, Ende des 19. Jahrhunderts erbauten Olympia-Ausstellungshalle in West Kensington, unweit der vielen Hot Spots aus den frühen Queen-Tagen. Auch die Stafford Terrace und die Garden Lodge sind in der Nähe.

Brian zeigt auf der Verlagspremiere bereits Bilder der bevorstehenden Veröffentlichung *Queen in 3D*. (Der Prachtband erscheint 2016 und enthält viele bisher unveröffentlichte Fotos von der Band.) Die Präsentation passt zum Messegelände, das Alt und Neu verbindet. Freddie Mercury auf der Bühne oder privat scheint plötzlich ganz nah. »Wirkt Freddie nicht wieder quicklebendig? Ist es nicht, als wäre er hier bei uns?«, fragt May und lässt die Bilder wirken.

Besonders beeindruckend ist eine Aufnahme von Freddie auf dem Balkon des Park Hilton Hotels aus dem Juli 1979. Brian steht, als er das Foto macht, unten beim »concrete waterfall«.

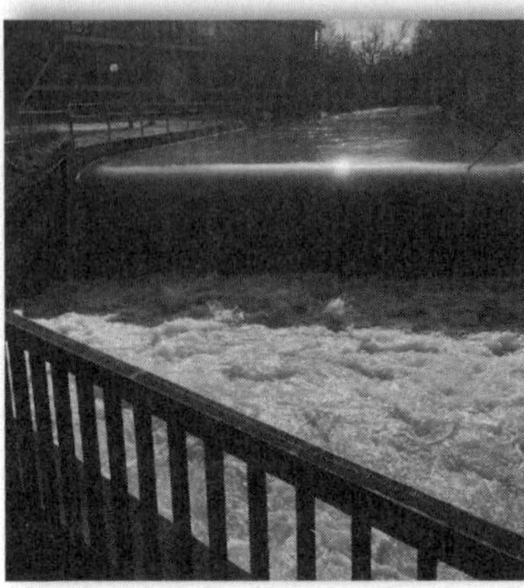

Der Wasserfall beim Hilton Hotel, der Brians Nachtruhe stört.

Es handelt sich um eine künstliche Steinstufe, die den Eisbach in München auf eine niedrigere Ebene führt. Der Wasserfall ist nicht hoch, aber ziemlich breit und laut. Auf manche wirkt das monotone Geräusch fließenden Wassers beruhigend und inspirierend, andere irritiert es. Brian beschreibt die Anlage als »Wasserfall, dessen Rauschen ganzjährig Tag und Nacht bis in alle Zimmer drang«. Auch wenn das so war: Queen lieben das Park Hilton am Tucherpark trotzdem und kehren immer wieder dahin zurück. Heute ist in den renovierten Zimmern mit den neuen Fenstern nichts mehr von dem Wasserfall zu hören. Nur wenn man sie öffnet und lauscht, hört man das Rauschen, an das sich Brian vierzig Jahre später noch so gut erinnert.

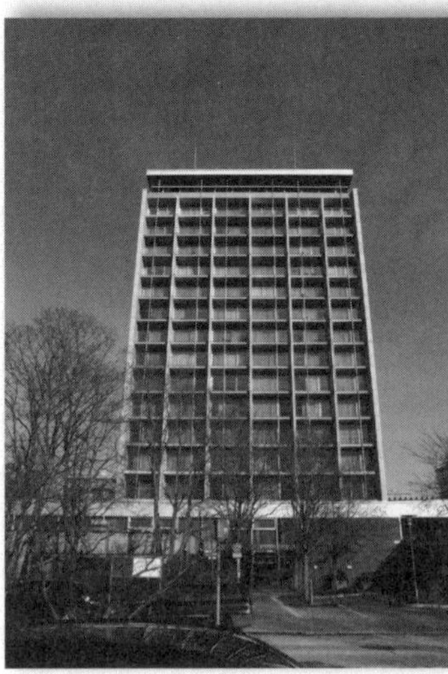

Die Fassade des Hilton Hotel ist auch heute fast unverändert.

Brian hält die Spezial-Kamera für das Foto damals steil nach oben. Freddie streckt die Arme aus, reckt sich der Sonne entgegen. Hinter ihm spiegelt sich als schwarzer Schatten seine Silhouette im Zimmerfenster. Es ist eine Bühnenpose für Brians

Hobby, die 3-D-Fotografie, aber es wirkt auch wie ein Willkommensgruß an die Stadt München. »Wir wohnten monatelang im Park Hilton«, schreibt Brian im Buch, in dem er auch Besonderheiten von Macks Arbeitsweise erläutert. Er berichtet, dass sich Queen unter dem Motto »new place – new game« von München einen »shake-up« erwarten, einen aufrüttelnden Weckruf, der dann auch eintritt, aber anders und heftiger als gedacht. »Mack hat alle unsere Gewissheiten, was das Arbeiten im Studio betrifft, auf der Stelle weggewischt. Er hatte seine eigenen Methoden.« Brian führt das anhand der Studioarbeit bei Multitrack-Aufnahmen aus. Queen sind sich bis zu ihrer Ankunft in München sicher, dass die »Drop-in-Technik« für sie nicht infrage kommt. »Roy Baker oder Mike Stone hätten das niemals gemacht«, erinnert Brian an die früheren Toningenieure. »Drop-in« in den Musicland Studios bedeutet, dass Mack die Musiker auffordert, bei einem Song an der Stelle weiterzumachen, an der etwas schiefging, beziehungsweise kurz davor. Freddie und die Jungs spielen also von dieser Stelle an weiter, und Mack steigt mit allen vierundzwanzig Tonspuren auf einmal ein. Dadurch wird die Qualität des ersten Teils bewahrt, die Fehler im zweiten werden eliminiert. Nach einigen Short-Takes ist die ganze Aufnahme im Kasten. Das reduziert nicht in jedem Fall die Anzahl der Takes, aber verkürzt stark deren Dauer. »Früher nahmen wir auf allen Spuren jeweils alle Instrumente samt Gesang für die ganzen Songs auf, Spur um Spur. Danach wurden die besten Teile dieser vielen Aufnahmen am Mischpult mühsam zusammengesetzt«, erinnert sich Brian. Dank Macks »Drop-in« verkürzt sich die Aufnahmedauer für den Backing Track enorm; das schont die Nerven und erhöht die Qualität. »Das funktionierte wunderbar. Das Ergebnis profitierte von einer Spontaneität, die es nicht hätte, wenn wir wie früher ein Dutzend Takes in voller

Länge aufgenommen hätten. ›Crazy Little Thing Called Love‹ und ›Save Me‹ wurden so aufgenommen.« Brian geht auch auf Macks innovativen Umgang mit Mikrofonen ein.

Das heißt aber nicht, dass sich Queen nicht schon vorher intensiv mit Raumklang in Studios beschäftigt hätten. »Mein Vater war der Erste, der darauf hingewiesen hat, dass die Songs auf unserem ersten Album künstlich klingen, weil die Mikrofone so nah an den Instrumenten und Verstärkern standen. Das gesamte Nachhallen im Studio erreichte nicht das Tonband.« Mack habe aber auch diesbezüglich die Aufnahmetechnik auf ein neues Niveau gehoben, findet Brian. »Mack hatte überall Mikros aufgestellt. Das Studio war geräumig, hatte Holz und Glas. Mack mischte die verschiedenen Klänge, die von den verschiedenen Mikrofonen kamen, zusammen. Das klang sehr live und gefährlich.«

DER FÜNFTE QUEEN

Der Münchner Fotograf Didi Zill porträtiert Queen schon 1974 treffend: Freddie ist der »King of Queen« (so betitelt später Laura Jackson ihre Biografie) mit Schwert in der Hand und im Sessel thronend. Brian, Roger und John, seine Ritter, umrahmen ihn. Von 1979 bis 1986 gibt es einen weiteren Ritter: Reinhold Mack ist der fünfte Queen. Freddie bezeichnet ihn mehrfach als Genie (und umgekehrt). Woher kommt Mack? Wie hat er sich zum Queen-Genie entwickelt?

Reinhold Mack wird 1949 an der Grenze zu Bayern, in Heidenheim an der Brenz, keine zweihundert Kilometer nordwestlich von München und etwa dreißig Kilometer nördlich von Ulm geboren. Seine Eltern besitzen in »Hoidna«, wie die Einheimischen ihren Ort nennen, ein Musikgeschäft. Mack spricht schon seit seiner Schulzeit ein sehr gutes Englisch, das durch seine Army-Kameraden im Militär und seine langen Aufenthalte in den USA immer besser wird. Er drückt sich gewählt aus und findet immer wieder die richtigen englischen Worte, auch um Freddie zu beschreiben. Manchmal fallen ihm sogar die deutschen Übersetzungen für englische Redewendungen wie »flavor of the month« oder Fachbegriffe wie »voice booth« nicht mehr ein. Aber den schwäbischen Akzent, das etwas Behäbige, legt er im Gespräch mit den englischsprachigen Freunden und Medien nie ab, was ihn als Zeitzeugen in Großbritannien und Übersee noch interessanter, ja einzigartig macht.

Die Brenz beginnt am Königsbronner Quellsee, keine zehn Kilometer nördlich von Heidenheim, und fließt, zu Beginn in großen Schwüngen, letztlich bis in die Donau. Georg Elser, der Hitler-Attentäter, lebt und arbeitet einige Jahre in Heidenheim. In der Stadt mit dem prachtvollen und alles überragenden Schloss Hellenstein werden 1946 Uwe Zellmer und 1950 Ingrid Zellmer geboren. Ingrid Zellmer heiratet später Reinhold Mack, ihr Bruder Uwe wird Autor, Regisseur und Schauspieler. Da seine Eltern das Musikgeschäft haben, ist es für Reinhold naheliegend, schon als Teenager eine Band zu gründen. Die Gitarren stehen ihm und seinen Jungs schließlich vor der Nase rum, und sie haben die Möglichkeit, zu Hause in der Garage zu proben. Nach einem Auftritt berichtet die Lokalzeitung, The Rockers – so heißt die Band, in der Mack spielt – sei die lauteste Formation in der Gegend. Sie spielen vor allem Coverversionen, wo immer sich die Möglichkeit bietet. Mack singt, spielt Gitarre und Keyboards. Er verdient ein ordentliches Zusatztaschengeld. So kann er sich schon als Schüler einen gebrauchten Mercedes 300 Sc leisten. Aber einfach ist dieses Leben nicht. Oft liegen die Auftrittsorte über hundert Kilometer von zu Hause entfernt: »Ich habe beispielsweise in Leonberg gespielt, kam um fünf in der Früh heim und musste um sieben wieder aufstehen, um in die Schule zu gehen. Da kann man sich denken, was mit der Schule passiert ist. Irgendwann flog ich dann.« In Gesprächen mit seinen Eltern stellt sich die Frage, wie es mit ihm weitergehen soll. Er müsse doch irgendeinen Plan haben. »Ich war aus der Schule raus, und ich wusste, dass ich Musik machen wollte. Aber damals gab es noch die Wehrpflicht.« Ehe sich's Mack versieht, ist er mit Kurzhaarschnitt bei der Bundeswehr, was er übel findet. Allerdings hat er auch Glück, denn er spricht ja schon ganz gut Englisch. Und er ist nur die Hälfte der Zeit bei der Bundeswehr direkt, die andere Hälfte bei den nebenan stationierten American Forces. Mack lernt auf diese Weise »Aircraft Controller«, Fluglotse, was ihm eigentlich gut gefällt. Man arbeitet dort wegen des Schichtdienstes zwei Wochen lang hart, hat dann aber zwei Wochen frei. Mack will mehr Geld verdienen, verpflichtet sich, bleibt aber nicht lange Berufssoldat. Das Militär ist nicht seine Welt. Macks Mentalität passt nicht in die Armee. Am Ende wird er mit demselben Dienstgrad wie zu Beginn als einfacher Soldat entlassen.

Nach dem Scheitern seiner militärischen Laufbahn kehrt Mack zu seinen Eltern zurück, die jetzt umso mehr Druck ausüben. Die Rückkehr ist für Mack eine Katastrophe, denn alle seine Instrumente sind weg. Seine Mutter hat das gesamte Equipment verkauft. »Ich hatte ja eigentlich alles gehabt: Instrumente und Verstärker und mehr. Ich habe auch sehr lange Zeit Klavierunterricht genommen. Ich hab außerdem Klarinette gelernt, und natürlich war da auch die Gitarre – toll und laut.« Seine Mutter hat andere Pläne. Sie glaubt schon früh – schon während der Schulzeit –, es wäre das Beste für ihren Sohn, wenn das alles verschwindet. Ein merkwürdiger Gedanke in einer Familie, die in ihrer Stadt für ihr Musikgeschäft bekannt ist. Und die Eltern bleiben hart. Der Sohn ohne Schulabschluss soll endlich eine vernünftige Berufsausbildung beginnen. »Die Sachen waren alle teuer. Mit Nebenjobs konnte ich mir die niemals zurückkaufen.« Mack weist darauf hin, dass man sich heute online eine Stratocaster für wenig Geld bestellen kann. »Damals kosteten die Gitarren ihre Tausender.« Es würde etwa fünf Jahre dauern, sich das Geld für das nötige Equipment zusammenzusparen. Aber die Teenager-Euphorie und die Unschuld sind weg.

Eine Notlösung schwebt schon länger im Raum: Klavierbauer. Mack sieht diese Ausbildung als Möglichkeit, sich Zeit zu verschaffen und gleichzeitig bei seinem Interessengebiet zu bleiben. Er beginnt eine Klavierbauerlehre, die dreieinhalb Jahre dauert. »Ich glaube, ich habe den besten Abschluss in Bayern in dem Jahrgang gemacht und sogar eineinhalb Jahre Lehrzeit-Verkürzung gehabt. Das ging wunderbar. Ich bin mit den Noten 1,0 im Praktischen und 1,2 in Theorie aus den Prüfungen herausgekommen. Das hat aber zu Hause keinen sonderlich interessiert.« Fünfzig Jahre später ist bei Mack immer noch Frust darüber zu spüren. (Freddie interessieren diese Geschichten in München natürlich schon. Er will exakt wissen, wie es dazu kommt, dass dieser schwäbische junge Mann im Studio solche Sounds herzaubern kann.)

Während der Lehre lässt sich Mack die Haare wieder wachsen. Sie werden zu Hause zum Streitthema. Die Eltern machen sich Sorgen darüber, wie das bei den Nachbarn ankommt. »Dann bin ich da auch wie bei der Bundeswehr unehrenhaft entlassen worden«, beschreibt Mack bitter-ironisch seinen Abschied aus dem Elternhaus. Anfang der Siebzigerjahre verlässt er also die kleinbürgerliche Provinz und zieht nach München. Seine spätere Frau Ingrid beginnt hier ein Studium der Psychologie, und Mack studiert teilweise mit ihr: Er begleitet sie oft an die Uni. Die beiden heiraten, und Mack hält sich mit Gelegenheitsjobs über Wasser. Besonders gefällt ihm die Arbeit als Ausfahrer für Apotheken, denn so kann er nachts das Auto behalten und durch die Stadt zu den Discotheken fahren. Ingrids Vater unterstützt das junge Paar finanziell. Bis er eines Tages doch mit ernstem Blick sagt: »Reinhold, denkst du nicht, es wäre Zeit ...« Er meint, Mack solle ernsthaft damit anfangen, Geld zu verdienen.

Wieder steht die Musik im Vordergrund. In München gibt

es damals zahlreiche Tonstudios. Da will Mack einen Fuß in die Tür bekommen. Er hofft, für Musiker oder Tontechniker einspringen zu können, die ausfallen. Er fängt an, im Telefonbuch die Tonstudios durchzugehen, angefangen bei B wie Bavaria über T wie Trixie bis U wie Union. Diese Phase zieht sich über Monate, weil Mack ständig Absagen kassiert und er sich mental immer wieder neu aufbauen muss. Am anderen Ende der Leitung sind die Fragen nämlich immer dieselben: Was hast du schon gemacht? Wo hast du gearbeitet? Was kannst du? Mack hat wenig vorzuweisen und null Berufserfahrung. Niemand will ihn. Erst als er bei U ankommt, wendet sich das Blatt. Das Union Studio ist damals das größte in München. Gegründet wird es schon 1963 als Studio Allach, 1969 dann vergrößert und in Union Studio umbenannt. Vor allem deutsche Schlagerkünstler nutzen es gerne. Am Telefon ist ein freundlicher junger Herr, der Mack bittet vorbeizukommen: »Lass dich mal angucken.« Später stellt Mack fest, dass der Herr mehr auf Männer als auf Frauen steht. Ehe er sich's versieht, hat Mack einen Job als Mädchen für alles: Kaffeetassen abräumen, Teller spülen und ähnliche Tätigkeiten werden ihm aufgetragen. Aber Mack lässt sich nicht entmutigen. Er ist hochmotiviert und notiert regelmäßig alles in sein Oktavheftchen, »was die Herrschaften da so machen. Zunächst war ich in Sessions, in denen an einem Tag zwölf Titel Fahrstuhlmusik aufgenommen und gemischt wurden.« Mack ist insbesondere vom großen Mischpult beeindruckt. Es ist damals das Nonplusultra – auch wenn es, verglichen mit den späteren SSL-Pulten mit sechsundneunzig Kanälen, natürlich noch übersichtlich ist. Große Lautsprecher sorgen für einen enormen Sound. »Die Frage, die meine Mutter nie kapiert hat: Wie kannst du mit so vielen Knöpfen arbeiten? Wie geht das? Es ist eigentlich ganz einfach. Jeder Kanal-Zug ist gleich«, schmunzelt Mack.

Die ersten Sporen verdient sich Mack im Union Studio. »Dort habe ich mir die Sachen immer alle aufgeschrieben«, erinnert er sich. Die Aufnahmen damals mit deutschen Unterhaltungskünstlern sind strukturierter als später mit den Rockbands, mal dauern sie vormittags von neun bis zwölf, mal nachmittags von eins bis vier. Mack notiert sich beispielsweise, wo die Mikrofone bei welchen Aufnahmen stehen. Sämtliche Einstellungen hält er fest. Er lernt rasch, kommt früher als alle anderen ins Studio und stellt alles bereits so auf, wie es dann aller Voraussicht nach gebraucht wird – sei es für Streicher, Bläser oder einen Chor. Auf diese Weise macht schon der junge Mack im Union Studio auf sich aufmerksam. Die Agenturmeister und Toningenieure finden das klasse. »Auch die Studiomusiker waren erfreut, denn die waren früher manchmal am selben Tag in vier Studios hintereinander und wollten nicht warten. Da musste das zack-zack gehen, der Sound musste stimmen, und all das habe ich eigentlich ganz gut hingekriegt.« Er ist oft von früh um acht bis nachts um zwei da.

Das ist eine harte Schule, und der Lohn ist bescheiden, aber dank Krautrock bekommt Mack eine weitere Chance. Eine Band aus Nürnberg namens Ihre Kinder leistet in Deutschland musikalisch Pionierarbeit. Sie ist eine der ersten, wenn nicht die erste Band, die Rockmusik mit deutschen Texten veröffentlicht. Die drei ersten Alben von Ihre Kinder werden im Union Studio aufgenommen: Wie bei Queen ist das Debüt nach der Band benannt und erscheint 1969. Es folgen *Leere Hände* und *2375004* mit einem Cover aus Jeansstoff, beide 1970. Die beiden Nachfolge-Alben *Werdohl* (1971) und *Anfang ohne Ende* (1972) werden in den Bavaria Studios in München aufgenommen. Förderer und Produzent in den ersten Jahren (und auch schon der Vorläufer-Band Jonah & The Whales) ist Jonas Porst, Enkel der Photo-Porst-Dynastie, ab 1972 Verleger der Zeitschrift *Sounds* und 1973 Mitbegründer des Tonstudios Hilpoltstein. Ihre Kinder genießen spätestens seit dem TV-Auftritt am 19. Dezember 1970 an einem Samstagabend in der Sendung *Wünsch Dir was,* moderiert von Vivi Bach und Dietmar Schönherr, einen besonderen Ruf in der Republik: Sie treten dort im Wechsel mit den Bee Gees auf. Mehrheitlich schwärmt das Fernsehpublikum für die Australier, aber für manche sind Ihre Kinder eine Entdeckung. Die heute wieder hörenswerten Songs »Menschen wie Sand am Meer« und »Leere Hände« sorgen für Aufmerksamkeit. Ihre Kinder gewinnen seither von einem Krautrock-Revival zum nächsten immer mehr an Bedeutung als Vorläufer und Wegbereiter von Rocksängern und Rockbands wie Udo Lindenberg oder BAP.

Auch Reinhold Mack hat der Band, die sich schon 1973 auflöst, einiges zu verdanken. Als Ihre Kinder nämlich zu den Aufnahmen für ihr Debüt ins Union Studio kommen, sagt der Tonmeister ihnen: »Lernt erst mal, eure Instrumente richtig zu stimmen, und wenn ihr dann auch spielen könnt, dann kommt ihr wieder.« Der Tonmeister geht verärgert ab, und Ihre Kinder drehen sich zum Assistenten um und fragen, ob nicht er die Arbeit übernehmen könne. Mack ruft den Chefingenieur an, ob er das machen darf. Der fragt zurück, ob die Anlage schon eingestellt ist. Mack bestätigt. Es folgen Tipps vom anderen Ende der Leitung: »Lass laufen, drück auf Aufnahme, dann schaust du besorgt und fragst, ob man es noch einmal machen könne.« Mack beherzigt die Instruktionen. »So habe ich mich allmählich in die Sache hineingearbeitet und fing dann an, der letzte Schrei (flavour of the month) zu sein«, erinnert er sich. Künftig nimmt er als Toningenieur Udo Jürgens, Peter Alexander oder Ivan Rebroff auf und mischt auch die Schlager sorgfältig ab.

Das Union Studio ist vor, während und nach Macks Zeit

angesagt und breit aufgestellt. Die Produktionen, die dort entstehen, lassen sich grob in drei Kategorien aufteilen. In der deutschsprachigen Schlagerfraktion sorgen nebst den drei oben genannten Katja Ebstein, Mary Roos, Costa Cordalis, Rex Gildo, Michael Holm, Peter Horton, Peter Maffay oder Hazy Osterwald für nationale Hits. Auffallend ist die große Treue der Künstler, die immer wieder in das Studio zurückkehren.

Zur zweiten Abteilung gehören die etwas anspruchsvolleren oder international erfolgreicheren Musiker und Bands wie Amon Düül, Passport, Sahara, Jack Grunsky, Joy Fleming, Ulla Meinecke, Joachim Kühn, Stefan Waggershausen, Marius Müller-Westernhagen oder auch Sylvester Levays und Michael Kunzes Silver Convention. Letztere machen vor, wie man von München aus die Welt erobert. Benannt ist die Band in Anlehnung an Levays Spitznamen Silver. Das deutschsprachige Trio besteht aus Ramona Kraft aus Hanau, Linda Uebelherr aus Gersthofen und Gertrude Wirschinger aus Klagenfurt. Die drei Mitglieder werden jedoch unter den wohlklingenden Namen Ramona Wulf, Penny McLean und Linda G. Thompson bekannt und landen als Silver Convention mit dem Gassenhauer »Fly, Robin, Fly« 1975 einen Nummer-eins-Hit in den USA, der mit einem Grammy geehrt wird. Auch die Nachfolgesingle »Get Up and Boogie« schafft es in den USA in die Top Ten. Die drei Sängerinnen – eine schwarzhaarig, zwei rothaarig – sind fotogen und tragen die Songs in sexy Kostümen und mit körperbetonten Tanzperformances vor. Allerdings handelt es sich um Playback-Events, und auch bei den Aufnahmen selbst werden die drei teilweise von anderen Sängerinnen ersetzt. Die Songs von Silver Convention sind auch in Europa erfolgreich, ihr Merkmal sind die dominanten Streicher-Arrangements und die einfache Liedstruktur. Sechs Worte reichen: Fly, robin – up to the sky. Ob Robin ein Rotkehlchen ist oder ein Vorname, entscheiden die Hörer selbst: Jedenfalls bekommen die Robins danach in Deutschland Zuwachs, wie er später nur noch mit den Kevins vergleichbar ist. Alle drei Sängerinnen verfolgen Soloprojekte – Penny McLean ist dabei am erfolgreichsten, unter anderem mit dem Hit »Lady Bump«, der es 1975 auf Platz eins der deutschen Charts schafft und den Bump-Tanz im deutschsprachigen Raum populär macht.

Auch Frank Farians internationale Disco-Formation Boney M. nimmt im Union Studio zahlreiche Hits auf. In die dritte, die internationale Abteilung fallen daneben Rosanne Cash, Patty Pravo, Umberto Tozzi, Herbie Mann oder Charlie Mariano.

Etwa zwei Jahre nach Macks Initiation mit Ihre Kinder taucht Giorgio Moroder im Studio auf. »Er ist Südtiroler. Er spricht fünf Sprachen und keine richtig«, schmunzelt Mack. Was so nicht ganz stimmt. Im Italienischen und Ladinischen fühlt sich Giovanni Giorgio noch heute sehr wohl, spricht die Sprachen fließend und akzentfrei. In italienischen TV-Interviews sieht man, wie locker Moroder redet, wie wohl er sich fühlt.

Mit Tiroler Akzent jedenfalls sagt Giorgio damals zu Mack: »Waisch woll, Macky, willscht für mich arbeiten?« Er werde ihm dreimal so viel wie das Union Studio zahlen, verspricht er. Mack sagt begeistert zu, wobei er die Möglichkeit außer Acht lässt, dass Giorgio davor den Union-Manager gefragt hat, was der Junge denn so verdient. Das Ergebnis: Mack bekommt bei Moroder zwar das Dreifache, aber das ist immer noch weniger, als der Tonmeister kriegt, der zu jenem Zeitpunkt noch in Moroders Diensten ist. Doch das stört Mack nicht, denn schon wieder eröffnen sich ihm großartige Möglichkeiten: »›Ich hab da ein Geld, und damit bauen wir jetzt das beschte Studio der Welt‹, sagte Moroder. Und es wurde tatsächlich gebaut.«

Moroder besitzt damals schon seit 1969 ein kleines Studio im Keller des Arabella-Hauses neben dem Heizungsraum. Dort herrschen Temperaturen von bis zu achtunddreißig Grad. »Wenn man Symphoniker in Unterhemden sehen wollte, dann musste man dahin kommen«, sagt Mack. Er will das ändern, aber die Ausgangslage ist schwierig: Giorgio hat zwar das Geld, aber er selbst keine Expertise, wie Mack heute zugibt. »Ich kannte drei Pole und Tuchel und heiss-kalt und Schirm und dachte einfach – wenn du das multiplizierst, kann das nicht so schwer sein. Da habe ich mich etwas geirrt und viel Nacharbeit geleistet.« Die Ausbau- und Renovierungsarbeiten laufen nach dem Motto »Learning by doing«. Mit Hilfe von Akustikern und Technikern, die sich mit Elektronik auskennen, entstehen die späteren Musicland Studios. Allerdings werden die Räume in den ersten Jahren einige Male komplett umstrukturiert, um den Sound und die Aufnahmebedingungen zu optimieren. Nun kommen – zunächst oft aus steuerlichen Gründen – Bands wie Uriah Heep, die Rolling Stones, Led Zeppelin oder Deep Purple in die Musicland Studios. »Da habe ich dann auch gelernt, wie das mit der Mentalität von Engländern funktioniert«, erinnert sich Mack.

Deep Purple sind seine ersten Schützlinge. »Das war ein gigantischer Denkeinschnitt«, so Mack. Er berichtet von den »personal roadies« und den technischen Roadies, von den Bentleys und Rolls-Royce, die aus England hergefahren werden. Anekdoten gibt es viele: Deep Purple wohnen oben im Arabella-Hochhaus und machen sich einen Spaß daraus, mit dem Fernseher aus dem neunzehnten Stock einen ekelhaften beigefarbenen Ford zu treffen. »Bei den Herrschaften galt: ›Money is no object.‹ Es war völlig egal, wie lange eine Aufnahme gedauert hat.«

Ähnliches gilt für Led Zeppelin. »Für die war es völlig

normal, dass sie in vier verschiedenen Hotels wohnten und vier verschiedene Fahrer hatten und dass vor Erscheinen im Studio erst angerufen wurde: ›Ist er da?‹ ›Ja, er ist da.‹ ›Na gut, dann komme ich heute nicht.‹ Die ganzen Spielchen halt.« In nur achtzehn Tagen nehmen Led Zeppelin im November und Dezember 1975 ihr Album *Presence* auf. Mack erzählt eine Anekdote über Robert Plant, der nach einem schweren Autounfall auf Rhodos eingegipst von der Hüfte bis zu den Zehen und samt Rollstuhl in der Gesangskabine am einen Ende des Studios singt. Der Weg zur Toilette ist weit, weshalb Plant jeweils die Tür zum Ladehof öffnet und die Treppen hinabpinkelt. Eines Tages rutscht er aus. Hinter ihm fällt die Feuertür zu. Plant ist weg und wird lange gesucht. Schließlich finden ihn Mack und seine Freunde. Es ist mitten in der Nacht. Sie fahren mit Plant sofort ins Unterföhringer Krankenhaus. Das Röntgenbild ergibt, dass das Bein erneut gebrochen ist.

Wichtiger für Mack ist aber die Erfahrung, die er im Krankenhaus mit Zeppelin-Manager Peter Grant macht. »Der hatte immer ein Köfferchen bei sich mit hundertfünfzig- bis zweihunderttausend Dollar in Scheinen. In der Notaufnahme ist ein blutüberströmter Motorradfahrer. Der behandelnde Arzt will sich um ihn kümmern, weil er sieht, dass es bei Robert Plant nichts Schlimmes sein kann. Aber Grant geht zu ihm, öffnet den Koffer und sagt: ›Let the fucker die. He's not important. My guys are important.‹«

Auch das viele Kokain findet Mack schlimm. Led Zeppelin haben ihren eigenen Toningenieur dabei. Mack ist »nur« der Haus- und Studio-Tonmeister, der dafür sorgen muss, dass alles klappt. »Der andere hatte so viel durch die Nase, dass er nach den Aufnahmen vergessen hatte, dass er noch in Deutschland ist. Er fuhr auf der falschen Straßenseite, und dann war er tot. Danach machte ich weiter.« Möglicherweise irrt Mack sich hier: Toningenieur für *Presence* ist Keith Harwood, der, wohl nach einer Überdosis Heroin, bei einem selbstverschuldeten Autounfall stirbt, allerdings erst in London am 3. September 1977 nach dem Abmischen des Albums *Love You Live* von den Rolling Stones.

Mack wird jedenfalls rasch zum Virtuosen am Mischpult, lange vor seiner ersten Zusammenarbeit mit Queen. Besonders deutlich wird das bei seinen Aufnahmen für das Electric Light Orchestra (ELO). Jeff Lynne ist begeistert von den Musicland Studios, nachdem Deep Purple ihm den dortigen Tonmeister empfehlen. Und Mack eröffnet sich mit ELO ein fantastisches Betätigungsfeld. Er produziert insgesamt sieben Alben der Band, angefangen bei *Face the Music* im Jahr 1975. Die Platte profitiert von Macks Einfallsreichtum und enthält den ersten Welthit von ELO: »Evil Woman«. Schon im Jahr darauf folgt das noch erfolgreichere Album *A New World Record* mit der Single »Livin' Thing«. 1977 kommt der nächste große Höhepunkt, das Doppelalbum *Out of the Blue*. Jeff Lynne fragt Mack, ob er ihn als Tonmeister auf der anstehenden Welttournee begleiten will; sie soll neun Monate dauern. »Ich habe mir gesagt: Warum nicht? So leicht komme ich nicht noch einmal um die Erde.« Mack sagt zu, wird deshalb aber vom Musicland-Management entlassen und somit zum Freelancer. Die *Out of the Blue*-Tour beginnt im Januar 1978 in Honolulu, führt durch Australien und Neuseeland, Japan, Europa und die USA und endet im Oktober 1978 im kanadischen Montreal.

Mack wird später auch bei Queen-Konzerten als Live-Mischer dabei sein und nachher im Studio den Sound perfektionieren. Er ist für den Klang von *Live Magic* (1986), *Live at Wembley '86* (1992), *Queen on Fire – Live at the Bowl* (2004) und *Queen Rock Montreal* (2007) verantwortlich.

Die Nachricht, die Macks Leben 1979 nachhaltig verändert,

überbringt ihm Giorgio Moroder persönlich in Los Angeles im von Elton John mitgegründeten Restaurant Le Dome. »Weisch woll, Macky, du bischt hier und du sollscht in München sein. I hab g'hört, da isch Queen.« Mack ruft Kollegen in München an, aber dort weiß niemand etwas davon. Das sei Quatsch, Queen kämen nicht nach München. Aber drei Tage später meldet sich Giorgio wieder: »Weisch woll, Macky, warum bischt du no da?«

In einem Interview im Jahr 2000 zum zwanzigjährigen Jubiläum des Albums *The Game* bringt Mack an dieser Stelle Jim Beach ins Spiel. Die erste Zusammenkunft mit Queen sei Glück gewesen und Jim zu verdanken. Denn das damals noch namenlose 1980er Queen-Album sei im Mai 1979 eigentlich schon fix und bis ins Detail geplant gewesen, sowohl konzeptionell als auch organisatorisch, mit Studios (nicht in München) für die Aufnahmen, Studios fürs Mischen und exakter zeitlicher Abfolge. Später erwähnt Mack diesen Umstand und den Queen-Manager in diesem Zusammenhang allerdings nicht mehr.

Nach Moroders Mahnung fliegt Mack jedenfalls nach München, fährt vom Flugplatz direkt zum Arabella-Hochhaus und findet das Studio überladen mit Equipment vor. »So viel Zeugs habe ich mein Leben lang noch nie gesehen. Vier Drumkits, vierzig Gitarrenamps und alles bis zur Decke voll.« All das soll nach der Japan-Tour von Queen nur aus steuerlichen Gründen noch zwei Wochen zwischengelagert werden. Angeblich besteht die Möglichkeit, dass die Jungs später vorbeikommen und etwas ausprobieren wollen. Also werden die Instrumente provisorisch rasch so aufgestellt, dass sie einsatzbereit wären. Mack erinnert sich: »Plötzlich Tohuwabohu. Ich bin alleine da. Freddie kommt in Begleitung die Treppe herunter. Er ist superfreundlich, fragt: ›Was machst du denn hier?‹ Ich sage: ›Ich hab gedacht, ich soll euch vielleicht ein bisschen unter die Arme greifen.‹ Freddie antwortet: ›Na ja, eigentlich nicht.‹«

Daraufhin wird zwar nicht Musik gemacht, aber es geht in den nach dem Hirschgarten zweitgrößten Biergarten Münchens am Chinesischen Turm, einem fünfundzwanzig Meter hohen, traditionsreichen Holzbau im Stil einer Pagode aus dem 18. Jahrhundert. Der Turm wird im Zweiten Weltkrieg zerstört und 1952 originalgetreu wieder errichtet. Heute gilt er neben dem Monopteros und dem Rumfordhaus als Wahrzeichen des Englischen Gartens. Mit 417 Hektar ist die komplette Grünanlage größer als der Central Park in New York, der »nur« 349 Hektar umfasst. Mack ist jetzt nicht Sound-Experte, sondern erst mal Fremdenführer: »Ein Tag im Mai, schönes Wetter. Man muss sich vorstellen, ich habe einen Herrn neben mir, der mich unterhakt, der ein Hawaii-Hemd anhat, passende Hawaii-Shorts und Ballerinas. Da guckt man dann schon immer links und rechts: Kenne ich jemanden, kennt jemand mich? Damals war das ja noch nicht ganz so offen. Es wäre auch ganz gut gelaufen, wären nicht ein Fahrer, ein Bodyguard, ein Garderobier und nochmals sechs Leute im Zug hinter uns hergegangen.« In dieser Entourage ist auch Paul Prenter, der für Queen auf Tour unter anderem die Termine koordiniert. »Die Bodyguards waren riesengroß, alle so um die zwei Meter. Es war alles superauffällig. Aber Freddie war so charismatisch. Er machte sich keine Sorgen, was die Leute denken könnten. Also dachte ich: Was soll's? Das war ein guter Start. Wir haben Bier aus Maßkrügen getrunken und sind dann wieder zurück ins Studio. Dann kamen Roger und John Deacon, und Freddie sagte: ›Ich hab da eine Idee. Die hatte ich im Hotel. Wenn ihr Lust habt, können wir die mal geschwind durchgehen. Vielleicht bringt's ja was. Es ist witzig, und ich glaube, das könnte was werden. Und wir müssen auf alle Fälle sehr schnell machen, bevor Brian kommt, sonst macht er uns wieder alles kaputt.‹« Mack beschreibt Brian May als sehr sorgfältig, sehr bedacht – und deshalb als jemanden, bei dem nichts einfach ist.

»Der Song, der im Studio gespielt wurde, war ›Crazy Little Thing Called Love‹. Die Band ist professionell, sie probiert zweimal durch und sagt: ›Ja, das ist okay, das machen wir so.‹ Dann sag ich zu Freddie: ›Kannst es dir anhören. Ich hab's aufgenommen.‹ Dann sagt er: ›Wie, aufgenommen? Wir haben ja noch nicht mal die Sounds eingestellt oder so was.‹ Darauf ich: ›Na ja, das habe ich ja gemacht. Das ist mein Job. Ist es schlimm, wenn du dir die drei oder vier Minuten nimmst und dir das anhörst? Wie habt ihr das mit Roy Thomas Baker gemacht?‹ Da sagt Freddie: ›Roy, darling, Roy couldn't mix a cake.‹ ›So schlimm wird's nicht gewesen sein‹, sag ich, und Freddie bestätigt, sagt aber: ›Wir haben immer alles selber gemacht. Und wollten auch immer alles selber machen.‹ Daraufhin ich: ›Na gut, dann macht jetzt auch erst mal alles selber, und dann hören wir uns das einmal an. Dann bin ich zufrieden, und ihr könnt sagen: ›Das ist Scheiße oder was auch immer.‹« Daraufhin hören sich alle die Probeaufnahmen an. Ergebnis: »›This is good. It sounds fabulous. Quick, quick, let's finish it before Brian comes.‹ Es wird noch einmal gesungen, Freddie spielt die akustische Gitarre, und die Herren Queen verlassen wieder das Studio.« Aber für Mack fängt die Arbeit erst an, denn Queen entscheiden, weitere Songs in München aufzunehmen: »Wir haben während der ersten Zeit eigentlich nichts fertig gemacht. Wir haben an ›Save Me‹ und anderen Liedern gearbeitet. ›Crazy Little Thing Called Love‹ war der einzige abgeschlossene Song. Er ist eigentlich nur fertig geworden, weil ich es einfach gemacht habe. Ich fand das lustig: Die Arbeit war nicht sonderlich schwierig, und ich konnte das Arrangement ganz okay hinkriegen mit den Stopps und so. Die habe ich alle rausgepickt, weil das alles am Stück durchgespielt worden war, und ich habe auch einen Basslauf eingebaut. Die Snare-Fills waren Overdubs im Klo vom Musicland. Das Klo ist auch bei allen ELO-Platten mit drauf, und wie: AKG 414, Urei 1176 bis zum Anschlag. Das benutzt Jeff Lynne heute noch als Sample, etwa auf der Tom-Petty-Platte. Das ist halt ziemlich punchy. Jedenfalls wird ›Crazy Little Thing‹ eine Nummer eins, schlagartig.« Mack berichtet, dass die Band nach England zurückkehrt, dann aber in den folgenden fünf Jahren immer wieder nach München kommt, und er zitiert Freddie: »Mack, darling, we can go on with meetings like this. Whenever I see you we have a number one.«

Es geschieht selten im Rockmusik-Zirkus, dass Tontechniker zu Koproduzenten der Stars werden und dann auch noch zu engen Freunden. Dazu tragen Macks Naturell einerseits und sein technisches Know-how andererseits bei: »Eine meiner Stärken ist, dass ich schnell arbeite. Und Queen arbeiten sehr langsam. Wie langsam, entdeckte ich erst später. Mein Plan war, ihre Arbeitsweise zu ändern. Das Problem war, dass sie sich selbst im Weg standen.« Mack ordnet *The Game*, seine erste Zusammenarbeit mit Queen, sehr präzise in das bisherige Schaffen der Band ein. Und er bewundert die Entwicklung von Queen bis zum seinem ersten Treffen mit der Band im Mai 1979: Karrierestart mit zwei ausgezeichneten Alben (*Queen*, 1973; *Queen II*, 1974) mit eigentümlichem Klang und komplexen Songs. Beeindruckende Produktionen auch angesichts der beschränkten technischen Möglichkeiten damals. Danach der Wunsch, wenn nicht die Notwendigkeit, ein größeres Publikum zu erreichen, ohne die bisherigen Fans vor den Kopf zu stoßen. Daher bildet für Mack *Sheer Heart Attack* (1974) den ersten Wendepunkt im Schaffen von Queen. Das

Album markiert die Stimmung für die nächsten Produktionen, die einer gemeinsamen Linie folgen werden, indem sie härtere Songs mit ganz anderen, originellen und innovativen Stilen mischen: *A Night at the Opera* (1975), *A Day at the Races* (1976) und *News of the World* (1977) – drei Alben, die zusammengehören und auf verwandte Art enorme Verkaufszahlen erzielen. Aber dann kommt *Jazz* (1978). Für Mack ist die Platte heute das Werk einer ausgebrannten Band: »John Deacon sagte mir, wenn sie dieser Linie gefolgt wären, hätte die Band aufgehört, ein großes Publikum zu erreichen. Die davor genannten Alben sind fabelhaft, ein authentischer Hauch frischer Luft in der Musik der damaligen Zeit. Aber bei *Jazz* war das Modell zu klischeehaft. Sie haben mir das klargemacht, und das war der Ausgangspunkt für meine Arbeit.«

Queen hätten damals einen gewissen Erschöpfungszustand erreicht, findet Mack. »Im Hinterkopf hatten sie schon die Ideen für einen neuen Sound, aber sie brauchten einen Engineer, der helfen konnte, ihnen Leben und Ausdruck zu verleihen. Es ist wahr, dass wir dann mit den Alben, die wir zusammen gemacht haben, einen speziellen und ganz anderen Sound produziert haben. Der wurde dann zum neuen Markenzeichen von Queen, so wie bei ›Bohemian Rhapsody‹ Jahre zuvor. Es war eine Teamarbeit«, so Mack.

Brian nennt Mack zwar kein Genie, wie Freddie das wiederholt getan hat, aber er lobt ihn dennoch auf seine differenzierte Weise: »Wir hatten ja unsere Arbeitsmethoden, und wir kannten einige Tontechniker und Studios. Aber Mack hat das alles weggewischt. Er hatte seine eigenen Methoden, und die waren effizient. Und er machte nicht so leicht Kompromisse. Er hatte eine Haltung, die in etwa ausdrückte: ›Wenn ihr meine Methoden nicht mögt, solltet ihr versuchen, eure Songs woanders aufzunehmen.‹«

Mack: »Die Jungs wussten, dass sie einen neuen Sound brauchten, etwas anderes als auf den vorherigen Platten. Gleichzeitig hatten sie Angst davor, dass die Leute dann aufhören würden, sie mit Queen zu identifizieren. Schließlich war ihr Sound aus den Siebzigerjahren mit den berühmten Harmonien emblematisch für Queen. Sie wollten etwas Neues, aber sie wussten nicht, was.«

Mack findet, dass zu diesem Zeitpunkt Freddie der Vorsichtigste ist. Er sei mit größter Zurückhaltung an Veränderungen herangegangen. Seine drei Songs auf *The Game* hätten auch auf den Alben des vergangenen Jahrzehnts erscheinen können, so Mack. Brian May beschreibt er dagegen als zielstrebig in dieser Phase: Der Gitarrist wünscht sich ein Album, das sofort mit Queen identifiziert werden kann und daher mehr melodische Songs enthält. Besonders einflussreich an diesem Wendepunkt sei aber John Deacon gewesen: »John hatte klare Vorstellungen: Er wollte einen trockeneren Sound, leicht konsumierbar. Er wünschte sich eine einfache Produktionsweise mit Einflüssen der Musik, die damals in der Luft lag.« Johns Devise: »Queen goes Pop and Disco.«

Am intensivsten arbeitet Mack jedoch mit Roger Taylor zusammen. Dieser sucht mit größter Konsequenz nach einem neuen eigenen Sound. »Roger brauchte meine Hilfe. Er war unzufrieden mit seinem Songwriting, fand dann irgendwie seinen Sound, wusste aber nicht, wie er ihn polieren und rüberbringen sollte«, so Mack. Roger schreibt drei Lieder für *The Game*, und alle drei führen zu Diskussionen innerhalb der Band. Der Drummer wünscht sich, dass »Coming Soon« eine Single wird. Erfolglos. Er wünscht sich, dass »A Human Body« auf dem Album erscheint. Erfolglos, denn die anderen finden, dass es schon genug melodiöse Lieder auf der LP gibt. Etwas Rockiges ist gefragt. Deshalb erscheint dann »A Human Body«, aber auch nur als B-Seite der Single »Play the Game«. Bemerkenswert: Roger benutzt erstmals einen Vocoder, den Roland VP-330. Später wird er seine Stimme auf ähnliche Weise für seinen großen Queen-Hit »Radio Ga Ga« modellieren.

Mack adelt »Coming Soon« als Blaupause für den Queen-Sound der kommenden Jahre. Andere halten das simpel konstruierte Lied mit Gitarrensolo statt einer Bridge und mit der jeweils lustig-schwingenden Antwort Brians auf Freddies Gesang für eine eher mittelmäßige Komposition, die weniger zu Queen in den Achtzigerjahren als zu Sweet Mitte der Siebzigerjahre passt (aber auch in dem Fall wohl ohne Chancen, als Single veröffentlicht zu werden). Rogers »Rock It (Prime Jive)« ergänzt zwar »Crazy Little Thing Called Love« sehr gut, passt aber besser in den Katalog einer Suzi Quatro oder eines Alvin Stardust. Die Anordnung von »Rock It« auf *The Game* ist jedoch insofern geschickt, als – wir befinden uns noch im Vinyl-Zeitalter – »Crazy Little Thing« der letzte Song der A-Seite ist, »Rock It« der erste der B-Seite. Nach Freddies Monster-Hit wird das Album gewendet, und die Nadel fällt in Rogers laute Rock'n'Roll-Rille, die wie ein Kommentar dazu wirkt und eine Steigerung in Bezug auf Härte und Rotzigkeit darstellt. Mack erinnert sich, dass Roger darauf besteht, selbst zu singen, während Brian und er für Freddie plädieren. Es werden daher zwei Versionen aufgenommen, eine mit Freddie und eine mit Roger.

Oft wird von Auseinandersetzungen im Studio berichtet, von manchmal langwierigen Streitereien, die Queen ausfechten. Aber wie sehen die Reibereien konkret aus? »Rock It« ist ein gutes Beispiel: John mag Rogers Fassung, Brian bevorzugt Freddies Version. Eine Einigung scheint unmöglich. Es geht hin und her, bevor ein außerordentlicher Kompromiss gefunden wird. Das Intro singt Freddie, den Rest Roger. Mack ist zufrieden, zumal Brian schon als Sänger für ein Lied feststeht und Roger noch gar nicht.

Ständig muss eine Balance gefunden werden. Macks Meisterschaft besteht auch darin, die vier Egos immer wieder ins Lot zu bringen – wobei John die wenigsten Ansprüche stellt, aber gerade in jener Phase besonders glänzt. Mack greift auch korrigierend ein, wenn es darum geht, musikalische Schwächen auszubessern. Er weist darauf hin, dass Freddie die Töne extrem lange halten kann, während Roger das genaue Gegenteil davon darstellt. Rogers Stimme bricht rasch am Ende jeder Zeile ab. Deshalb baut Mack an diesen Stellen Synthesizer-Klänge ein, die das Problem beheben. Dem Hörer fehlt nichts. Rogers Stimme geht harmonisch in entsprechende Sounds über. Die Technik macht Schule in München, auch bei den nächsten Alben. Bemerkenswert: Nach den beschriebenen Auseinandersetzungen um die Frage, wer von den drei Bandmitgliedern auf welchem Song den Leadgesang übernimmt – John hält sich ja von Anfang an für ungeeignet –, werden Brian und Roger bis zu Freddies Tod nie wieder einen Solopart bei Queen-Songs übernehmen.

Brian hält das Album *The Game* für das beste seit *A Day at the Races*. Aber selbst wenn das erste Münchner Album nicht das beste überhaupt ist, dann jedenfalls das erfolgreichste in den USA. Reinhold Macks Lieblingsplatte von Queen ist allerdings der kontrastierende Nachfolger *Hot Space*. Am 30. Mai 1980 erscheint jedoch erst einmal die Single »Play the Game«. Auf dem Cover ist Freddie für die breite Öffentlichkeit erstmals mit Schnurrbart zu sehen. Im Juni 1980 wird dann *The Game* veröffentlicht. Als einziges Queen-Album überhaupt erreicht es in den USA Platz eins der Charts. Die Plattenfirma EMI Electrola schaltet für drei ihrer neuen, erfolgversprechenden Alben doppelseitige Anzeigen in der Fachpresse, auch im deutschsprachigen Raum. Die Werbung beginnt links mit *The Game* von Queen, es folgen die Stones und Paul McCartney. Dem ersten Münchner Meisterwerk von Queen gebührt der Ehrenplatz neben – genauer: vor *Emotional Rescue* und *McCartney II*. Nach *Jazz*, das sich nicht so gut verkauft hat wie erhofft, übertrifft *The Game* die Erwartungen.

Im Juni 1980 gibt es auch für die Gay Community in München etwas zu feiern: Am 28. des Monats findet der erste Christopher Street Day in München statt. Damals heißt er noch »Stonewall-Demo«. Auf Transparenten steht: »Schwul – na und?« Etwa dreißig lesbische Frauen und hundertfünfzig schwule Männer ziehen an jenem Samstag unter starkem Polizeischutz vom Sendlinger Tor über den Viktualienmarkt bis zum Geschwister-Scholl-Platz. Die Demo verläuft vollkommen friedlich. Am Straßenrand schauen Neugierige dem bunten Treiben zu, darunter vermutlich auch Schwule, die sich noch nicht trauen, im Zug mitzugehen. Polizisten in Zivil beobachten die Vorgänge und fotografieren die Teilnehmer. Von der Uni bewegt sich die kleine »Gay Pride Parade« zum Biergarten beim Chinesischen Turm und lässt dort den Tag ausklingen. Danach berichten nur wenige Medien über die erste Münchner Schwulen-Demo, unter ihnen die *Abendzeitung*.

»Meine Damen und Herren, was Sie jetzt hören, ist nicht meine Stimme. Es ist ein Vocoooooooder«, sagt Giorgio Moroder wie ein Nachrichtensprecher mit Singsang 1977 im ZDF anlässlich der Promotion seines Albums *From Here to Eternity*. Moroder ist die Koryphäe, wenn es darum geht, das große Publikum mit technischen Neuerungen in der Musikwelt vertraut zu machen. Mack hätte sich ohne Giorgio Moroder wohl anders entwickelt, er hätte Freddie möglicherweise nie kennengelernt. Der Südtiroler Moroder stammt aus einer

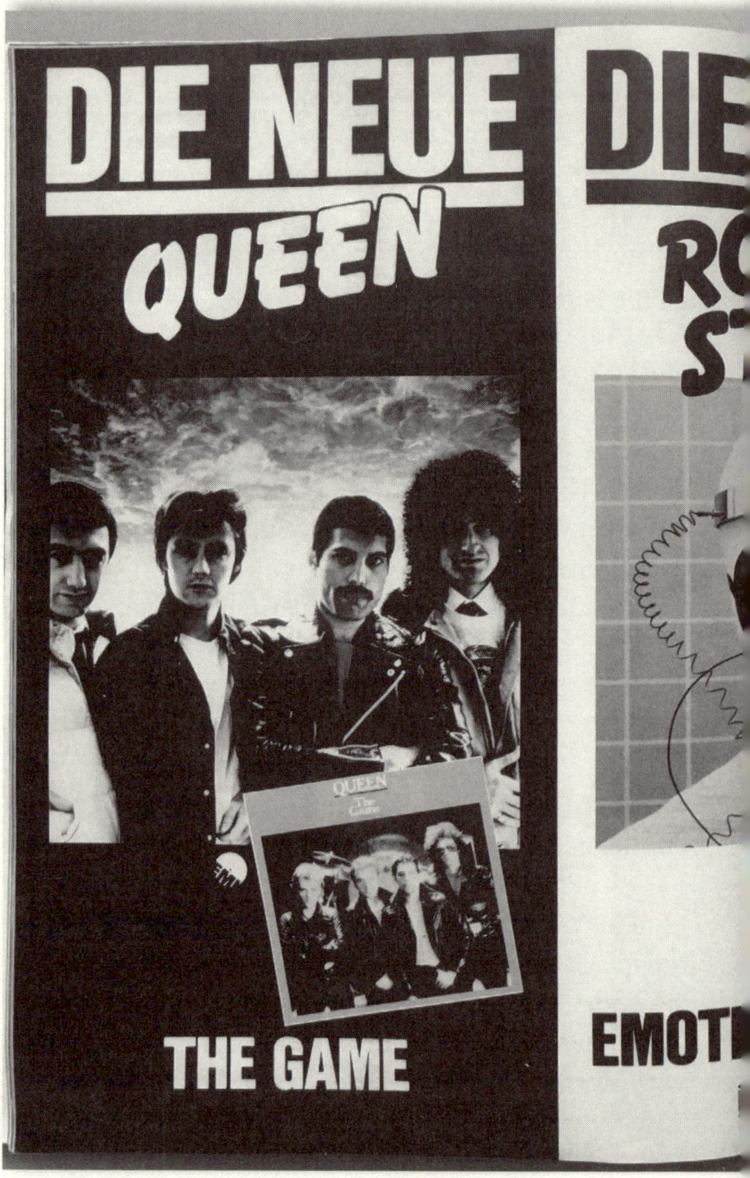

Im Juni 1980 wird *The Game* veröffentlicht. Als einziges Queen-Album überhaupt erreicht es in den USA Platz eins der Charts.

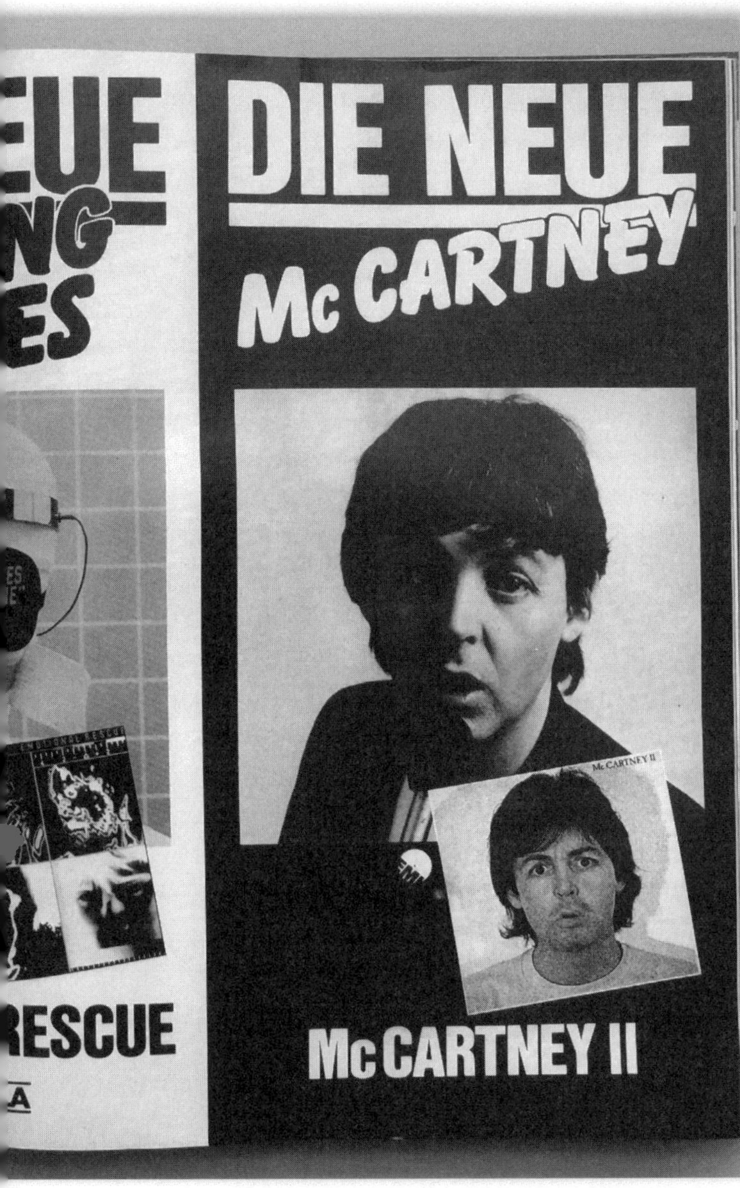

Dem ersten Münchner Meisterwerk von Queen gebührt der Ehrenplatz neben – genauer: vor *Emotional Rescue* und *McCartney II*.

ladinischen Familie und ist neun Jahre älter als Mack. Er wird 1940 im Dolomitental Gröden geboren und wächst dreisprachig auf, mit Ladinisch, Italienisch und Deutsch. »Meine Kindheit war ganz normal im Grödner Tal«, sagt er schmunzelnd. Er ist schon als Junge ein guter Skifahrer und könnte Skilehrer werden. Aber schon mit vierzehn Jahren fängt Giorgio an, Gitarre zu spielen. Seine Vorbilder kommen nicht aus Italien oder Deutschland, sondern aus dem englischsprachigen Raum. »Diana« von Paul Anka begeistert ihn. Mit sechzehn hat er seinen ersten Auftritt in einem Café in Gröden und spielt dann in verschiedenen Ortschaften der Dolomiten, in Cortina d'Ampezzo und im Fassatal. Seine Mutter wünscht sich, dass er Gemeinde-Angestellter wird. Aber Giorgio bricht kurz vor der Matura die Schule ab und geht zum Leidwesen seiner Eltern in die Schweiz, wo er ein festes Engagement als Musiker bekommt. Danach geht er nach Paris, komponiert immer mehr Songs, spielt in der Band von Johnny Hallyday und tourt dann durch Nachtclubs in ganz Europa. Er trägt sehr langes Haar und einen gewaltigen Oberlippenbart, der jeden Pornoschnauzer alt aussehen lässt. 1965 erscheint seine erste Single in Italien »Cerca (Di Scordare)« (»Versuch zu vergessen«). Er wohnt in Berlin bei einer Tante und komponiert intensiv. Seine bevorzugten Instrumente sind Gitarre und Bass. Aber das Songwriting findet auch am Piano statt.

Der Produzent Peter Meisel engagiert ihn in Berlin als Tontechniker. Moroder sitzt am Mischpult bei den Aufnahmen zu »Mendocino« von Michael Holm, und 1969 schreibt er gemeinsam mit ihm den Schlager »Ich sprenge alle Ketten«. Für Ricky Shane, Sohn einer Französin und eines Libanesen, wird das der Durchbruch in Deutschland. Ricky Shane, der eigentlich Albert Tabett heißt, singt das Lied mit französischem Akzent und kajalumrandeten Augen. Im selben Jahr hat Moroder seinen eigenen ersten großen Hit, den er als Solo-Sänger und Frontmann auf Englisch und Italienisch veröffentlicht: »Looky Looky« braucht den Vergleich mit internationalen Bubblegum-Nummern nicht zu scheuen. Moroder zieht nach München, gründet die Musicland Studios im Arabella-Hochhaus, die anfangs noch sehr klein sind, entdeckt die ersten Synthesizer und ist fasziniert davon. Den Ausschlag gibt *Switched-On Bach* von Walter Carlos und Benjamin Folkman. Das Album erscheint im Oktober 1969 und wird Anfang 1970 ein internationaler Erfolg. In Deutschland wirbt die Plattenfirma mit dem Untertitel: »Barock-Revolution oder die seltsamen Abenteuer des J.S. Bach im Land der Elektronen«. Für Mary Roos produziert Moroder 1970 den Top-Ten-Song »Arizona Man«, möglicherweise der erste Pop-Song mit Vocals überhaupt, in dem musikalisch der Synthesizer die Hauptrolle spielt. Daraufhin kauft er sich seinen ersten Moog. »Jo, sogen wir, es kann etwas kälter sein als eine Geige«, meint Moroder zu seinem neuen Lieblingsinstrument. 1971 komponiert er den Song »Son of My Father«, performt selbst und hat damit wieder einen kleinen Hit. Er rückt den Moog noch weiter in den Vordergrund, spielt darauf auch ein Solo. »Für mich war der Synthesizer ein Instrument. Nile Rodgers von der Gruppe Chic hat mir mal erzählt, wie lange er geübt hat, bis er das Intro von ›I Feel Love‹, dieses schnelle Dadadada-Dodododo-Dadadada-Dodododo, auf der Gitarre nachspielen konnte. Er war enttäuscht, als man ihm sagte: ›Das ist ein Computer, kein Gitarrist.‹«

1972 erscheint Moroders Album *Son of My Father* mit Liedern, die zugleich als Soundtrack für den Sexfilm *Die Klosterschülerinnen* von Eberhard Schröder mit Ellen Frank und Sascha Hehn dienen. Der Erotik-Streifen sorgt wegen explizit lesbischer Szenen für Diskussionen. Gedreht wird in Bayern.

München mit seiner internationalen und lebendigen Musikszene bleibt einige Jahre lang Moroders zweite Heimat. 1973 lernt er hier LaDonna Adrian Gaines kennen. Bekannt wird sie unter ihrem Künstlernamen Donna Summer – ihr erster Ehemann ist Österreicher und heißt Sommer. Sie wohnt in der Nymphenburger Straße 124, nur fünf Minuten zu Fuß von der heutigen Freddie-Mercury-Straße entfernt. Erste gemeinsame Arbeiten führen zu bescheidenen Erfolgen.

Moroders Testlabor ist die Disco East Side in der Rosenheimer Straße 30 [22]: »Ich habe immer schon an sehr rhythmischer Musik gearbeitet, und manchmal bin ich mit den Demobändern ins East Side, wo ich den DJ kannte. Ich habe beobachtet, ob die Leute zu meinen Sachen tanzen oder ob sie weggehen von der Tanzfläche. Man bekommt da ein ganz gutes Gefühl dafür, ob ein Song läuft oder nicht.« Moroder versucht es mit dem harten »4-to-the-floor«-Rhythmus und Donnas melodisch-verführerisch-weicher Stimme dazu. Das Glück liegt im Kontrast und in Moroders Ehrgeiz. Er sagt zu Donna, sie müssten einen Song schaffen, der weiter geht als Jane Birkins und Serge Gainsbourgs »Je t'aime … moi non plus«. Donna kontert mit einem Crescendo-Refrain, der keinen männlichen Gegenpart braucht: 1975 wird »Love to Love You Baby« ein internationaler Hit – der durch »I Feel Love« 1977 noch getoppt wird. Ein Song, in dem der gesamte Sound mit Synthesizern entsteht. Der »sound of the future« ist geboren, der »all electronic song«. Die Konsequenzen für die Musikwelt sind noch nicht absehbar. Hits brauchen scheinbar keine Bands mehr.

Dank Moroder und seinen Musicland Studios boomt Disco in München. Donna Summers Sequenzerbeat wird die Grundlage für unzählige weitere Produktionen in aller Welt. Bowie tüftelt gerade in Berlin an neuen Sounds, als ihm Brian Eno eines Tages sagt: »David, wir können aufhören, nach der Musik der Zukunft zu forschen, ich habe sie gefunden, es gibt sie schon.« So erzählt es Eno später Moroder. Aber natürlich experimentieren David und Brian dennoch weiter, während in München Tanzschuppen wie Pilze aus dem Boden schießen. Das geflügelte Wort an der Isar lautet damals: Bowie ist in Berlin, alle anderen sind in München.

Als Moroders Superstar Donna Summer in die USA zurück will, begleitet der Produzent sie, lässt sich in Los Angeles nieder, kehrt aber zwischendurch immer wieder nach München in seine Studios zurück und treibt seine Karriere in ungeahnte Höhen: Moroder komponiert den Soundtrack zum Hollywood-Film *Midnight Express* (1978) und erhält dafür seinen ersten Oscar. Es folgen über ein Dutzend weitere Beiträge für Soundtracks, darunter *American Gigolo* (1980) mit dem Blondie-Hit »Call Me«, *Flashdance* (1983) mit Irene Caras »What a Feeling« oder *Scarface* (1983), wieder mit Debbie Harry und »Rush Rush«. Die Liste der Produktionen ist lang. Moroder kooperiert manchmal für Filmprojekte, manchmal unabhängig davon mit Acts wie The Three Degrees (1978), Sparks (1979), Barbra Streisand (1979), Cher (1980), Madleen Kane (1981), David Bowie (1982), Chaka Khan (1983), Limahl (1984), Paul Engemann und Joe Esposito (1985) sowie Kenny Loggins und Terri Nunn (1986). Es folgen nach 1986 Kooperationen mit Lady Gaga, Madonna, Elton John und vielen anderen. Nach längerer Abstinenz, in der Moroder mehr Golf spielt als Musik produziert, bitten ihn 2013 Daft Punk darum, ihnen im Studio aus seinem Leben zu erzählen. Daraus entsteht »Giorgio by Moroder«, woraufhin die Karriere wieder in Schwung kommt. Das Album *Déjà Vu* erscheint 2015 und enthält Beiträge von Kylie Minogue, Sia oder Britney Spears. Nile Rodgers moderiert im selben Jahr für die BBC eine Dokumentation über Moroder mit vielen Gastbeiträgen, die dessen Bedeutung für die Musik deutlich machen. Auch Mack hat Moroder viel zu verdanken.

Moroder ist der »Godfather of Dance Music«, wie ihn die Szene nennt. Mit ihm macht es Mitte der Siebzigerjahre in München TSOM: »The Sound of Munich« entsteht, der die Musikwelt hellhörig macht und nachhaltig verändert. Zu den vielen Erfolgen made in Munich gehört auch Amanda Lear. Die Rolling Stones verewigen die mysteriöse Künstlerin und Muse Salvador Dalís 1967 in ihrem Song »Miss Amanda Jones«, ist sie doch zu jener Zeit mit Brian Jones liiert. »She's the darling of the discotheque crowd, of her lineage she's rightfully proud«, singt Mick Jagger. 1973 posiert sie in schwarzem Leder mit einem gezeichneten schwarzen Panther auf dem Cover des Roxy-Music-Albums *For Your Pleasure*. Auch Freddie assoziiert sein schwarzes Lederoutfit oft mit der Kraft der Raubkatze. Mit ihrem zeitweiligen Partner, dem deutschen Produzenten Anton »Anthony« Monn, nimmt Amanda Lear in den Musicland Studios mehrere Alben auf, 1976 ihren größten Hit mit tiefer Stimme und androgyner Ausstrahlung: »Queen of Chinatown«.

SUGAR-SHACKING

Aus der Ankündigung, es nach *Jazz* ruhiger angehen zu lassen, wird nichts. Im Gegenteil: Parallel zu *The Game* nehmen Queen den Soundtrack zum Film *Flash Gordon* auf. Es ist die erste Auftragsarbeit fürs Kino, und von vornherein ist klar, dass ein Soundtrack-Album nicht denselben Erfolg haben wird wie ein reguläres. Das reduziert den Erwartungsdruck, aber nicht den Spaß im Studio, zumindest für Brian, der sich hier als Komponist unter anderem mit Richard Wagner beschäftigt. Im Song »The Wedding March« variiert May den Brautchor aus *Lohengrin*, worüber sich der Münchner Wirt Manfred »Lohengrin« Stavenhagen besonders freut. Als Tonmeister wird nach den ersten fabelhaften Erfahrungen wieder Reinhold Mack engagiert. Koproduzent ist aber diesmal Brian May, der das Projekt federführend und intensiv vorantreibt.

Er und Roger Taylor reagieren begeistert, als der britische Regisseur Mike Hodges und der italienische Produzent Dino De Laurentiis (er produziert u.a. viele Fellini-Filme) Queen den Vorschlag machen, den Soundtrack zu komponieren. Beide sind Fans von Science-Fiction und Fantasy. Hier liegt kulturell und musikalisch die Trennlinie zwischen ihnen und Freddie und John, die sich ein Jahr später bei den Arbeiten am Album *Hot Space* vertiefen wird. Freddie und John sind nicht sonderlich angetan von der *Flash*-Idee, zumal sie zu einem ungünstigen Zeitpunkt aufpoppt. Es ist Januar 1980, die ersten vier Songs für das neue Album sind längst im Kasten, und eigentlich möchte Freddie mit Hochdruck die weiteren Tracks mit Mack in München produzieren. Doch Queen schauen sich zwanzig Minuten des entstehenden Films an und vereinbaren, dass sie einige Sound-Kostproben erstellen werden. Sie verteilen untereinander die verschiedenen Szenen. Drei Demos entstehen in wenigen Wochen im Februar und März in London: das erfolgreichste, Brians »Flash's Theme«, sowie Freddies Stücke »Football Fight« und »The Kiss«. Im Februar 1980 sind Queen aber auch in München – es geht rasch hin und her: Hier arbeiten sie an *The Game,* und zugleich sind sie in Gedanken bei *Flash Gordon.* Sie fliegen nach London zur Abnahme, aber Dino De Laurentiis mag die Songs nicht. Der Regisseur muss ihn erst davon überzeugen, dass Queen die Besten für diese Arbeit sind. Daraufhin machen sie weiter, und erst bei der Premiere des Films zeigt sich Dino begeistert von der Musik.

Der Plan ist im Februar 1980, die Songs für *Flash Gordon* später in Studios in London während einer Tourneepause einzuspielen. Mack sagt, die Produktion sei letztlich ein Albtraum gewesen, weil nur er und Brian sich in London darum gekümmert hätten. Ein Haufen Tonbandmaschinen, Tonbänder und Kompaktkassetten warten darauf, zu einem Ganzen zusammengefügt zu werden. Zudem stapeln sich Filmrollen, auf denen sich die Tonspuren befinden, die es in die Musik zu integrieren gilt. Die Aufnahmen finden unter anderem in den Townhouse Studios in London und den Anvil Studios in Denham mit dem Royal Philharmonic Orchestra statt. Das Besondere bei diesem Soundtrack ist, dass Dialoge und Monologe aus dem Film in die Lieder hineinkopiert werden, was Mehraufwand für Brian und Mack bedeutet.

Der Film feiert im Dezember 1980 Premiere und erfüllt weder die Erwartungen des Publikums noch die der Kritiker. In Hauptrollen sind zwar Stars wie Ornella Muti und Max von Sydow zu sehen, aber Flash-Darsteller Sam Jones überzeugt nicht. Freddie singt lediglich auf den beiden May-Kompositionen »The Hero« und »Flash's Theme«, das dann in gekürzter Fassung als Single unter dem Titel »Flash« ausgekoppelt wird. Der Song entwickelt sich ab November 1980 noch vor Erscheinen des Films zum Hit: In Deutschland schafft es »Flash« auf Platz drei der Charts, in Österreich auf Platz eins und in UK auf Platz zehn. Gesanglich ist es eine herausragende Zusammenarbeit von Freddie, Brian und Roger. Auch das Album wird erfolgreich, allerdings überschneidet es sich zeitlich mit *The Game*. Möglicherweise hätten die beiden LPs noch deutlich mehr Käufer gefunden, wären die Erscheinungsdaten entzerrt worden.

Queen werden »Flash« oft live performen, während ihrer 1982er *Hot Space*-Tour sogar als Opener, manchmal mit »The Hero« später im Set. »Es geht um Blitz und Donner. Erst der ›Flash‹, dann weißt du, jetzt kommt der Donner«, sagt Brian, der dafür auf dem Bösendorfer vier Akkorde gleichzeitig anschlägt und sie mit Bassdrum und Becken kombiniert. Zudem werden bei allen Tracks Synthesizer eingesetzt. Brian ist stolz auf das Werk und bezeichnet es als »the very first real rock film soundtrack«. Tatsächlich ist die Musik in manchen Filmszenen so dominant, dass die Schauspieler dagegen anschreien müssen – zumindest wirkt es so dank Macks und Brians Meisterschaft, die harten Gitarren-Riffs an den richtigen Stellen sehr laut einzusetzen. Bestes Beispiel dafür ist Flashs »Reisebegleiterin« Dale Arden, gespielt von Melody Anderson (*The Callgirl Club, Finish, Hitler's Daughter*), die in die ohrenbetäubende Queen-Musik »Flash, I love you! But we only have fourteen hours to save the earth!« kreischt.

Die Arbeit an dem Soundtrack ist in gewisser Hinsicht zukunftsweisend: Der geflügelte Falkenmann Prinz Vultan, gespielt vom bärtigen Brian Blessed (*Hamlet, Alexander, Das Konklave*), startet gegen Ende des Films eine hochriskante Attacke, um Flash zu helfen. Im Grunde handelt es sich um ein Selbstmordkommando, aber natürlich werden Vultan und Flash die Aktionen überleben. Kurz bevor sich Vultan in die scheinbar aussichtslose Schlacht stürzt, sagt er pathetisch: »Who wants to live forever?« Daran erinnert sich Brian, als er fünf Jahre später die gleichnamige Powerballade für den Film *Highlander* komponiert.

Eine der unbekannteren Gesangsleistungen Freddies aus der »munich era« ist »The Hero«, der Abschluss des *Flash*-Soundtracks: Heavy Metal at its best. Zudem trifft Freddie die vielen hohen Töne, die Brian ihm vorsetzt. »Freddie war sauer, seine Kehle blutete, aber andererseits war er so ehrgeizig, und er schaffte es«, erinnert sich Brian. Freddie trägt beim Singen die pelzkragenbesetzte Lederjacke, die er in München oft anhat. Auf dem Kragen liegen die Kopfhörer. Dieser Song wird jedoch im Oktober 1980 in den Utopia Studios in London aufgenommen. Nur Brians Red Special fehlt auf dem Track. Sie wartet in den Musicland Studios darauf, dass die Arbeiten an *The Game* weitergehen, die schließlich im April und Mai in München abgeschlossen werden. »Another One Bites the Dust« ist der letzte Song, an dem geschliffen wird. Und wie einige andere Tracks auf *The Game* wäre er ohne die Discothek Sugar Shack in der Herzogspitalstraße so nicht entstanden.

Mack sagt der *Abendzeitung*, dass Queen anfangs wegen des Studios in München gewesen seien, doch dann habe die Band gemerkt, dass man hier nicht nur vernünftig arbeiten, sondern sich auch sehr gut amüsieren kann. An freien Tagen lädt Freddie manchmal alle zum Essen ein. Das Angebot ist groß. Kay's Bistro beim Viktualienmarkt an der Utzschneiderstraße 1 23 ist ein Favorit. Von der Eröffnung 1976 bis zum Beginn der Nullerjahre, als das Lokal schließt, herrschen hier Raum, Eleganz und Einfallsreichtum. Phasenweise wird monatlich umdekoriert. Das wechselnde Ambiente ist den Gastgebern sehr wichtig. Mit viel Liebe wird jeder Bereich immer wieder neu ausgeschmückt. Neben normalsterblichen Stammgästen genießen viele Promis die guten Getränke und das hervorragende Essen. Die Gespräche sind angeregt, die Gastgeber zuvorkommend. Kay erinnert sich gerne an die großen und gut gelaunten Tafeln mit Freddie.

Wir treffen uns in seinem neuen Lokal, dem Café Marimba in der Utzschneiderstraße 8 24, nur zwanzig Schritte vom früheren Bistro entfernt. Draußen vor dem Marimba stehen einige Tische, drinnen geht man eine schmale Treppe hoch, rechts ist die Bar. Die kleinen und manchmal auch sehr großen Fotorahmen sind noch dieselben wie damals. Sie hängen auf einer roten Tapete, die fast das ganze Lokal auskleidet. Auch Freddie hat seinen Platz – gleich unter der Queen, der britischen Königin Elisabeth II. in jungen Jahren. Hinten befinden sich mehrere Sessel mit Tischchen und ein Sofa. Dort blättern wir im Prachtband aus der Collection Rolf Heyne von 1988 mit dem schlichten Titel *Kay's Bistro*. Die Promidichte in diesem großformatigen Fotobuch ist atemberaubend. Kay und sein Lebensgefährte Achim Neumann Arm in Arm mit unzähligen nationalen und internationalen Stars. Kay und Achim haben sich in einem Tanzlokal ganz in der Nähe vor bald fünfzig Jahren zum ersten Mal getroffen und sind immer noch ein Paar. Achim ist unter anderem für die Deko verantwortlich, und Kay ist fast täglich im Marimba.

Alles sei früher entspannter gewesen, berichtet Kay. Damals gibt es noch keine Handys, es wird viel geraucht und viel gelacht. Auch Barbara Valentin oder Montserrat Caballé sind zu Gast in Kay's Bistro. Bei Kay und vielen seiner Kollegen schüttelt das mondäne München, manchmal mit Plüsch, manchmal mit Leder, manchmal mit südländischem Flair und vielen internationalen Gästen, die Fünfziger- und Sechzigerjahre und auch die Nazi-Vergangenheit des Landes ab, um schwungvoll in die Achtziger zu starten. Kay beschreibt Freddie als äußerst zuvorkommend, höflich, frech und witzig. »Von Freddie habe ich nur einen deutschen Satz gehört: ›Leck mich am Arsch‹, und zwar mit starkem Akzent«, lacht Kay. Er erzählt, dass die Rechnung immer auf Freddie geht, dass er aber oft früher als die anderen und unauffällig das Lokal verlässt und in der Nacht verschwindet. Freddie besitzt sein Leben lang nur Kreditkarten von American Express. In der näheren Umgebung bieten sich ihm viele Möglichkeiten: Es geht um Kontrasterfahrung. Von Kay's Bistro am Viktualienmarkt bis zum Pimpernel in der Müllerstraße 56 25 spaziert Freddie zehn Minuten. Er könnte die Blumenstraße entlanggehen und zwei Minuten sparen, aber der Weg die Utzschneider runter am heutigen Marimba vorbei, rechts in die Reichenbach und gleich wieder rechts in die Müller ist hübscher. In New Yorks Schlachthofviertel würde er vermutlich niemals zu Fuß von einer Location zur nächsten gehen. Hier jedoch ist es vergleichsweise sicher und oft auch sehenswert. Von 1980 bis 1986 verkauft in der Reichenbachstraße die schwule Buchhandlung Sodom vor allem anspruchsvolle und teure Kunst-Bildbände. Inhaber Toni Wiedemann veröffentlicht in den frühen Achtzigerjahren zwei umfassende Sortimentskataloge. Nach dreijähriger Pause eröffnet in der Nachfolge die Buchhandlung Max und Milian, zunächst in der Schellingstraße und nach Turbulenzen und mehreren Umzügen in der Ickstattstraße. Die Sortimenter organisieren jahrelang die

Büchertische im Residenztheater. 2011 schließt die Buchhandlung.

Die Müllerstraße ist die Hauptader, eine herrliche Amüsier- und Flaniermeile mit viel Partyvolk und jeder Menge Lockschuppen, wo Abenteuer und Sünden die Gäste erwarten. Manchmal fährt die Straßenbahn vorbei. Der Verkehr ist damals längst nicht so stark wie heute. Spießer, Künstler, Lebemänner, Prostituierte, Stricher, Kleinkriminelle und Zuhälter sind unterwegs. Auch Transvestiten und andere Selbstdarsteller sowie nicht zuletzt Schaulustige flanieren auf der Müllerstraße.

Der Schriftsteller, Rechtsanwalt und Lektor Georg M. Oswald verlegt die Handlung seines Roman *Vorleben* ins Glockenbachviertel der Gegenwart, baut aber Rückblenden ein wie diese: »Sophia wohnte im Hotel Olympic, in der Hans-Sachs-Straße, in der, wenige Häuser entfernt, auch Daniel zu Hause war. Vor dem Hotel gab es einen unschlüssigen Moment, und er schlug vor, noch ins Pimpernel zu gehen. ›Früher war das ein reiner Transenladen, und als Hetero musste man sich wirklich was trauen, wenn man hineinging. Heute ist das eher ein Selbstzitat aus früheren Zeiten.‹« Und an anderer Stelle, sich an die Jahre erinnernd, in denen sich auch Freddie im Glockenbachviertel aufhält: »›Das Viertel war damals ziemlich heruntergekommen. Grattler, kleine Spießer, Rotlichtbars und Schwulenkneipen und dazwischen jede Menge Kiffer und Gesocks. Und heute? Eine Hipster-Bar neben der anderen!‹ … Von hier oben wirkte das Viertel so aufgeräumt und sauber wie ein Architektenmodell.«

Unter den Nachtschwärmern in den frühen Achtzigerjahren sind beim Gang Richtung Westen immer mehr schwule Männer zu sehen. »I've found a place, which is called Munich, where I can actually walk the streets«, sagt Freddie einmal. Die Müllerstraße ist eine Grenzlinie, südöstlich davon liegt das

Gärtnerplatzviertel, südwestlich das Glockenbachviertel und nördlich die Münchner Altstadt. Sie ist die Partymeile Münchens, mit Discos, Travestiebars und Schwulenclubs, bei denen die Fenster zugeklebt, manchmal mit Brettern vernagelt sind. Wer rein will, muss klingeln und anschließend den Türsteher überzeugen. Die Gegend entwickelt sich ganz allmählich über Jahrzehnte so, wie Freddie sie schließlich kennenlernt und schätzt.

Ende des 19. Jahrhunderts sorgt der Karl Heinrich Ulrichs für Aufsehen. Er gilt als Pionier der Sexualwissenschaft und ist Vorkämpfer für die Gleichstellung von Schwulen. Für manche ist er gar der erste politisch engagierte Schwule überhaupt, weil er sich als Erster vehement und mit allen ihm zur Verfügung stehenden Mitteln für Respekt und Toleranz einsetzt. München benennt 1998 an der Ecke Am Glockenbach und Holzstraße 26 den Karl-Heinrich-Ulrichs-Platz nach ihm. Unter dem blauen Straßenschild hängt eine Infotafel mit der Inschrift: »Karl Heinrich Ulrichs (1825 – 1895): Mit seinem öffentlichen Eintreten für die reichseinheitliche Straffreiheit gleichgeschlechtlicher Beziehungen beim Deutschen Juristentag 1867 in München trug er wesentlich zur rechtlichen und gesellschaftlichen Gleichstellung Homosexueller bei.« Ludwig II., der schwule König von Bayern, ist zweiundzwanzig Jahre

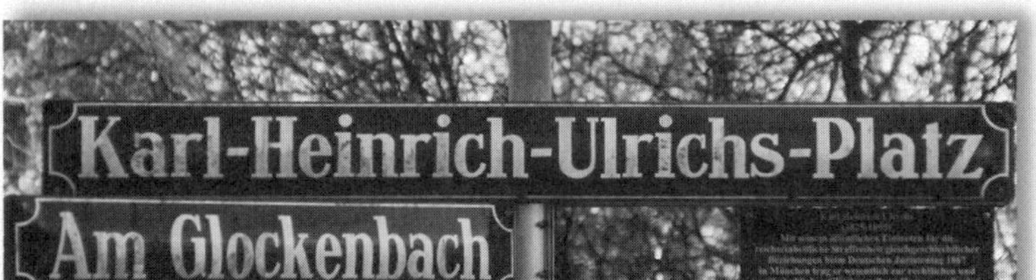

Karl Heinrich Ulrichs: Pionier der Sexualwissenschaft und Vorkämpfer für die Gleichstellung von Schwulen.

alt, als Ulrichs fordert, die Strafbarkeit des »Uranismus«, also der »mannmännlichen Liebe«, auf die Agenda zu setzen, was zu einem Tumult führt. Ulrichs entwickelt die Theorie von der weiblichen Seele im männlichen Körper und definiert dies als natürlich, also als gesund und damit in seinen Konsequenzen straffrei. Es ist nicht ausgeschlossen, dass seine Terminologie bald wiederentdeckt werden wird – zumal der Begriff »Homosexualität«, der zwei Jahre nach Ulrichs' Rede vom österreichisch-ungarischen Schriftsteller Karl Maria Kertbeny erstmals verwendet wird, zunehmend in die Kritik der weltweiten Gay Community gerät.

Problematisch an Kertbenys Wortschöpfung ist die Verbindung des Griechischen und Lateinischen: »Homos« ist das griechische Wort für »gleich«, »sexus« das lateinische für »Geschlecht«. Das Gleichgeschlechtliche zu definieren, ist Kertbenys Absicht. Aber im Lateinischen heißt »homo« auch Mann, und »sexuell« lässt weniger an das Geschlecht – Frau oder Mann – denken, sondern eher an die erotischen Aspekte, an die entsprechenden Handlungen. Der Begriff steht auf der Kippe. Politisch korrekt ist er längst nicht mehr. Sein Synonym »schwul«, das sich vom niederdeutschen »schwul« (später »schwül«) für heiß oder warm ableitet und sich in Verbindung mit der Bezeichnung »warmer Bruder« zunächst subkulturell – auch als Schimpfwort – durchsetzt, gewinnt im offiziellen und wissenschaftlichen Sprachgebrauch immer mehr die Oberhand. Ähnliches geschieht im englischen Sprachraum mit dem Begriff »gay«.

Ulrichs' Terminologie ist heute weitgehend vergessen. Kaum jemand spricht noch von »mannmännlich«, von »Uranismus« und »Dionismus« oder von »Urano-dionismus« (für Bisexualität). Ulrichs leitet seine Wortschöpfungen von Platons Werk *Symposion* ab, worin die griechische Liebesgöttin Aphrodite vorgestellt wird und auch ihre himmlische Erscheinungsform Aphrodite Urania. Ulrichs ist bekennender Schwuler, also Uranier. Sein juristischer Vorstoß scheitert zwar, aber sein Engagement ist unvergessen und zeigt immer wieder Wirkung. Dabei ist die Rechtslage für Schwule in München zu Ulrichs' Zeit sogar noch vergleichsweise gut, denn laut Bayerischem Strafgesetzbuch von 1813 ist Sex unter Männern kein Verbrechen. Allerdings sieht das zur selben Zeit das strenge preußische Strafgesetzbuch anders. Der dortige Paragraf 152 mündet in den berüchtigten und später deutschlandweit geltenden Paragrafen 175, der mit Modifikationen von 1872 bis 1994 gilt und besagt: »Die widernatürliche Unzucht, welche zwischen Personen männlichen Geschlechts oder von Menschen mit Thieren begangen wird, ist mit Gefängniß zu bestrafen; auch kann auf Verlust der bürgerlichen Ehrenrechte erkannt werden.« Die Folgen davon, vor allem auch während des Nationalsozialismus, sind unermessliches Leid und Tod. Etwa hundertvierzigtausend Männer werden insgesamt gemäß dem Paragrafen verurteilt. Schwule werden zeitweise als »175er« bezeichnet. Im Deutschen Reich werden zwischen 1933 und 1945 etwa fünfzigtausend Männer verurteilt, fünf- bis sechstausend von ihnen werden in Konzentrationslager deportiert, wo man sie mit einem rosa Winkel kennzeichnet. Nur etwa vierzig Prozent dieser Männer überleben die Konzentrationslager, und viele davon werden nach 1945 erneut inhaftiert, weil der Paragraf 175 weiterhin gültig ist und sie ihre Strafe angeblich nicht ganz verbüßt haben.

Männerliebende Männer haben in München im 19. Jahrhundert bis zur Einführung von Paragraf 175 vergleichsweise gute Möglichkeiten, ihre Liebe auszuleben. In einigen Cafés in der Altstadt und in privaten Zirkeln trifft sich die Szene. Rekruten aus der Schwere-Reiter-Kaserne an der Zweibrückenstraße bieten sich diskret in Gasthäusern des Glockenbach- und des Gärtnerplatzviertels an, um sich mit schnellem Sex in Hinterhöfen oder öffentlichen Anlagen zu ihrem bescheidenen Sold etwas dazuzuverdienen. Aber mit der Einführung des Paragrafen im Jahr 1872 wird es schwierig. Plötzlich werden männerliebende Männer kriminalisiert.

Rund hundert Jahre bevor die Müllerstraße zu Freddies Lieblingsmeile wird, beanstandet das *Münchner Fremdenblatt* 1882 die Straßenprostitution und das »Louisthum« speziell in der Müllerstraße. Zu Bismarcks Zeiten nennt man die Zuhälter Louis, und in vielen Großstädten wie Berlin, Hamburg und München kommt es zu Debatten über die verschiedenen Formen der Prostitution und darüber, wie der Staat die Prostituierten besser kontrollieren kann – in Bordellen oder mit Zuhältern.

1900 wird in München das achteckige Pissoir aus Gusseisen gebaut. **27** Wandbilder von Freddie, Rainer Werner Fassbinder und Albert Einstein zieren heute das Bauwerk, das ursprünglich am Stachus stand und in den Fünfzigerjahren an den Holzplatz verlegt wurde. Es steht leer und ist abgesperrt. 1998 aber wird es als Raum für die Ausstellung »Klappe auf« anlässlich des Christopher Street Day genutzt. Inzwischen ist es dank der Initiative des Verlegers und Autors Martin Arz und des Wirts vom München 72, Thomas Zufall, ein Gedenkort und ein Schmuck-

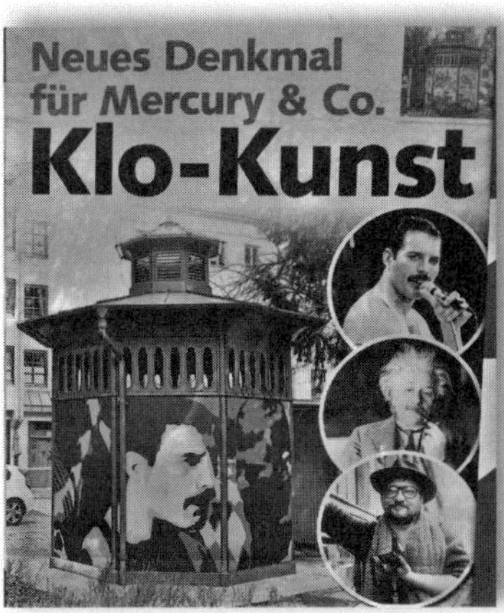

Denkmal am Holzplatz: Freddie in guter Gesellschaft.

stück für das Glockenbachviertel und steht unter Denkmalschutz. Wir besuchen es im Sommer 2020: Miss Piggy erzählt die Geschichten, die sich darum ranken. »Klappe« bezeichnet unter Schwulen eine öffentliche Toilette, die als Treffpunkt für schnellen Sex dient. Graffiti markieren innen und außen die Wände. In manchen davon gibt es die »ruhmreichen Löcher«, die »Glory Holes« in den Trennwänden. Das Klappenloch – oder auch Schwanzloch genannt – ermöglicht anonymen Sex vor allem für Oralverkehr. Die Entsprechung im Englischen für »auf die Klappe gehen« ist »cottaging«. In London werden öffentliche Toiletten oft wie kleine Cottages gebaut, daher die Bezeichnung. Ideal sind diese Klappen nach wie vor für Männer, die sich nicht outen und sich weder in Saunen noch Schwulenclubs oder auf Schwulenpartys blicken lassen wollen. Weltberühmt wird 1998 die Herrentoilette in Beverly Hills im Will Rogers Memorial Park, weil dort der zivile Ermittler Marcelo Rodriguez als Lockvogel George Michael in eine Sex-Falle lockt. Sechs Jahre nach dem Freddie Mercury Tribute Concert im Londoner Wembley-Stadion, wo George Michael unter anderem mit »Somebody to Love« stimmlich so nahe an Freddie herankommt wie wohl kein anderer Sänger an jenem Abend, beginnt für die bessere Hälfte von Wham! nicht nur ein komplexes Outing, sondern auch eine lange künstlerische und juristische Auseinandersetzung mit dem Vorfall in Beverly Hills.

Ab 1900 prägen, auch wegen Polizeirazzien, Vorstellungen von Illegalität im Strichermilieu das Bild der Schwulenszene in der Öffentlichkeit. Scharfe Kontrollen der »Pissorte« und in Szenetreffs treiben die Männer nach draußen, auf Friedhöfe oder in Parkanlagen. Ärzte, Beamte, Ingenieure oder Rechtsanwälte werden zunehmend Opfer von Erpressungen, ist doch auch die bessere Gesellschaft nun auf die männliche

Prostitution im Freien angewiesen, zumindest zur Kontaktaufnahme. Zudem finden immer öfter Übergriffe auf Pagen, Liftjungen und anderes Hauspersonal statt.

Die Sittenpolizei sieht sich zur Einhaltung des Paragrafen mit neuen und schwierigen Aufgaben konfrontiert. Manche Lokale wie der Kleine Kellergarten in der Blumenstraße werden wegen Kuppelei unter Männern von den Behörden vorübergehend geschlossen. Mit der Machtergreifung der Nationalsozialisten wird alles noch schlimmer: 1934 wird eines der letzten Schwulenlokale zugemacht, der Arndthof am Glockenbach an der Ecke Arndtstraße. In unmittelbarer Nähe befindet sich heute das Lokal Beim Franz in der Holzstraße 41. 28 Franz Prost ist einer der ersten Freunde Freddies in München. Er ehrt ihn noch heute mit zahlreichen gerahmten Fotos in seinem Lokal, die Queen-Touristen anlocken.

Seit den Fünfziger- und Sechzigerjahren entsteht eine schwule Infrastruktur in der Isarvorstadt, mit dem Mosquito in der Corneliusstraße, der Jockey Bar am Kolosseum, der Schlangengrube in der Reisingerstraße, der Spinne in der Ringseisstraße, dem Ochsengarten in der Müllerstraße oder der Teddy-Bar in der Pestalozzistraße 22 (heute Zum Wolf). 29 Die Teddy-Bar gehört zu Freddies Favoriten, genau wie das Zum Lohengrin, der Ochsengarten oder das Pimpernel.

Das Pimpernel wird 1970 als Tanz- und Nachtclub gegründet und existiert heute immer noch. Inhaber Sven Künast versucht, das Beste aus der Corona-Krise zu machen, den Humor nicht zu verlieren, und empfiehlt während des ersten Lockdowns 2020 die »Coronavirus Rhapsody«, basierend auf dem berühmtesten Song des berühmtesten Pimpernel-Stammgastes. Der Kabarettist Dana Jay Bein aus Massachusetts denkt sich im März 2020 den Text aus, Adrian Grimes aus Wisconsin vertont ihn. Die Idee geht viral und wird vielfach kopiert. Die

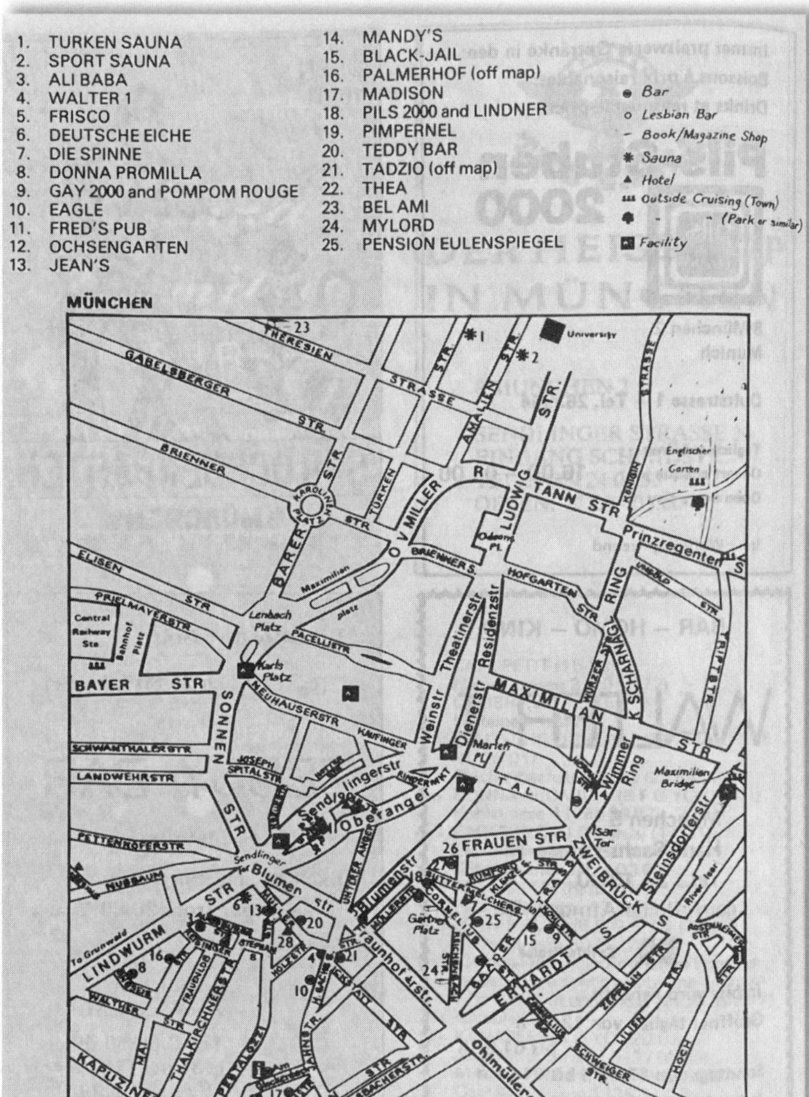

Orientierungshilfe für Freddie: Das Bermuda-Dreieck mit Bars, Clubs, Discotheken und Saunen festgehalten für den Almanach *Spartacus Guide to places of gay interest 1979*.

Lyrics passen taktgenau: »Is this a sore throat? Is this just allergies? Caught in a lockdown, no escape from the family … Mama, I just killed a man, I didn't stay inside in bed, I walked by him, now he's dead«. Die Parodie der »Rhapsody« geht weiter über »Mama, oooooh, I don't wanna die, I sometimes wish I never went out at all« bis »Nothing really matters to me. Anyway the wind blows …«, das in »Curving can get flatter, you'll see. Just look out your windows …« umgedichtet wird. Lebensfreude und Spaß mit Queen auch in der Pandemie.

Pimpernel ist der botanische Ausdruck für die wintergrüne Halbrosettenpflanze Kleiner Wiesenknopf: Die ausdauernde krautige Pflanze wird zwischen zwanzig Zentimeter und einem Meter hoch. Der Stängel ist aufrecht, und zuoberst befindet sich der kugelige köpfchenförmige Blütenstand von bis zu drei Zentimetern Durchmesser – der Teil, der bei Samenpflanzen die Blüten trägt. Etymologisch rührt der Begriff von dem lateinischen Wort »piperinus« her, »dem Pfeffer ähnlich«. Im Deutschen existiert die Redewendung »die Pimpernellen kriegen«, wenn einem etwas zu viel wird und man ein Kraut dagegen braucht. Im Englischen bedeutet Pimp Zuhälter. Pimpern bedeutet vögeln, koitieren, vom niederdeutschen »pömpern« (mit dem Mörser zerstoßen), daher auch der akustisch nahestehende Pimmel. Manche nennen das Lokal auch Pimperschnell.

Das Pimpernel hat zu Freddies Zeiten eine Besonderheit, die allen anderen Lokalen fehlt, worauf diese aber gerne verzichten: Es ist auch Treffpunkt der Halb- und Unterwelt. Wer aus Stammheim und aus anderen näher gelegenen Gefängnissen entlassen wird, taucht wenig später hier auf, spekuliert die Polizei. Wenn ein Gewaltverbrechen geschieht, schickt sie vorsorglich eine Streife ins Pimpernel.

Vor dem Zweiten Weltkrieg befindet sich an dieser Stelle bereits ein Lokal namens Red Cat. Später sind eine Bäckerei und ein Möbelgeschäft in der Müllerstraße 56, und schließlich zieht wieder eine Bar ein, das Lucian, das wie der frühere Ochsengarten vor allem ein Prostituierten-Treffpunkt ist, hier jedoch in der luxuriösen Variante mit viel rotem Samt. Walter Schmollinger richtet 1971 schließlich das Pimpernel ein. Das ist mutig, denn für die Olympischen Spiele 1972 versucht die Stadt eigentlich, das Laster und die Sünden aus dem Zentrum zu verdrängen. Die Metropole an der Isar soll für die Gäste aus aller Welt sauber sein. Die Freudenhäuser müssen die City verlassen und an die Stadtränder ziehen. Nun gehört die Müllerstraße zum Sperrbezirk, aber viele Bars und Clubs überleben, und weitere Tanzlokale kommen hinzu.

Eine dunkle Holzverkleidung vor den Fenstern des Pimpernel verhindert neugierige Blicke. Schmollinger hat gute Beziehungen zu den Krupp-Erben, die ihn fördern, wodurch das Pimpernel bei der High Society und sogar beim Adel zu einem beliebten Lokal wird. Die Adabeis sind nicht weit, der Champagner fließt, der Rubel rollt. Das Partyvolk verlängert die Nacht bis in die Morgenstunden. Manche Kunden lassen an einem Abend vierstellige Summen im Pimpernel. Hier treffen sich Banker, Dealer und Filmstars. Fassbinder ist mit seiner Entourage Stammgast, und Johannes von Thurn und Taxis wendet mit seinem Diplomatenpass Polizeikontrollen ab. Walter Sedlmayr findet hier seine Lover, Giorgio Moroder feiert mit seinen Mädchen, Ivan Rebroff singt a cappella, Transvestiten tanzen auf den Tischen, Ladyboys ziehen die Blicke Richard Chamberlains auf sich, urige Männer mit Schnauzer in Holzfällerhemden erinnern daran, dass sich das alles in München abspielt.

Qualm steigt nach draußen, wenn sich die schwere Holztür nach dem Klingeln öffnet. Die gepflegte Raumgestaltung ist heute noch so ähnlich wie zu Freddies Zeiten: schwache

Beleuchtung, Spiegelwände und -säle, erotische Bildmotive und zentral unter der Discokugel eine große ovale Bar. Freddies Lieblingsgetränk zum Auftakt: ein großer Wodka Tonic. Eine Wendeltreppe führt hinauf zu einem Balkon. Das weiße Pulver wechselt rasch die Besitzer, und junge Stricher bieten ihre Dienste an. Dieses morbide Ambiente als Kontrastprogramm zur Ordentlichkeit in Bürgerlokalen lockt ein gelangweiltes und reiches Publikum an, das scharf ist auf den anrüchig-exklusiven Charme und den Nervenkitzel. Freddie wird oft als ängstlich und schüchtern beschrieben, wenn er privat unterwegs ist. Aber die Aggressionen, die er Fäuste schwingend auf den Bühnen der Welt demonstriert, verschwinden nicht vollständig abseits des Publikums. Freddie ist als Teenager im Internat in Indien ein talentierter Boxer, und seine Aufwärtshaken auf der Bühne zur Aufmunterung des Publikums gehören zum Repertoire seiner erfolgreichsten Moves. Gut zu sehen sind Freddies Uppercuts beim Live Aid Konzert 1985.

Hier Kay's Bistro, da das Pimpernel: Die beiden Lokale symbolisieren auch Freddies kaleidoskopische Gefühlswelt. Ausnahmemusiker in den Musicland Studios, distinguierter Gast bei Kay, Ledermacho im Pimpernel, Travestie-Verehrer im Henderson und manchmal vielleicht alles an einem Tag. Ein Pimpernel-Fan schreibt auf Instagram: »Pimpernel is like church. You can go other days of the week, but you MUST go on Sundays!« Dazu postet er ein Freddie-Foto. Woraufhin ein anderer kommentiert: »Pimpernel is Church and Freddie is Jesus.«

Je weiter fortgeschritten die Nacht, desto mehr macht sich die Lustangst breit. Franz Prost, Wirt und Freund von Freddie, sagt, dass er nach dessen Tod nicht mehr ins Pimpernel geht: »Da verkehrten viele Stricher, und im Nebenzimmer wurde gezockt. Die Kellner haben da drin teilweise ihre ganze Gage verspielt. Nicht mein Ding.« Freddie schildert es als Mutprobe, sich manchmal auch ohne Entourage in New York und München in verruchte Lokale zu wagen, und brüstet sich damit, in Schlägereien verwickelt gewesen zu sein. Einmal muss er ins Krankenhaus. Sein Bein steckt mehrere Wochen lang in einem Gips, der vom Knöchel bis zum Oberschenkel reicht. Auf einem Foto aus dieser Zeit sieht man Freddie auf einem Sofa, Zigarette in der Hand, Cowboyhut auf dem Kopf, Unterhemd und schwarze Hotpants. Der Gips wirkt riesig. Das sei allerdings eher ein Unfall gewesen, erzählt Freddie dem Journalisten David Wigg: »Vor dem Lokal hat mich einer von hinten angesprungen. Ich war unvorbereitet und bin eingeknickt.« Unwillkürlich denkt man an 1979, als Freddie extra von München nach London fliegt, um bei Kenny Everetts Show dabei zu sein. Beim »Violence Contest« schüttet Freddie Bier über Kenny und springt ihm blitzschnell und völlig überraschend in die Arme, dann gehen beide zu Boden, wo sie weiterraufen. Von ähnlichen Freudensprüngen berichtet auch Jim Hutton, Freddies letzter Lover. So springt ihn Freddie spontan bei einem Spaziergang in der Münchner Altstadt an, was ihm peinlich ist. Jim ist es nicht gewohnt, Liebe in der Öffentlichkeit zu zeigen. Aber Freddie fühlt sich auch deshalb in München so wohl, weil er weiß, dass offen gezeigte Zuneigung im Glockenbachviertel möglich ist und ihm nichts passieren wird.

Nicht immer trennen sich die Wege der Band im Münchner Nachtleben: Natürlich ist Freddie auch oft mit Brian, Roger und John in den Discotheken der Stadt, aber er besucht mit Paul Prenter und Phoebe lieber Saunen, Schwulenclubs und Travestie-Bars. In München wird all das auf engstem Raum geboten. Nach dem gepflegten Abendessen in Kay's Bistro und oft schon davor beim Arabella-Hochhaus verabschiedet sich Freddie. Die anderen drei finden Gefallen an der großen Auswahl an Discotheken und Livemusik-Clubs. Die angesagten Münchner Szenelokale in der späteren, jedoch immer noch hedonistischen Disco-Phase der Stadt tragen meist weltgewandte Namen: East Side, Sugar Shack, Shalom, Yes, Why Not, Charly M, Mandys Club, Pop Club, Crash oder Song Parnass. Nicht überall legen die DJs Discomusic auf. Auch Soul, Funk, Pop, Rock, Punk und Travestie finden in den Clubs statt. Mal geht man in eine Nobeldisco, sofern einen die Türsteher einlassen, mal in einen Rockschuppen wie den Pop Club in der Lilienstraße. Und je nach Art des Clubs, der Disco, des Lokals stylen sich die Besucher und verändern ihre Outfits in den sich modisch rasch wandelnden Jahren von 1979 bis 1986. Hier Pluderhosen aus Molton, Oversize-Sweatshirts, toupiertes Haar, italienische Kalbsleder-Pumps, daneben Turnschuhe mit darübergeschlagenen Wollsocken, ärmellose Rollkragenpullover, Stirn- und Schweißband, Dauerwelle, Pettycoat-Kleider, deren Oberteile die Schultern freilassen – dort bunte Karottenhosen, Satinblusen, Cowboy Boots. Einmal ein offener Popeline-Mantel, ein Nichts darunter und Overknee-Stiefel, dazu grelles Make-up – ein andermal V-Pullover über Lacoste-Hemd und ein roter Schal locker um den Hals geschlungen.

Männer stehen an den Wänden und fingern nervös in ihren Blazern mit Schulterpolstern, in ihren Jeans- und Tweed-Jacken nach Zigaretten. Steckt die Ray-Ban-Brille noch in der aufgenähten Brusttasche? Beult der Walkman die Napoleon-Tasche aus? Männer tragen wie Freddie auf der *Crazy*-Tour schmale bunte Lederkrawatten zum Hemd. Manche haben ihre Haare blond oder zumindest mit blonden Strähnen gefärbt. Es ist kein Sakrileg mehr, auch als Mann Lipgloss auf den Mund zu tupfen; der Gloss lässt auch Zigarettenfilter im Halbdunkel schimmern. Vereinzelt Latzhosen und Parkas, aber nie in den Discotheken. Verschwitzte Tänzer wickeln lässig die Weichpackung Camel aus dem T-Shirt-Ärmel. Von shabby chic bis chic, alles da beim Nightclubbing, manche Paare sogar im Partnerlook. Das Partyvolk hat die Wahl. Das Tiffany an der Leopoldstraße 69, das Babalu an der Leopoldstraße Ecke Ainmillerstraße, das Parabel gegenüber in der Trautenwolfstraße; das Café Größenwahn in der Klenzestraße, das Charly M oder das Why Not am Maximiliansplatz. Das Cadillac in der Theklastraße, das Frisco in der Blumenstraße, das Jee Bee in der Sonnenstraße, das Mirage am Kosttor, das Old Mrs. Henderson in der Müllerstraße, das P1 an der Prinzregentenstraße, das Crash in der Lindwurmstraße und viele andere Locations über die Stadt verteilt. Sie werden im Verlauf der sechs Queen-Jahre in München nicht alle getestet, aber ihre Existenz ist bekannt. Die Krönung aller Clubs steht für die royalen Rockstars allerdings von Anfang an fest und befindet sich in der Herzogspitalstraße 6: das Sugar Shack.

Elvis Presley vergnügt sich im selben Haus schon 1959, damals heißt das Etablissement noch Moulin Rouge, ein Strip-Lokal. Man geht hin zum »Wäsche-Schauen«. Shack-Inhaber Kurti Müller ist berühmt für seinen Sehfehler und seine Schwäche für das weibliche Geschlecht. Nach den im Lauf der Jahre immer selektiver agierenden Türstehern ist es im hinteren Eingangsbereich, manchmal oben im ersten Stock meist Kurti persönlich, der seine Gäste empfängt. Kurtis 6000-Watt-Anlage begeistert die Besucher, vor allem auch die Promis und Rock-Größen, die gerade in der Stadt sind, die Rolling Stones, Deep Purple, Status Quo, Frank Zappa mit seinen Mothers oder Bryan Ferry und Roman Polanski. Freddy Burger, Gastronom aus Zürich und Manager von Udo Jürgens, ist mit dreißig Prozent stiller Teilhaber am Sugar Shack. Die Einheimischen sagen später meist nur noch Sugar – so ist es dann auch weithin sichtbar auf dem über den Gehsteig ragenden Baldachin zu lesen –, Gäste aus dem englischen Sprachraum nennen es meist einfach Shack, so auch Queen. Sie lieben das Shack, Münchens Disco mit dem denkwürdigen Ambiente, das schon im schmalen Eingang und an der steilen Treppe beginnt. Die Wände des Aufgangs hat der Illustrator, Maler und 3-D-Designer Bernd Brummbär gestaltet. Zu seinem umfangreichen Werk gehören psychedelische Light-Shows für Bands wie Amon Düül, Tangerine Dream oder Frank Zappas Mothers, halluzinogene Computergrafiken, dissoziative digitale Animationen und Spezialeffekte für die Filmindustrie sowie seine *Brumm-Comix*. Davor war er als Pflastermaler unterwegs und übersetzte Robert Crumbs Debüt ins Deutsche. Oben angekommen befinden sich mehrere Bars und der bunte Dancefloor wie im Film *Saturday Night Fever* mit John Travolta, vor allem aber die großartige Soundanlage, die weltweit ihresgleichen sucht. Das Shack, weitere Lokale und Orte in München sowie die Stimmung in der Stadt in den Jahren 1981 und 1982 beschreibt Christopher Roth in seinem Roman *200 D*.

Mit von der Partie bei Queens Shack-Besuchen sind oft Brians und Rogers persönliche Techniker »Jobby« Zellis und »Christal« Taylor sowie Johns und Freddies Assistent »Ratty« Hince. Auch Mack geht oft noch mit ins Sugar Shack und erinnert sich: »Wir nannten das Sugar Shack ›the office‹. Wir gingen so etwa jede zweite Nacht hin.« Regulär ist das Shack von 23 Uhr bis vier Uhr früh geöffnet. Häufig ist auch Ingeborg Schober hier zu Gast.

Schober schreibt schon seit Anfang der Siebzigerjahre unter anderem für die *Süddeutsche Zeitung* Konzertkritiken und führt Interviews für den Bayerischen Rundfunk. Ende der Siebziger-, Anfang der Achtzigerjahre gibt es noch keine E-Mails, und Faxgeräte sind noch nicht üblich, auch nicht bei Mitarbeitern der *Süddeutschen*. Konzertkritiken müssen als getippte Manuskripte nachts nach den Auftritten persönlich bei der Redaktion vorbeigebracht werden. Diese befindet sich in der Sendlinger Straße 8. Von dort aus sind es fünf Minuten zu Fuß zum Sugar Shack: die Sendlinger Straße nach Westen, in den Asamhof, links in die Brunnenstraße, rechts in die Damenstiftstraße, dann wieder links in die Herzogspitalstraße. In umgekehrter Richtung geht Ingeborg Schober diesen Weg sehr oft, denn sie hat mit Kurti eine Vereinbarung getroffen. Schober darf Kurtis Büro über der Disco inklusive Schreibmaschine nutzen und ihr schweres BR-Aufnahmegerät dort deponieren. Dadurch erspart sie sich unzählige Fahrten durch die Stadt und schreibt ihre Texte in ihrer Stammdisco. Im Gegenzug lotst sie die Bands nach den Gigs ins Sugar Shack, was ihr leichtfällt, denn der Disco eilt der Ruf voraus, der angesagte Platz mit den meisten und schönsten Groupies von München zu sein.

Vor dem Sugar Shack und hinter der Eingangstür gibt es Pförtnerinnen und Türsteher. Die Pförtnerinnen kontrollieren durch ein vergittertes Fenster die Gesichter der Ankömmlinge. Die Türsteher sind oft zu späterer Stunde im Einsatz, wenn die Interessenten immer seltener nüchtern sind. Nicht alle schaffen es in die begehrte Disco. Oft sitzt der kurzsichtige Kurti auf einer roten Couch hinter dem Eingang und beäugt die neuen Gäste. Links ist die Garderobe, daneben führt eine schmale und steile Treppe durch glitzerndes Halbdunkel nach oben, der Musik entgegen. Oben dreht sie sich nach links. Am geräumigen Treppenabsatz befindet sich der Zigarettenautomat, und links geht es zum Dancefloor. An beiden Seiten davon befinden sich Bars, weiter innen hängen Lautsprecher-Hörner, mobile Lichtorgeln und UV-Lampen an der kuppelförmigen Decke über dem quadratischen Raum. An den Bars bedienen Kurtis körperbetont und leicht bekleidete Schönheiten. Umrandet wird die Tanzfläche von Sitzinseln. Dahinter befindet sich eine weitere, dritte Bar. Rechts auf einem Plateau arbeitet der DJ hinter einer Glaswand mit zwei Plattenspielern und einem Mischpult. Hinter ihm leuchten elektronische Skalen im Rhythmus der Musik grün und rot. Hinter der dritten Bar führt eine zweite schmale und steile Treppe, von der man den Raum überblicken kann, nach oben zu den Toiletten. Die Musik ist hier nicht mehr so laut, aber der Boden vibriert.

Häufiger Gast im Sugar Shack ist Ende der Siebzigerjahre auch Judith Schnaubelt, damals noch Kollegstufen-Schülerin am Gymnasium, später Moderatorin, Redakteurin und Autorin des *Zündfunk* auf Bayern 2, dem Szene- und Popkulturprogramm des Bayerischen Rundfunks. Bis heute stellt die Radiojournalistin mit dem unnachahmlich dunklen Timbre in der Stimme regelmäßig in der Stunde vor Mitternacht neue Popmusik in den Nachtmix-Sendungen auf Bayern 2 vor. »Nachtschwärmer ist schon immer eines meiner Lieblingsworte«, sagt Schnaubelt, »denn es trifft auf meinen Lebensstil zu. Ich lebe erst nachts so richtig auf. Und auch die Hörerinnen und Hörer unserer Nachtmix-Sendungen sind ja Nachtschwärmer am Radio.« Am liebsten kommt Judith Schnaubelt damals mit ihren Freundinnen kurz vor Mitternacht beim Sugar Shack an. Um die Uhrzeit gibt es meist noch keine Schlange von Wartenden vor dem Eingang, und die jungen Frauen können ganz entspannt den Vorspann zur nächtlichen Clubshow genießen. Autos fahren auf der Suche nach Parkplätzen im Schritttempo vorbei. Manche bleiben kurz vor der Nummer 6 stehen, lassen jemanden aussteigen, fahren weiter. Erste Taxis kommen an, halten mit laufenden Motoren. Fahrgäste kramen nach Geldbörsen. Junge Frauen zücken noch schnell den Taschenspiegel. Nase nachpudern, Lippenstiftkontrolle. Der Türsteher steht selten vor der Tür. Wer reinkommen möchte, muss an der dicken Tür anklopfen, muss Einlass begehren. Der Türsteher öffnet, sieht die Leute, die er nicht kennt, prüfend an, nickt sie rein oder winkt ab.

Münchner Türsteher gelten als streng und arrogant. Junge fesche Frauen ohne männliche Begleiter haben es aber meist nicht allzu schwer, eingelassen zu werden. »Wenn wir es wieder einmal geschafft hatten, mussten wir meist noch an einer anderen Art Prüfung vorbei, ehe wir endlich in die Welt des ›Sugars‹ eintauchen konnten«, erzählt Judith Schnaubelt. Auf den folgenden Seiten kehrt sie zurück zu ihrer Zeit damals im Sugar Shack: »Unübersehbar, wie festbetoniert zwischen Eingang und Garderobe, steht da oft der junge Sascha Hehn. Goldblond und immer ultrasonnengebräunt, obwohl er noch lange nicht auf dem Traumschiff angeheuert hat. Meist gelingt es uns, seinen leicht blasierten Blick zu ignorieren, und wir schreiten endlich die Treppe hinauf, zur heiligen Disco. Wir schreiten. Unbedingt. Und schon stellt es sich wieder ein, dieses freudige Erschauern, kaum dass Brummbärs psychedelische Malereien ihre Wirkung zuverlässig entfalten. Es ist, als würden wir einen Dschungel betreten; wild und vielleicht auch ein wenig gefährlich. Auf jeden Fall hat das hier nichts mit der öden, geschäftigen und wenig geliebten Erwachsenenwelt draußen zu tun. Die Lichtpunkte, die die rotierende Discokugel an Decke und Wände wirft, als seien es schwerelose Silbertaler, das ist die Währung dieser Welt hier, der schimmernden Discowelt. Leicht und flüchtig. Meist hat diese Illusion nur so lange angedauert, wie es auf der steilen Treppe nach oben ging, aber das war nicht schlimm. Oben wird schließlich die

Musik spielen, wird der Dancefloor in Rot, Blau, Grün, Gelb und Orange leuchten, werden Dutzende tanzen, sich wiegen und drehen und selig lächeln, wird süßlicher Rauch über allem wabern. Und wie so oft wird ein älterer Mann an der Bar stehen und mir und meinen Freundinnen einen Drink ausgeben: Southern Comfort mit Maracujasaft. Der Mann hofft auf einen Deal. Drink gegen Realisierung seines erotischen Begehrens. Er hofft meist vergebens. Wir wollen uns nur gut unterhalten. Und nie vergessen wir, einen Toast auf Janis Joplin auszusprechen.

Southern Comfort ist wegen Janis unser Lieblingsdrink. Janis ist unser Role Model in Sachen Freiheit und Selbstbestimmtheit. Ja, sie ist schon längst tot, aber wir hatten über sie zunächst in der *Bravo*, dann im *Stern* gelesen. Und ihre Geschichte, ihre Stärke hat uns beeindruckt. Cheers, Janis! Aus der *Abendzeitung* dagegen, die unsere Eltern abonniert haben, erfahren wir die tägliche Dröhnung: Welche Stars gerade in der Stadt weilen, in welchen Clubs die Prominenz feiert und wer von ihnen sich wieder mal einen Skandal liefert. Vor zwei Jahren noch bin ich wegen Nastassja Kinski zum ersten Mal ins East Side gegangen. Weil sie da zum Tanzen hinging. So stand es in der *Abendzeitung*, nachdem Nastassja, die jetzt alle ›Nasti‹ nennen, im Tatort *Reifezeugnis* so beeindruckend gespielt hatte. Ich dachte, wer so cool spielt wie diese Fünfzehnjährige, die eigentlich auch nur eine Münchner Schülerin ist wie ich und meine Freundinnen, die möchte ich schon gerne kennenlernen. Natürlich habe ich Nasti nie im East Side angetroffen. Hätte ich mir gleich denken können. Wahrscheinlich fantasiert sich der Graeter von der *Abendzeitung* für seine Leute-Kolumne so manche Story zusammen.

Immerhin habe ich im East Side, da oben im Motorama an der Rosenheimer Straße, meine Liebe zur Discomusic entdeckt.

Isaac Hayes, Grace Jones, Barry White. Und: Donna Summer. So funky und so sexy. Love to love you baby, uhhh! Dieser endlose Orgasmus. Diese endlose Lust und Sinnlichkeit und Freiheit, in Musik und Gesang gegossen. Das ist eine andere Freiheit als die der CSU, die sie sich ständig auf ihre Plakate druckt, an denen ich in dieser Stadt vorbeigehen muss: ›Freiheit statt Sozialismus‹. Nein, Donna Summer ist unsere eigene Freiheit. Hier, im Sugar existiert sie, ach, unsere Freiheit. Unsere Musik, Liebe, Lust. Wir tanzen bis in den Morgen, ekstatisch. Da oben auf der Treppe rauchen sie, was die Joints hergeben. In den dunklen Ecken wird geschmust. Was für ein schönes Wort: schmusen! Da drüben sitzt Freddie Mercury. Mal wieder in der Stadt. Scheint sich gut zu unterhalten. Aber, Jesus Christ, mit wem! Noch so eine Lektion habe ich aus dem East Side fürs Leben mitgenommen: Gehe nie in eine Disco wegen irgendwelcher Stars. Just have your own fun. Hier im Sugar Shack habe ich die Fortsetzung dieser Lektion gelernt: So manche Promis willst du, Klein-Judith, garantiert nicht kennenlernen. Jene Freundinnen, die gerne im Café Reitschule am Englischen Garten abhängen, haben mir die skandalöse Geschichte über den Fürsten erzählt. Seine Durchlaucht von Thurn und Taxis, der vermutlich reichste Mann von Bayern, umgibt sich in diversen Szenelokalen gerne mit Prominenten wie Freddie Mercury. Das sei ihm unbenommen. Auch dass er angeblich homosexuell ist, kümmert niemanden in meinem Freundeskreis.

Schwer irritierend allerdings ist, dass sich der Fürst mit den jungen Frauen, die er gelegentlich in seine Entourage eingemeindet, üble Scherze erlaubt. Meine Freundinnen berichten von Kartoffelknödeln, die seine Durchlaucht während eines Schweinebratenessens in den Handtaschen der neben ihm sitzenden Ladys versenkt hat, und wie er sich köstlich amüsierte.

Die Freundinnen erzählten auch, dass sich keiner über den Knödelanschlag des Fürsten zu empören wagte, weil es ja schließlich der Fürst war. Wie geschmacklos solche Scherze derjenigen sind, die glauben, sich alles herausnehmen zu können. Die sich eine sehr zynische Freiheit leisten gegenüber uns, jenen, die sie für Bürgerliche halten! Was aber hat der Fürst mit Freddie Mercury zu tun? Oder ist die Frage umgekehrt zu stellen? Ist es wirklich nur diese zynische Verbindung von Pop und Geld und Macht? Widerlich.

Aber ich möchte das jetzt nicht weiterdenken. Nicht im Sugar, nicht an meinem Fluchtort unter der silbernen Discokugel. Eine sanfte Stimme, plötzlich nah an meinem Ohr. ›Noch einen Southern Comfort?‹, fragt der Mann neben mir an der Bar. Kenne ich ihn? Nein. Die langen Lockenhaare sind angenehm. Die Lachfalten um seine Augen auch. Was ist das für ein Overall, den er anhat? Lilafarbenes Leder? Ganzkörper? Tatsächlich. ›Gerne‹, höre ich mich sagen, ›Southern Comfort auf Eis bitte, mit etwas Maracujasaft.‹ ›Fährst du zu mir mit?‹, fragt der Mann im lila Overall. ›Nein‹, antworte ich. ›Ich muss morgen in die Schule. Und die nächsten Tage dann echt fit sein.‹ ›Okay, dann ciao‹, sagt der Mann und wendet sich ab. ›Ciao, danke‹, antworte ich, bereit zu gehen. Bereit, die kommenden Herausforderungen anzunehmen, mit aller Freiheit. Don't stop me now. Was ich in solchen Momenten nie versäume: vom Sugar Shack, wenn der Morgen anbricht, quer durch die Münchner Innenstadt Richtung Viktualienmarkt zu gehen. Um fünf Uhr morgens öffnet das Café Frischhut. Die Händler vom Markt bekommen hier einen ersten heißen Kaffee, nachdem sie Gemüse, Brot oder Fleisch und Wurst frisch eingeräumt und in ihren Ständen arrangiert haben. Auch letzte Nachtschwärmer wie ich und Freunde trinken etwas Heißes und essen mit Genuss eine warme, ölige, frisch ausgebackene

Schmalznudel. Pures Soulfood nach einer Nacht im Disco-Dschungel.«

Ob Freddie in den Genuss dieser Ausgezogenen kommt, ist nicht dokumentiert. Aber er geht manches Mal denselben Weg wie Judith hinab Richtung Viktualienmarkt. Auch einer der besten Freunde Freddies erfreut sich an der bayerischen Lebensart. Judith Schnaubelt erinnert sich: »Arno Ortmair war Aufnahmeleiter beim Film. Dazu ein Womanizer, der, wie es in Bayern heißt, ›nichts anbrennen‹ ließ. Offenbar pflegte Arno auch gute Connections zum Label EMI Electrola, denn er hatte den Auftrag bekommen, die Konzerte eines Londoner Sängers in München zu betreuen. Ende Februar, Anfang März 1979 muss das meinen Tagebucheintragungen nach gewesen sein. Keiner von uns kannte diesen Sänger. Peter Straker, who? Mich hat diese sich nahezu stündlich steigernde Anspannung bis zum Eintreffen der Band in München verwundert. Was sollte der Stress? Ich war zwar die Jüngste von uns allen, noch Gymnasiastin, aber schon lange großer Musikfan und hatte schon oft Konzerte besucht, ob in der Olympiahalle, im Zirkus Krone, in der Kongresshalle des Deutschen Museums oder, besonders oft: im kleinen Schwabinger Marienkäfer.

Die Georgenstraße war mit der Tram gut zu erreichen, im Club traten regelmäßig interessante Solisten oder Bands auf. Lokale Künstler wie Willy Michl. Außerterrestrische Bands wie die Erste Allgemeine Verunsicherung. Musiker aus England oder Nordamerika wie Nick Woodland, Jimmy Patrick, Dave Inker oder Timothy Touchton, die sich sogar in München niedergelassen hatten, weil die Musikszene in der Stadt so lebendig war. Gitarrist Nick Woodland gehörte sogar zum Pool von Studiomusikern um Giorgio Moroder in den Musicland Studios, wo gerade der Munich Disco Sound wie am Fließband produziert wurde. Das Marienkäfer und die Künstler, die da auftraten, waren also ›echt stark‹, wie wir damals zu sagen pflegten. Es blieb mir trotz allem zunächst ein Rätsel, warum Arno einen derart großen Zirkus im Vorfeld dieses Konzertes von Peter Straker veranstaltete. Ein Sänger, eine Band aus England waren hier in München nun wirklich nichts Ungewöhnliches. Kurz vor Ankunft der Band klärte Arno uns auf. Peter Straker sei ein sehr guter, wenn nicht der beste Freund von Freddie Mercury. Freddie Mercury von Queen. Freddie habe Peters Album *This One's On Me* produziert und auch an Peters neuem Album *Changeling* mitgearbeitet, das Peter Straker mit Band während der Münchner Konzerte zum ersten Mal live präsentieren werde. Okay, dachte ich mir damals. Deshalb also die Aufregung. Peter Strakers Nähe zum Weltstar.

Wenn meine Freundinnen und ich im Sugar Shack einliefen, saß Freddie manchmal schon da, in der Sofalounge. Sein Schnauzbart leuchtete für eine Sekunde im Stroboskopgewitter der Discolichter auf. Freddies Begleiter waren zuweilen die im Münchner Nachtleben unvermeidlichen zwei. Zum einen war da eben der mir uralt erscheinende Fürst Johannes von Thurn und Taxis. Zum anderen Abi Ofarim, einer der schillerndsten Paradiesvögel der Discoszene. Abi, mit langen Haaren und mächtigen Koteletten bis zum Kinn, immer in hippieske Ibiza-Gewänder gekleidet und mit viel Silberschmuck, stand oft in der Nähe des beleuchteten Dancefloors im Sugar, wo die ›beautiful Munich girls‹, wie Iggy Pop sie einmal genannt hat, tanzten. Das volle *Saturday Night Fever*-Feeling auf dem bunten Leuchtboden und unter der silbernen Discokugel.

Der Marienkäfer war eigentlich nur eine Art tiefschwarzer Schuhkarton, in dem höchstens hundertfünfzig Besucher Platz fanden. Arno dekorierte den gesamten Bühnenhimmel mit Bündeln von weißen Straußenfedern. Ungewöhnlich für einen Pop- und Rockclub, wie es der Marienkäfer zu der Zeit war. Straußenfedern waren für diese Location eigentlich zu edel, zu feminin und zu campy. Diese weißen, fragilen Gebilde kannten wir bisher nur als Accessoires jener Travestie-Shows, die wir damals im Song Parnass an der Einsteinstraße öfter besuchten. Die wunderschönen Dragqueens, die da sangen und tanzten, liebten es, sich mit großen Fächern aus Straußenfedern elegant Luft ins Gesicht zu fächeln. In der Hitze der Nacht und der immer gedrängten, schwülen Enge im Parnass. Was aber hatten diese weißen Federn im Marienkäfer zu suchen?

Doch diese Bühnendekoration sollte sich als geradezu kongenial erweisen für Peter Strakers Show. Ein Himmel voller Straußenfedern und schwarzer Lackfolie, unter den sich eine Band platzierte, die mit schwarzen Lederklamotten oder Jeans und Hippiehemden, längeren Haaren, Schnauzbärten und dunklen Sonnenbrillen wie eine typische Rockband der Siebzigerjahre aussah. Beziehungsweise so, wie eine Band 1979 eigentlich nicht mehr aussah. Nur am Flügel saß ein anderer, sehr junger, schmächtiger Typ. Lockenkopf, Nickelbrille, Sakko aus Tweed. Als Peter Straker endlich auf die Bühne kommt, fühlt es sich sofort so an, als hätte ein Blitz eingeschlagen. Was für ein Charisma hat dieser Mann! War das überhaupt ein Mann? Das olivfarben und golden schimmernde Gesicht eingerahmt von bleistiftschmalen Korkenzieherlocken, die wirkten, als seien es kurze Perlschnüre. Eine elegant gebogene Nase. Zwei alte Bilder schieben sich vor mein inneres Auge: das Gesicht der ägyptischen Cleopatra und der Kopf von Tänzerin Josephine Baker. Peter Straker, eine wunderschöne Diva unter Straußenfedern. Zugleich aber doch auch ein schöner Mann. Der Körper schmal, das schwarze Hemd weit aufgeknöpft. Die Hose aus Latex, die alles Männliche unübersehbar betont, ist mal rot gefärbt, mal schwarz. Auch die Lackstiefeletten schwarz, mit zehn Zentimeter hohen Absätzen. Die Bewegungen seines Körpers: feminin, weich und elegant. Dann plötzlich kraftvoll, hocherotisch, energetisch. Seine Bühnenkostüme wechselt Peter so schnell, dass wir es im Publikum kaum mitbekommen. Und mit jedem Mal erscheint eine andere Persönlichkeit. Mal wirkt er im mit rotgoldenen Pailletten besetzten Jackett wie ein Showman aus einem Nightclub in Las Vegas. Dann wie ein Dandy aus den Golden Twenties – in Spitzenhemd, um den Hals einen weißen Herrenschal, auf dem Kopf einen Borsalino, dazu Handschuhe, ebenfalls weiß. Wenn er sich silberfarbene Ketten um den Körper schwingt, erinnert das ein wenig an den New Yorker ›Velvet Underground‹. Und sein Tanz im schwarzen Kimono mit einem weißen Straußenfederfächer in den Händen ist der einer Königin der Nacht. Schließlich der Höhepunkt, jetzt schlägt die Stunde von Freddie Mercurys bestem Freund: Peter kommt wie das Mitglied einer feschen Motorrad-Gang auf die Bühne. Die schwere Lederjacke, die er jetzt trägt, könnte das gleiche Modell sein, das Freddie Mercury gerne trägt. Uns jungen Münchnern ist dieser Style sehr vertraut. Sieht aus wie diese kunstvoll mit vielen Nähten über den Schultern gearbeitete Motorrad-Jacke der Firma Erdmann aus München. In der Popszene ein ›must have‹; für uns Schüler ein unerschwinglicher Traum, so eine Erdmann-Jacke.

Während der Münchner Konzerte hatte Peter Straker auch musikalisch und gesangstechnisch eine so breite Palette an Stilen parat, wie ich sie nie zuvor bei einem anderen Künstler erlebt hatte. Der Mann, in Jamaika geboren, konnte so durchdringend rufen wie einst Harry Belafonte als ›Banana Boat‹-Mann. Er sang den ›Alabama Song‹ von Brecht und Weill, als sei er der personifizierte Gevatter Tod. Sein ›Ragtime Piano

Joe‹ hatte diese ›Yellow Submarine‹-Fröhlichkeit der Beatles. Manche Songs waren in Musik gegossenes Vaudeville-Theater. Charlie Chaplins Komik gepaart mit Travestie und Dragqueen-Drama. Zudem konnte Peter alle Register eines Musicalsängers ziehen. Hier und da sang er große Operntöne. Am liebsten aber schien Peter Straker Balladen und Jacques-Brel-Chansons zu interpretieren oder Freddie Mercury zu zitieren.

Als Peter mit dieser Lederjacke auf die Bühne kam und die Band rockte, was das Zeug hielt, da erschien er mir wie ein feminines Pendant zu Freddie Mercury. Und die Botschaft von beiden, unisono: Be whoever you want to be and feel free to do what you want to do. Der erst zwanzig Jahre alte, schüchterne Typ am Flügel, der bei Peters Konzerten im Münchner Marienkäfer spielte und auch einen Song für Peters Album *This One's On Me* komponiert hat, nämlich ›Believer‹, hieß Karl Wallinger. Ich war damals echt verliebt in diesen Jungen. Und er in mich. Aber damals lagen Welten zwischen London und München für zwei junge Leute mit sehr wenig Geld. Karl sollte einige Jahre später eine ziemliche Popkarriere starten. Erst mit den Waterboys, dann als Bandleader von World Party. Wofür ich Karl heute noch bewundere, ist, dass Prince ihn zu sich in die Paisley Park Studios eingeladen hat, um mit ihm zu jammen. Starfish and Coffee für alle, forever.«

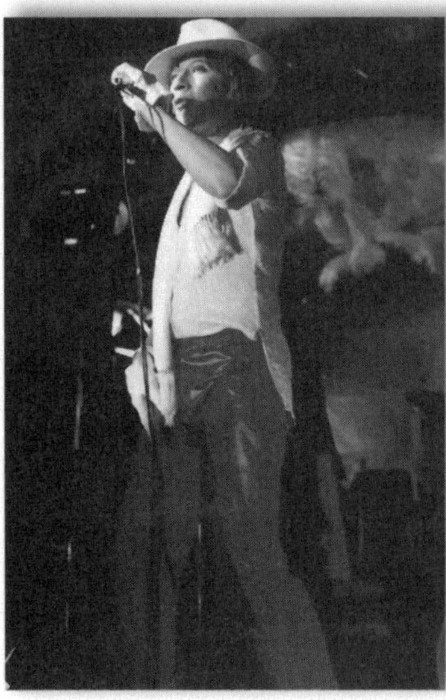

Peter Straker mit Band 1979 im Marienkäfer.

Nachts nach einer der Shows im Marienkäfer gehen alle fein herausgeputzt ins Sugar Shack: »Peter sah unfassbar gut aus mit seinen gepflegten kleinen Dreadlocks, dunkelhäutig, eine große Federboa um den Hals und in einem langen schwarzen Ledermantel. Da hat Sascha an der Tür gestaunt, in welcher Gesellschaft ich aufkreuze«, lacht Schnaubelt. Oben angekommen, spürt sie die große Aufmerksamkeit, die Straker und damit auch seiner Begleitung zuteilwird. Peter liebt München: 1980 nimmt*Real Natural Man* wurde von Mack und Mike Allison produziert. Mack auf. Freddie arbeitet nicht nur an Peters Alben mit, er kennt auch Strakers Show. Die beiden beeinflussen sich gegenseitig.

Wenige Wochen nach Peters Marienkäfer-Gigs amüsieren sich auch Queen wieder im Sugar Shack, trinken reichlich und achten auf die Reaktionen des Publikums, wenn besonders angesagte neue Songs aufgelegt werden. Sie bleiben so lange, bis nur noch wenige Nachtschwärmer anwesend sind, und testen dann mit dem ausgezeichneten Soundsystem ihre eigenen Songs. Freddie ist zu diesem Zeitpunkt oft schon irgendwo unten in der Müllerstraße, aber Brian erinnert sich: »Was einen guten Groove hatte und nicht überladen war, das kam an.« Er spricht mehrfach von »space«, von Raum, den die Songs enthalten müssen, um gut rüberzukommen. »Wir

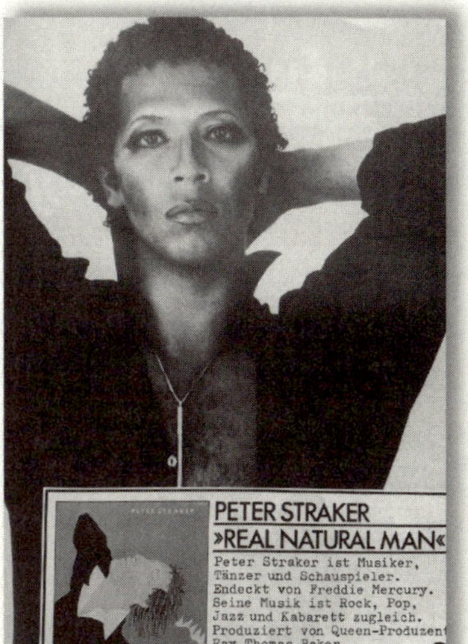

Real Natural Man wurde von Mack und Mike Allison produziert.

spielten dann Songs wie ›Tie Your Mother Down‹ und mussten feststellen, dass sie nicht gut funktionierten. Sie waren zu vollgestopft mit Sounds, da war kein Platz. Die klangen zu Hause im Radio gut, aber nicht im Shack. Danach wurde es regelrecht unsere Obsession, Raum zu lassen in unserer Musik. Wir wollten Songs machen, die im Sugar Shack gut klingen würden.«

Deshalb feiert auch John Deacons »Another One Bites the Dust« seine Vorpremiere im Sugar Shack. Kein anderer Song aus dem neuen Album kommt beim Münchner Partyvolk so gut an. Das Shack, »the office«, ist ein Testlabor für Queen, von dem wenig später die ganze Welt profitiert.

Ein häufiger Gast im Sugar Shack ist auch Fred Kogel. 1960 geboren, ist er schon als Teenager Queen-Fan. Der spätere DJ, Radiomoderator und heutige Medienmanager (er war u.a. Unterhaltungschef beim ZDF, SAT.1-Geschäftsführer und ist heute CEO von LEONINE) hat die einzelnen Bandmitglieder in München mehrfach interviewt. Am Telefon sagt er während des zweiten Lockdowns im Februar 2021: »Ich war zwölf Jahre alt, als Queen den Aufschwung erlebten. Ich bin in einem klassischen Haushalt aufgewachsen. Mein Vater war Opernsänger, meine Mutter Ballettmeisterin und Solotänzerin. Mein Vater sang im Gärtnerplatztheater, und danach gingen wir alle zusammen zu Kay's Bistro. Da war ich noch ein Kind, das war noch vor Freddies Zeit. Aber wie es halt so ist: Ich hatte die Klassik und das Theater mit der Muttermilch aufgesogen und entwickelte mich als Gegenreaktion zum Totalrocker. Es fing an mit Led Zeppelin, aber die zweite Band war dann gleich Queen. Wir wohnten damals in Großhadern. Das war der Südwesten und damals längst noch nicht Innenstadt. Ich bin bei *Queen II* eingestiegen. Jeweils am Erscheinungstag eines Queen-Albums bin ich mit der Straßenbahn in die Stadt gefahren und habe von meinem Taschengeld die Vinyl-

Alben gekauft. Mein großes Erlebnis als Teenager: Ich wollte Queen 1974 in der Brienner Straße sehen, bin aber nicht reingekommen. Mein erstes Queen-Konzert habe ich in der Olympiahalle bei der *A Night at the Opera*-Tour erlebt. Dann war's um mich geschehen. Ich stand ziemlich weit vorne und habe fotografiert. Queen live war damals das Nonplusultra. Seither habe ich in München jedes Queen-Konzert gesehen. Sie kamen ja fast jährlich nach München.

Dann kam der Schlüsselmoment, als ich mich nach dem Abi beim Bayerischen Rundfunk beworben habe. Sie suchten Nachwuchsmoderatoren, weil Thomas Gottschalk aus München wegging und zu Radio Luxemburg wechselte. Meine erste Sendung *Pop nach acht* war Anfang Januar 1981. Von da an kam neben dem privaten Interesse an Queen auch noch das professionelle Interesse dazu. Ich arbeitete in der Zeit außerdem als DJ in München. Ich legte nicht nur Rock auf, sondern auch Soul, Funk und Disco. Ich hatte schon vor meinem Hörfunkstart diverse Discotheken-Jobs. Unter anderem legte ich in der Disco Henderson auf. Daneben gab es das East Side und das Charly M, das etwas später dazukam. Die Zeit mit Queen in München habe ich intensiv erlebt. Meine Stammstrecke damals verlief vom Henderson zum Sugar Shack. Im Henderson gab es eine sehr gemischte Klientel: Nachtschwärmer, Pärchen, Männer, Frauen. Es war eine In-Disco, wir standen manchmal in einer langen Schlange an. Ich hatte gerade den Führerschein gemacht und durfte mit dem Auto meiner Eltern hinfahren. Das war 1980 in der Disco-Hochphase. Ich ging immer zuerst ins Henderson, das damals von Herr und Frau Neumann geleitet wurde. Da konnte man ab halb zehn hingehen. Das Henderson musste bereits um ein Uhr schließen. Es lag im Sperrgebiet. Um Viertel vor eins wurde das Licht angedreht. Wir sind dann alle danach ins Sugar Shack. Dort ging's noch bis vier weiter. Da war das Publikum eher einheitlich, es überwogen die Fans der Rockmusik. Ich kann mich daran erinnern, dass eine Frau mit langen dunklen Haaren Türsteherin im Sugar Shack war. Dort waren Queen sehr oft. Und die Frage lautete dann: ›War Freddie heute schon da?‹«

Eines Nachts hat Brian – schon reichlich angetrunken – eine Eingebung. Mack erinnert sich: »Brian stand auf Wodka Tonic. Ich glaube nicht, dass ich ihn jemals gesehen habe, wie er Drogen nahm. Aber wenn Brian voll war, dann konnte er den Faden komplett verlieren.« Brian, Roger, John und Mack rauschen mitten in der Nacht vom Sugar Shack zurück in die Studios. Die drei jammen stark angeheitert los, und Mack hält das am Mischpult fest, was wenig später der härteste Song des Albums wird: »Dragon Attack«. Darauf wird der Toningenieur verewigt: »Take me to the room where the green's all green, and from what I've seen it's hot, it's mean. Gonna use my stack. It's gotta be Mack. Gonna get me on the track.« Und darauf reimt sich natürlich noch etwas: »Take me to the room where the black's all white and the white's all black. Take me back to the Shack.« Damit setzen Queen der berühmten Münchner Discothek ein Denkmal, zumal sich auch die Zeilen »Take me to the room where the beat's all round. Gonna eat the sound, yeah, yeah, yeah« auf die süße Hütte bezieht. »Wir blieben oft bis zum Morgengrauen im Shack«, erinnert sich Brian. »Wir lebten in einer Fantasiewelt aus Wodka, Barmädchen und sehr lauter Rockmusik. Anfangs war das fabelhaft und sehr stimulierend. Das muss ich gestehen. Aber nach einigen Monaten ging's eher bergab. Wir verbrachten mehr Zeit im Shack als im Studio.«

Eines Tages kommt er mit einer sehr in ihn verliebten Münchnerin ins Studio. Brian bittet Freddie und die anderen, noch ein wenig mit der Arbeit zu warten, und geht mit seiner

Freundin ins hinterste Eck. Darauf befiehlt Freddie dem Tonmeister Mack, alle Mikrofone bis zum Anschlag zu öffnen und ein Band mitlaufen lassen, worauf die Musiker und Techniker am Mischpult Wort für Wort hören, was Brian mit seiner Geliebten zu besprechen hat. Es sind innige Liebeserklärungen ihrerseits und Ausflüchte seinerseits mit Hinweisen auf seine Familie in England. Brians Beendigung der Affäre dauert über eine halbe Stunde. Es ist nicht auszuschließen, dass die enttäuschte junge Frau jene aus Moosach ist, die möglicherweise zum Trost später mehrere Tonbänder geschenkt bekommt, vielleicht mit dieser traurig-zermürbenden Konversation, vielleicht auch zusätzlich mit alternativen Takes von Queen-Songs. Nachdem Brian die schöne Münchnerin hinausbegleitet hat, entschuldigt er sich bei seinen Freunden, aber es sei wirklich sehr wichtig gewesen. Daraufhin sagt Freddie: «Klar, das wissen wir. Wenn du es noch mal hören willst, hier ist das Band.« Und er überreicht seinem Gitarristen die Spule.

Brian bezeichnet den Song »Dragon Attack« als Symbol für »diesen ganzen Wahnsinn«. Das Stück ist essenziell für die spätere Entstehung des Rap-Rock und Rap-Metal. Im Juni 1981 äußert sich Roger in einem Interview mit der Schweizer Musikzeitschrift *Popcorn* begeistert über das Shack: »The hottest Disco in the world.« Queen werden Wahlmünchner, nur Brian betont rückblickend auch immer wieder die Schattenseiten – vor allem die Suizide, die begangen werden, indem sich Menschen vom Dach des Arabella-Hochhauses stürzen. Er bringt die geheimnisvoll-gefährliche Stimmung mit dem Föhn in Zusammenhang: Es gebe da diesen merkwürdigen Wind, der aus dem Süden nach Bayern komme und die Einheimischen verrückt mache, und manchmal wollten sie sich deshalb sogar umbringen. Allerdings hält das Queen nicht davon ab, immer wieder die Musicland Studios zu nutzen. Sie bringen oft ihre Familien mit, aber nicht für zu lange, denn: »It was really work time.« Freddie und Brian tauchen auch im P1 beim Haus der Kunst auf, und alle zusammen in anderen angesagten Tanzbars, aber das Sugar Shack ist »the office«, Freizeit und Arbeit in einem. »Die Zeiten waren für mich schwierig«, sagt Brian. »Ich war verheiratet und Vater, hatte aber wenig Kontakt zur Familie wegen der Arbeit (und dem Sugar-Shacking) vierundzwanzig Stunden am Tag. Das war auf Dauer nicht gesund. Trotzdem, die Musik war gut. Wir haben dort einige der besten Sachen gemacht.«

TEIL DREI

Jeden Tag ist Faschin

QUEEN UND MÜNCHEN, DAS GEHÖRT ZUSAMMEN

Um ihr erstes Münchner Album *The Game* zu promoten, gehen Queen ab Juni 1980 auf USA-Tour, die am 30. September nach drei Konzerten im Madison Square Garden in New York endet. Die US-Setlist enthält sechs Songs aus *The Game,* darunter »Another One Bites the Dust«, das DJs bereits landauf, landab spielen. Viele Hörer glauben, dass es sich um eine schwarze Band handelt. Als Michael Jackson im Juli in Los Angeles Queen live erlebt, empfiehlt er ihnen, den Song als Single auszukoppeln. Brian und Roger sind irritiert, aber Freddie und John setzen sich durch. »Another One Bites the Dust« wird im August 1980 veröffentlicht, schießt an die Spitze der US-Charts und wird ein weltweiter Hit. Es ist eine weitverbreitete Ansicht, dass es sich bei »Bohemian Rhapsody« um den erfolgreichsten Queen-Song handelt. Er ist wohl der berühmteste, aber der meistverkaufte ist das Münchner Gwachs über einen Weiteren, der ins Gras beißt. (Das Lied erfreut sich vor allem bei Sportanlässen großer Beliebtheit, wenn der Sieger feststeht – oder bei Trauerfeiern, wenn ein gewisser Sinn für Humor besteht.)

Im Herbst 1980 machen Queen Urlaub: Brian stellt in London *Flash Gordon* fertig, Roger finalisiert in Montreux sein Soloalbum *Fun in Space,* John kümmert sich in London um sein

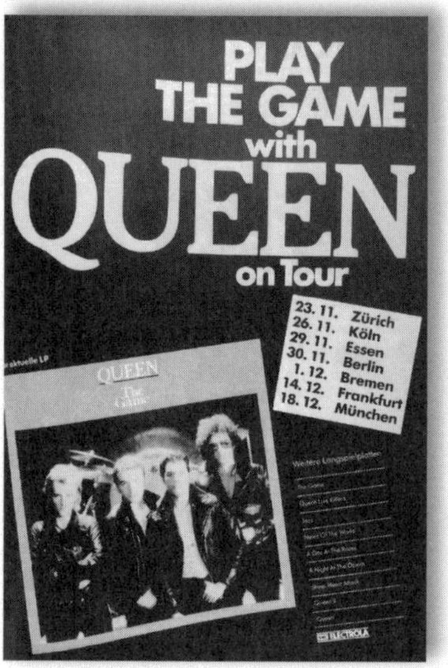

Wortspiele von EMI/Electrola für *The Game*.

Familienleben sowie um die Finanzen der Band, und Freddie vergnügt sich in New York. Nebenbei laufen die Planungen für die beiden kommenden Jahre auf Hochtouren. Die Bandmitglieder treffen sich im November 1980 in London und nehmen dort das »Flash«-Video auf. Am 23. November 1980 startet eine Europa-Blitztournee zu *The Game* und *Flash Gordon* im Hallenstadion in Zürich. Der *Musikexpress* weist in der Dezember-Ausgabe 1980 auf die aktuellen Tour-Daten hin. Zuoberst stehen die Queen-Termine (und ein Foto von Freddie). Es folgen unter anderem Guru Guru, Bob Seger, The Shadows, Charlie Mariano, Karat und Al Stewart. Nach sechzehn Konzerten mit Setlists, die wegen des Erscheinens des *Flash Gordon*-Albums zur Halbzeit der Tour und der Ermordung John Lennons unterschiedlich ausfallen, findet sie ihr Ende und ihren Höhepunkt am 18. Dezember 1980 in der ausverkauften Olympiahalle in München. Am Abend vor dem Konzert besuchen Brian und Roger die AC/DC-Show, die ebenfalls in der Olympiahalle stattfindet. Danach gehen alle zusammen ins Sugar Shack: AC/DC, Queen und die Scorpions sind da. Der Tour-Ablauf ist kein Zufall: An der Isar lässt Freddie das beste Jahr in der Bandgeschichte ausklingen. Die Mercury-Biografen Richards und Langthorne weisen darauf hin, dass Queen es sogar schon damals in das Guinness-Buch der Rekorde schaffen, aber nicht

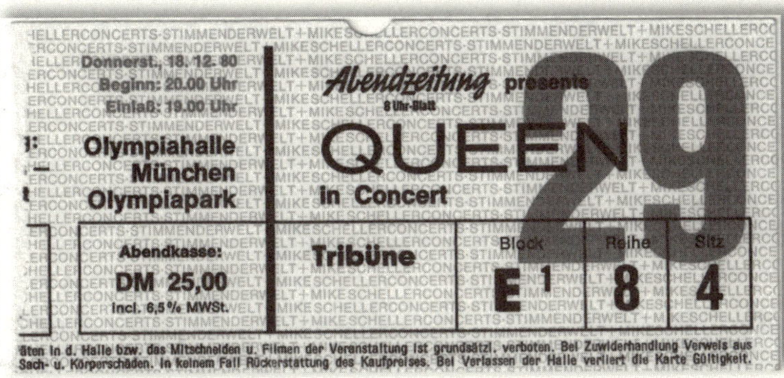

25 D-Mark für Queen am 18. Dezember 1980 in der ausverkauften Olympiahalle.

als Musiker, sondern als bestbezahlte Direktoren einer Firma mit einem Jahreseinkommen pro Kopf von 700 000 Pfund. Rückblickend sagt Brian: »Zu diesem Zeitpunkt waren wir die erfolgreichste Band der Welt.«

Freddie lässt während des Münchner Konzerts keine Zweifel daran, was ihn hier in den kommenden Tagen beschäftigen wird. Statt »Fat Bottomed Girls« kündigt er den Song als »Fat Bottomed Cocks« an. Nur auf Münchner Bühnen lässt er es so krachen. Aber er beherrscht auch die leisen Töne: Zum letzten Mal auf dieser Tour spielen Queen »Imagine« zu Ehren des am 8. Dezember ermordeten John Lennon. Die Setlist fängt mit den früheren Zugaben an, nämlich »Jailhouse Rock« und »We Will Rock You« (die schnelle Version) sowie »Let Me Entertain You«. In der Mitte des Konzerts schafft es eine Frau aus dem Publikum auf die Bühne. Freddie sieht sie. Bevor er mit »Save Me« beginnt, ruft er ihr zugewandt ins Mikro: »Was macht sie hier? Dies ist die letzte Nacht auf unserer Tour. Es wird also alles Mögliche geschehen. Da bin ich mir sicher. Wenn ihr wollt, könnt ihr euch alle ausziehen. Versteht ihr, was ich sage? Ihr Motherfuckers!« Die Aufforderung an das Publikum, sich auszuziehen, wiederholt Freddie in den kommenden Jahren auch noch in vielen anderen Städten. Werden die Szenen gefilmt, sieht man manchmal Freddies amüsierte und bewundernd-erstaunte Miene, mit der er hinabblickt. Tatsächlich ziehen sich einige Männer und Frauen aus. Nach »We Are the Champions« spielt sich in München eine seltene Szene ab: John zertrümmert in Townshend-Manier seinen Bass. Roger hat da mehr Übung und zerschlägt seine Toms. Eine Last fällt von Queen ab. Das Jahr ist vorbei, der Weihnachtsurlaub kann kommen. Von den Glühweinständen im Stadtzentrum aus geht es in die Clubs.

Im Januar 1981 ist Freddie Zeuge der Aufführung von Giuseppe Verdis Oper *Un ballo in maschera* im Royal Opera House in Covent Garden. Erstmals hört er die Stimmen von Montserrat Caballé und Luciano Pavarotti live: Ein folgenreiches Erlebnis, das Freddie tief beeindruckt, seine Leidenschaft für klassische Musik vertieft und seine Hochachtung vor dem Können der Opernsängerinnen und -sänger verstärkt. (Letztlich führt diese Darbietung zum Album *Barcelona* und den Duetten mit Montserrat.) Im selben Monat gibt die Band bekannt, dass sie das nächste Album wieder in München und in zwei Etappen aufnehmen wird. Zudem werden Tourneen durch Südamerika und Japan angekündigt. Die Konzertreisen beginnen am 12. Februar im Budokan in Tokio und enden am 21. März in São Paulo. Eine Woche später, am 28. März 1981, wird die im Zweiten Weltkrieg zerstörte Neue Pinakothek in München wiedereröffnet. Schon zwei Wochen später haben über hunderttausend Besucher die Räume gesehen. Es ist nicht belegt, aber denkbar, dass der kunstaffine Freddie damals einer der nächsten Besucher ist. Vielleicht flaniert er mit Barbara Valentin durch die Ausstellungen. Wie sieht Barbara Valentin aus, als Freddie sie kennenlernt? Wie bewegt sie sich? Wie spricht sie?

Am 14. Februar 1981 tritt Valentin mit Curd Jürgens und anderen in der allerersten Ausgabe von *Wetten, dass..?* auf. Sie trippelt ganz in Blau herein, mit einer riesigen Boa, an der sie nervös nestelt. Sie ist angespannt, konzentriert und schlagfertig. Fassbinders Film *Lili Marleen*, in dem sie eine Nebenrolle spielt, läuft gerade in den Kinos. Das ZDF hat aber nicht etwa Hanna Schygulla eingeladen, die in der Hauptrolle glänzt, sondern die schillernde Valentin. »Ich wollte heute mal als tolle Lola kommen«, sagt sie. Darauf Moderator Frank Elstner: »Aber Sie sind doch die tolle Barbara.« Elstner umgarnt sie weiter mit viel Charme, aber auch ein wenig ironisch. Daraufhin sagt Valentin: »Keine Anspielungen, ich bin eine seriöse Schauspielerin geworden.« Elstner erwähnt die Szene im Film *Flammende Herzen*, gedreht unter der Regie von Walter Bockmayer – der im Publikum sitzt –, in der Valentin als Karola Faber im Dirndl an der Seite Peter Kerns mit einer Kuh durch New York spaziert.

In der Tragikomödie spielt Valentin die deutsche (Ex-)Frau eines GIs. Sie ist eine verlorene, deprimierte, aber auch wortgewandte und entschlossene Dirne in der Fremde. Peter Kern ist ein glücklicher Losgewinner, der als Tourist die Schattenseiten New Yorks kennenlernt. Die beiden besuchen das dortige kleine Oktoberfest für Emigranten, werden zu »Queen and King« gekürt und bekommen als Preis eine Kuh. Schon seit Fassbinders *Angst essen Seele auf* von 1974 wird Valentin als Schauspielerin zunehmend für ernste Rollen berücksichtigt. 1983 erfolgt ihre Scheidung von Helmut Dietl – aber die Ehe steckt schon vorher in der Krise. Sie trennen sich bereits 1978.

Barbaras Kinder Minki Reichardt und Lars Reichardt vermuten, dass sich ihre Mutter nie wirklich von der Trennung von Dietl erholt, dass aber Freddies Tod ihr den Rest gibt. Das Schicksal, sich nur noch im Rollstuhl fortbewegen zu können, ereilt Barbara Valentin 1991 nach über vierzig Kinofilmen und dreihundertfünfzig Fernsehproduktionen. Zehn Jahre davor ist in *Wetten, dass..?* von ihrem schlimmen Ende aber noch nichts zu spüren. Sie zeigt sich so, wie sie Freddie kennenlernt, wobei sie ihre ernste Seite fast vollständig vor dem Fernsehpublikum verbirgt. Valentin brilliert, als wäre sie in einer Reality-Show, indem sie selbstironisch mit ihrem Image als Sex-Ikone kokettiert. Sie gibt sich naiv-dümmlich und flirtet mit Elstner und später mit dem muskulösen Wettkandidaten Hans Oßner, der eine Wärmflasche aufbläst, bis sie platzt, und damit für Schlagzeilen sorgt. Die neue Eurovisionssendung *Wetten, dass..?* wird in Deutschland, Österreich und der Schweiz live ausgestrahlt, gilt auf Anhieb als Erfolg und wird fast vierunddreißig Jahre lang zu sehen sein. Nach seiner gewonnenen Wette nimmt Oßner Barbara Valentin in die Arme und trägt sie hinter die Kulissen.

Bemerkenswert an dieser denkwürdigen Sendung sind die Interaktionen zwischen Valentin, Elstner und Curd Jürgens. »Dein Vater war ein hochverehrter Kollege von uns. Das heißt, er war Filmarchitekt. Ledersteger. Und ein herrlicher Freund und ein zauberhafter Mensch. Und der hat mich mal eingeladen, zu sich in Wien zum Heurigen, und dann war dieses Kind einige Tage alt. Und die hat er so stolz gezeigt. Da hat er auch recht gehabt«, erzählt Jürgens. Und Elstner: »Barbara, Sie wirken unglaublich kräftig, als wären Sie eine Frau, die Temperament hat für zwei, mit Nerven wie Drahtseile. Ist das ein falscher Eindruck, oder ist das richtig so?« Darauf Valentin: »Das ist richtig. Hab ich auch. Ich bin kräftig. Ich bin stark. Männer haben mich stark gemacht, weil sie alle schwächer waren als ich. Also musste ich stark sein. Ich suche einen Mann, der mich beherrscht. Und was kommt dabei raus? Nach ein paar Wochen habe ich sie – tschkkkk.« Sie macht mit dem gestreckten Daumen eine Handbewegung nach unten, hat die Lacher auf ihrer Seite und ergänzt: »Dann hauen sie ab.« Curd Jürgens nickt langsam und bewundernd und mischt Respekt in seine Miene: »Ich glaube, Barbara kann man nicht beherrschen.«

Dasselbe denkt womöglich ein anderer Unbeherrschbarer, der sich zudem fatalerweise auch in Gesundheitsfragen für unbesiegbar hält: Freddie. Das ist ein Teil der Magie ihrer Beziehung: Beide spüren die enorme Kraft des anderen. »Ich möchte so gern ein schwaches Weib sein«, lacht Barbara in der Sendung, und Elstner fragt: »Fehlt Ihnen wirklich noch Ihr Traumpartner?« Darauf Barbara: »Also, drei Ehen habe ich jetzt hinter mir. Aber aufgegeben habe ich noch nicht. Ich suche nicht. Ich bin offen für alles.« Souverän reagiert sie auf die Frage nach hausfraulichen Qualitäten. Ja, sie kann staubsaugen und kochen, und sie weiß, wie viel das halbe Pfund Butter kostet, nämlich zwischen 2,20 und 2,40 Mark. »Aber ich kaufe es im Reformhaus, da ist alles doppelt so teuer. Ich muss es ja auch verdienen. Dann will ich wissen, was es kostet, wenn ich es ausgebe.«

Barbara Valentins Sohn Lars Reichardt beschreibt seine Mutter im Buch *Barbara – Das sonderbare Leben meiner Mutter Barbara Valentin*: »Von einem Püppchen hatte sie, außer einem vollen runden Gesicht, so gar nichts an sich. Eine Frau von dominant aggressiver Weiblichkeit, eine starke, manchmal furchterregende Persönlichkeit, gewohnt und fordernd, im Mittelpunkt zu stehen und begehrt zu werden, dazu eifersüchtig und gelegentlich, nein, häufig zu Äußerungen und Ausbrüchen unfassbarer Vulgarität neigend.« Auch diese Charakterisierung macht deutlich, was Freddie an ihr mag. Franz Prost, damals Kellner in der Deutschen Eiche, drückt es in Erinnerung an gemeinsame Spaziergänge so aus: »Freddie hat es genossen, dass sie Gott und die Welt kannte und ihm München zeigte. Manchmal hat er sich versteckt hinter uns, er war ja so klein. Er wollte ja seine Ruhe haben.«

Valentins Beziehungsnetz ist eng: Mit Helmut Dietl ist sie seit 1976 verheiratet. Dessen zehnteilige TV-Serie *Monaco Franze – Der ewige Stenz* wird von 1981 bis 1983 produziert. Gedreht wird unter anderem im Heiliggeiststüberl, einem winzigen Lokal, in dem sich auch Freddie und Barbara gerne aufhalten. Kurt Raab, in vielen Filmen von Rainer Werner Fassbinder zu sehen, ist eng mit Barbara befreundet, dreht als Regisseur mit ihr 1982 unter abenteuerlichen Bedingungen auf den Philippinen den Film *Die Insel der blutigen Plantage* und lernt durch sie Freddie kennen. Es gibt Fotos von den dreien, auf denen Freddie so entspannt und zufrieden ausschaut wie sonst selten.

Barbara macht Freddie auch mit Jürgen »de Plaat« Zeltinger bekannt, glatzköpfiger Kopf der 1978 in Köln gegründeten Zeltinger Band (»Müngersdorfer Stadion«, »Tuntensong«, »Asi mit Niwoh«) mit Jaki Liebezeit am Schlagzeug und Arno Steffen an der Gitarre. Zeltinger tritt in Strapsen auf, seine Songs werden etwa von Conny Plank oder Wolfgang Niedecken produziert. »Einmal habe ich vergessen, mir nach dem Konzert was anzuziehen«, erzählt Zeltinger. »Ich habe das erst im Restaurant gemerkt, als ich mit Strapsen am Büfett stand.« Eine seiner Lieblingsanekdoten handelt davon, wie er den Sänger von Queen vor der Polizei rettet. »Einmal frühstückten Barbara Valentin, Freddie Mercury und ich um sechs Uhr morgens nach einer durchzechten Nacht am Bonner Verteilerkreis«, berichtet Zeltinger. Plötzlich ist Freddie verschwunden, und wenig später ist eine Streife da, mit Blaulicht im Morgengrauen. »Freddie wird von den Polizisten kontrolliert. Er war erwischt worden, als er an einem Lkw-Führerhäuschen hochgeklettert war. Die dachten, er wollte den Lkw aufbrechen und klauen, aber der Freddie stand auf Fernfahrer und wollte spannen. Ich habe denen gesagt, wer er war.« Zwischen Mercury und ihm sei aber nie was gelaufen: »Der wollte mich immer ins Bett schleppen, aber ich bin ja keine von der Straße.«

Im April 1981 erscheint Roger Taylors erstes Soloalbum *Fun in Space* mit beachtlichem Erfolg in Großbritannien: Dort erreicht es Platz 18, in Deutschland immerhin Platz 42. Die Singleauskopplung »Future Management« erreicht in UK Platz 49. Roger nimmt das Album zum größten Teil in den Mountain Studios in Montreux in den Pausen während der *The Game*-Tour und zwischen den Arbeiten an *Flash Gordon* auf. Am Mischpult sitzt David Richards, der auch Keyboards spielt. Alle weiteren Instrumente spielt Roger selbst, der natürlich auch singt und alle Lieder schreibt. Freddie sieht sich nach wie vor nicht veranlasst, selbst Solopfade zu beschreiten.

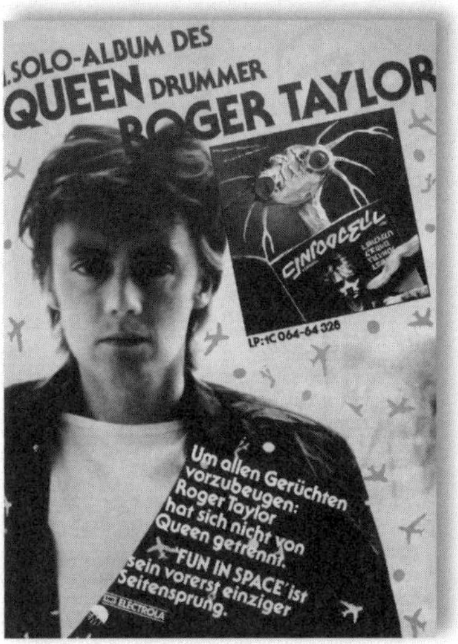

Die PR-Abteilung von EMI/Electrola sieht Aufklärungsbedarf.

EMI Electrola bewirbt Taylors Album in Deutschland mit den beruhigenden Worten: »1. Solo-Album des Queen-Drummer Roger Taylor. Um allen Gerüchten vorzubeugen: Roger Taylor hat sich nicht von Queen getrennt. ›FUN IN SPACE‹ ist sein vorerst einziger Seitensprung«. Das stimmt nicht ganz, denn bereits 1977 ist Rogers Solosingle »I Wanna Testify« erschienen. Und nur drei Jahre nach *Fun in Space* wird sein zweites Soloalbum veröffentlicht, noch vor Freddies *Mr. Bad Guy*. Diese Chronologie ist bemerkenswert im Zusammenhang mit der Frage, ob sich Freddie in München mit seinem Soloprojekt auf großem Egotrip befindet, wie dies beispielsweise im Kinofilm *Bohemian Rhapsody* und in manchen Biografien dargestellt wird: Roger sprüht lange vor dem Queen-Sänger vor Solo-Unternehmungslust. Brian und John folgen ihm bald. Freddie hingegen lässt sich Zeit.

Im Mai 1981 genehmigen sich Queen eine Verschnaufpause. Freddie kümmert sich um die Renovierung der Garden Lodge, aber es zieht ihn schnell wieder nach München. Am 10. Juni tritt Roger Taylor in der ZDF-Sendung *Rockpop* in Mainz auf. Er performt »Future Management« und trägt dabei ein *Flash Gordon*-T-Shirt. Der TV-Auftritt wird zum offiziellen Videoclip für die Single. Roger erklärt danach im Gespräch, dass seine Platte das erste Soloalbum eines Queen-Mitglieds überhaupt ist und er die ersten Ideen dazu schon vor zwei Jahren gesammelt hat. »Ich würde die Songs gerne live spielen, aber ich müsste es mit hundert Prozent Engagement und mit anderen Musikern tun. Das geht nicht. Ich bin sehr glücklich mit Queen.« Der Moderator, der junge Christian Simon (eine Woche später wird er dreißig Jahre alt), versichert den Zuschauern, dass der Drummer von Queen keinesfalls die Band verlassen wird, und spricht ihn auf *Flash Gordon* an: »Der Film war sehr erfolgreich, auch bei uns in Deutschland. Ornella Muti bekam den Bambi dafür. Die Single war Nummer zwei hier in Deutschland, die LP Nummer drei.« Simon will wissen, ob es weitere Soundtrack-Pläne gibt. »Nein, nicht solange Stanley Kubrick nicht ein Angebot macht, das wir nicht ablehnen können«, antwortet Roger mit britischem Understatement. »Schade, das war eine sehr, sehr dufte Platte«, sagt Simon.

Wäre Freddie im Gespräch mit dem ZDF an Rogers Stelle gewesen, mit eigenem Soloalbum, und hätte die Meriten für den Queen-Soundtrack eingeheimst, hätte das für deutlich mehr Unruhe gesorgt. Von John Lennon sagte ein Biograf mal, er sei Dreiviertel der Beatles: Bei Queen ist allen die unersetzliche Rolle von Freddie bewusst. Ganz harmlos ist Rogers Auftritt dennoch nicht, zumal er die wachsende musikalische Diskrepanz zwischen ihm und Freddie deutlich macht. Ein Graben, der sich im Verlauf des Jahres vertiefen wird: auf der einen Seite Freddie und John, auf der anderen Brian und Roger.

Kurz darauf, genau zwei Jahre nach den ersten Versuchen von Queen im Arabella-Haus, beginnen im Juni 1981 in den Musicland Studios die Aufnahmen zum nächsten Album. Welten trennen die *Hot Space*-Sessions klanglich von Rogers Solosongs. Derweil im Studio gearbeitet wird, erscheint in der Juni-Ausgabe der 1977 in der Schweiz gegründeten und bis 2000 in Schweizer Besitz befindlichen Musikzeitschrift *Popcorn* ein ausführliches Interview mit Roger. Auf die Frage, was die anderen drei von seinem Soloalbum halten, sagt Taylor: »Ihnen gefällt das so gut, dass sie vielleicht demnächst etwas Ähnliches machen werden. Aber zunächst gilt es, ein neues Queen-Album aufzunehmen. Wir arbeiten gerade daran.« Danach erklärt er, was so faszinierend daran ist, wieder in München zu arbeiten: »Alles! Das Studio ist fantastisch, die Leute sind okay, und du kannst eine Menge Spaß haben, wenn du willst. Wir lieben die Biergärten und besuchen eine Disco sehr oft.« Dann sagt er den Satz, der Kurti besonders glücklich macht: »Das Sugar Shack ist die heißeste Disco der Welt. Wir lieben sie so sehr, dass wir den Eigentümern einige Goldene Schallplatten geschenkt haben.« Auf die musikalische Chemie hin befragt, bleibt Roger optimistisch: »John ist ein großer Fan von Funk, Jazz und Blues. Brian liebt das Gegenteil, er ist begeistert von Hardrock. Freddie mag Klassik, und ich experimentiere mit New Wave. Trotzdem bilden wir musikalisch eine Einheit.« Doch der Zusammenhalt droht bald in zwei Teile zu zerbrechen, denn bei den *Hot Space*-Sessions setzen sich Freddie und John durch. Das ist nur möglich, weil Freddie hier gänzlich auf Klassik oder Nostalgie verzichtet, sich vollkommen Disco und Funk, R&B und Soul hingibt und sich dabei ganz auf John verlassen kann. Anfangs gibt es kein klares Konzept für das Album. Allen ist bewusst, dass sich der Erfolg von *The Game* nur schwer toppen lassen wird. Und tatsächlich werden sich eine Album-Nummer-eins und zwei Spitzenpositionen für die Singleauskopplungen sowie mehrfach Platin in den USA in der Bandgeschichte nie mehr wiederholen. Aber Queen wären nicht Queen, würden sie sich nicht mit Macks Hilfe frohgemut in das nächste Abenteuer stürzen. Sie lieben Herausforderungen. Vage schwebt ihnen vor, das neue Album deutlich von *The Game* abzugrenzen. »Flash«-Einflüsse und das Erfolgsmodell »Another One Bites the Dust« sollen Pate stehen. Brian stellt seine Hardrock-Vorliebe zum Wohle der Band hintan und komponiert »Dancer«, einen Song, der genauso ins Shack passt wie davor »Dragon Attack« oder Johns »Dust«. Daneben bewahrt er sich seine Freiheiten mit dem romantischen »Las Palabras de Amor« und der krachenden Rocknummer »Put Out the Fire«. Roger trägt seinerseits den eingängigen Refrain und New-Wave-Anleihen in »Action This Day« bei und ein beatleskes Intro in »Calling All Girls«. Tonangebend sind jedoch Freddie, John und Mack, die zeitweise ein Trio bilden, da Brian und Roger mit dem Disco-Funk-Konzept hadern.

Als Erstes werden »Back Chat« (Deacon), »Cool Cat« (Deacon & Mercury) und »Staying Power« (Mercury) aufgenommen. Beim Opener »Staying Power« findet Freddie einmal mehr witzige Reime: »See what I got, I got a hell of a lot. Tell me what you feel. Is it real. (…) Fire down below, I'm just a regular dynamo.« Wieder ein Song, der sich nach Beständigkeit sehnt. Wie viel Arbeit Freddie in die Lyrics steckt, wird bei der Betrachtung seiner Faksimiles klar. Auf vielen Seiten aus einem DIN-A4-Block, einer A5-Seite aus einem Heft mit Spiralbindung sowie Hotelpapier des Hilton München (damals noch in »8000 München 22«) sind Freddies handschriftliche Notizen mit Bleistift sowie schwarzem und blauem Kugelschreiber zu sehen, zahlreiche Korrekturen, Hervorhebungen einzelner Wörter, Umstellungen ganzer Absätze. Sie zeugen von der Intensität, mit der Freddie an den Songs feilt. Das tut er nicht nur bei seinen eigenen Liedern. Es sind Aufzeichnungen erhalten, in denen er die Lyrics für Brians »Dancer« notiert, auch hier voller Verbesserungen und Nummerierungen. Teamwork ist Usus, schließlich muss Freddie die Texte singen.

Die Band arbeitet zu Beginn effizient, aber letztlich dauern die Aufnahmen doch länger als geplant. Die Shack-Akustik und die Tanzbarkeit sind die zentralen Kriterien für den Sound. Freddie will seine eigenen Versionen der Songs realisieren, zu denen er in den Münchner Clubs abtanzt, und mehr als das: Alkohol, Koks und Sex stimulieren seinen Gefühlshaushalt, dem es im Rahmen bayerischer Lebensart besser geht als anderswo. Roger, der sich öfter absentiert, wird zunehmend durch die neue Drum Machine Linn LM-1 ersetzt. Prince nutzt sie bereits erfolgreich, und Freddie ist begeistert von den Möglichkeiten, die dieses elektronische Spielzeug bietet. Paul Prenters zunehmender Einfluss auf Freddie nervt vor allem Brian und Roger. Paul fördert Freddies Vorliebe für schwule Discos und ist begeistert von der aktuellen Musik und ihrer Wirkung auf dem Dancefloor. Mack erinnert sich: »Prenter hasste Gitarren und dachte, Brian sei old-fashioned.«

Von »Staying Power« existiert ein Demo, das sich deutlich von der finalen Version unterscheidet. Bei Minute 1:50 ist ein Gitarrensolo von Brian zu hören, und der gesamte Song ist rockorientiert.

Mack beschreibt in einem Interview aus dem Jahr 2000 auf der Webseite deaky.net und in einem Interview von 2002 auf der Webseite des Audiosoftware-Entwicklers iZotope das Songwriting der vier Queen-Mitglieder, das im Lauf der Jahre immer öfter im Studio stattfindet, und vergleicht ihre Herangehensweisen: Freddie beeindruckt ihn am meisten. Er habe mit einer Idee begonnen und zur Einführung ganz allgemein in etwa erklärt: »Ich mach jetzt ein Liebeslied, ein sehr harmonisches.« Von diesem Kern ausgehend habe er mit der Feinarbeit angefangen. »Ihm war beim Komponieren immer ganz klar, was er gerade tat und wohin das führen würde.« Brian sei »ein extrem sorgfältiger Songschreiber. Ich erinnere mich, dass er Lieder so baut wie Architekten ihre Häuser. Er begann bei den Grundmauern und machte das dann Stockwerk für Stockwerk. Er wusste ungefähr, wie hoch das Gebäude werden sollte, aber kannte noch nicht die Anzahl der Fenster, die er einfügen würde, oder wie groß der Dachboden werden würde. Er war sehr streng und stellte höchste Anforderungen an sich selbst.« Mack schildert, wie Brian mit seinem Notizbuch im Studio auf und ab geht und den anderen Bandmitgliedern Passagen des entstehenden Liedes vorsingt und den Song beschreibt. Bei Freddie und Brian seien die kreativen Vorgänge sehr transparent gewesen. Dagegen hält Mack den Bassisten für ein Rätsel. »Man weiß nur, dass er vermutlich gerade komponiert, weil er sich dann ganz besonders still verhält. Er sitzt an einem der weißen Resopal-Tische in den Musicland Studios, trinkt Tee oder Mineralwasser, schweigt und schreibt.«

Mack erinnert sich daran, wie Roger eines Tages lärmend und scherzend den Wohnzimmerbereich im Studio betritt. Wahrscheinlich ist ihm gerade die letzte Kugel im Flipperautomat entwischt. Totenstille. »Was ist los? Wer wird beerdigt?«, ruft Roger, und Freddie flüstert ihm zu: »Pssst! John komponiert.« Vermutlich ist es Freddie, der John den Spitznamen »Strauß« verpasst, weil der Bassist wie ein solcher Vogel stillhält und lange brütet. Dann teilt John den anderen die Songzettel aus, alles bis ins Detail ausgearbeitet, was jedoch nichts daran ändert, dass Freddie, Brian und Roger anfangen, zu mäkeln und zu verbessern. Mack beschreibt Roger in Kompositionsfragen als das Gegenteil von Freddie. Roger arbeite, von einer rudimentären Idee ausgehend, mit Melodieteilen oder Refrain-Versatzstücken oder einfach nur einer Behelfsharmonie. Wenn das einigermaßen klingt, dann ist das die Ausgangslage für einen guten Song. Diesbezüglich sei Roger, was Inspiration und Weiterentwicklung von Songideen betrifft, der Abhängigste und Hilfsbedürftigste von den vieren.

Freddies Song »Body Language« wird kurz nach Erscheinen des Albums *Hot Space* im April 1982 als Single ausgekoppelt und erreicht Platz 11 in den USA, obwohl das dazugehörige Video von MTV wegen seiner homoerotischen Anspielungen dort als erstes Musikvideo überhaupt zensiert wird.

Bemerkenswert ist Freddies Hommage an John Lennon. Er beginnt den Song »Life is Real« im Flieger nach München und beendet ihn in den Musicland Studios. Der frühe Tod seines Idols trifft ihn hart: Er setzt den Kontrast zum Tod – das Leben ist real. Freddie ehrt John auf geschickte Art mit Assonanzen an Lennons »Love Is Real« und Wortkombinationen, die weitere Lennon-Lyrics variieren. Er reimt »real« mit »wheel« und singt von Erfolg und von Einsamkeit, wichtige Motive in

Lennon-Songs. Freddie zitiert Lennon auch wörtlich: »What more can I say?« Gegen Ende singt er: »Lennon is a genius«.

Das Album kann letztlich nicht an den Erfolg von *The Game* anknüpfen. Viele Fans sind irritiert vom Stilbruch. Aber alle vier Bandmitglieder verteidigen *Hot Space* in Interviews vehement. Es gehe darum, Neues zu wagen und nicht nur auf die Verkaufszahlen zu schielen. Zudem erklärt Michael Jackson, *Hot Space* habe ihn für sein Album *Thriller* inspiriert. Erst sehr viel später werden sich Brian und Roger von *Hot Space* distanzieren, Letzterer mit deutlichen Worten: »It's shit.« Brian urteilt 2017: »Unsere Fans reagierten zunächst mit gemischten Gefühlen. Für manche ging es einen Schritt zu weit.« Mack wünscht sich rückblickend, Queen hätten einige der Songs zuvor live ausprobiert, denn er ist begeistert von den späteren Tour-Arrangements der Lieder. Etliche Musikkritiker sind heute der Ansicht, dass *Hot Space* seiner Zeit voraus war. 2020 zählt der deutsche *Rolling Stone* das Album zu den zehn am meisten unterschätzten Platten aller Zeiten: »Für Freddie Mercury muss die körperlich entgrenzende Disco eine Befreiung gewesen sein, sein Styling entsprach seit Jahren schon dem des hedonistischen Nightclubbers. Sein Verzicht auf Operette und Mays eher begleitendes denn führendes Instrument machten aus *Hot Space* eine enorm homogene Platte, aber auch eine, die weitestgehend ohne Queen-typisches Pathos auskam.« Der heiße Raum aus Bayern altert weltweit gut. Nach Erscheinen erreicht das Album in Deutschland Platz fünf, in UK Platz vier und in den USA Platz 22.

Fred Kogel hat öfter mit Queen zu tun, etwa in den Musicland Studios und im Park Hilton Hotel. »Ich habe Jura studiert in der Zeit, aber mein Stammplatz als BR-Moderator waren Bar und Lobby des Park Hilton. Dort tummelten sich die Rockstars, die bei Mack aufnahmen und im Hilton wohnten. Mit

Queen habe ich eine große Pressekonferenz mitgemacht, bei der ich Einzelinterviews geführt habe. Das war anlässlich der Veröffentlichung des Albums *Hot Space*. Die fand im Park Hilton statt. Ich kann mich noch genau erinnern: Es gab große Tische für etwa vierzig Journalisten. Sie hatten dort vier oder fünf Tische à acht Personen vorbereitet. Die vier Queen-Mitglieder gingen dann von Tisch zu Tisch. Jeder Tisch hatte auf diese Weise die Chance, mit einem Queen-Member zu sprechen. Der Faszinierendste in der Band war natürlich Freddie. Ich fand aber alle Queen-Musiker toll. Es gab eine klare Rollenverteilung: Brian, mit dem ich im Verlauf der Jahre drei Interviews geführt habe, war der bedächtige Intellektuelle, softspoken, Gitarrist und Astronom. Er gab sehr gute Interviews. Roger auch – er war der Rocker, der nichts hat anbrennen lassen, auch super im Interview. John hat leider meist nicht viel gesagt. Total außergewöhnlich war natürlich Freddie Mercury. Er war nicht nur der wahrscheinlich beste Frontmann einer Rockband, den es jemals gab, sondern auch im Interview *outrageous*. Er hat damals schon gesagt, was er gedacht hat. Die Interviews waren sehr gut. Auch heute im Nachhinein stelle ich noch fest, wie gut er antwortete. Er hatte außerdem eine politische Meinung, zum Beispiel zu Thatcher-England. Wir haben auch über München gesprochen. Er sagte, er fühle sich hier wahnsinnig wohl. Er genieße eine Freiheit, die er sonst nirgendwo habe.

Und Queen hatten ja eine besondere Beziehung zu München. Sie waren wegen der Studios hier, traten aber auch sehr oft live in der Stadt auf. Ich glaube, dass die Queens-Fans in München zu den loyalsten gehörten. Die Auftritte hier waren immer eher Happenings als nur Konzerte. Und jeder wusste, dass Freddie auch zeitweise hier wohnte. Insofern war er Teil der Szene hier. Er konnte sich frei bewegen, ohne als internationaler Rockstar angesehen zu werden. Er wurde nicht gejagt wie in London. Im Hilton war er, wie immer bei Interviews, zunächst sehr nervös. Er hat in dem Fall aber nicht geraucht, was er ja sonst oft tat. Aber er stand unter extremer Anspannung, so erschien es zumindest. Ich glaube gar nicht, dass das ein Performance-Druck war. Ich glaube, er war grundsätzlich so. Er brachte dann aber in Gesprächssituationen maximale Energie. Das bleibt im Gedächtnis: Da war bei jeder Antwort ein hoher Druck dahinter, und seine Aussagen waren sehr klar. Er hat dann für mich auch noch Radio-Promo gemacht. ›Hello, this is Freddie Mercury from Queen. Get ready for Freddie‹, und so in der Art noch einiges mehr. Er war also auch im Gespräch Performer und Showman. Aber eigentlich gab er nicht gerne Interviews. Im Gespräch schwankte das dann manchmal. Die Plattenfirma hatte ihn neben mich platziert. Dadurch war ich praktisch in einem Solo-Interview mit ihm. Die anderen Journalisten haben beinahe gar nichts mehr gefragt, die haben nur ihre Mikros draufgehalten. Ich glaube, das war ihm auch wichtig. Er fühlte sich dann wohler. Als er zum Tisch kam, waren die ersten zwei, drei Minuten eher steif. Aber dann wurde es zum Zweier-Interview. Das war sehr cool.

Ich erinnere mich, wie er einmal sagte: ›On my solo album you'll hear my voice and not Brian's fucking guitar.‹ Das war die Phase, wo man nicht so genau wusste, ob das jetzt das Ende von Queen ist. Das *Hot Space*-Album lief ja dann auch nicht sehr gut. Ich glaube auch, dass er zum damaligen Zeitpunkt nicht wusste, ob er seine langfristige Zukunft bei Queen sieht. Aber man hatte immer so das Gefühl, ja, Freddie gehört dazu. München war verrückt nach Queen, wie die halbe Welt damals. Ich war in den entscheidenden Jahren von 1976 bis 1986 zwischen sechzehn und sechsundzwanzig. Queen und München, das gehörte zusammen. Es hat keiner darüber gesprochen, aber es wusste jeder, dass er hier war, und das fanden alle cool. Es war eine sehr lustige und coole Zeit in München. Vielleicht empfindet man das auch im Nachhinein so, weil man halt selbst noch jung war und zur Szene gehörte. Man ging einfach in Discotheken, um zu tanzen. So einfach war das. Das Henderson hatte zum Beispiel als erste Disco in München Laser und eine große Bodennebelmaschine. Wir hatten so viel Spaß, da tanzte man in Reihe. Bei bestimmten Songs gab es echte Choreografien. Es war eine coole Zeit. Wir hatten mit Freddie einen Weltstar in der Stadt. München war ja damals eher spießig und konservativ, aber der Gegentrend war entsprechend stark. In den Neunzigern war ich dann froh, eher in Berlin zu sein, aber bis Mitte der Achtziger war es sehr gut in München. Heute ist München nicht zu schlagen!«

GUTEN MORGEN. SIE WÜNSCHTEN GEWECKT ZU WERDEN

Joanna de Alencar Baban ist eine junge Redakteurin beim Bayerischen Rundfunk und Musikjournalistin. Für ihre Masterarbeit von 2020 an der Hochschule für Musik und Theater in München (Institut für Kulturmanagement und Medien, Studiengang Musikjournalismus im öffentlich-rechtlichen und privaten Rundfunk) mit dem Titel *Auf den Spuren der Musiklegenden* interviewt sie Zeitzeugen. Ein Gesprächspartner ist Dirk Hohmeyer, Veranstalter und Produzent der *Night of the Proms* in Deutschland. Er betreut viele Rockstars an der Isar, ist häufiger Gast im Sugar Shack und begegnet Freddie in der *Hot Space*-Zeit: »In München gab es die Ariola, und die expandierte. Da habe ich mir gedacht: ›Okay, das mache ich jetzt mal für ein Jahr. Ich gehe mal zu Schallplattenfirmen, um das zu lernen.‹ Und fatalerweise wurden aus diesem einen Jahr erst mal vierzig Jahre München. Und es wurden dann auch fünfzehn oder sechzehn Jahre Tonträgerindustrie. Ich war dreiundzwanzig, als ich nach München kam. Das war Ende 1978. Am 2. Januar 1979 habe ich hier bei der Ariola angefangen. Ich war der Jüngste, ich war das Baby in der Abteilung, und ich kam aus dem Rheinland. Damals war es echt schwierig, abends um elf Uhr noch etwas zu essen zu organisieren. Das ist wirklich eine Kunst gewesen.

Andererseits fand ich die Biergärten oder auch die Bierhallen, das Hofbräuhaus, sehr cool.

Damals war Maggie Thatcher in England am Ruder und hat den Wohlhabenden mit hohen Steuersätzen in die Tasche gegriffen, was dann viele Künstler dazu veranlasst hat, ein Steuerexil zu suchen. Da war München ein beliebter Hotspot. Man hat vor allen Dingen auch die Berge, die Seen und tolle Clubs gehabt. Und hervorragende Studios, das Musicland, das Rainbow. Es gab Abende, wo du ins Sugar Shack gegangen bist und dir dachtest: ›Wenn hier jetzt ein Anschlag passiert, dann ist die Musikpresse in den nächsten Jahren voll schwarzer Seiten.‹ In einem Laden, wo vielleicht zweihundert Leute reinpassten, hattest du gleichzeitig – ich habe das einmal erlebt, weil ich auch einen Teil dieser Leute mitgebracht hatte – Mike Oldfield, Sally Oldfield, die Buggles, Dr. Hook and the Medicine Show, die kompletten Queen und einen Teil von Pink Floyd da. Es war unglaublich, man guckte sich um, man kannte wirklich fast jeden. Es war rappelvoll, und das war völlig normal. Und das war schon irgendwie der Hotspot, wirklich, muss ich sagen. Selbst Musiker, die nicht wussten, dass es das gab, haben sich das erzählen lassen. Was weiß ich, ich fahr das erste Mal nach München als Engländer oder Amerikaner, und dann hieß es vorher: ›Make sure you're going to see the Sugar Shack.‹ Genauso, wie es dazugehört hat, einmal das Hofbräuhaus zu sehen, um die ganzen stilistischen Elemente des bayerischen Lebens auch noch mitzubekommen.

Es wurden zudem sehr viele Fernsehproduktionen in München gemacht. Hier gab es Riesenstudios vom ZDF. Da wurden *Rockpop*, *Peter's Pop-Show* oder *Disco* mit Ilja Richter produziert. Dann auf der anderen Seite des Studiokomplexes der Bayerische Rundfunk. Da hat der Thomas Gottschalk mit *Szene 76* angefangen, später mit dem Co-Moderator Anthony

Powell. Es war ein buntes Leben. Dementsprechend gaben sich die Künstler die Klinke in die Hand, weil man in München sehr viele Sachen machen konnte. Die *Bravo* saß hier, das war damals extrem wichtig, sodass man wirklich ein Medienspektakel abziehen konnte. Die meisten Schallplattenfirmen in Deutschland saßen in Hamburg, sodass Hamburg immer das Credo gehabt hat: Wir sind die Musikwelt. Der lebendige Pool, das war aber München. In München gab es an und für sich nur die Ariola und ein paar kleine Labels. Aber hier gab es das richtig schicke Leben und tolle Restaurants. Und vor allen Dingen auch die Berge, was für Engländer natürlich eine interessante Geschichte ist. Entsprechend viele Künstler habe ich über die Jahre betreut.

Das Sugar Shack war extrem versteckt, in der Herzogspitalstraße mitten in der Innenstadt. Damals konnte man einfach in die Stadt fahren, man fand Parkplätze, das war also kein Problem. Und sicherlich sind wir auch hier und da mal gefahren, wenn wir besser nicht Auto gefahren wären, weil wir schon ein bisschen was getrunken hatten. Das war damals noch ein bisschen entspannter. Und weil vermeintlich um elf oder zwölf Uhr die Bürgersteige hochgeklappt wurden, war dann auch nicht mehr so viel Überwachung da. Im Sugar Shack war vor elf Uhr gar nichts los. Da war eine kleine Tür. Wenn man die nicht kannte, dann war das erste Hemmnis da. Da gab es schon mal den Türsteher. Wenn du den geschafft hattest, dann kamst du an einem kleinen Tisch vorbei, und dort saß der Kurti. Kurti war der Inhaber, Kurt Müller. Und Kurti war extrem kurzsichtig, respektive schlechtsichtig. Er hatte einen, der ihm immer soufflierte, wenn jemand kam. Damit ich diese Hürden überhaupt schaffte, wurde ich von meinen Kollegen eingeführt: ›Das ist jetzt der Dirk, und wenn der kommt, dann hat er immer Künstler dabei.‹ Ich sah, sagen wir mal als Dreiundzwanzigjähriger, nämlich nicht unbedingt so aus wie der Label-Manager von einer großen Schallplattenfirma. Am besten war es natürlich, wenn du vorher anriefst. Dann hat man irgendwie ein Tischchen bekommen. Aber das war den Künstlern im Endeffekt egal. Die guckten rum, da saßen irgendwelche Kollegen, und dann hockten die sich dazu. Im Gegensatz zu den deutschen Künstlern kennen die englischen oder die internationalen Künstler kein Konkurrenzgebaren. Man ist nicht neidisch aufeinander. Man freut sich über den Erfolg des anderen, genauso wie über seinen eigenen Erfolg. Und dementsprechend war das immer sehr lebendig.

Man musste die Treppen hoch. Da stand dann der Kurti mit seinem Souffleur. Und dann hieß es: ›Das ist der Dirk, der hat den Mike Oldfield dabei.‹ Und dann kam: ›Ahh, grüß dich!‹ Keiner hat gewusst, dass Kurti nicht sehen kann, er begrüßte eben die Leute direkt. Und dann war da die Garderobe zwangsweise, denn es gibt auch kalte Jahreszeiten in Bayern. Der Laden an sich war überhaupt nicht groß. Also, das war wirklich schon gestopft, wenn da zweihundert oder zweihundertfünfzig Leute drin waren. Wahnsinn. Die Anlage dort hat mich mehrfach dazu gebracht, zum DJ zu gehen und zu fragen: ›Was ist das?‹ Denn die spielten Musik, die du nicht überall hörtest. Richtig gute Musik. Und die klang so sensationell gut, dass ich einige Sachen, die ich selber auf Platte hatte, nicht erkannt habe. Der DJ war wirklich hammermäßig. Ich glaube, es gab dort zwei Bars und sehr junges, attraktives Personal, Männlein wie Weiblein, die einfach total flippig waren. Also war alles völlig entspannt, und dementsprechend fühlten sich die Künstler auch gut, weil sie nicht belästigt wurden. Es ging keiner zu denen hin, was man heute machen würde. Autogramme, Selfies und so. Damals gab es noch keine Handys. Es standen auch keine Paparazzi vor der Tür oder kreischende

Fans, das war einfach völlig normal. Du konntest entspannt dahin gehen.

Eine der lustigsten Geschichten, die sich daraus ergeben hat, war folgende: Im Rahmen einer Fernsehsendung hatte ich Mike Oldfield in München, und damals haben alle im Park Hilton gewohnt. Ich fuhr ihn ins Hotel, habe ihn rausgelassen, um mit meinem Golf in die Tiefgarage zu fahren, und hab ihm gesagt: ›Wir treffen uns an der Bar.‹ Er ist also aufs Zimmer und dann hoch zur Bar. Als ich hinkam, stand er dort und hat sich mit jemandem unterhalten. Was bei Oldfield schon relativ sensationell ist, weil er ein bisschen introvertiert ist. Der redet nicht unbedingt mit jedem, und vor allen Dingen nicht ganz locker. Der ist relativ schüchtern. Ich guckte also genau hin, mit wem er da redete, denn das wunderte mich schon. Das war Freddie Mercury. Sie unterhielten sich ein bisschen, und Freddie Mercury war begeistert. Nach einer Weile wurde das Gespräch aber etwas langweilig, und Mike sagte: ›Let's go Sugar Shack.‹ Und Freddie: ›Oh, good idea, let's go! How do we get there?‹ Ich sagte also: ›Ich habe ein Auto in der Garage.‹ Ich holte den Golf, einen Zweitürer, und fuhr wieder vor die Tiefgarage. Die beiden kamen zufälligerweise zusammen in einem Fahrstuhl und haben sich ihre Mäntel angezogen. Es war Winter.

Der Oldfield klappt den Sitz vor, setzt sich hinten rein und klappt den Sitz wieder zurück, damit Freddie Mercury Platz auf dem Beifahrersitz hat. Aber der steht fassungslos vor dem Auto und sagt: ›I don't drive Golfs.‹ Also, der kriegte eine Krise. Da hat sich der Oldfield von hinten nach vorne gelehnt, die Tür von innen zugezogen: See you later und let's go. Mike ist also hinten sitzen geblieben. Und dann sind wir ins Sugar Shack, und er sagte: ›Das ist ja doof. Freddie Mercury ist also pinke Rolls-Royce gewohnt?‹ Darüber haben wir gelacht. Wir sind also im Sugar Shack, gehen an Kurti vorbei, und Kurti begrüßt natürlich den Mike Oldfield. Wir geben unsere Mäntel ab, stehen noch an der Tür und sondieren, was Sache ist. Als wir uns umdrehen, steht da Freddie Mercury hinter uns, und Oldfield sagt zu ihm: ›Oh hey, that's a surprise, how did you get here?‹

›I took a Taxi.‹

›Which brand?‹

›A fucking Opel.‹

Im Endeffekt haben wir ihm beigebracht, dass es auch normale Autos gab, und er ist dann sogar mit mir wieder zurückgefahren.«

Dies bleibt nicht die einzige Pkw-Episode Freddies an der Isar. Später wird er sich sogar in einem Fiat 500 auf den Rücksitz zwängen.

Für Produzent Reinhold Mack gehört die *Hot Space*-Phase in jedem Fall zu den besten von Freddie in Bezug auf Engagement und Kreativität. Mack meint aber, das Album sei etwa neun Monate zu früh erschienen. Michael Jacksons *Thriller* wäre möglicherweise ein idealer Wegbereiter für *Hot Space* gewesen (*Hot Space* erscheint im April, *Thriller* im November). Mack beschreibt die Platte als stark unterschätzt, als »really high-tech. Hardly anybody played on it in real time.« *Hot Space* ist Macks Lieblingsalbum von Queen.

Er berichtet, wie in dieser Zeit die Freundschaft zu Freddie immer enger wird. Der Rockstar zeigt sich als Familienmensch und verbringt viel Zeit mit den Macks, auch bei ihnen zu Hause in Gräfelfing, einer Gemeinde am westlichen Stadtrand von München. »Freddie und meine Frau Ingrid gingen gerne gemeinsam zum Einkaufen. Das war unglaublich. All die Kleider, die er in den Videos und auf Fotos trägt, wie die gelbe Jacke, alles stammt von diesen Shopping-Touren mit meiner Frau.« Ingrid ist während der *Hot Space*-Produktion, die sich in die Länge zieht und erst im März 1982 endet, schwanger. Es ist nicht ganz klar, ob Ingrid oder Reinhold den Satz zuerst sagt (aber offenbar ist es Ingrid), jedenfalls wird die Aussage berühmt: »Es ist wahrscheinlich einfacher, neun Monate lang schwanger zu sein und ein Kind zu gebären, als euch Jungs dazu zu bringen, dieses Album fertigzustellen.« Der Satz entwickelt sich im Studio und außerhalb davon zum Running Gag und trägt indirekt zur Vollendung von *Hot Space* bei, denn Ingrid macht offensichtlich Druck. Sie schließt eine Wette ab, dass sie schneller sein wird.

Das Baby kommt tatsächlich vier Wochen vor Abschluss der Arbeiten an *Hot Space* auf die Welt und erhält den Namen John Frederick Mack – Frederick quasi wie Farrokh. Und genau wie bei Mercury wird aus dem Namen des Jungen irgendwann die Kurzform Freddie. Der Rocksänger überschüttet die Macks nach der Geburt mit Blumen. Freddie wird wenig später Patenonkel von Mack junior. Auch John Deacon ist dafür auserwählt. Bei der Taufe am 23. Mai 1982 werden in und vor der Kirche Fotos gemacht: Freddie mit seinem Patensohn im Arm, Freddie in der Kirche in der ersten Reihe neben den Macks. Alle Familienmitglieder samt Baby sowie die Patenonkel Freddie und John sind während der Zeremonie in Gräfelfing sowie danach im Garten der Macks festlich angezogen und in Feierstimmung. John Frederick Mack ist der dritte und letzte Sohn von Ingrid und Reinhold. Peter Freestone wird später sagen: »Freddie Mercury hatte keine Kinder, aber Freddie Mack kommt dem am nächsten.«

Im Oktober 2020 besucht ein TV-Team der BBC die Stadt München, um sich auf die Spuren Freddie Mercurys zu begeben. Dabei entstehen auch Aufnahmen von Little Freddie in der 1971 fertiggestellten evangelischen Friedenskirche in Gräfelfing, die idyllisch am Ortsausgang Richtung Planegg direkt an der Würm liegt. Es dominieren Holz und Beton. Dem Architekten Theo Steinhauser ist ein Schmuckstück gelungen, das keinem Kirchenklischee entspricht und die Besucher fasziniert. Es gibt keinen Kirchturm, und das Dach weist auffallende Schrägen hin zum fließenden Wasser auf. Innen vermittelt die Holzdecke über den ansteigenden Holzbänken Geborgenheit. Auf den Fotos von der Taufe ist Freddie Mercurys Miene heiter und entspannt. Die Funktionalität des Gebäudes und die Einfachheit der Zeremonie gefallen ihm, der nach zoroastrischem Ritus getauft wurde.

Es fühlt sich seltsam an, bei der Arbeit an diesem Buch über den früh verstorbenen Freddie fast dreißig Jahre später jemanden mit demselben Vornamen anzuschreiben und anzusprechen. Wir treffen uns auf Freddie Macks Vorschlag hin im Jagdschlössl am Rotkreuzplatz. Es ist unwahrscheinlich, dass Mercury seinerzeit zum Rotkreuzplatz gefahren ist und hier gegessen hat. Aber es ist eins von Freddie Macks Lieblingsrestaurants. Es geht schließlich nicht nur um Queen, sondern auch um Mack juniors Band Liquid Meat. Und die Speisekarte des Jagdschlössls quillt über vor Fleischgerichten. Wie Mack senior nimmt auch sein Sohn an internationalen Fan-Conventions teil und gibt Fachzeitschriften und Zeitungen Interviews. Er ist geübt darin, Journalistenfragen zu beantworten, aber sähe es natürlich gerne, wenn nicht immer Queen das Hauptinteresse darstellten. Andererseits wird immer wieder deutlich, wie wichtig die britische Band für ihn und seine Familie ist. Das »Alternative Music and Culture Webzine« catonthewall.net aus Yorkshire veröffentlicht 2014 ein Interview mit Freddie Mack unter der Überschrift »Being ›Little Freddie‹ – Freddie Mack on being the godson of history's greatest frontman«, in dem »Little Freddie« sehr offen über seinen Patenonkel spricht. (Er trägt im Interview sogar dieselben

Initialen: FM.) Mack junior berichtet, dass sowohl Jeff Lynne als auch Mercury die besonderen Fähigkeiten seines Vaters rasch wahrnahmen und würdigten. Aber die Anerkennung durch Freddie sei größer gewesen. Mercury beteiligt seinen Vater auch finanziell. Mack junior meint, dass Queen wohl die erste Rockband gewesen sei, die einem Produzenten Royalties gab. Er berichtet: »Mein Vater, meine Mutter und Freddie wurden richtig gute Freunde.« Er erzählt von seiner Mutter Ingrid, die Freddie nie als seinen Patenonkel, sondern immer als Onkel bezeichnet. Gerne erzählt Little Freddie auch die Geschichte von Big Freddie, als der Phoebe nach der Geburt beauftragt, Blumen zu kaufen und in die Klinik zu schicken, worauf Phoebe ihn fragt, welche Blumen denn. Mercury antwortet: »Kauf sie alle.« So verwandelt sich Ingrids Zimmer im Krankenhaus in ein Blumenmeer.

An Geburtstagen macht Mercury Riesengeschenke und bringt seinem Patenkind etwa einen überdimensionierten Teddybären oder ein gewaltiges Schaukelpferd nach Gräfelfing, das auch wegen des echten Fells für Little Freddie wie ein richtiges Pferd ausschaut. Der Kleine bekommt es mit der Angst zu tun, und Freddie bleibt an seiner Seite, bis er aufhört zu weinen und sich mit den Geschenken anfreundet. Der ältere Bruder Julian Mack wünscht sich zu seinem Geburtstag einen Auftritt von Rockstar-Freddie in Hummer-Montur samt Perücke wie im »It's a Hard Life«-Video.

Vater Reinhold Mack beschreibt mehrfach, wie nervös Freddie beim Umziehen ist. Ein Star, der jeden Abend vor Zehntausenden Fans auftritt, hat Lampenfieber vor seinem Auftritt vor wenigen Kindern – vor den drei Mack-Brüdern und deren Freunden –, wundert sich Vater Mack. Aber Freddie schafft es, und die Kinder johlen. Nur Little Freddie ist noch zu klein. Der Hummer mit der schwarzen Haarpracht kann doch nicht sein Onkel sein. Little Freddie erschrickt und weint. Wieder beruhigt ihn Onkel Freddie. Irritiert ist der Kleine manchmal auch, wenn er den Onkel im Fernsehen sieht und dieser wenig später leibhaftig das Haus betritt.

Little Freddie erinnert sich, dass seine Mutter ihn bei einem Queen-Konzert in die Höhe hält und er im »Radio Ga Ga«-Rhythmus die Arme hochstreckt. Er nennt den Rockstar »Onkel Ga Ga«. Dieser erfreut sich bei den Macks in aller Bescheidenheit an den kleinen Dingen, an Fußball zu viert und vor allem an Tischtennis-Matches. »Er spielte richtig gut, ich habe ihn nie geschlagen. Auch mein Sohn Julian, der ein klasse Spieler ist, hat es nicht geschafft«, so Vater Reinhold Mack, der gerne erzählt, wie Freddie außerdem Tennis spielt und wie sie bei schönem Wetter einfach schwänzen. Statt ins Studio gehen sie an den Pool. »Es gab ständig gemeinsame Abendessen, und er öffnete sich immer mehr. Er machte sich viele Sorgen wegen Little Freddie, wenn der nicht genügend aß oder nicht ins Bett gehen wollte. Er machte sich mehr Sorgen als Freds Mutter!« Mack berichtet auch von der Achtsamkeit Freddies im Privaten. Einige Tage nach einer Unterhaltung über Malerei und Macks Schwärmerei für Salvador Dalí kommt Freddie ins Studio und wirft eine Versandhülse aufs Mischpult. »Mach auf, mach auf«, sagt er zu Mack. Der zieht eine signierte Dalí-Grafik heraus. »Das ist sehr schön«, sagt Mack. »Nein, nein, das ist für dich. Ich denke, du magst Dalí«, erwidert Freddie. »Das war so schön, wenn auch etwas übertrieben, aber so war er einfach, sehr großzügig«, erzählt Mack heute.

Mehrfach betont auch Little Freddie die Freigebigkeit seines Onkels. Als Ingrid bei einem Besuch in London mit ihrem Sohn ins Kaufhaus Harrods gehen will, sagt Mercury ihr, er könne alles aussuchen, was er möchte. Darauf fragt Little Freddie, wie viele Spielsachen es denn sein dürfen. Darauf

Mercury: »So viele du willst.« Der Kleine sagt nicht Nein. Auch die Beziehung zu Onkel John Deacon ist gut, allerdings nicht so intensiv. Little Freddie erinnert sich aber, dass John ab und zu auf ihn aufpasst, und dass beide Familien manchmal zusammen auswärts essen gehen.

Little Freddie ist neun Jahre alt, als die Familie Mack München verlässt und nach Los Angeles zieht. Mit zwanzig entscheidet er, Bass in einer Rockband zu spielen. Er versucht, Kontakt zu John aufzunehmen, doch es klappt nicht. Er sagt, dass er Johns Rückzug gut versteht. Little Freddie macht kein Geheimnis daraus, dass er die Formation Queen + Adam Lambert nicht besonders mag. Seiner Ansicht nach gibt es Queen nicht ohne Freddie Mercury. Über die Originalband sagt er: »Queen is in my blood and a part of me!« Er erinnert sich, wie sein Onkel einmal zu ihm sagt, er sehe sich zuallererst und vor allem als Performer, dann als Musiker, dann als Künstler. So sieht sich Little Freddie auch selbst. »Und meine Mutter sagt mir immer, dass ich das von ihm habe.«

Als Little Freddie in Gräfelfing die Grundschule besucht, möchte die Familie ins Zentrum von München ziehen, aber das ist mit drei Kindern schwierig. Vater Reinhold arbeitet immer mal wieder in Los Angeles. Die Aufträge dort häufen sich. Als die Familie ihn 1991 besucht und einen langen Urlaub mit ihm verbringt, fragt Little Freddie seinen Vater: »Warum ziehen wir nicht einfach hierher?« Doch niemand nimmt ihn ernst. Die Macks haben für den Urlaub eine Wohnung in West Hollywood gemietet. Little Freddie gefällt es dort. Verwirrt und verletzt zieht er sich in sein Zimmer zurück und schreibt eine Liste, warum die Familie in die USA ziehen sollte. Er möchte auch deswegen nach Amerika, weil es in Gräfelfing in der Schule nicht so gut läuft. »Neue Freunde finde ich rasch in L.A.«, schreibt Freddie und schiebt nachts das Blatt unter der

Tür des Elternzimmers hindurch. Wenige Monate später zieht die ganze Familie tatsächlich nach Los Angeles. »Der Tod von Freddie fiel in diese Zeit. Mich hat das nicht belastet. Ich hatte noch keine Vorstellung vom Tod. Aber für die anderen war es sehr schwierig. Ich habe die Trauer in der Familie gespürt. Das hat alles sicher auch noch zur Entscheidung beigetragen.« Reinhold hat schon eine Green Card, und durch Zufall bekommt die ganze Familie die unbefristete Aufenthaltserlaubnis für die USA. Mit neun Jahren zieht Freddie Mack mit seinen Eltern und seinen älteren zwei Brüdern von München nach Los Angeles, wo er zwanzig Jahre lang bleibt. Nach einem abgebrochenen Architekturstudium und vielen Auftritten mit Liquid Meat kehrt Mack junior mit seiner Familie zurück nach München. Hier arbeitet er heute als Erzieher in einem Waldorfkindergarten und verfolgt weiter seine Karriere mit der Band.

Im Juni 1981, also schon in der *Hot Space*-Phase, werden erstmals die Folgen von Aids (Acquired Immune Deficiency Syndrome) beschrieben. Ab Dezember desselben Jahres ist Aids als eigenständige Krankheit anerkannt, aber davon ist in der breiten Öffentlichkeit da noch kaum etwas zu spüren.

Ein weiterer Zeitzeuge von damals ist Hansi Hoffmann. Er arbeitet in den frühen Siebzigerjahren für Marcel Avrams und Marek Lieberbergs Mama Concerts. Danach gründet er seine eigenen Firmen Concertpublicity und Hoffmann Media und kümmert sich um die Tour-Promotion für deutsche und internationale Künstler. Manchmal schreibt er für Musikmagazine. Im Juli 1981 begleitet er Freddie und dessen Entourage in München. Hansis Interview-Termin mit Freddie wird in der Deutschen Eiche vereinbart: »Das Lokal war nachmittags der ›breakfast meeting point‹ von Freddie und seiner Clique. Zwischen einer ganzen Garde gutaussehender, kraftstrotzender

Kerle residierte der Kultregisseur Rainer Werner Fassbinder. Die höchst kommunikative Wirtin Toni servierte den aufgerüschten Bubis und strammen Bayernbuam die berühmte Bier-Brotsuppe oder den unübertrefflichen Schweinsbraten mit einem Humpen Weizenbier – echte Frühstücksgerichte eben!«, erinnert sich Hansi im *Quadrat*, dem Magazin der Stadt Lüneburg im Februar 2014. Dann kommt Freddie in Begleitung von Barbara Valentin »und einem schmucken Kleindarsteller aus dem Bayern-Fernsehen« herein, den Hansi nicht beim Namen nennt. Hansi schildert Freddies Outfit: »Enge schwarze Lederhose mit Prachtbeule an der Vorderseite, weißes Trachtenhemd mit Enzianstickerei und Flatterärmel, ein unverschämtes Lächeln, mit dem er den ganzen Kneipenraum blitzartig ausfüllte. Als Freddie mich an einem hinteren Tisch entdeckte, stürmte er auf mich zu, umarmte mich kraftvoll und küsste mich – direkt auf den Mund!« Diese Ereignisse liegen fast fünfunddreißig Jahre zurück, als Hansi sich mit über achtzig Jahren daran erinnert. Hansi kennt Freddie damals schon von früheren Begegnungen. »Wirtin Toni brachte unaufgefordert eine Schale mit Rührei, geröstete Toastscheiben und eine Riesentasse mit der berühmten Bier-Brotsuppe. Die Valentin holte sich einen Toast mit Rührei und hockte sich zu ihrem Lieblingsregisseur Fassbinder.«

Hansi will in der Deutschen Eiche von Freddie wissen, warum Queen nach *The Game* nun eine weitere Platte in einem Münchner Studio produzieren, wo die Band doch in Montreux ein perfektes, modernes Studio eingerichtet hat. Er zitiert den Rockstar so: »Das liegt am Musicland Studio von Giorgio Moroder. Der Sound ist spitze, und am Mischpult sitzt Reinhold Mack, der Toningenieur, ein Genie. Er ist inzwischen so etwas wie der fünfte Mann der Gruppe. Er tüftelt sehr gern und hat Ideen wie nur wenige auf der Welt.« Hansi erinnert sich: »Rührei auf Toast, schnell zwei Happen, drei Löffel von Tonis Suppe, dann holt Freddie ein kleines Silberdöschen aus der Hosentasche, reibt sich eine Prise weißes Pulver zwischen Daumen und Zeigefinger, drückt es sich in die Nase, zieht geräuschvoll hoch – und strahlt! ›Nächste Frage.‹« Ob Freddie schon etwas von Bayern und München gesehen habe außer den Bars und Kneipen rund um den Gärtnerplatz, fragt Hansi. »Aber ja, mit Brille und Perücke war ich schon im Schloss und Park von Nymphenburg, in der Alten Pinakothek, auf Herrenchiemsee, und demnächst fahren wir alle zum Schloss Neuschwanstein.« Hansi schildert die Hektik, die unruhigen Blicke durch den Gastraum. Plötzlich springt Freddie auf, nuschelt »Pardon« und stürmt zum Eingang. Ein stämmiger Bayer mit Wuschelhaaren und Dreitagebart wird von Freddie umarmt und geküsst und an Barbara Valentin weitergereicht. »Freddie kommt total aufgedreht zu mir zurück. ›Das ist Winnie, der Kirchberger, einer meiner Münchner Freunde‹, erklärt er. Noch zwei Bissen Rührei. ›Komm nachher mit ins Studio, da reden wir weiter.‹ Arm in Arm schieben sich Freddie und Winnie dann aus der Kneipentür.« Barbara kommt zu Hansi und bietet ihm an, in drei Stunden mit ihm zum Studio zu fahren.

Vielleicht stimmt nicht jede Einzelheit von Hansis Erinnerungen, aber sie vermitteln ein gutes Stimmungsbild der Arbeitsatmosphäre in München: »An der schweren Metalltür klingelte Barbara, sagte ihren Namen in die Sprechanlage. Queen wollten ungestört arbeiten, nur wenige durften bei den Aufnahmen im Studio sein. Wir saßen in der gemütlichen Pantry des Studios. ›Wir möchten nicht, dass uns jemand Ideen klaut, bevor wir mit der Platte fertig sind‹, erklärte Freddie.« Trotzdem kriegt Hansi einiges mit und verrät es mit drei Jahrzehnten Verspätung. Freddie schwärmt von der großen Südamerika-Tournee im Februar. Hansi zitiert ihn: »Wir haben als erste Band der Musikgeschichte elf riesige Fußballstadien gefüllt. Ein Konzert übertrug das Fernsehen – knapp 40 Millionen Südamerikaner schauten zu. Im Estádio do Morumbi von São Paulo feierten uns 135 000 Fans. 110 Tonnen Equipment mussten dafür durch den Urwald transportiert werden. Letzte News: Michael Jackson hat mich auf seine Neverland-Ranch eingeladen, wo er mit mir Songs schreiben will, aber darüber darfst du noch nichts schreiben.« Reinhold Mack ruft Freddie zum Mischpult, wo aus den Boxen »die metallische Extravaganz von Brian Mays Gitarre dröhnte. Dann ging der drahtige Sänger zum Mikrofon. Wenig später perlte aus den Boxen seine Stimme, packend, herrisch, bis zum Falsett: ›Body Language‹. Sieben Songs waren bereits eingespielt, es fehlten nur noch die Overdubs und Soundeffekte.«

Hansi soll Material über die Produktion des Albums *Hot Space* sammeln anlässlich der bevorstehenden PR-Arbeit für die geplante Europatournee 1982. Er wird in den engeren Kreis einbezogen. Nach Mitternacht gehen alle ins Old Mrs. Henderson. Brian, Roger und John ziehen bald weiter ins Sugar Shack, weil dort die gute Musik läuft. Im Henderson treten die Henderson Follies auf, eine Gruppe exzentrischer Travestiekünstler. Freddie ist fasziniert, springt auf die Bühne und umarmt den Star Petra Dorén (bürgerlicher Name: Peter Paetzold), einen seiner Freunde, den er »Queen Mum of Munich« nennt. Freddies Vierundzwanzig-Stunden-Tag ist damit noch nicht vorbei. »Erste Strahlen der Morgensonne tauchten München in Gold, als wir mit vier Taxen zu Barbara Valentins großer Wohnung unweit der Maximilianstraße zogen. Gin, Wodka, Champagner sorgten für Partystimmung. Manch weiße Linie wurde von dem breiten Glastisch aufgesogen. Als Petra Dorén anfing, zur lauten ›Big Spender‹-Musik und unter Beifall und Pfiffen einen bühnenreifen Striptease hinzulegen, schlenderte ich zum Taxistand vor dem Hotel Vier Jahreszeiten«, erinnert sich Hansi.

Peter Paetzold ist nur wenige Monate älter als Mercury und behält den Ehrentitel, den Freddie ihm gegeben hat, bis heute bei, inzwischen einfach als »Queen Mum«. »Ob im Bel Etage Theater, im Oberanger Theater, dem Old Mrs. Henderson, im Pimpernel, in der Spinne, im Mosquito, auf diversen Straßenfesten, der großen CSD-Bühne auf dem Marienplatz oder in kleinen Lokalen wie dem Roy's oder der Bar Rendezvous – Petra Dorén zieht die Menschen an und begeistert mit ihrer frechen, charmanten, sowie unverschämt-direkten Art«, schreibt die *tz* 2015. Im selben Jahr stirbt Hansi im Alter von sechsundachtzig Jahren. Petra Dorén veröffentlicht 1994 ihre Memoiren *Vom Fresko zum Straps.*

Wann und wie lernt Freddie Barbara Valentin und Winnie Kirchberger kennen? Laut Hansi sind die drei schon 1981 Freunde. Doch dazu gibt es verschiedene sich widersprechende Quellen. Gemäß Phoebe verliebt sich Freddie erst im Sommer 1983 in Barbara. Phoebe schreibt zudem, dass Freddie zunächst Winnie trifft, danach erst Barbara. Laut Barbaras Sohn Lars Reichardt lernen sich Barbara und Freddie spätestens 1982 in der Herrendisco New York auf der Damentoilette sehr gut kennen und schätzen. Andere Quellen berichten, dass sich die beiden schon 1980 im Sugar Shack nach dem AC/DC-Konzert oder noch früher im Blow Up oder im Schwabylon begegnet sein könnten, zumal Valentin sich gerne mit anderen Promis blicken lässt. Auch das erste Treffen von Freddie mit Winnie ist nicht zuverlässig dokumentiert. Vermutlich hat Freddie da das Gasthaus Sebastianseck am Sebastiansplatz besucht (so wie schon 1979 beispielsweise das Zum Lohengrin).

Winnie Kirchberger, Adressat der Ballade »It's a Hard Life«, betreibt sein Lokal Sebastianseck (früher Sebastiansstuben)

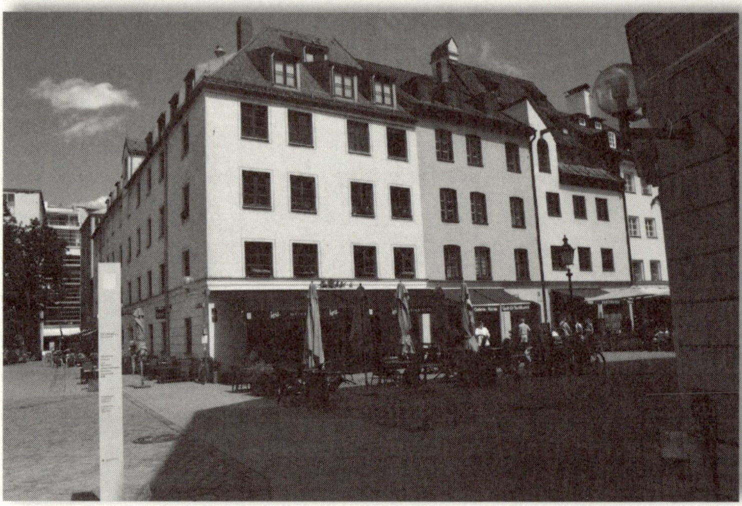

Winnie Kirchberger wohnt mit Freddie monatelang in der Wirtewohnung über seinem Lokal Sebastianseck im ersten Stock.

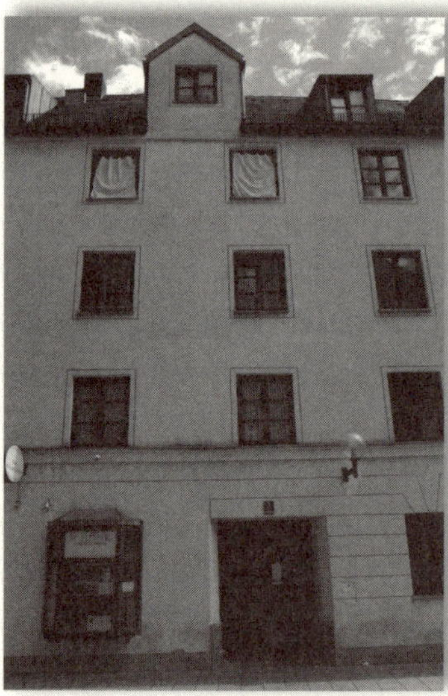

Der Eingang zur Himmelsleiter im Haus Sebastiansplatz 4.

seit den Siebzigerjahren gemeinsam mit seinem Vater im ehemaligen Waschhaus am Sebastiansplatz 4, 30 einem besonders schönen Ort in der Münchner Innenstadt. Bis 1837 ändert der Sebastiansplatz oft den Namen: Anger, am Anger bey san Sebastian, Großer Anger oder Anger Sebastiani. Fast alle Namen der großen Piazza beziehen sich jedoch auf die Sebastianskapelle, die von 1515 bis 1814 am Ort der heutigen Nummer 9 steht. 1809 wird

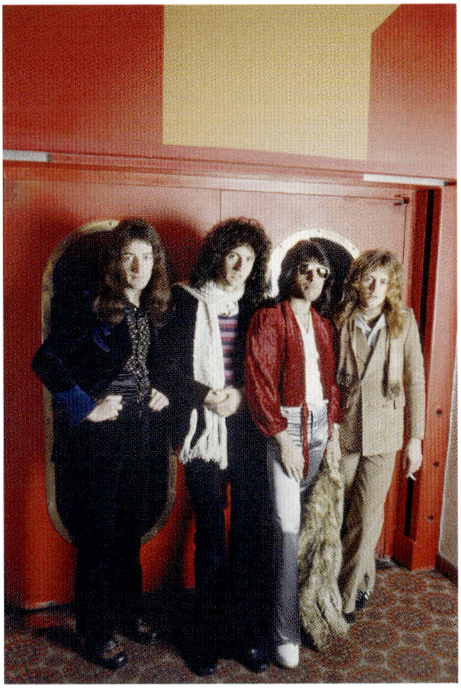

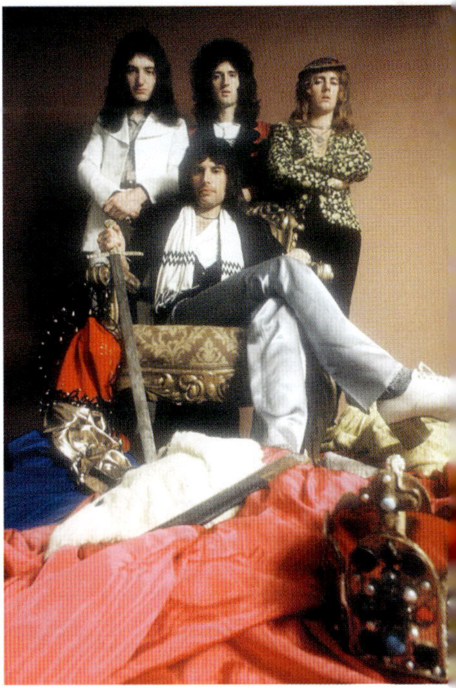

Queen 1974 im Schwabylon an der Leopoldstraße.

Royale Requisiten: Erst Jahre später wird sich Freddie eine Krone aufsetzen.

Im *Bravo*-Studio, zehn Gehminuten von der Freddie-Mercury-Straße entfernt.

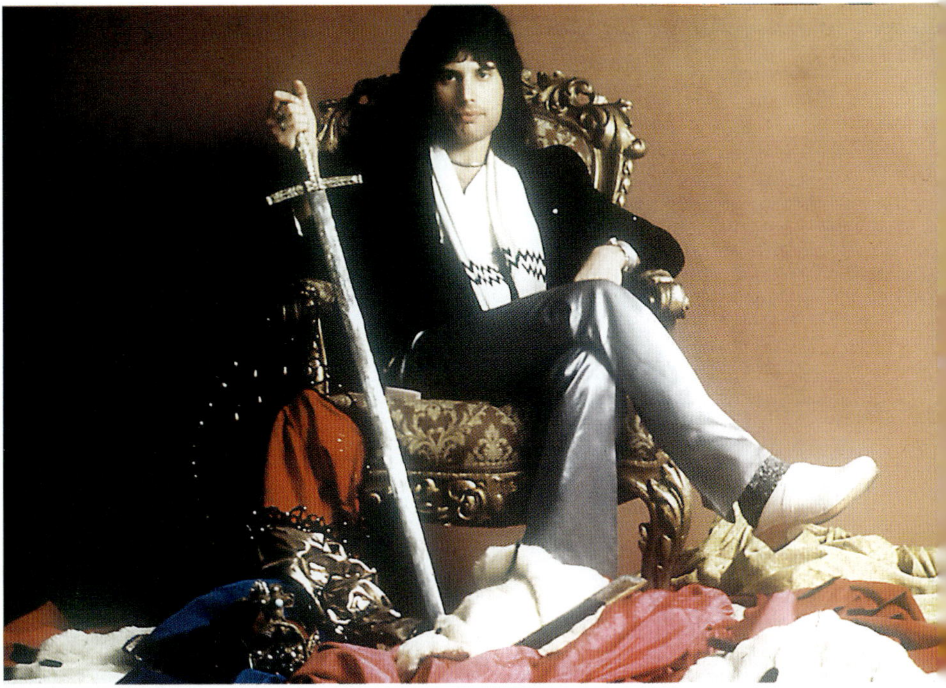

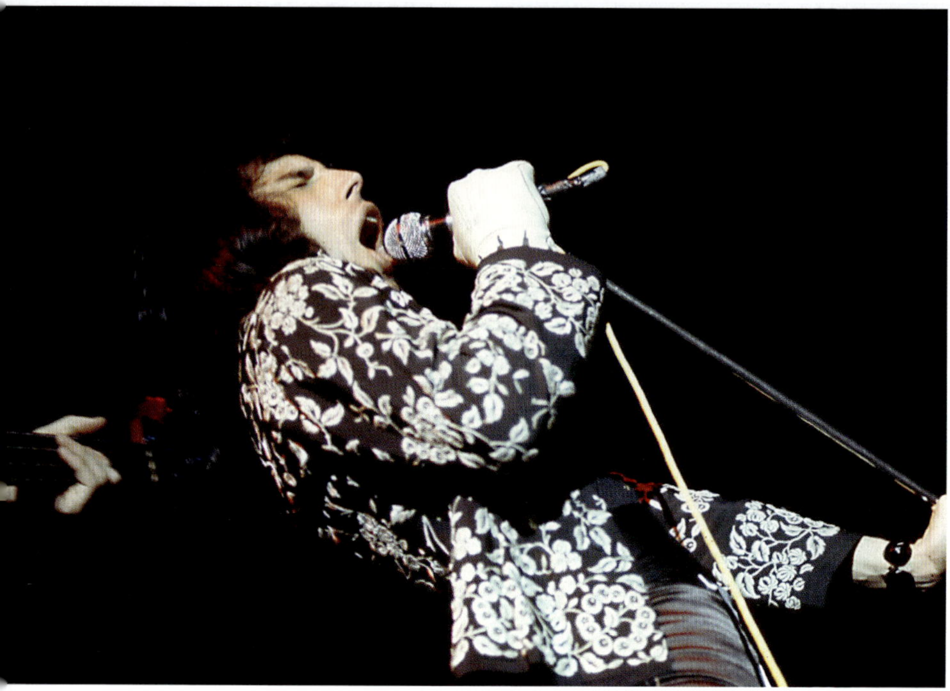

»Kostümiert wie ein schwarzer Engel des Todes«, *Süddeutsche Zeitung*.

1974: Der erste Deutschland-Gig von Queen im Theater an der Brienner Straße.

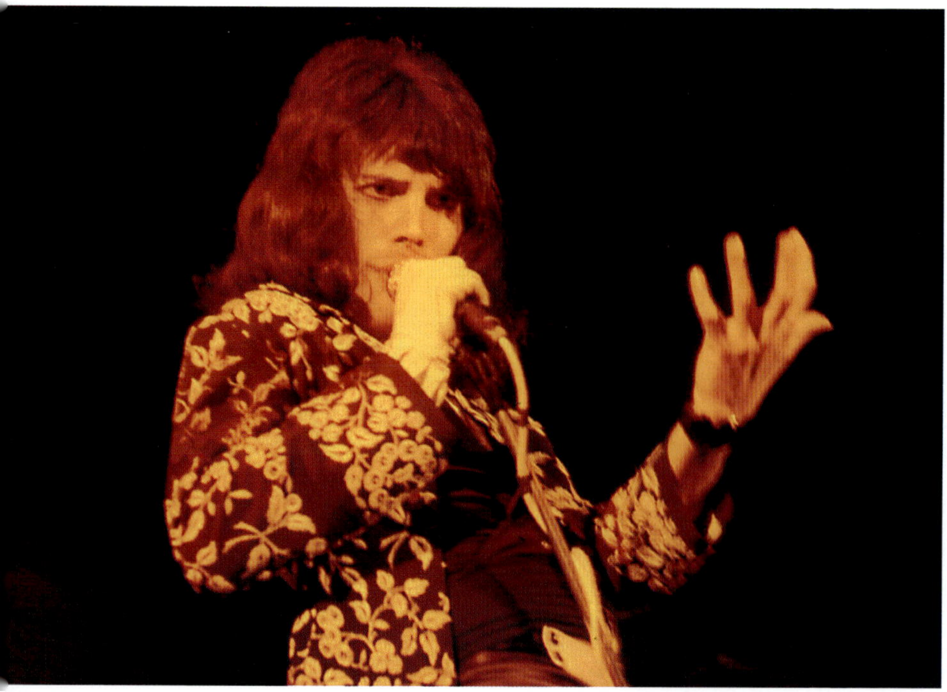

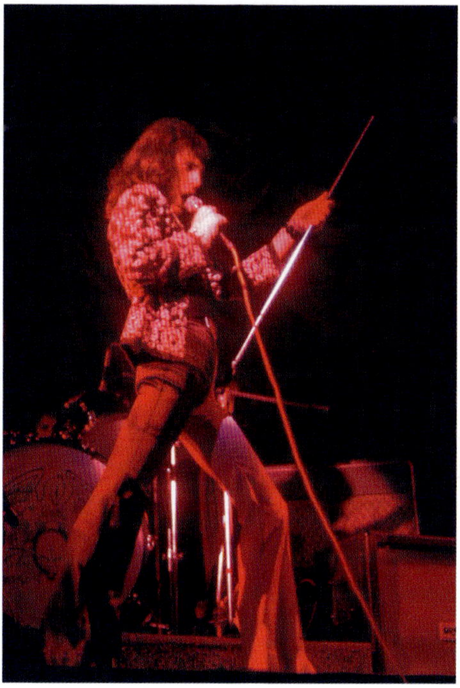

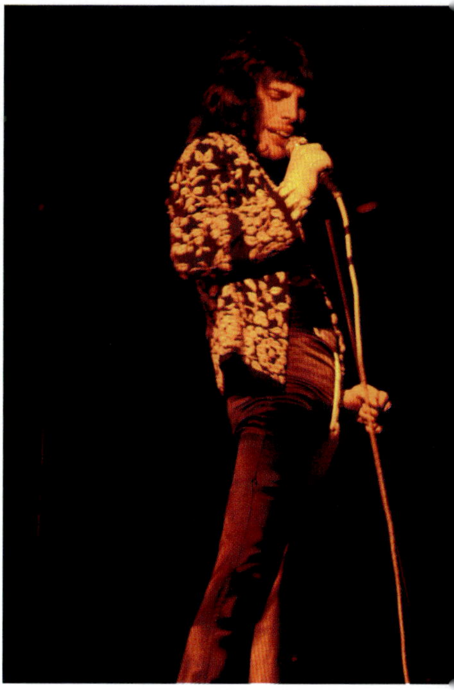

Bravo-Foto-Redakteur Didi Zill macht aus der Not eine Tugend: Die problematischen Lichtverhältnisse nutzt Zill für Experimente.

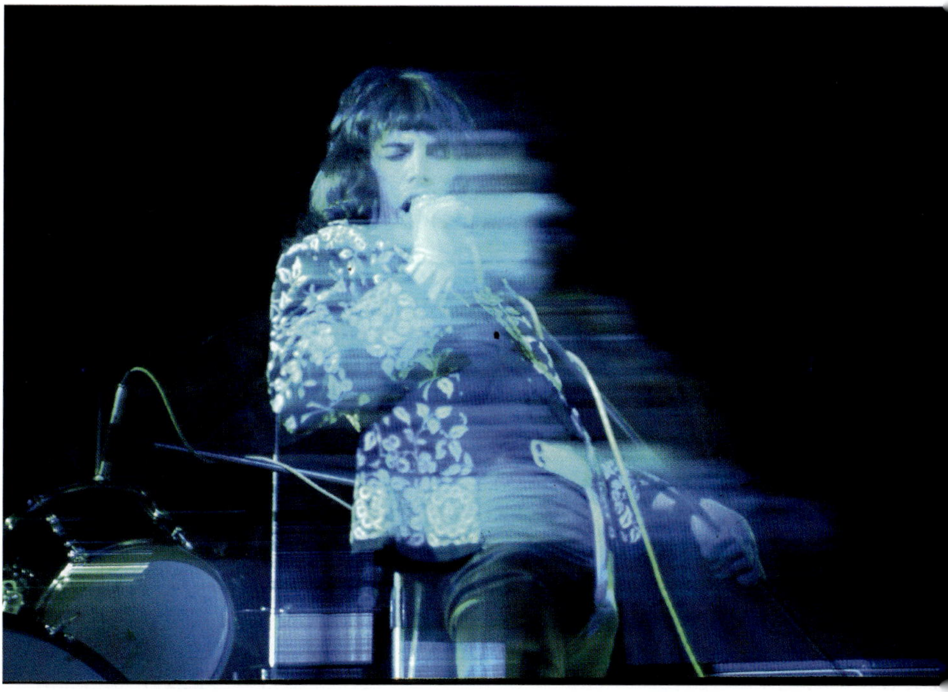

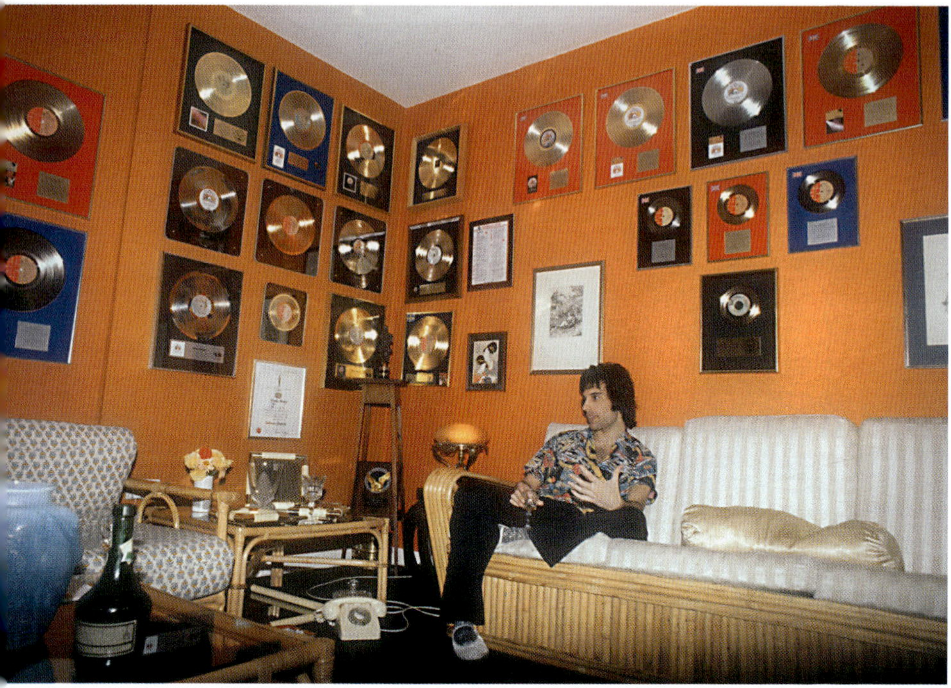

Queen sind zufrieden mit Zills Bildern und laden ihn nach London ein.

Freddie im März 1978 in der blumengeschmückten Stafford Terrace.

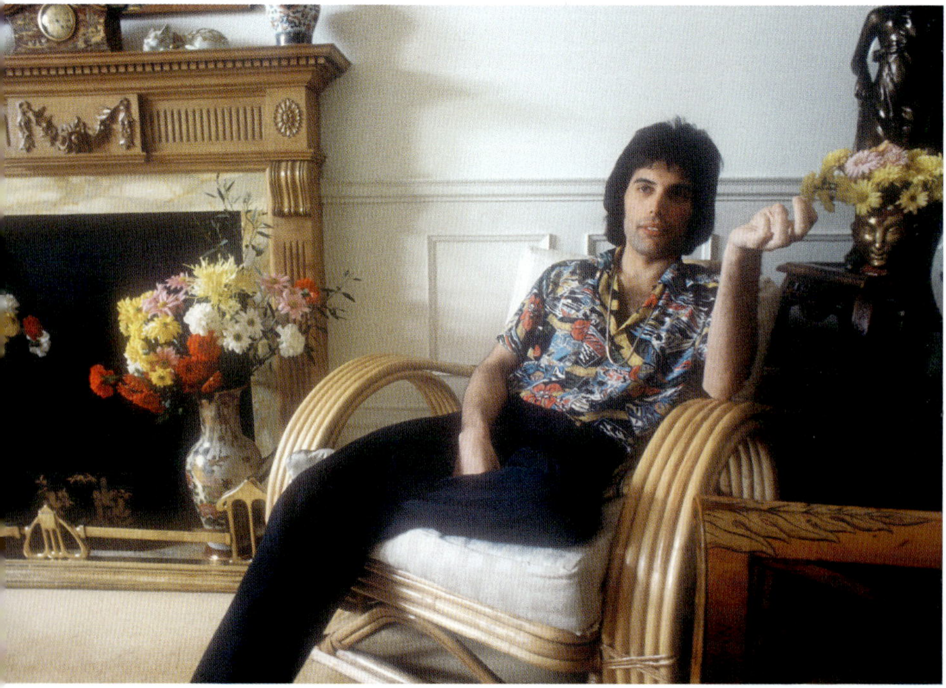

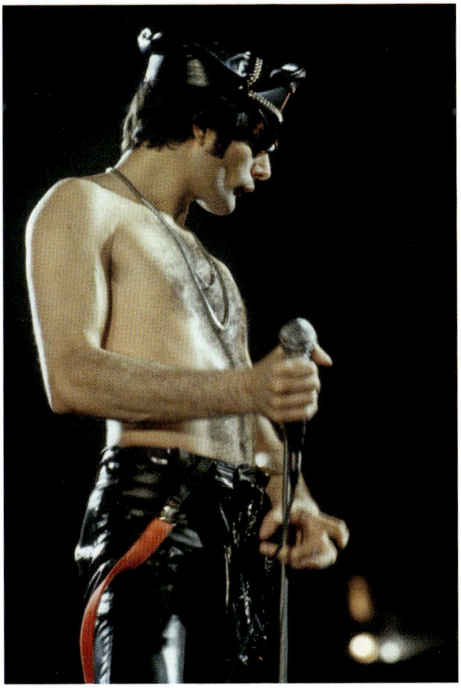

1979: »We Will Rock You« in der Rudi-Sedlmayer-Halle.

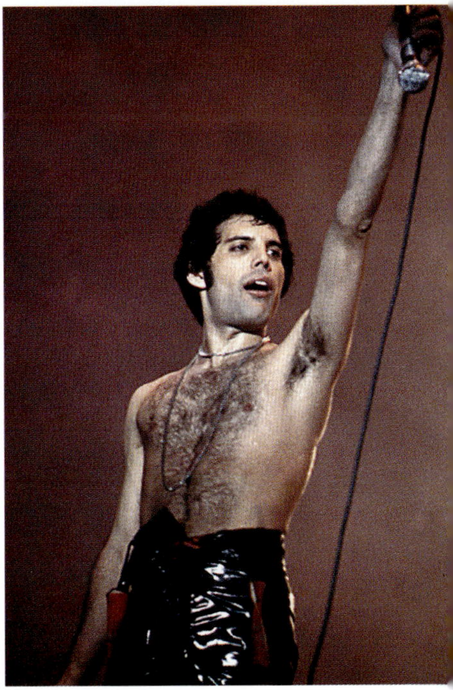

Die Faust Richtung Himmel: Freddie mit einer seiner berühmten Posen.

Unter dem Pizza-Ofen mit Münchner *Bicycle-Girls*.

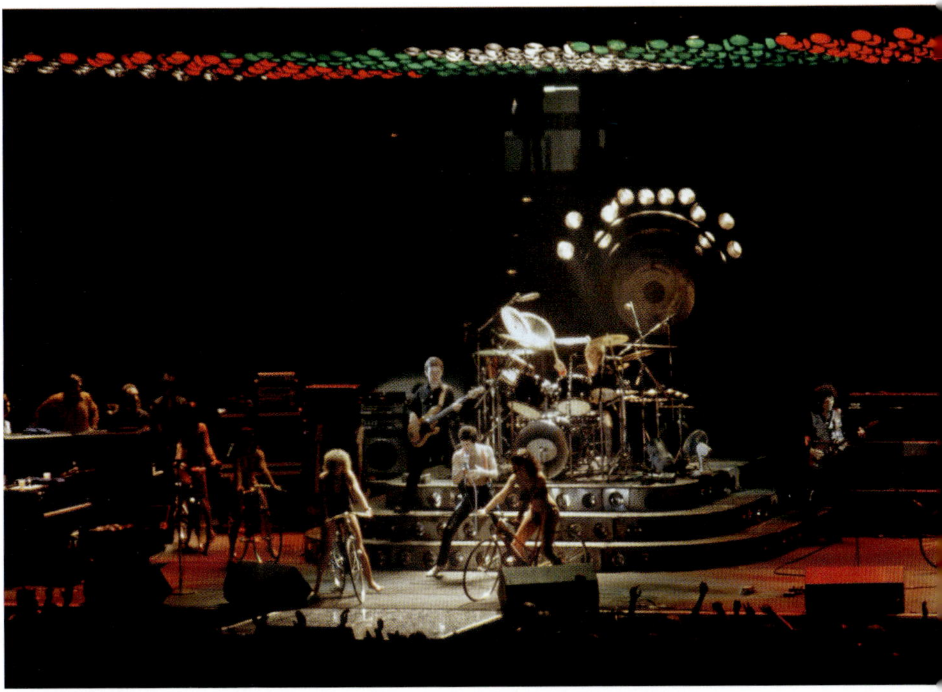

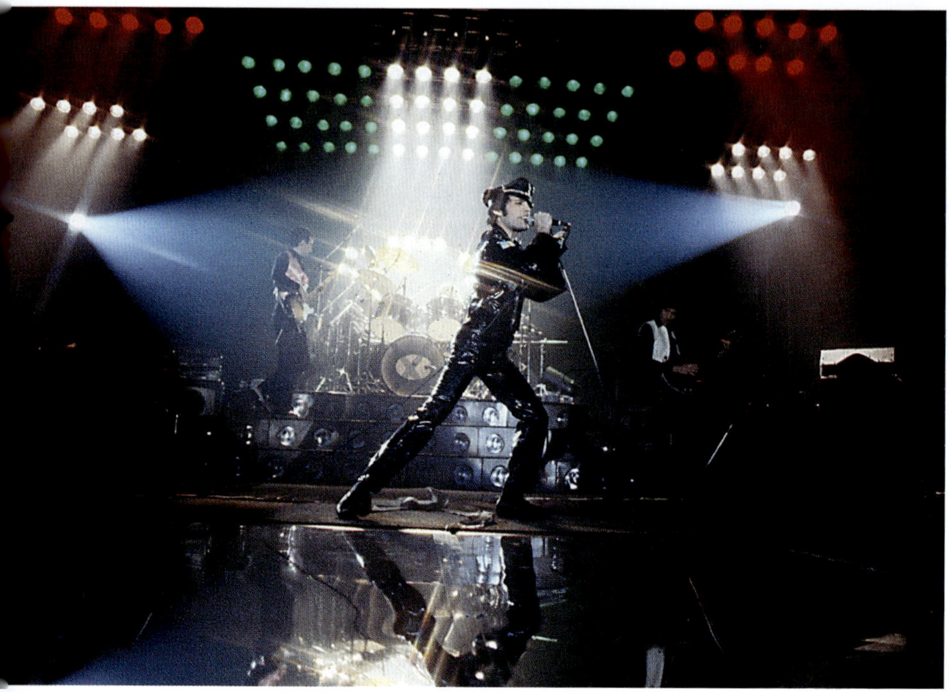

Leder, Lack und Bikercap: Der neue Look begeistert die Fans.

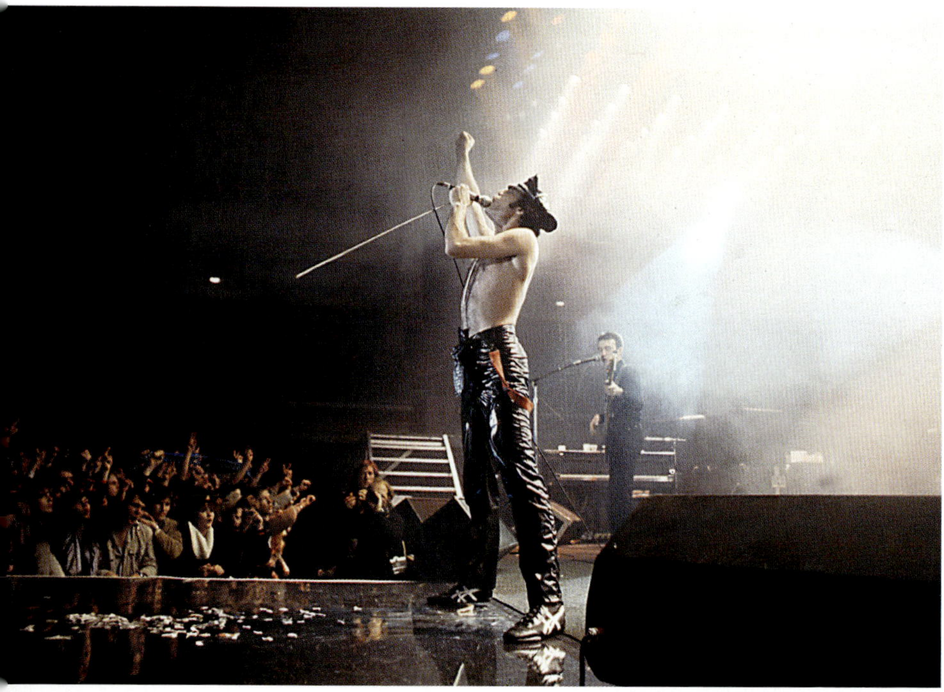

»Wenn Mick Jagger das alte Sexsymbol war, dann ist Mercury das neue«, Thomas Gottschalk.

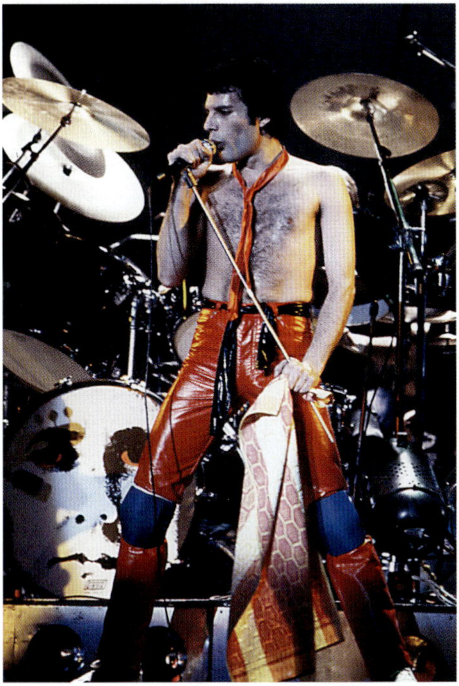

Auf der *Crazy*-Tour am Anfang der Metamorphose: Die Haare werden kürzer, der Schnurrbart fehlt.

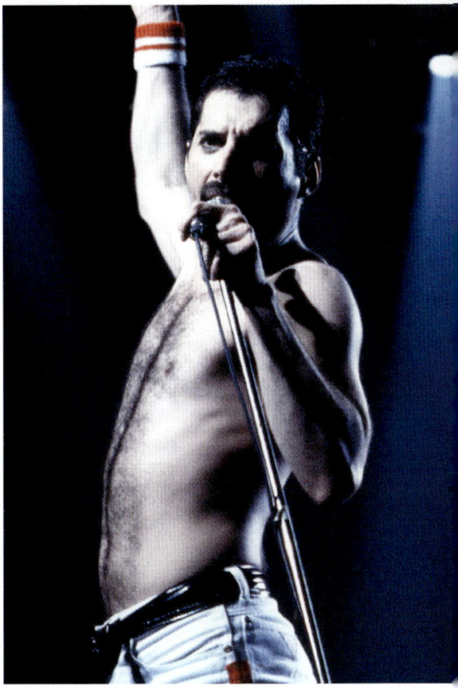

Olympiahalle 1984: »I think this is the biggest audience we've seen in Munich.«

Freddie mit Gitarre bei »Crazy Little Thing Called Love«.

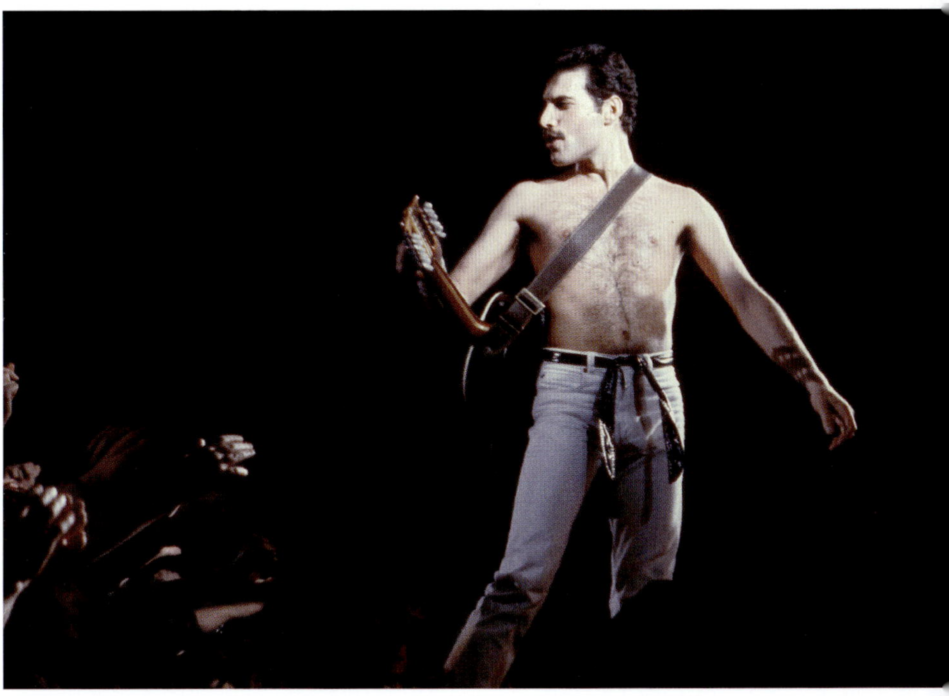

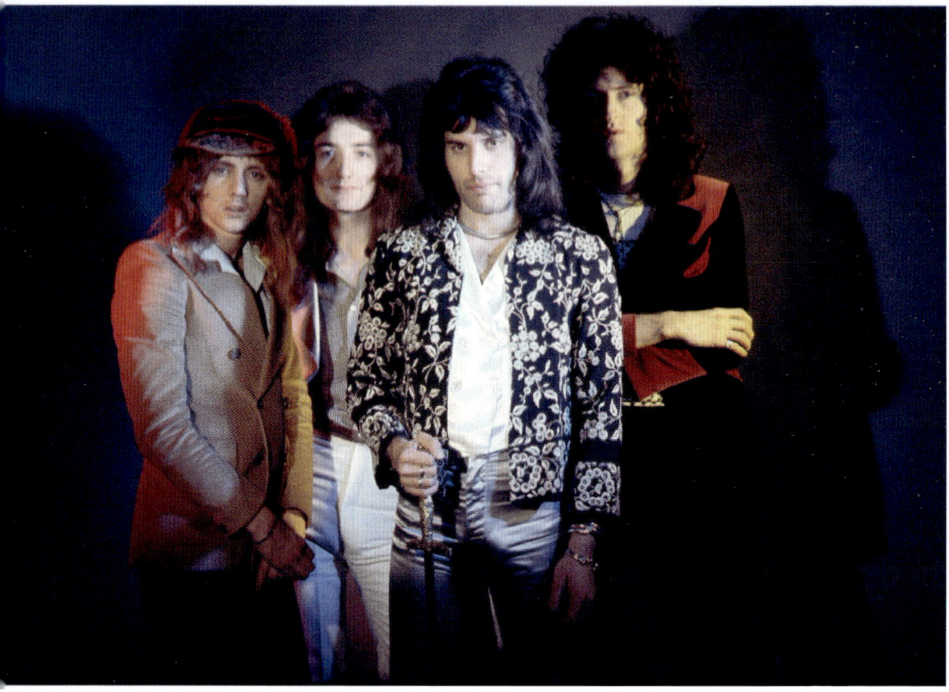

Queen im Laufe der Zeit:
Dezember 1974 in München

August 1979 in Saarbrücken

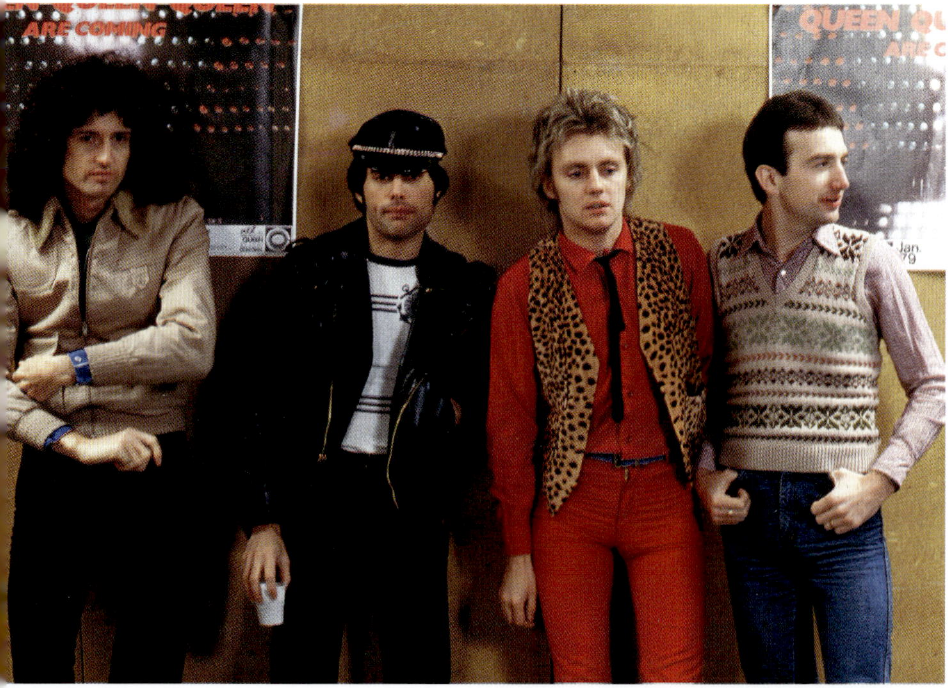

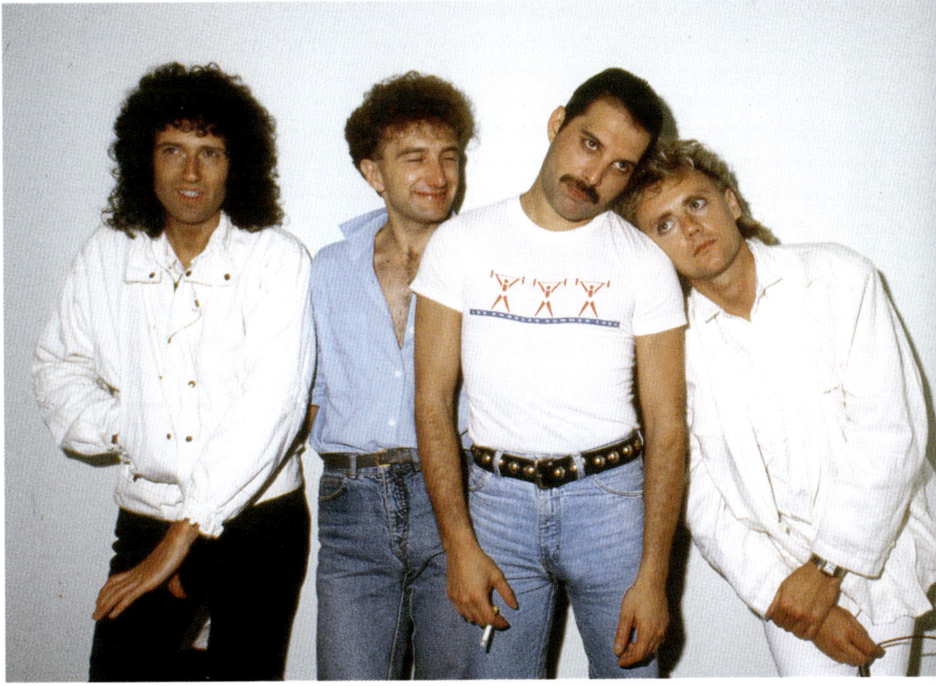

Mai 1984 in Montreux

August 1984 in München

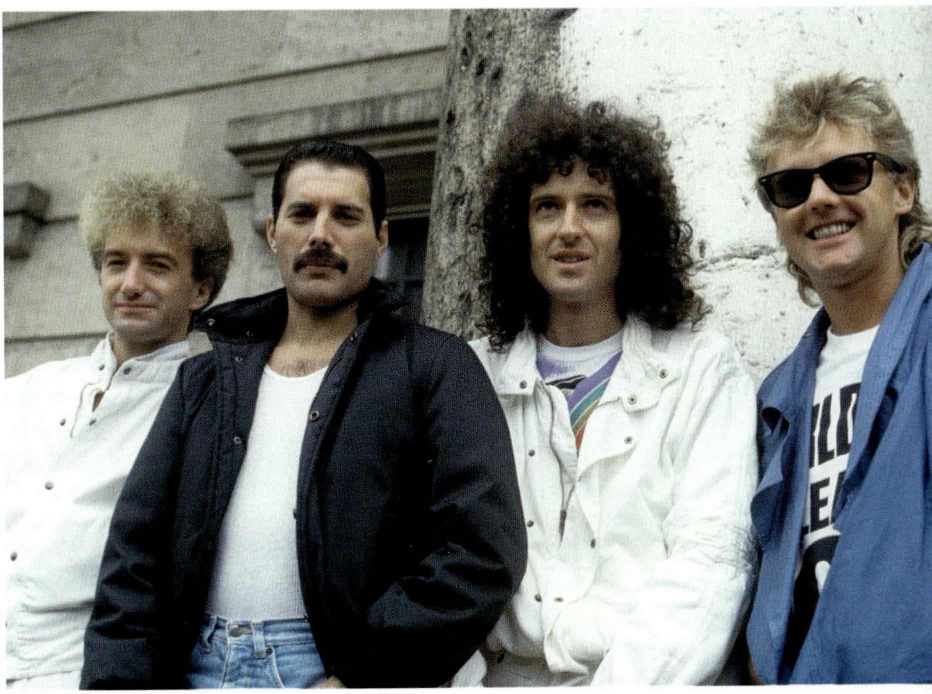

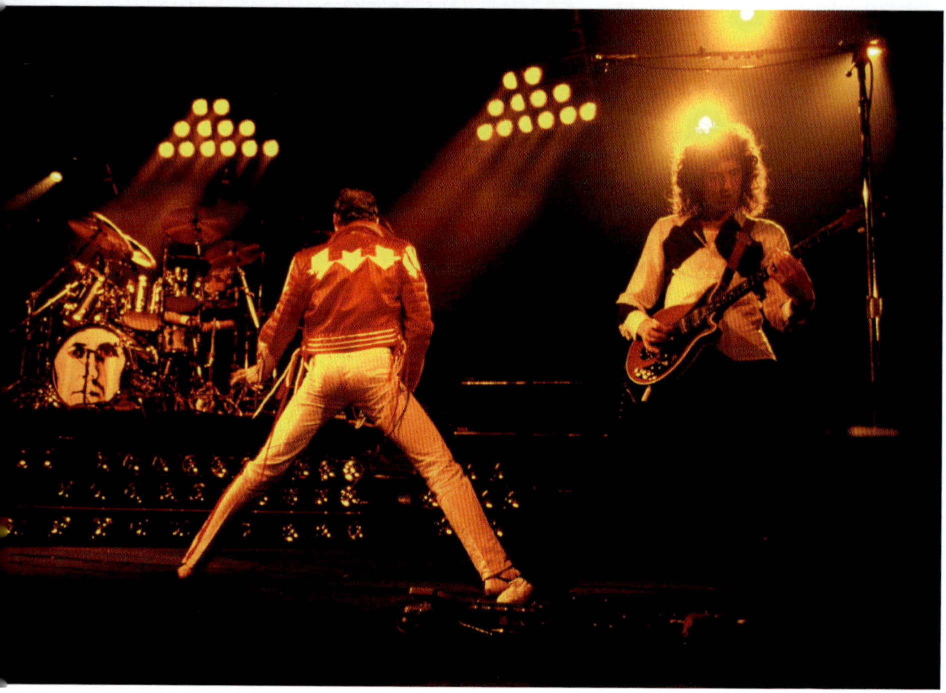

Auf der *Hot Space*-Tour, Mai 1982 in der Olympiahalle. Die Lederjacke trug er selten. Er schwitzte zu sehr darin.

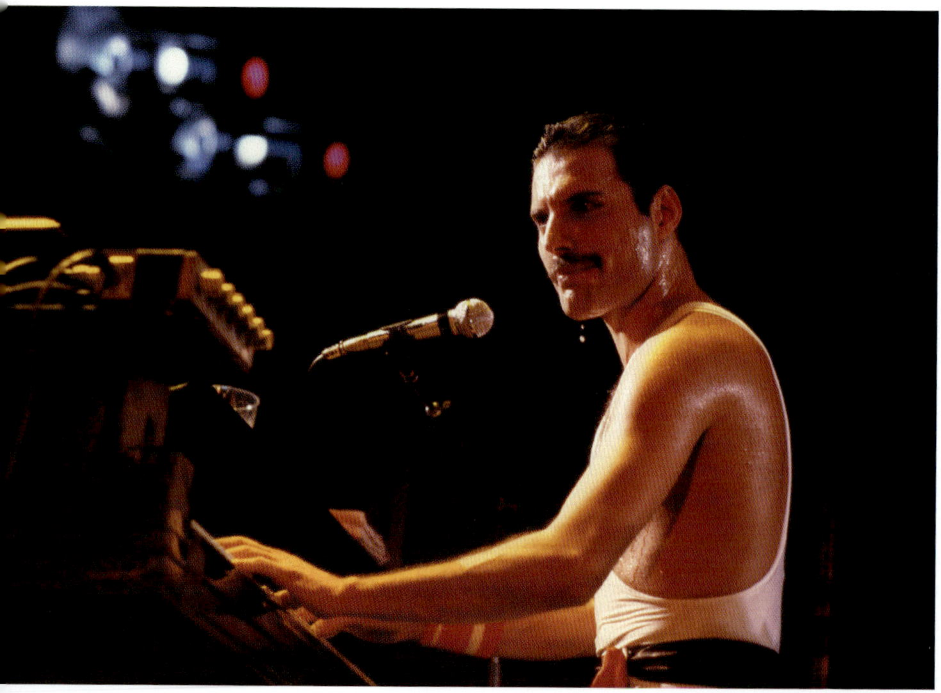

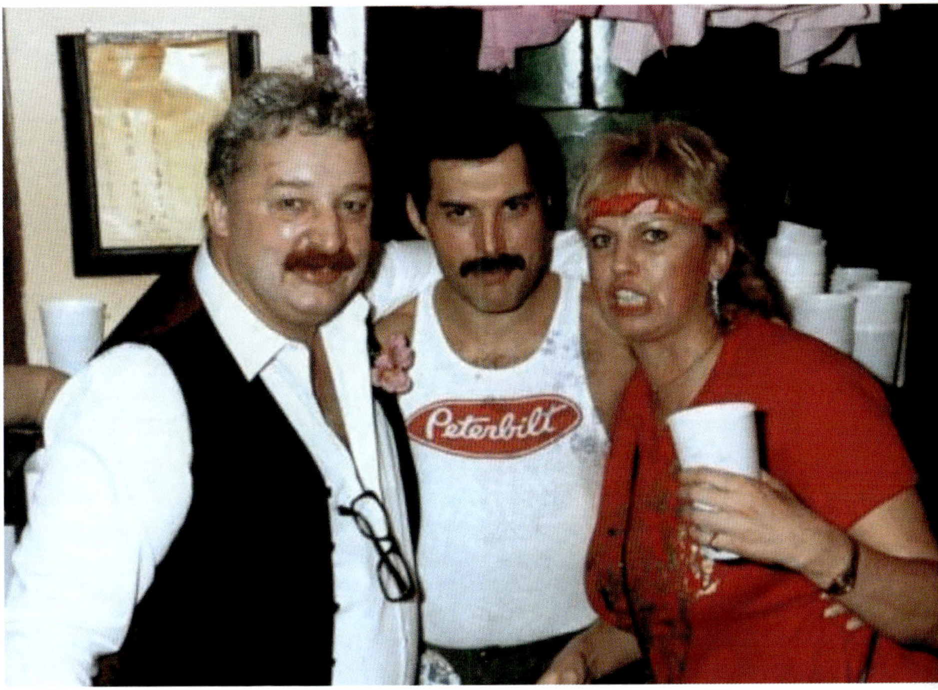

Mit Barbara Valentin und einem Gast am 3. Oktober 1984 in der Deutschen Eiche.

Mit Barbara auf dem Oktoberfest 1984.

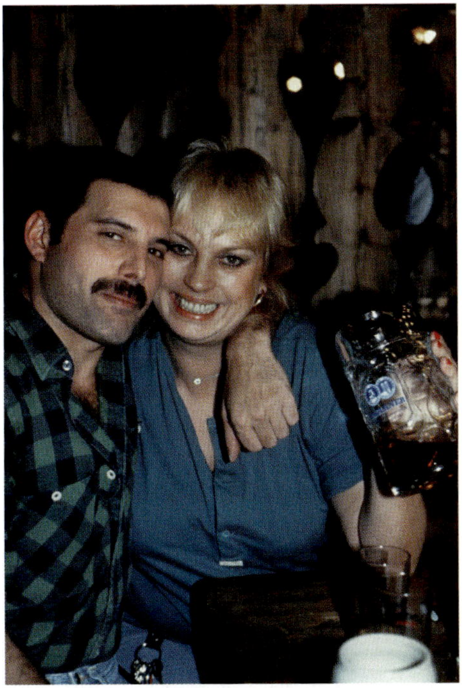

Mit Barbara und Ingrid Mack am 22. Juni 1984 beim »It's a Hard Life«-Videodreh.

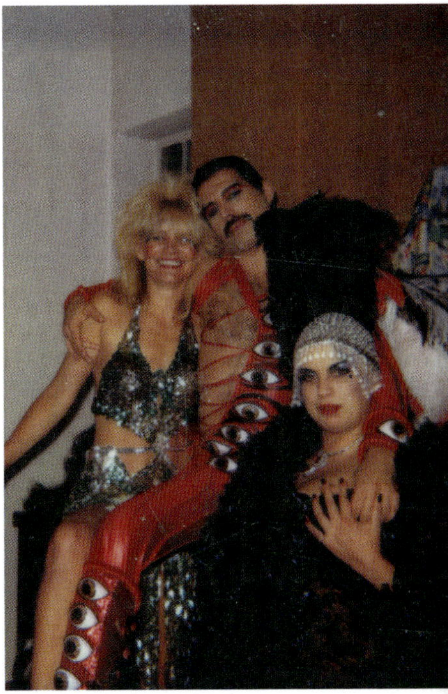

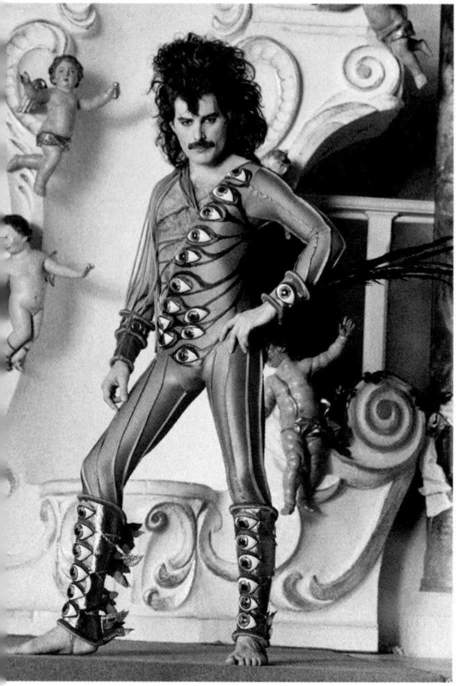
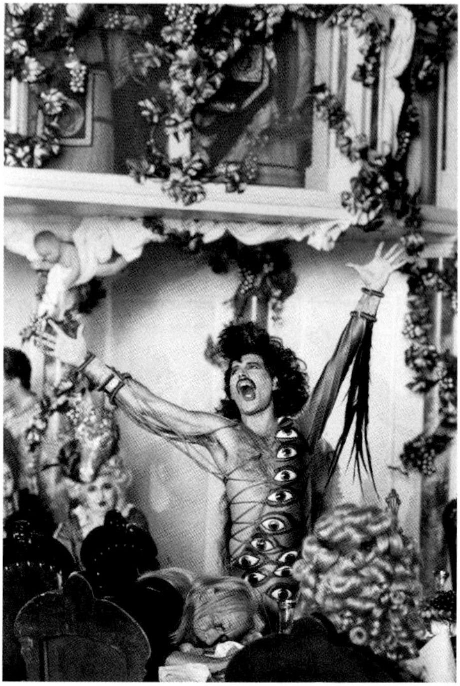

Im Krabbenkostüm im Juni 1984 in den Arri Studios.
»Das Leben ist hart, wenn man allein ist. Jetzt warte ich darauf, dass etwas vom Himmel fällt.«

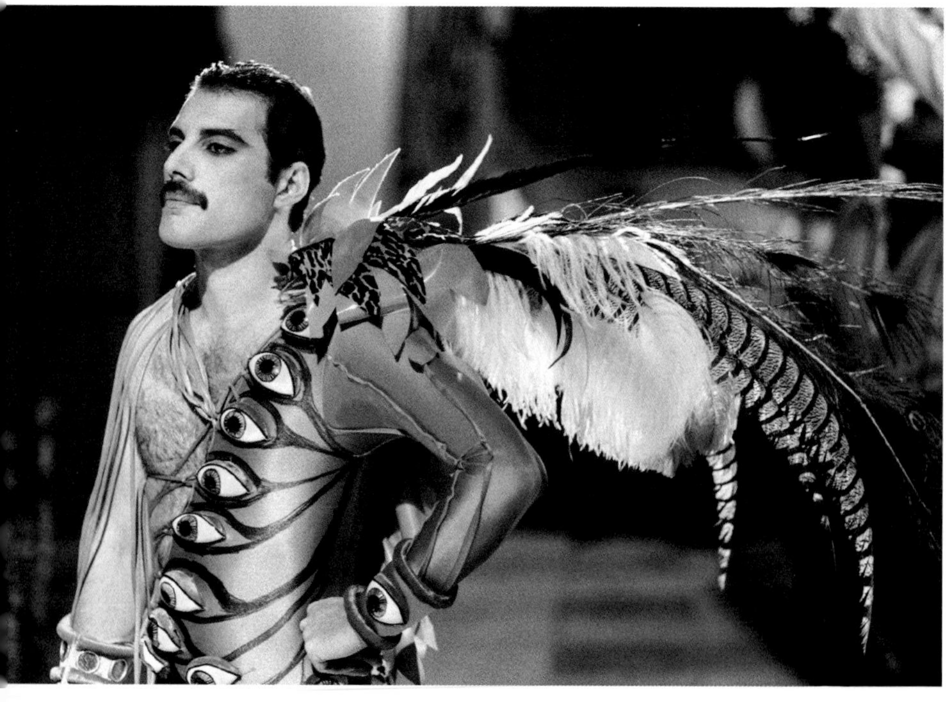

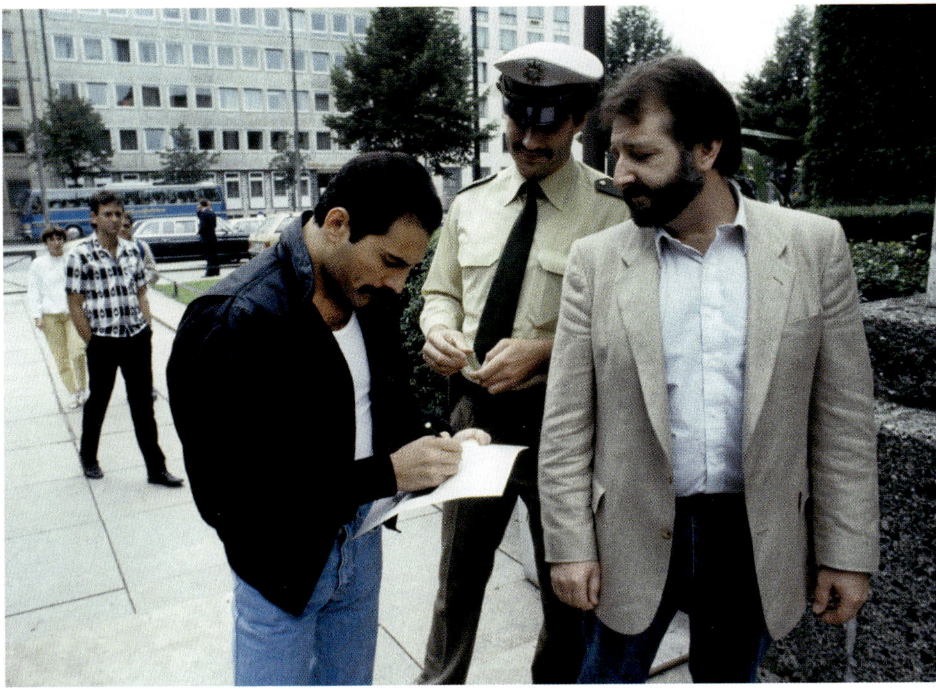

Freddie gibt einem Polizisten beim Haus der Kunst am 13. August 1984 ein Autogramm, rechts Tourmanager Gerry Stickells.

Von links: Paul Prenter, Freddie, John Deacon, Chris Taylor, Roger Taylor.

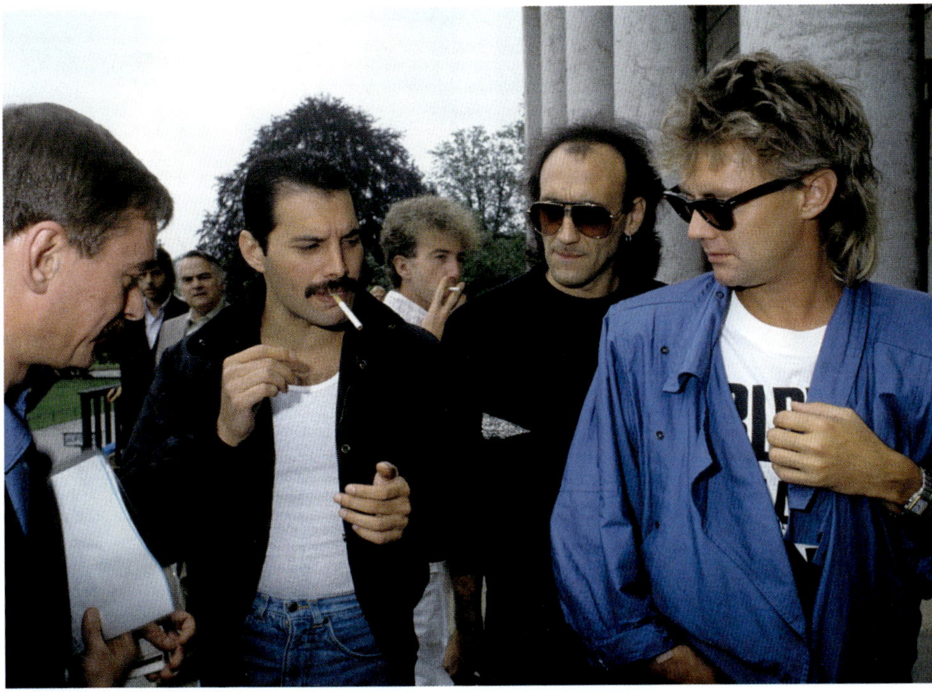

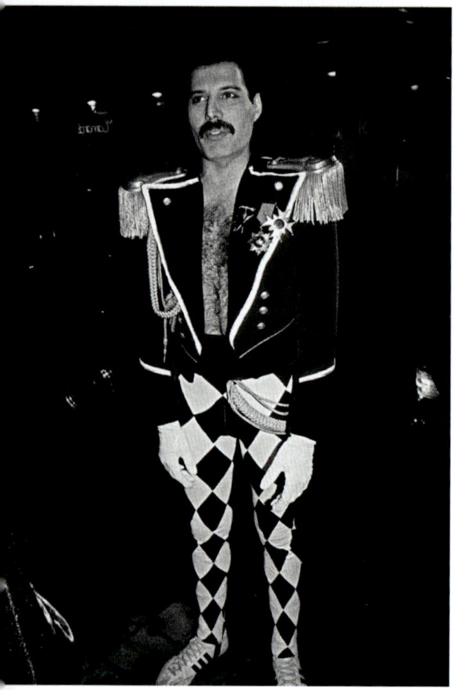

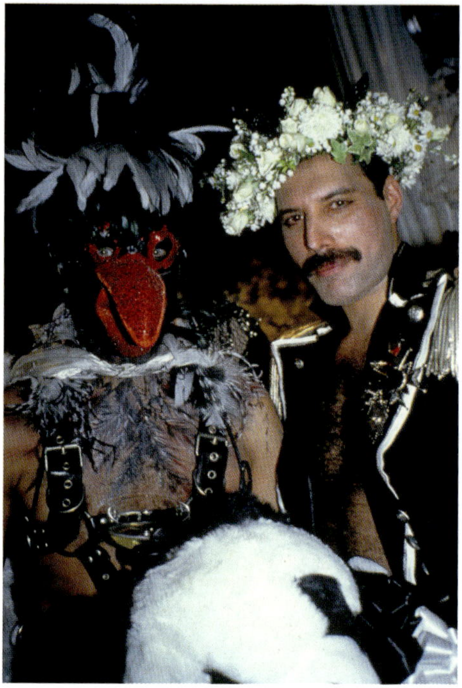

Die Henderson-Party am 5. September 1985.
Oben links: Im Hintergrund die Straßenbahn mit Spaten-Werbung.
Unten links: Umklammert: Journalist David Wigg.
Unten rechts: »Love of My Life«: Mary Austin.

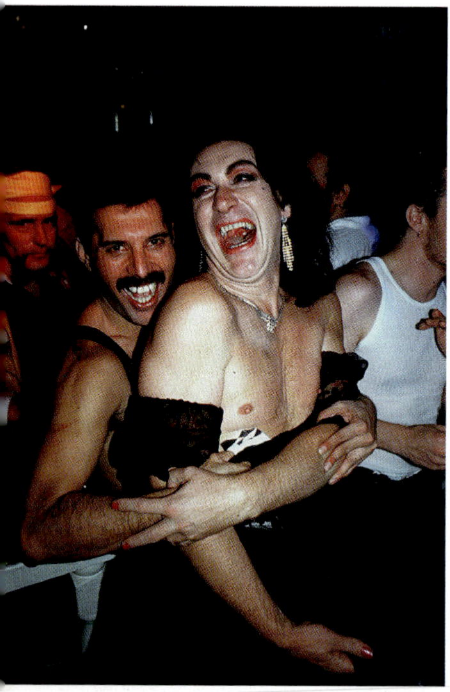

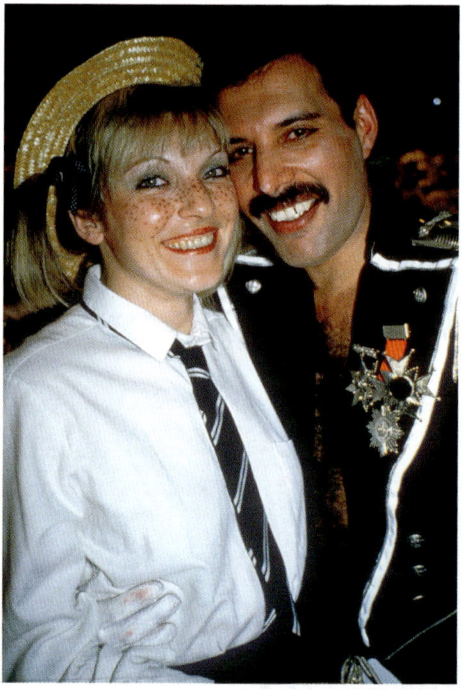

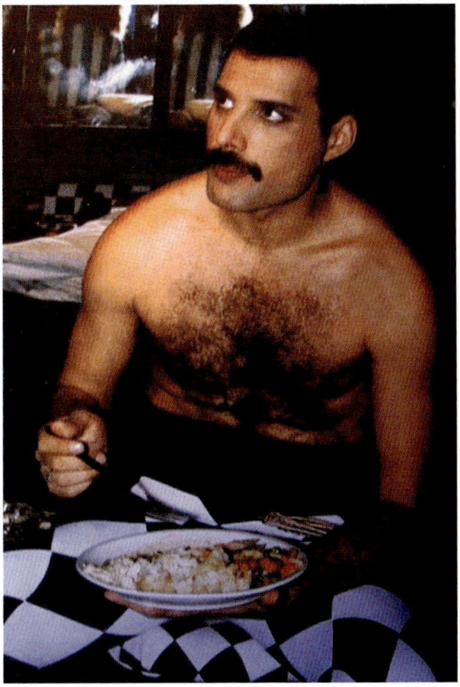

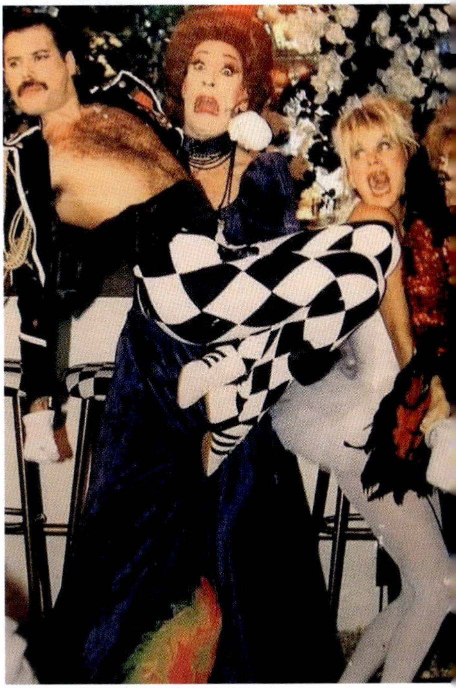

Szenen vom »Living on My Own«-Videodreh im Henderson wenige Tage nach der Party.
Rechts oben: In den Armen von Rebecca (Kurt Raab), daneben Ingrid Mack und Jo Dare.
Links unten: Rudi Dolezal und Hannes Rossacher bei der Arbeit.

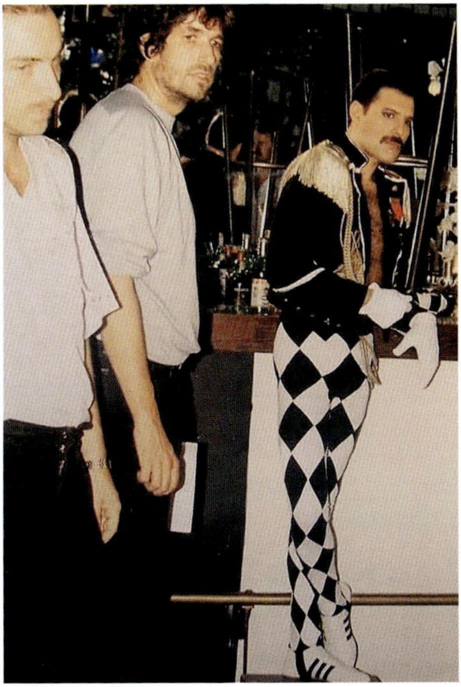

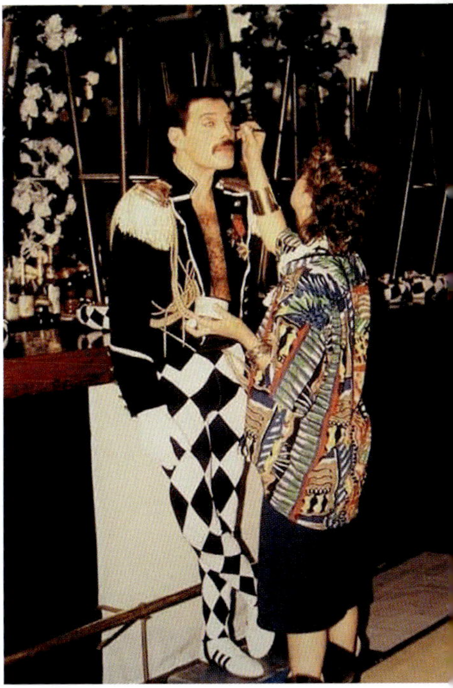

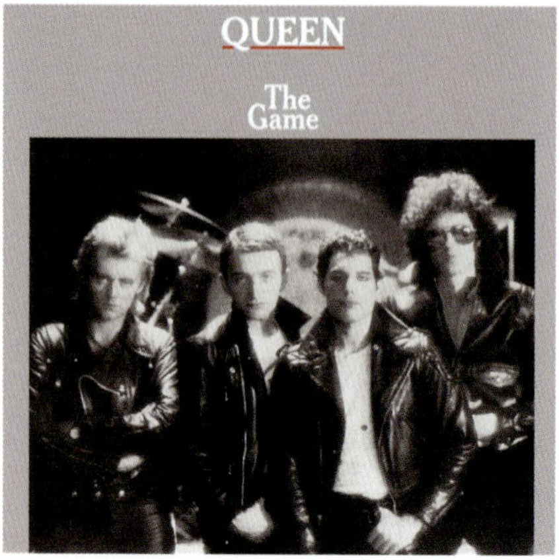

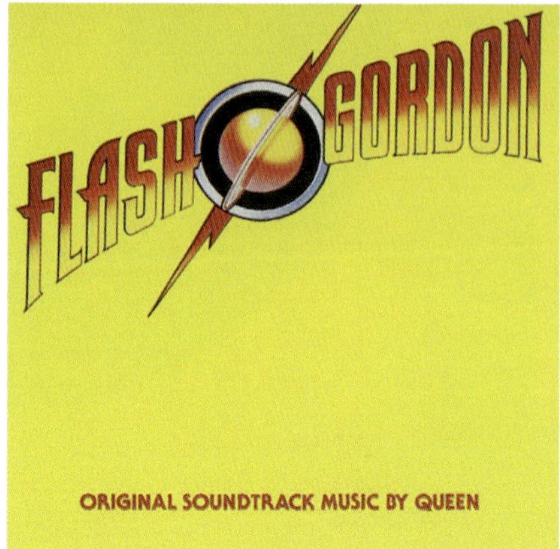

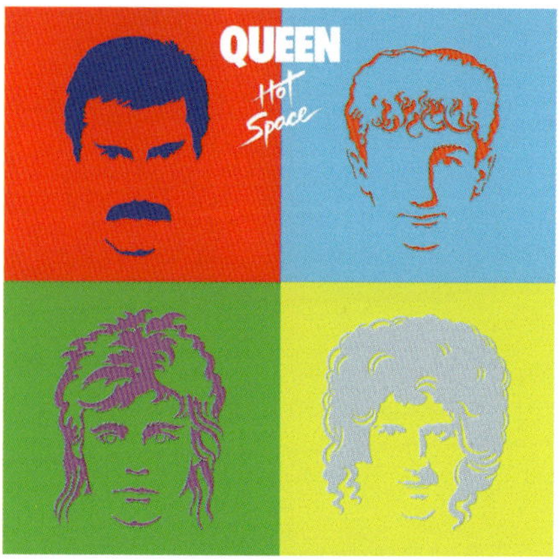

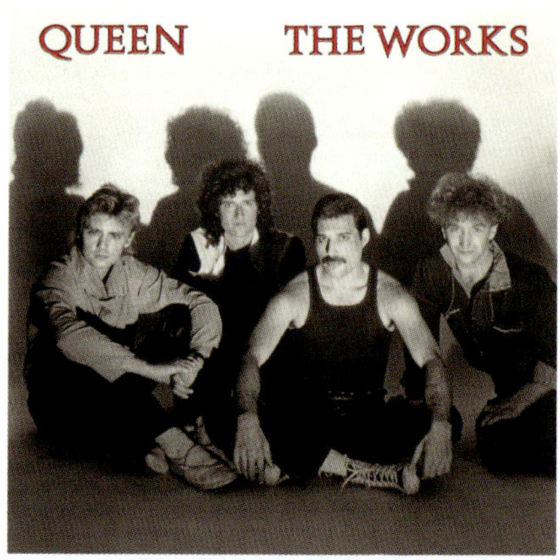

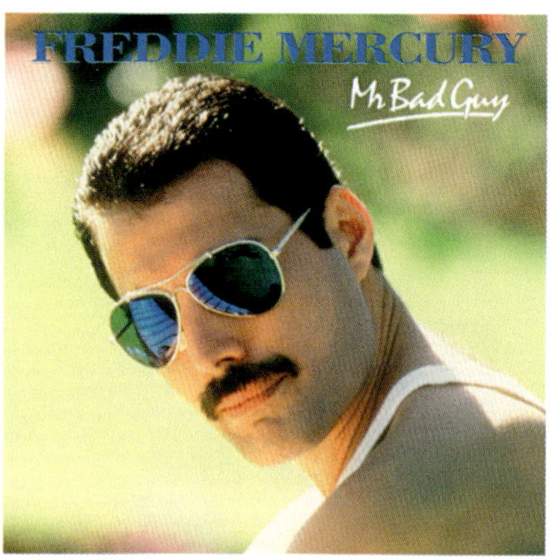

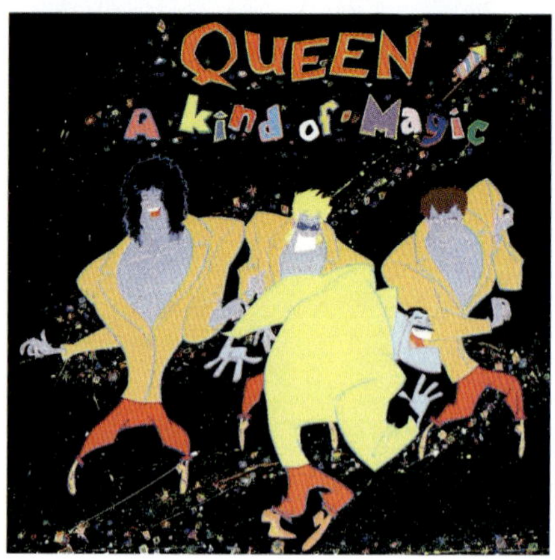

Die Alben aus den Münchner Jahren:

The Game 1980

Flash Gordon 1980

Hot Space 1982

The Works 1984

Mr. Bad Guy 1985

A Kind of Magic 1986

die Kapelle profaniert, sie wird zu einer Gaststätte. Die Häuser am Sebastiansplatz werden in den 1990er-Jahren aufwendig saniert. Auch die Fassaden renoviert man, aber da der Gebäudekomplex unter Denkmalschutz steht, sind die früheren Besonderheiten heute noch gut sichtbar. So ist zum Beispiel das dritte Haus von links bemerkenswert, das Seifensiederhaus mit den zwei »Ohrwascheln«, den Halbgiebeln. Dort erkennt man die Schrägen und den Balken für den Lastenkran, mit dessen Hilfe früher Waren per Seil nach oben gezogen und ins größere Fenster (früher eine Luke) manövriert wurden. Innen ähnelt sich die Bauweise der Häuser am Sebastiansplatz. Typisch ist die schmale, steile Himmelsleiter. Für entsprechende Bauwerke im Freien sind die Begriffe Himmelstreppe und Himmelsleiter eigentlich üblich, aber auch Innenarchitekten verwenden diese Terminologie für

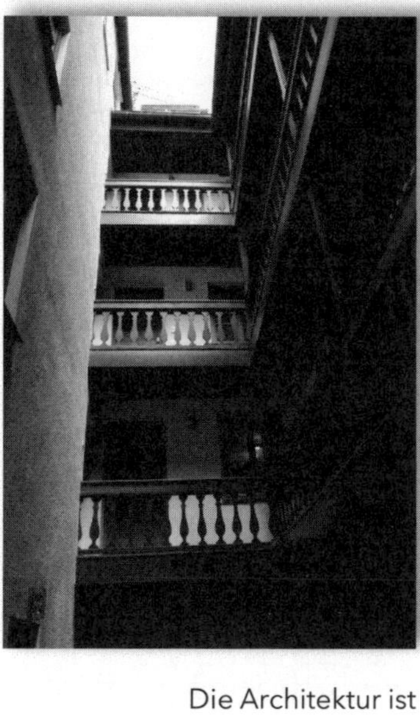

Die Architektur ist unverändert.

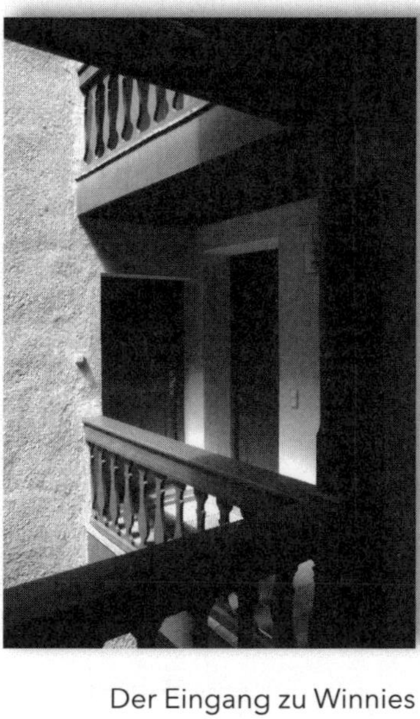

Der Eingang zu Winnies Wirtewohnung.

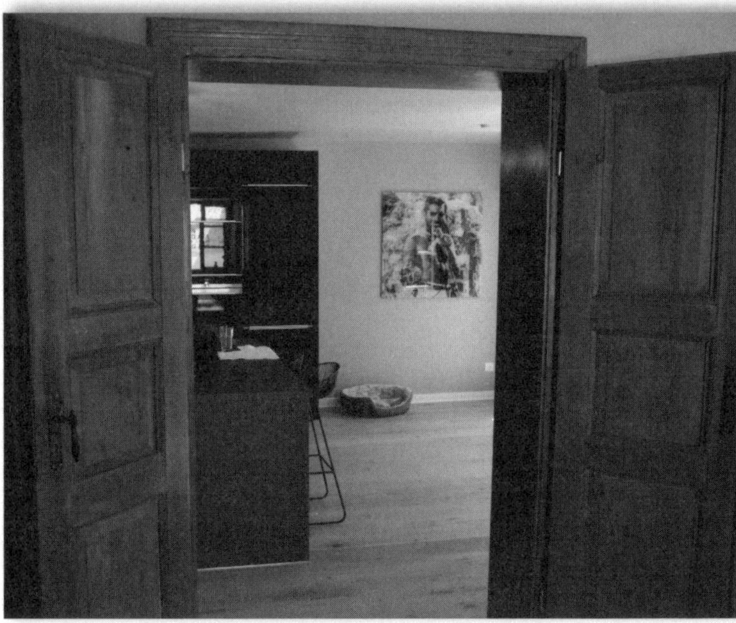

Blick von Winnies und Freddies Bett (jetzt eine Couch im Wohnzimmer) hinüber zur heutigen Wohnküche.

Treppen, auf die von oben durch ein Dachfenster Sonnenlicht scheint.

Die Bürgerhäuser am Sebastiansplatz haben entsprechende Konstruktionen bereits im 16. Jahrhundert, und der »Stairway to heaven« in Winnies Haus ist auch nach der Renovierung gut erhalten. Dank des verglasten Compluviums ist es dort tagsüber immer hell, obwohl es keine Seitenfenster gibt. Die Zeitzeugen sind sich nicht ganz einig, aber laut Miss Piggy wohnt Winnie in den Siebzigerjahren ganz oben im Dachzimmer. Freddie steigt vier Stockwerke zum Liebhaber hinauf, dem Himmel entgegen. Später mieten sie sich in die größere und bequemere Wirtswohnung im ersten Stock direkt über dem Restaurant ein.

Winnies Wohnung und das Treppenhaus heute zu besuchen, ist etwas Besonderes. Hier gibt es noch dasselbe Geländer aus massivem schwarzem Holz, auf das sich Freddie und Winnie stützen, manchmal nüchtern, manchmal berauscht, manchmal verliebt, manchmal zerstritten. Hier strömt noch das Licht von oben herein, das vielleicht die Eingebung für »Made in Heaven« gewesen ist. Die Wohnung selbst ist weiträumig und hell. Laut Mercury-Biografin Lesley-Ann Jones übernachtet Freddie schon 1981 während der *Hot Space*-Aufnahmen bei Winnie. Sie bezeichnet ihn als seine erste Affäre in München, die später zur festen Beziehung wird. Winnie bleibt Freddies große Liebe bis 1985. Im letzten Jahr ihrer Beziehung spielt Freddie Winnie und Jim Hutton gegeneinander aus wie nie zuvor seine parallelen Liebhaber.

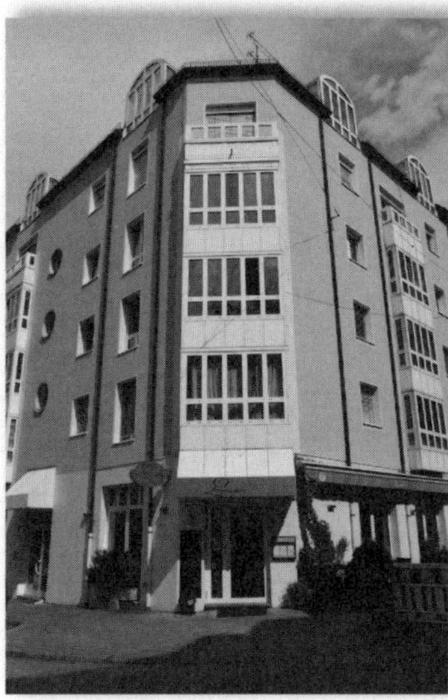

Freddie ist Dauermieter im Apartment-Hotel Stollberg Plaza.

Freddie nimmt sich im selben Zeitraum und in späteren Jahren zusätzlich eine geräumige Wohnung im Apartment-Hotel Stollberg Plaza an der Stollbergstraße 2 bis 4, das es heute noch gibt. **31**. Barbaras 200-Quadratmeter-Wohnung liegt gleich gegenüber in der Stollbergstraße 11 **32**. Ab Mitte der Siebzigerjahre wohnt sie dort. Wenn Lokale um ein Uhr schließen, lädt sie Gäste ein: Sie nennt ihre Wohnung »Pension Leopard«. »Aber Barbaras Wohnung war eher eine Bar als ein Hotel«, erinnert sich ihr Sohn Lars Reichardt. Oft bekommt er

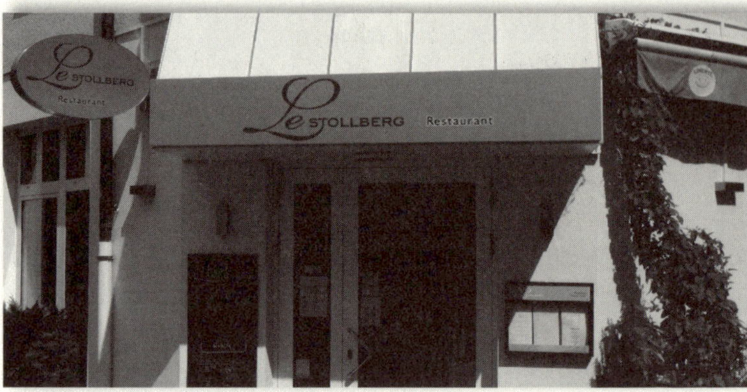

Der Name Le Stollberg steht für Eleganz und Diskretion.

es in den Morgenstunden mit verkaterten Promis und anderen Nachtschwärmern zu tun: Conny Froboess, Dolly Dollar, Elisabeth Volkmann, Udo Kier, Wolfgang Fierek, Theo Crash, der DJ aus dem Sugar Shack, oder Migk, der Kellner aus der Eiche.

Freddie braucht außerdem Platz für Joe Fanelli, Phoebe oder Paul Prenter und weitere Begleiter und Besucher wie Peter

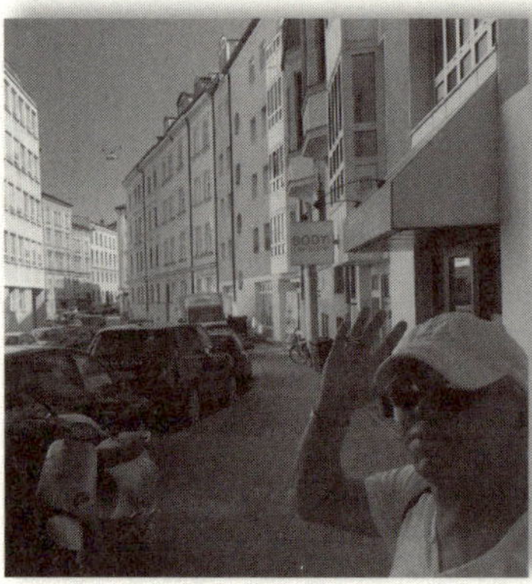

Miss Piggy vor dem Stollberg Plaza.

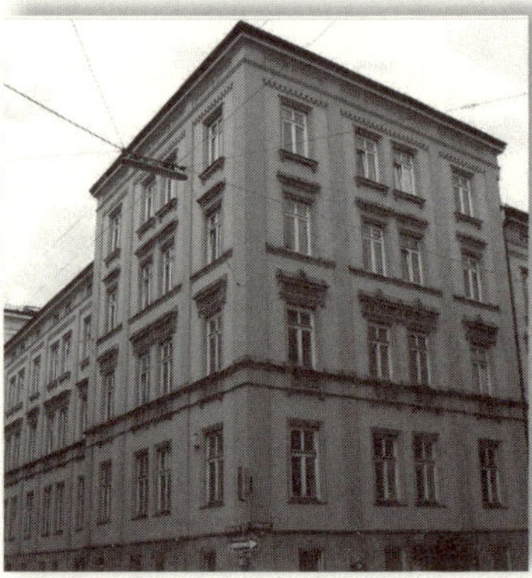

Barbara Valentins Wohnung schräg gegenüber.

Straker, wobei sich Prenter oft in der Pension Eulenspiegel, Müllerstraße 43a, einmietet. 33 Zu Fuß ist man von dort aus in nur wenigen Minuten im Ochsengarten. Freddie sorgt stets für eine Vielzahl von Ausweichquartieren. Er und auch Rainer Werner Fassbinder feiern oft nächtelang in der Pension Eulenspiegel. Sie befindet sich etwas von der Müllerstraße zurückversetzt in einem Hof. Später wird die Pension umbenannt, und das lachsfarbene Müller Inn muss wegen der Coronapandemie 2020 schließen. Fünfundsechzig Jahre lang diente das zweite Stockwerk in diesem Rückgebäude in der Müllerstraße als Pension, nun werden die Räumlichkeiten in Eigentumswohnungen umgewandelt. »Liebesnest« ist ein Lieblingswort der Münchner Journalisten, wenn es um die verschiedenen Wohnungen geht, in denen Freddie in München übernachtet. Das Erstaunliche ist: Es sind so viele Liebesnester. Oft handelt es sich um Hotelsuiten oder geräumige Apartments. Sie dienen nicht nur der Abwechslung, sondern auch den Versteckspielen und Eifersuchtsdramen, die sich mit ihrer Hilfe so gut inszenieren lassen. Freddies Liebhaber sollen sich seiner Treue nie sicher sein.

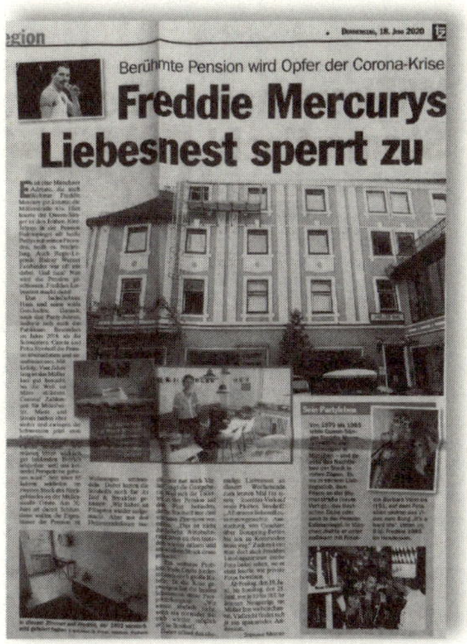
Berühmte Pension wird Opfer der Corona-Krise

Freddie Mercurys Liebesnest sperrt zu

Die Medien und das »Liebesnest«.

Heute wohnt die Schauspielerin und Produzentin Najet K. mit ihrem Sohn in Winnies und Freddies ehemaliger Wohnung am Sebastiansplatz. Ein großes Gemälde, das Freddie singend in Aktion zeigt, hängt im Esszimmer. Der Ausblick aus den Fenstern ist immer noch derselbe wie zu Freddies Zeiten. Fast zumindest. »Damals glich der Sebastiansplatz eher einem Acker im Gegensatz zu der schönen Piazza von heute«, so Najet. Sie spielt auf den ungepflegten Zustand des Platzes vor vierzig Jahren an. »Der große Baum könnte sicherlich einige Geschichten von früher erzählen«, sagt sie. Laut Phoebe findet Freddie am Sebastiansplatz erstmals die Möglichkeit, eine echte dauerhafte Partnerschaft mit einem Mann aufzubauen. Mehrere Jahre dauert diese leidenschaftliche Beziehung. Winnie ist etwas größer und breiter als Freddie. An Fasching verkleidet er sich als Frau mit großen Brüsten, behält dabei aber den Walrossschnauzer. Er ist die burschikos-bayerische Variante des ungewaschenen amerikanischen Truck-Fahrers. Allerdings stammt Winnie – wie Barbara – aus Österreich. Der Tiroler ist beliebt in München und sein Sebastianseck ein wichtiger Treffpunkt für schwule Männer. Auf späten Fotos wirkt er pausbackig und grobschlächtig, auf frühen Bildern jedoch flink und selbstsicher, wenn er auf den Flughäfen dieser Welt fast im Laufschritt und ohne Bierbauch neben Freddie hergeht. Er kocht, isst und trinkt gerne und wirkt neben dem stets perfekt gestylten Mercury immer entspannt und locker.

Freddies Bart ist ein Vertreter des akkurat geschnittenen Slawenhakens. Der Klassiker unter den Oberlippenbärten wirkt dominant und maskulin. Die Barthaare reichen meist nur ein wenig über die Mundwinkel hinaus. Außer Freddie sind damals auch die Schauspieler Burt Reynolds und Tom Selleck (*Magnum*) bekannt für diese Moustache-Form. Dagegen verfängt sich in Winnies üppigem Schnauzer nicht nur Bierschaum. Auf seiner Speisekarte stehen typisch bayerische Gerichte wie Schweinsbraten oder Schweinshaxe mit Kartoffelknödel. Letztere beschreibt Freddie als »fucking footballs«, und wenn Miss Piggy mit seiner Travestiegruppe Frisco Girls *Schwanensee* tanzt, sagt Freddie »Schweinensee«.

Unterhalb von Winnies und Freddies ehemaliger Wohnung befindet sich heute nach wie vor ein Restaurant, das französische Bistro Cameleon. Najet ist sich der Geschichte dieses Ortes sehr bewusst. Wir sprechen lange über Freddie und Queen in München. »Es ist etwas Besonderes, in diesen Räumen zu leben. Ich spüre irgendwie eine Verbundenheit mit Freddie. Das hat bestimmt auch mit unseren gemischten Wurzeln und daraus resultierenden Geschichten zu tun. Freddie Mercury ist tatsächlich der einzige Sänger, der mich mit seiner Stimme ganz, ganz tief berührt. Ja, ich bin ein Fan, der zufällig das Glück hat, in seiner Wohnung zu wohnen.« Najet lebt seit über zwanzig Jahren in München und seit 2020 in der renovierten ehemaligen Wohnung von Winnie und Freddie. Aus Erzählungen von Miss Piggy kennt sie einige Anekdoten darüber, was sich in den Räumen abgespielt hat, über die große Liebe zwischen Winnie und Freddie, die heftigen Streitereien, die Momente der Versöhnung und der Leidenschaft sowie die zahlreichen legendären Partys. Freddies und Winnies Bett befand sich an der Stelle, wo heute Najets Couch im Wohnzimmer steht. Daran denkt sie lustigerweise ganz oft, wenn sie sich auf das Sofa flackt. Laut Miss Piggy darf Freddie damals als Einziger in dem offenen Schlafzimmer und sogar im Bett rauchen. Die Gäste müssen sich strikt an die Regeln von Winnie halten: Geraucht werden darf nur in der Küche.

Najet weiß um die Enttäuschung, die der Film *Bohemian Rhapsody* bei den Münchnern ausgelöst hat. Aber als Filmschaffende hat sie Verständnis für die Entscheidungen der Macher: »Man kann in einem Biopic einfach nicht alles erzählen. Auch darf man nicht vergessen, dass die Bandmitglieder, die unter anderem auch die Produzenten des Films sind, wenig mit Freddies Zeit in München am Hut hatten. In einem Interview mit Freddie in einer englischen Zeitschrift habe ich mal gelesen: ›Wenn ich München damals nicht entdeckt hätte, wäre ich vorher gestorben.‹ Im Sinne von: eingegangen als Mensch. England war zu dieser Zeit eher konservativ, was natürlich überrascht. München hatte schon damals eine respektierte Gay Community, was ihm Luft zum Atmen gab. Im Film hatte man jedoch das Gefühl, dass München seine schlimmste Zeit war. Aus der Filmperspektive habe ich totales Verständnis, dass man München verkürzt und auch etwas verändert gezeigt hat, um einen guten Bogen zu kriegen. Das nennt man künstlerische Freiheit«. Wir unterhalten uns noch lange über den Film. Abschließend sagt Najet: »Die Wohnung war für uns ein Glücksfall und irgendwie auch Schicksal. Wir haben sie nun mit viel Liebe renoviert und werden das Erbe von Freddie in München somit ein Stück weit aufrechterhalten.«

Der damalige Wirt der Deutschen Eiche, Franz Prost, erinnert sich an gemeinsame Entdeckungstouren durch München mit Freddie und Barbara, die auch zu Winnie ins Sebastiansseck führen. Die Stationen mit Barbara und Freddie an einem gewöhnlichen Wochentag, wie Franz sie in Erinnerung hat: Erst die Eiche, bis sie schließt, dann beispielsweise das Frisco, weil da die Musik nicht so laut ist und man sich noch gut an der Bar unterhalten kann. Das Publikum dort ist gemischt. Es tanzen auch Mädchen auf dem Dancefloor. Alternativ bietet sich das New York an, das wie das Frisco bis drei Uhr nachts geöffnet ist. Das Henderson muss zwar offiziell schon um ein Uhr schließen, aber Freddie lernt schnell von Barbara und Franz, dass für besondere Gäste im hinteren Bereich des Lokals weiter ausgeschenkt wird. Wenn es keinen Cognac gibt, trinkt Barbara Rüscherl, also Asbach Uralt mit Cola. Franz und Barbara sind in der Anfangszeit oft Fremdenführer für Freddie.

Genau genommen ist Franz laut eigener Aussage sogar der allererste Munich-Gay-Guide für den Sänger. Er datiert das erste Treffen mit Freddie auf 1982. Der Wirt im Frisco fragt ihn, wohin er jetzt mit Barbara noch gehen wird. Er habe da noch einen Engländer, der sitze alleine an der Bar und kenne sich nicht aus. Ob sie ihn nicht mitnehmen könnten. Als Franz ihn sieht, findet er ihn ziemlich hässlich, mit seinen schiefen Zähnen und den langen Haaren samt Ponyfrisur. Diese Schilderung ist allerdings ein Hinweis darauf, dass diese erste Begegnung deutlich früher passiert. Lange Haare und Ponyfrisur sind 1982 längst passé. »Hast du keinen Schöneren für uns?«, fragt Franz. Aber er und Barbara nehmen den schmächtigen und schüchternen Fremden trotzdem mit ins New York. Vielleicht findet da auch gleich das von ihrem Sohn erwähnte Gespräch zwischen Barbara und Freddie in der Damentoilette im Untergeschoss statt.

Zu Freddies engsten Assistenten gehört sein Ex-Lover Joe Fanelli, der ihn gemeinsam mit Phoebe und Jim Hutton bis zuletzt in der Garden Lodge pflegen wird. Joe stirbt kurz nach Freddie ebenfalls an den Folgen von Aids. Er hat nicht mehr die Möglichkeit, seine Erinnerungen aufzuschreiben. Fest steht, dass er während der Münchner Jahre sehr oft an Freddies Seite ist. Es kursieren insgesamt deutlich mehr Fotos von Freddie mit Joe als mit Phoebe. Vieles deutet darauf hin, dass Joe mehr von den Münchner Jahren mitbekommt als Phoebe. Er hätte vielleicht einige Bars und Clubs mehr aufgezählt als sein Kollege in seinen Memoiren. Laut Phoebe jedenfalls hat Freddie fünf Lieblingslokale: das Henderson, das Eagle in der Buttermelcherstraße 2a 34 (heute die französische Weinbar Déjà bu?), das Pop-As in der Thalkirchner Straße 12 (heute das Burgerrestaurant Schnelle Liebe), 35 das Jeans im selben Gebäudekomplex wie das Stollberg Plaza und das Frisco in der

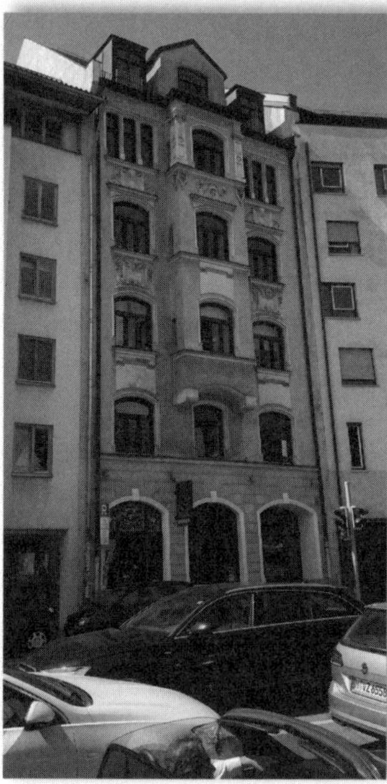

Miss Piggys Frisco in der Blumenstraße 43, heute: Vertigo.

Blumenstraße 43 (heute die Bar Vertigo nach Stationen als Padres und als TikiTiki) 36 direkt beim Sendlinger Tor.

Der schmale Grundriss im Frisco mit dem langen Tresen ist bis heute unverändert. Eine Zeit lang ist Niki Holzapfel der Geschäftsführer, der Adoptivvater des heutigen Besitzers der Deutschen Eiche, Dietmar Holzapfel. Miss Piggy berichtet, dass er, Peter Ambacher, während Freddies Münchner Jahren der Wirt im Frisco ist. Ambacher tritt hier als Miss Piggy im Trio Frisco Girls auf. Direkt über dem Frisco wohnt er mit seinem Partner Reinhard.

»Die Wohnung ist ein Schlauch, aber hundertzwanzig Quadratmeter groß. Das Haus gehört Nonnen. Die waren immer nett zu uns«, sagt Miss Piggy. Freddie gefällt die Travestie-Show. Laut Miss Piggy schafft es Freddie manchmal im Morgengrauen nicht mehr ins Stollberg und übernachtet in seiner Wohnung. Miss Piggy arbeitet dreizehn Jahre lang im Frisco. Als 1987 sein Freund Reinhard an Aids stirbt, hört er dort auf.

Miss Piggy ist sicher, dass Freddies erste Münchner Wohnung 1979 die im Apartmenthaus Stollberg Plaza ist, die er mindestens bis 1986 behält. Natürlich übernachtet er vorher schon in München, in Hotels wie dem Hilton und abwechselnd auch in Privatwohnungen von Liebhabern. »Im Stollberg Plaza standen auch Instrumente, Keyboards und Synthesizer. Die Wohnungen selbst waren möbliert, Freddie hat kaum etwas daran geändert«, so Miss Piggy. Freddie mietet im Stollberg Boarding Hotel manchmal mehrere Apartments für seine Entourage.

Freddies persönliches Bermuda-Dreieck (fast alle Bars und Lokale sind fußläufig gut vom Stollberg Plaza aus erreichbar) umfasst noch deutlich mehr Lokale. Phoebe schreibt jedoch, dass »die wunderbare Suite, die er im Stollberg Plaza hatte«, Freddies Lieblingsort in München ist. Erstaunlicherweise erwähnt Phoebe nie das New York. Die Keller-Tanzbar in der Thalkirchner Straße 2, die von Anni Neumann (der Frau des Henderson-Chefs) geleitet wird, ist von großer Bedeutung für Freddie. Seit 1981 und bis heute ist darüber ein bayerisches Restaurant mit Biergarten, Andy's Krablergarten.

Miss Piggy schätzt, dass Ende der Siebzigerjahre mehr als vierzig Schwulenbars in der näheren Umgebung liegen, also noch mehr, als auf den Stadtplänen in den Gay-Guides jener Jahre eingezeichnet sind. Es ist anzunehmen, dass Freddie sie alle mindestens einmal besucht. In die Boulevardpresse schaffen es aber meistens nicht die Schwulenbars, sondern nur die Promi-Lokale, wie beispielsweise das Nobelrestaurant Käfer. »Nach der ersten Nacht bei Barbara in der Stollbergstraße vermachte Mercury ihr seine schwarze Lederjacke, auf deren Rücken mit funkelnden Glassteinen das Wort ›Queen‹ geschrieben stand: eine unglaubliche Trophäe!«, schreibt der Kolumnist der *Abendzeitung,* Michael Graeter. Er schildert Freddie 1983 als »muskulösen Typ im engen Feinripp-Unterhemd« und erlebt ihn auch als Stammgast im Käfer in der Prinzregentenstraße 73. [37] Allerdings müssen zunächst kleine Probleme aus dem Weg geräumt werden, als Freddie im Unterhemd dort Platz nimmt. »Das geht doch nicht, der Mann an

Tisch 13 muss ein Jackett tragen!«, ereifert sich laut Graeter der Käfer-Geschäftsführer. »Zum Glück gab es noch die Directrice und ehemalige Pam-Pam-Wirtin Lis Lender. Ihr gelang es, den Maître zu bremsen, der natürlich keine Ahnung hatte, dass sich gerade ein Superstar in sein feines Etablissement verirrt hatte«, so Graeter, der sich auch an das Duo Freddie & Winnie erinnert. »Freddie Mercury war ganz versessen auf die rustikale Männerfigur aus München. Gemeinsam fuhren die beiden im 500er Mercedes-Coupé zum Ochsengarten, der legendären Leder-Hochburg, die bis heute die Nappa-Jünglinge in ihren Bann zieht. Nur die Badewanne auf der Herrentoilette ist inzwischen verschwunden, in die Mercury ausgelassen hineinsprang, ein Glas nach dem anderen kippte, die Linien wegzog und wildfremde Gäste zum Mitmachen animierte.«

Miss Piggy erinnert sich an eine Nacht bei Barbara in der Stollbergstraße mit Freddie, Winnie, Phoebe und einigen anderen. Die 200-Quadratmeter-Wohnung befindet sich im zweiten Stockwerk: Das heute gelblich gestrichene Haus hat dort vier große und zwei kleinere Fenster, außerdem einen kleinen Anbau mit dem schmalsten Fenster, hinter dem sich die Küche befindet. Nach Mitternacht klingelt es. »Barbara hatte gerade drei Linien gezogen«, erzählt Miss Piggy. »Vor der Tür stand die Polizei. Barbara setzte sich auf das Koks, zitternd hielt sie ihr Glas, als die Polizisten reinkamen. Dann erkannte einer von ihnen Freddie. Er fragte ihn, ob er ein Autogramm haben dürfe. Freddie gab es ihm, und sie gingen wieder. Daraufhin ging Phoebe in die Küche, holte ein langes Messer und kratzte vorsichtig mit der Klinge das Pulver von Barbaras Hintern.«

Piggy verbringt viel Zeit mit Phoebe. Für Freddie ist Piggy eine »textile bitch«, weil er kein Leder trägt. Das gilt auch für Phoebe. Miss Piggy trifft Freddie und Phoebe zum ersten Mal

1980 in der Fisherman's Sauna im Tal 48 am Isartor, später umbenannt in Caesar's Club: 38 »Da war plötzlich dieser Typ mit sehr behaartem Oberkörper vor mir. Er trug nur ein Handtuch um die Hüften. Wir kamen ins Gespräch, ich fand ihn echt nett, hab mich nur gewundert, dass er Englisch spricht. Erst sein Assistent hat mich darauf hingewiesen, mit wem ich da gerade rede. Wir sind später noch oft dahin gegangen. Freddie hat nie gesagt: ›Wir gehen in die Sauna.‹ Er sagte immer: ›Let's go to the 48.‹ Da hat er sehr viel Zeit verbracht.«

Auf Freddies Routen hat sich für Besucher im Zentrum Münchens seit den frühen Achtzigerjahren in vielerlei Hinsicht wenig verändert: Architektur, Raumaufteilung, Straßenpflaster sind weitgehend gleich geblieben. Wer heute auf den Spuren des Sängers durch die Straßen und Gassen flaniert, sieht oft noch dieselben denkmalgeschützten Fassaden wie damals der neugierige Superstar selbst, der meist unerkannt und bis in die frühen Morgenstunden von einer Bar zum nächsten Club, von einem Tanzlokal zum nächsten Travestieschuppen geht.

Die sexuelle Freizügigkeit in München zu Beginn und Mitte der Achtzigerjahre, die Freddie genießt, ist der Höhepunkt einer Entwicklung, die 1969 mit der Liberalisierung des Paragrafen 175 beginnt. Der Bundestag beschließt, dass freiwillige sexuelle Handlungen unter Männern ab einundzwanzig Jahren straffrei bleiben. Das Alter wird 1973 auf achtzehn Jahre gesenkt. In New York stürmt am 28. Juni 1969 die Polizei die Schwulenbar Stonewall Inn in der Christopher Street. Die Razzia führt zu tagelangen Straßenschlachten. Seither wird weltweit der Christopher Street Day gefeiert, in München erstmals 1980.

Bereits 1971 tagt in der Deutschen Eiche die »Homosexuelle Aktionsgruppe« HAG. Der Kaffeekonzern HAG klagt dagegen, die Gruppe nennt sich fortan HAM: »Homosexuelle Aktion München«. Eines ihrer prominentesten Mitglieder ist der Autor und Therapeut Gustl Angstmann, dessen erstes Buch *Ein ganz normaler Mann* von 1982 die Situation für schwule Männer in München auf literarische Weise schildert. Besonders lesenswert ist auch Hans Pleschinskis Roman *Bildnis eines Unsichtbaren* (2002), der schwules Leben in München in jener Zeit beschreibt: »Der Ochsengarten war eines der aufregendsten Lokale Europas. Francis Bacon, Michel Foucault, Leonard Bernstein, Freddie Mercury, alle tranken sie ihr Bier und waren auf Menschenfang, oder wollten sich fangen lassen.«

München gehört zu Freddies Zeit neben Amsterdam, New York und San Francisco zu den schwulsten Metropolen der Welt. Und München hat die erste Schwulensauna Deutschlands: Pleschinskis Ich-Erzähler lernt dort seinen Unsichtbaren namens Volker kennen. Pleschinski wohnt damals (und bis heute) in der Hans-Sachs-Straße. »Mehr als vom Sehen in zwei Lokalen kannte ich Freddie Mercury nicht. Ich hielt ihn für einen mir unbekannten Schlagersänger mit ungewöhnlicher Zahnstellung und verstand nicht, wie aufmerksam und sorgsam andere Lokalbesucher mit ihm umgingen, wie mit einem heiteren, ruhigen Elfen, in der Eiche oft gegen die Küchentür gelehnt. Wenn man mir gesagt hätte, Freddie Mercury ist der Stiefsohn von Melina Mercouri, hätte ich es vermutlich geglaubt«, so Pleschinski, der seit dem Film *Bohemian Rhapsody* Freddie und seine Musik positiver beurteilt als damals. Bemerkenswert sind die entspannenden Lückenfüller zwischen Seminaren und Vorlesungen in seinem Roman: Rasch geht es vom Germanistischen Institut an der Schellingstraße in die Türken-Sauna an der Türkenstraße 70. [39] Gegründet wird das Bavariabad an derselben Stelle bereits 1880 von Heinrich von Dall'Armi und später in Türkenbad umbenannt. Der Inhaber

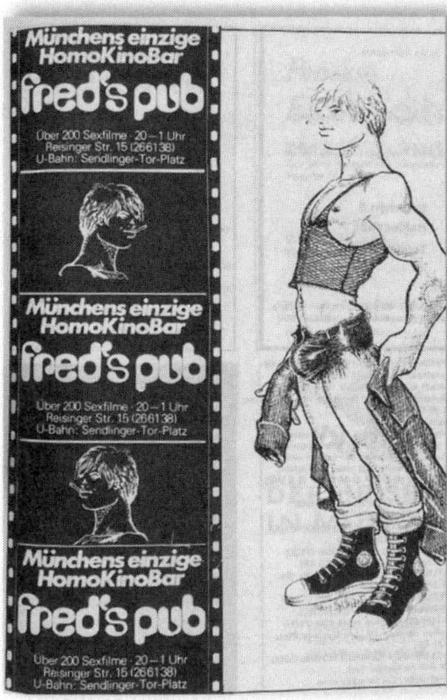

Münchens einzige Homo-Kino-Bar mit über 200 Sexfilmen.

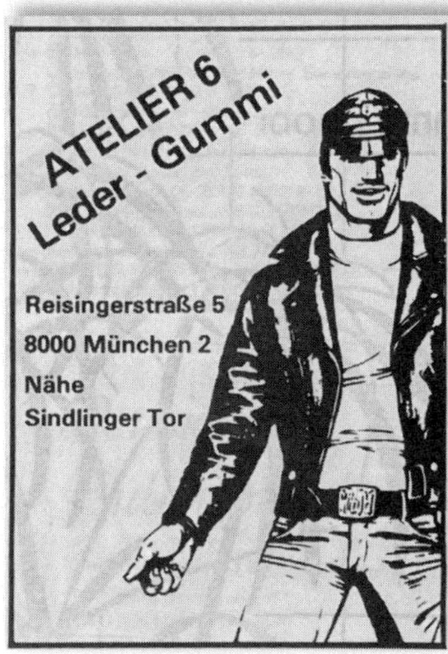

Zehn Hausnummern weiter: Leder & Gummi.

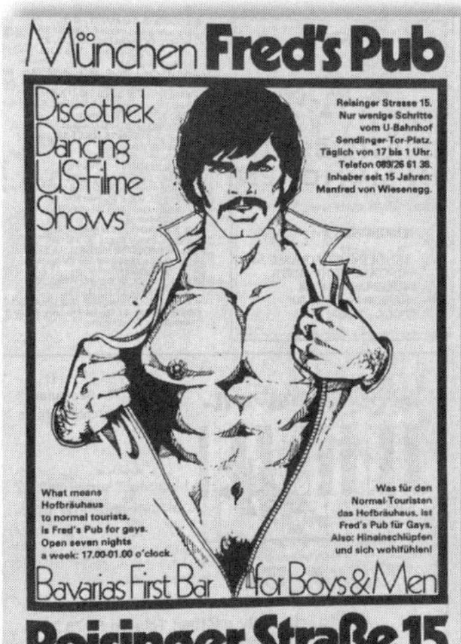

Was für den normalen Touristen das Hofbräuhaus …

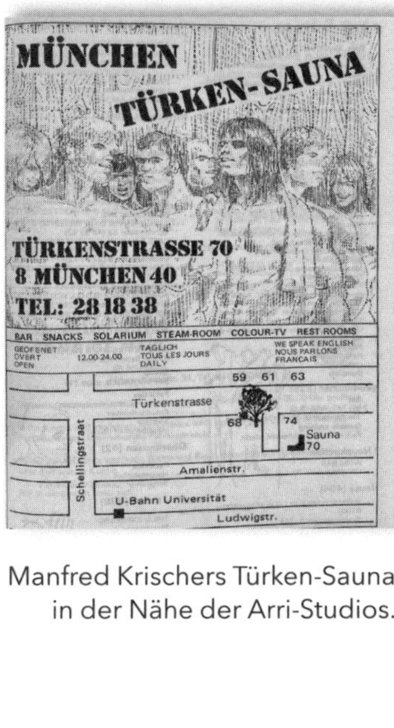

Manfred Krischers Türken-Sauna in der Nähe der Arri-Studios.

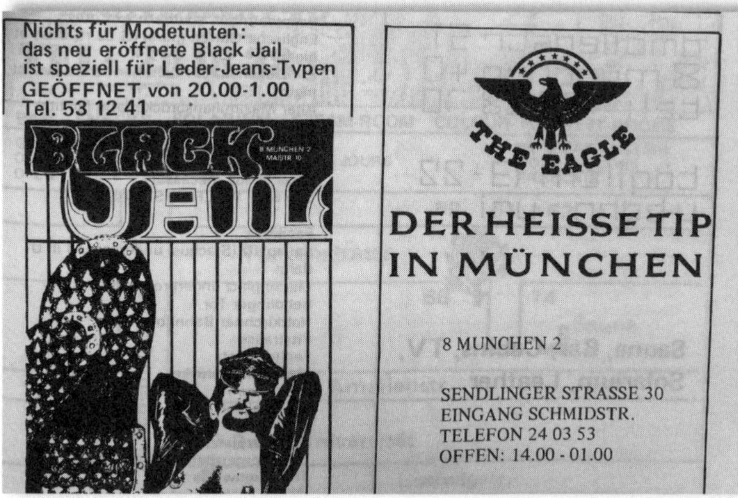

Harte Jungs versus Tunten: der Konflikt zwischen »leather boys« und »textile bitches« in der Werbung.

seit den frühen Siebzigerjahren, Manfred Krischer, schließt die Türken-Sauna 1988. Er hat »die Nase voll von den pingeligen Auflagen« der Stadt während der Aids-Krise. In jener Zeit schließt auch die Vierundzwanzig-Stunden-Schwulensauna am Isartor.

Von 1982 bis 1986 leitet das konservative CSU-Mitglied Peter Gauweiler das Münchner Kreisverwaltungsreferat. Die Drohungen und vorgeschlagenen Maßnahmen Gauweilers sind diskriminierend. 1987 will er als Staatssekretär im Bayerischen Staatsministerium des Inneren das Seuchengesetz deutschlandweit gegen HIV-Infizierte anwenden, samt Zwangstests für Prostituierte, Drogenabhängige und angehende Beamte sowie Ausländer, die eine Aufenthaltsberechtigung beantragen. Der »Kommissar für Hygiene und Hysterie«, wie der *Spiegel* Gauweiler nennt, erarbeitet einen Maßnahmenkatalog. Horst Seehofer fordert, Aids-Kranke zu »konzentrieren« und in »speziellen Heimen« zu sammeln. Für Kultusminister Hans Zehetmair gehört Homosexualität in den »Randbereich der Entartung«. Die »Schwulenhatz« der CSU führt zu Demonstrationen. Der Gesetzesvorschlag aus Bayern wird im Bundesrat mit deutlicher Mehrheit abgelehnt. Gauweiler wird 1988 die Zuständigkeit für Gesundheit und Polizeiwesen entzogen. Gauweilers und Seehofers Gegenpart ist die Bundesgesundheitsministerin Rita Süssmuth. Sie setzt auf Aufklärung und Prävention, etabliert den Slogan »Gib Aids keine Chance«, lehnt Zwangsmaßnahmen ab, fördert Safer Sex, bekämpft die Krankheit, nicht die Kranken. Auch dank Süssmuth siegt Vernunft über Panik, Toleranz über Ausgrenzung, Selbstverantwortung über Paternalismus.

Wie viele andere Häuser im Gärtnerplatzviertel wird das Gebäude, in dem sich später die Deutsche Eiche befindet, 1864 errichtet. Seit 1871 ist in dem Haus in der Reichenbachstraße 13 [40] eine Schenke mit diesem Namen nachweisbar. In den Fünfzigerjahren besuchen Kunstschaffende und Tänzer aus dem benachbarten Gärtnerplatztheater das Lokal. Wenn sie knapp bei Kasse sind, gibt es Verpflegung gegen Theaterkarten. Die Faschingsfeiern in der Deutschen Eiche werden bald stadtbekannt, und Freddie und Barbara haben mehrfach hier ihre Gaudi. Fotos zeugen von dem wilden Treiben. »My God, they do know how to boogie«, sagt Freddie im Gespräch mit David Wigg und fügt an: »Everyday is Fasching for me.« Peter Freestone sagt: »Für alle anderen war die Faschingszeit eine Gelegenheit, sich ein wenig zu verkleiden. Aber Freddie ging in seiner ›normalen‹ Kleidung. Die Lederklamotten wurden zu einer Verkleidung. Ganz München war auf den Beinen. Alle feierten dieses eine Wochenende durch. Am Schluss der Feierzeit ging er dann immer auf den Alten Markt, wo es stets rammelvoll war. Die Leute feierten dort nämlich immer noch weiter, an jeder Ecke gab es diese großartigen Snacks, die man nach so einer langen Nacht brauchte.« Allerdings habe Freddie nie die kurzen Trachtenhosen der Bayern angezogen, so Phoebe: »Freddie hat sich über Leute lustig gemacht, die damit herumliefen. Aber selbst hat er sie ganz sicher nicht getragen. Dabei hat er wohl auch das eine oder andere Bein eines Trägers bewundert.«

In der fünften Episode der TV-Serie *Monaco Franze* (mit Helmut Fischer und Ruth Maria Kubitschek) sagt 1983 die Haushälterin Irmgard (Erni Singerl): »Jede Nacht Fasching. Da hätte ich auch Vitaminmangel.« Tatsächlich erlebt man Freddie in den Interviews zwischen Februar und April 1980 mehrfach erkältet. Barbara ist es gewohnt, Winnies Bayerisch für Freddie ins Englische zu übersetzen. Bei seinem starken TV-Konsum ist es denkbar, dass er neben englischsprachigen Filmen auch deutsche Streifen anschaut.

Schon Ende der Sechzigerjahre zieht es John Cranko, Tanzregisseur und Leiter des Stuttgarter Balletts, vor, nach Aufführungen im Gärtnerplatztheater in die Eiche zu gehen, statt im festlichen Theaterambiente zu bleiben. Von 1971 an wird das Lokal Treffpunkt für die HAG/HAM. Einer der prominentesten Gäste dort ist der Regisseur Rainer Werner Fassbinder. Er besucht die Eiche erstmals 1974 mit seinem Freund Kurt Raab und verliebt sich in den Kellner Armin Meier. Die Eiche – Spitzname Deutsche Eichel – ist nun Fassbinders zweites Wohnzimmer. Mit Armin bezieht er direkt gegenüber in der Reichenbachstraße 12 eine Wohnung, wo er bis 1978 lebt. Fassbinder organisiert wilde Partys in seinem Stammlokal und nutzt es mehrfach als Drehort. Barbara Valentin, Donna Summer, Maria Schell, Curd Jürgens, Koch- und TV-Star Alfred Biolek, Kunstmaler und Münchner Original Rupert Stöckl, Volksschauspieler Walter Sedlmayr sowie sein Kollege

Thomas Fritsch und viele weitere Prominente genießen gerne gemeinsam mit den anderen »gewöhnlichen« Gästen die Atmosphäre in dem Lokal. Barbara und Freddie sind hier einfach nur Bärbl und Fredl. Barbara ist es auch, die Mercury mit Fassbinders Schauspieler Kurt Raab bekannt macht. Die drei feiern nun oft gemeinsam. Kurt ist auch im Video zu Freddies Solo-Song »Living on My Own« im Stil Maria Stuarts verkleidet zu sehen. Neben ihm steht Paul Prenter, beide haben Freddie im Blick, der neue Gäste begrüßt.

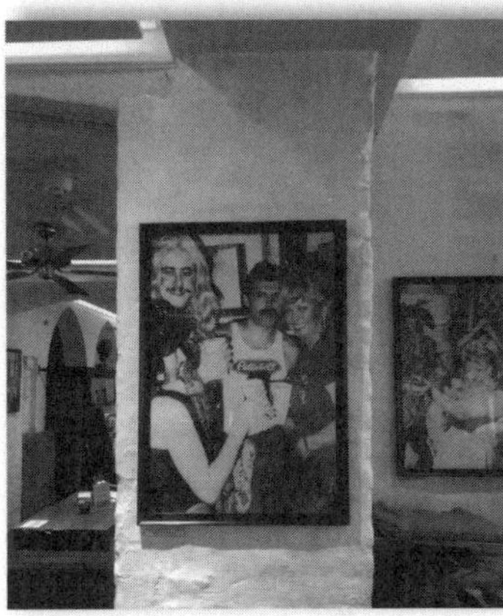

In der Deutschen Eiche: Phoebe, Freddie und Barbara.

Die Eiche wirkt in jenen Jahren wie eine typisch bayerische Gaststätte: dunkles Holz, eine lange schwarze Bank entlang der Wand, Holzstühle ohne Kissen, Kellner in karierten Hemden mit Trachtenhosen, Haferlschuhen und Wadlwärmern. Zu bedienen haben sie acht Tische mit insgesamt etwa fünfzig Sitzplätzen. Es ist bemerkenswert, wie sehr Freddie Münchner Boazn und Stüberl mag, die so klein sind, dass er darin keine Entourage braucht. Er fährt sich nicht mehr nervös mit der Ober-

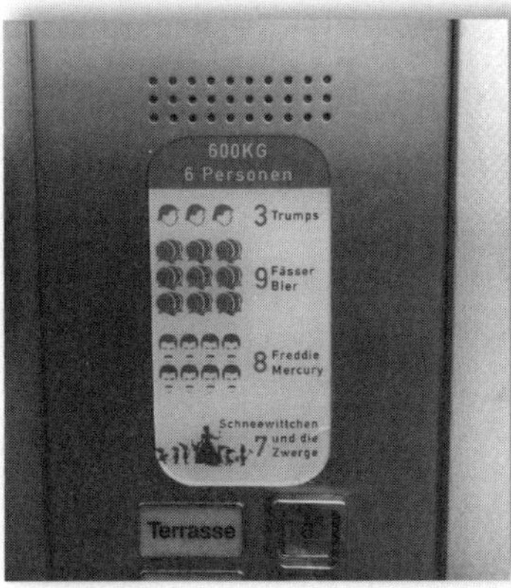

Lift in der Deutschen Eiche: Ladegewicht max. 8 Freddies.

lippe über die Zähne. Beim Lachen hält er sich nicht die Hand vor den Mund. In dieser Umgebung, mit Barbara, Winnie und seinen engsten Freunden, ist er frei, und die wenigen anderen Gäste beachten ihn nicht weiter. Freddie ist einer von ihnen. Im Internat in Indien hat man ihn noch wegen seiner Zähne gehänselt. Freddies Spitzname lautet dort Bucky (Kaninchen); »buck teeth« sind Hasenzähne. In den Münchner Boazn und Stüberln passiert das nicht. Im Stockwerk über dem Restaurant befinden sich einfache Hotelzimmer. Trotz der rustikalen Ausstattung bekommt die Eiche vom Almanach *Spartacus* regelmäßig Bestnoten als Treffpunkt für Schwule.

Die Eiche wird in Freddies Münchner Jahren von Ella Reichenbach, Tochter Sonja und Schwägerin Tony geleitet: Drei Frauen kümmern sich um das traditionsreiche schwule Gasthaus. Als 1971 die Presse vermutet, dass das Lokal ein Schwulentreff sei, sagt Ella empört: »So ein Schmarrn, was die da schreiben! Bei mir verkehren neunzig Prozent Künstler und zehn Prozent von Frauen enttäuschte Männer!« Nach der Geburtstagsparty im Henderson signiert Freddie später ein Foto: »To Sonja – Lotta Love – Freddie«. Das Schwarz-Weiß-Bild der beiden hängt inzwischen im Gasthof Beim Franz. Dort befindet sich auch ein Farbfoto von Freddie aus der *Barcelona*-Zeit mit der Widmung: »To Franz – Best Wishes – Freddie Mercury«. Franz Prost ist einer der ganz wenigen Freunde in Freddies Umfeld, der nie einen Frauennamen bekommt. Er will das nicht und findet es nicht lustig.

Prost ist der letzte Kellner in der Eiche, bevor Ella, Sonja und Tony aufgeben, das Lokal die Besitzer wechselt und es danach mit neuer Mannschaft weitergeht. Franz eröffnet nach einer Zwischenstation sein Lokal Beim Franz in der Nähe der Eiche, in der Holzstraße 41. Viele Stammgäste ziehen mit ihm, auch Barbara. Dort hängen viele signierte Fotos von ihr, mit

Widmungen für Franz. Sehenswert ist auch die Damentoilette mit erotischen Bildern.

Franz ist groß und kräftig, trägt einen Schnauzbart und ist elf Jahre jünger als Barbara. Er ist mit Fassbinder befreundet und anfangs oft nur als Gast in der Eiche. Danach springt er als Ersatzkellner ein, ab 1982 wird das sein fester Job. Wegen Aids, Gentrifizierung und einigen Unglücksfällen wird es Ende der Achtzigerjahre immer schwieriger für die drei Wirtinnen, den Betrieb der Eiche aufrechtzuerhalten. 1993 übernehmen Dietmar Holzapfel, sein Vater Niki Holzapfel und Josef Sattler die Eiche, renovieren sie und bauen an, etwa einen großen, heute weltweit beliebten Saunabereich. Aus der Alten Eiche wird so ein großes Designer-Hotel mit herrlicher Dachterrasse. Von außen nicht einsehbar wird ein Rückgebäude integriert, wodurch die Eiche heute bis in die Klenzestraße über fünf Flurnummern reicht.

Vor dem Umbau ist die Eiche, so wie Freddie sie kennt, jedoch ein sehr überschaubares Lokal, eine typisch bayerische Kneipe mit kleinem Hotel. Die Fassade ist bescheiden und ohne Stuck, ohne Rustica, so wie heute noch das Nebenhaus. Der Eingang der Ur-Eiche hat vor dem Zweiten Weltkrieg Fensterbreite, 1944 wird das Haus von einer Bombe teilweise zerstört, nach der Renovierung befindet sich der Eingang neben der Einfahrt. Es gibt nur drei Fenster, alle bunt bemalt von der Mayer'schen Hofkunstanstalt. »Nicht nur aus Schönheitsgründen, sondern auch, damit man nicht hineinschauen konnte«, sagt Holzapfel. Zudem stehen Blumentröge vor allen Fenstern. »Der heutige Haupteingang zur Eiche war früher die Einfahrt in den Innenhof. Im neuen Eingang haben wir die früheren Fenster ausgestellt, deren Malereien Bezüge zur Eiche haben, samt Schriftzug ›Herberge zur Deutschen Eiche‹. Postkutsche, Winzer und Bauern: Es geht also auch ums Reisen, ums Essen und Trinken«, so Holzapfel, der das Logo leicht verändert. »Deutsche« ist kleiner geschrieben, »damit Neonazis nicht auf dumme Gedanken kommen. Man sagt ja auch: Wir gehen in die Eiche.« Auf der Speisekarte erinnert heute zwischen Käsespätzle mit Frühlingslauch und Rote-Beete-Knödel mit Haselnuss-Salbeibutter ein Gericht an den Rockstar: »Freddie Mercurys Leibspeise ›Angel Hair‹. Engelshaarpasta mit Knoblauch und Chili.« Allerdings bittet Freddie seine Köche stets um Zurückhaltung, wenn es um Knoblauch geht.

Holzapfel setzt sich für die Wiedererrichtung der Statue auf der Corneliusbrücke ein: »König Ludwig II., etwa drei Meter groß. Sie wurde im Krieg eingeschmolzen, um Waffen daraus zu machen. Viele Denkmäler wurden von den Nazis auf diese Weise zerstört, so auch Klenze und Gärtner. Von den Herrschern war aber Ludwig der einzige. Da kann man sich überlegen: Warum hat man Ludwig eingeschmolzen?« Holzapfel bringt das mit der Entstehung des Wortes »schwul« in Verbindung: »Am Schluss zog sich der König zurück. Er hat sich umgeben mit den großgewachsenen Soldaten in grünen Uniformen und schicken schwarzen Stiefeln. Das waren die leichten Reiter. In Frankreich hießen die ›Chevaulegers‹. Es war bekannt, dass Ludwig II. schwul war, aber das Wort gab es noch nicht. Da hat man gesagt: ›der Ludwig und seine schwuleschen‹.« Die Argumentation zur Herkunft von »schwul« klingt schlüssig: Chevaulegers gehören damals offiziell zur leichten Kavallerie und bilden bis zum Ende der Monarchie eine charakteristische Waffengattung des bayerischen Heeres.

»Freddie war sehr eingebunden hier in der Szene, auch mit Raab und Fassbinder. Er hatte eine Wohnung in der Pestalozzistraße, und daneben war noch eine Wohnung von der Barbara Valentin«, erklärt Holzapfel. Miss Piggy erinnert sich, dass

Freddie und Barbara die Wohnung an der Pestalozzistraße gemeinsam kaufen. Sie befindet sich direkt beim Holzplatz. Nach Freddies Tod darf Barbara sie dank einer Schenkungsurkunde behalten, denn Haupterbin ist Mary Austin. Barbara verkauft sie aber bald danach und kauft eine kleinere Wohnung in der Hans-Sachs-Straße. Heute begegnet Freddie, Kopf an Kopf mit Fassbinder, Paaren und Passanten an den Wänden des Pissoirs am Holzplatz.

Barbara Valentins Tochter Minki Reichardt wird 1969 geboren, absolviert die Meisterschule für Mode in München und arbeitet heute in der Isarmetropole als Stylistin. Über ihre Mutter gibt sie gerne Auskunft. Sie ist seit Jahrzehnten in Queen-Dokumentationen zu sehen und berichtet in Zeitungen und Zeitschriften oft davon, wie sie damals als Teenager Freddie kennenlernt. Ihre Aussagen variieren kaum, aber bei der Frage, um was für eine Art der Beziehung es sich zwischen Barbara und Freddie genau gehandelt hat, ändert sich Minkis Meinung im Lauf der Zeit. Zu Beginn spricht sie auf eine Weise von einer Liebesbeziehung, die Sex impliziert. Das entspricht auch Barbaras Aussagen gegenüber der Mercury-Biografin Lesley-Ann Jones. In zahlreichen späteren Interviews redet Minki jedoch nur noch von Freundschaft: »Meine Mutter war eine Nachtschwärmerin und eng verbunden mit der Schwulenszene. Da sie fließend Englisch konnte, hat sie sich dann um Freddie gekümmert. Sie hat mir erzählt, wie Freddie und sie sich in der damaligen Schwulendisco New York angefreundet haben. Meine Mutter wusste nichts von Queen, kannte die Musik gar nicht, deshalb war Freddie für sie ein ganz normaler Typ. Weil es in dem Club so laut war, sind die beiden auf die Damentoilette, da konnte man in Ruhe reden und etwas trinken. Die zwei sind dann auf der Toilette ein wenig versackt. Sie haben gar nicht mitbekommen, wie der Club morgens zugeschlossen wurde. Meine Mutter hatte um die Ecke von der Maximilianstraße eine fast zweihundert Quadratmeter große Wohnung. Dort war genug Platz, und da habe ich dann Freddie kennengelernt. Ich kam damals regelmäßig an den Wochenenden aus dem Internat zu meiner Mutter. Später ist Freddie unter anderem ins Stollberg Plaza gezogen, ein Apartment-Hotel, aber er hat auch dann noch viel Zeit bei uns verbracht. Es war zeitweise wie eine Wohngemeinschaft.

Ich fand Queen nicht sehr aufregend, es war nicht meine Band. Ich habe Freddie zu Hause mitbekommen, ja. Er persönlich war ein sehr, sehr feiner, zurückhaltender, höflicher Mensch. Gar nicht so: ›Trara, hier komme ich‹, sondern sehr, sehr leise und sehr liebenswürdig. Er hat immer wieder versucht, mit mir Kontakt zu haben, aber ich war natürlich so ein muffiger Teenager damals.«

In einem Interview mit dem Bayerischen Rundfunk erinnert sich Minki: »Einmal habe ich ihn sogar geschminkt. Da war Fasching in der Deutschen Eiche, das war ganz beliebt und ganz bekannt und ganz wild dort. Da waren die alle zu Hause bei meiner Mutter und haben die Schrankwände durchforstet nach alten Sechziger- und Siebzigerjahre-Kleidern. Freddie, sein Assistent, sein Bodyguard und sein Koch, die waren alle dabei und hatten dann alle diese verrückten Abendkleider wie Dragqueens an. Tagsüber hatten sie Schminksachen gekauft. Normalerweise kauft man für den Fasching irgendeinen billigen Schmarrn, aber die waren in einer Parfümerie und hatten nur Chanel-, Yves-Saint-Laurent-Make-up und so gekauft – nur für diesen einen Abend, um sich zuzukleistern. Und dann durfte ich Freddie schminken. Es war sehr niedlich von ihm, denn das hat er eigentlich mir zuliebe gemacht. Und dann habe ich ihn da angemalt.

Ja, er war sehr süß. Freddie Mercury hat sich hier sehr wohl gefühlt in München. Er konnte rumlaufen, ausgehen und wurde nicht sofort angesprochen oder angesprungen. Da war meine Mutter einfach so mit ihm immer unterwegs, ihn überall einführen: in die Deutsche Eiche, in die Clubs, in die Szene. Meine Mutter war sowieso in der Schwulenszene bereits unterwegs. Drogen habe ich nie gesehen. Klar. Gott sei Dank. Der war nie alleine bei meiner Mutter. Immer wenn ich das mitbekommen habe, hatte er seine ganze Entourage dabei. Meine Mutter hatte damals eine sehr große Wohnung, die war so zweihundert Quadratmeter groß. Die belagerten das Wohnzimmer und das Schlafzimmer. Die hatten Filme dabei, haben Musik gehört, gelacht, getrunken, gegackert, und es ging die ganze Nacht eigentlich. Ich bin mit achtzehn in München in die Mode-Schule gegangen und bin bei meiner Mutter eingezogen, weil sie sehr viel Platz hatte. Und das war dann eigentlich eher so, dass ich nachts um drei oder vier klopfen musste und sagte: ›Könnt ihr bitte ein bisschen leiser sein, ich muss morgen in die Schule.‹ (Mit schimpfender Stimme) ›Hach, du Spießerin, jetzt leg dich ins Bett und halt dir die Ohren zu.‹ Wenn Freddie da war, dann wurde durchgefeiert, teilweise zwei, drei Tage am Stück. Es wurden die Vorhänge zugezogen, und dann wurde da Party gemacht. Ich ging dann aus. Hörte andere Musik. Ich wollte ja auch nicht mit meiner Mutter zusammen feiern. Das will man ja in dem Alter nicht. Das ist ja sowieso peinlich alles.«

Minki Reichardt betont auch mehrfach, wie großzügig Freddie war: Ohne es zu bemerken, drückt er ihr statt eines Zehners schon mal einen Hunderter in die Hand. Vielleicht bemerkt er es ja doch und will ihr und ihrer Mutter auch einfach eine kleine Freude machen. Elton John spricht nach einem Queen-Konzert im Wembley-Stadion im Rahmen der *Magic*-Tour über die Probleme des Daseins als Rockstar. Freddie habe keine Ahnung, was ein Ei kostet. Aber vielleicht wisse er, wie teuer Nagellack ist.

Im Juli 1981 wird's in München in mehrfacher Hinsicht zu heiß – hot space. Die Ausschweifungen, wie sie Hansi Hoffmann beschreibt, und die Disziplinlosigkeit nehmen zu. Mack wundert sich in Rudi Dolezals und Hannes Rossachers Dokumentation *Freddie Mercury – The Untold Story* aus dem Jahr 2000 über die wechselnde An- und Abwesenheit der einzelnen Bandmitglieder. Die Arbeitszeiten wirken absurd. Gefrühstückt wird manchmal erst um 15 Uhr im Arabella-Haus. Gelegentlich verschwindet gar ein Bandmitglied unangekündigt in den Fernurlaub. Aber Studiokosten sind das geringste Problem. Und da gibt es ja auch noch die bandeigenen Mountain Studios. Wenn eine frische Brise Schweizer Höhenluft erwünscht ist, samt Schweizer Pünktlichkeit, Luxus und Bodenständigkeit. In Montreux gibt es kaum Möglichkeiten, sich von der Arbeit abzulenken. Das Nachtleben ist bis auf zwei Nachtlokale praktisch nicht existent. Koks lässt sich nur unter größten Schwierigkeiten beschaffen. Daher versprechen sich Mack und Queen in diesem gesunden Klima mit Berg- und Seeluft ein rasches Vorankommen. Das Palace Hotel im Zentrum von Montreux lässt auch kulinarisch keine Wünsche offen. Nur Freddies gelegentliche Shopping-Touren und der Weißwein aus Saint-Saphorin, dem idyllischen Rebstock-Ort nebenan, besitzen ein gewisses Ablenkungspotenzial.

Ende der Achtzigerjahre wird sich Freddie mehrere Kisten Saint-Saphorin nach London liefern lassen. Phil Collins lebt in jenen Jahren am Lac Léman inmitten der Rebberge von Féchy. Das liegt ganz in der Nähe von Saint-Saphorin. Trotzdem ist Freddies Weißwein-Favorit deutlich teurer. Winzer erklären diese Differenz mit der Dreifachsonne. Die sanfte Hügellandschaft bei Féchy kontrastiert zur Steillage über

Saint-Saphorin. Dort wachsen die Rebstöcke an terrassierten Hängen. Féchy, so sagen Weinkenner und Fans von Saint-Saphorin, bekommt nur eine Sonne ab, wie alle eher flachen Hanglagen in Ufernähe. Die Trauben bei Saint-Saphorin hingegen profitieren von der Steillage über dem Genfer See: Die große Wasserfläche reflektiert die Sonne in die darüberliegenden Hügel. Zudem heizen sich tagsüber die Steinmäuerchen auf und geben nachts die Wärme ab. Féchy-Liebhaber halten dagegen, dass die Konkurrenz in der Nachbarschaft nur deshalb deutlich teurer ist, weil sich dort die Ernte am Steilhang viel aufwendiger gestaltet.

Montreux hat nur zwanzigtausend Einwohner, und wenn nicht gerade das Montreux Jazz Festival stattfindet, liegt der Altersdurchschnitt der Touristen weit über dem der Queen-Mitglieder. Aber als Mack und die Band dort im Juli 1981 aufkreuzen, knistert es in der Musikmetropole der Schweiz. Das Line-up beim Festival ist hochkarätig, außerdem arbeitet David Bowie gerade in den Mountain Studios. Gemeinsam mit Giorgio Moroder nimmt er dort den Song »Cat People (Putting Out Fire)« auf, und zwar für Paul Schraders Erotik-Thriller *Cat People* (*Katzenmenschen*) mit Nastassja Kinski, der auch Horror- und Fantasy-Elemente enthält, aber nicht den erhofften Erfolg haben wird.

Queen residieren im traditionsreichen Montreux Palace mit Blick auf den Genfer See. Freddies Suite im siebten Stockwerk, Zimmernummer 721, ist heute ihm gewidmet. Dort wird mit zahlreichen Fotografien an seine längeren Aufenthalte im Palace (1978, 1981 und 1985) erinnert. Wer sich im Sommer 1981 welche Konzerte im Casino anschaut, ist nicht dokumentiert, aber die Auswahl ist groß: Ella Fitzgerald, James Brown, Dizzy Gillespie, Oscar Peterson, Albert Collins and the Icebreakers, The Staple Singers, Taj Mahal, Mike Oldfield,

Stray Cats, Toots & the Maytals, Randy Crawford, Al Jarreau, David Sanborn, Larry Carlton, Herbie Hancock, Chick Corea, die *Spliff Radio Show* mit Manfred Praeker am Bass und viele andere sind zu sehen. Für jedes Queen-Mitglied ist etwas dabei, und manche der Künstler hinterlassen ihre Spuren. Nicht ganz zufällig erscheint etwa der (zeitliche) Zusammenhang zwischen dem Rockabilly-Revival in den USA mit den Stray Cats und dem Queen-Hit »Crazy Little Thing Called Love«, auch wenn er nicht abschließend geklärt ist.

Dagegen ist die Entstehungsgeschichte von »Under Pressure« bis ins letzte Detail und aus verschiedenen Perspektiven bekannt. Interessant ist Macks Sichtweise, die er in der *Abendzeitung* 2014 schildert. Der Song »Under Pressure« habe ihn sehr gequält. »Die Zusammenarbeit von David Bowie und Freddie Mercury war nicht einfach. Wir haben in München, New York und in Montreux daran gebastelt, es hat Monate gedauert.« Die Neugier und die Eifersüchteleien zwischen den beiden Rockstars wurden später von mehreren Beteiligten bis in kleinste Einzelheiten geschildert.

Trotz des geringen Arbeitstempos bringen Queen auch in Montreux die Arbeiten an *Hot Space* voran. Notizzettel aus dem Luxushotel Montreux Palace zeugen davon; beispielsweise entstehen die definitiven Lyrics zu »Cool Cat« am Genfer See. Zudem probieren Queen Songs aus, die in der Schublade landen, wie Freddies »There Must Be More to Life Than This«, das später auf seinem Soloalbum *Mr. Bad Guy* realisiert wird, oder Brians »I Go Crazy«. Letztlich werden alle Songs, die auf *Hot Space* veröffentlicht werden (mit Ausnahme von »Under Pressure«), in München aufgenommen. Und auch »unter Druck« wird zwar in Montreux komponiert und in wesentlichen Teilen aufgenommen, dann aber in München und New York fertiggestellt.

Die Plattenfirmen sind begeistert von der Koproduktion Queen/Bowie. Die Single-Vorauskopplung wird im Oktober 1981 veröffentlicht und schafft es in UK auf Platz eins. Bemerkenswert ist die B-Seite der Single, die in München als Demo bereits während der *The Game*-Sessions entsteht: »Soul Brother«. Der Song enthält zahlreiche Anspielungen auf vergangene Queen-Hits. Wie bei »Under Pressure« zeichnet die ganze Band gemeinsam dafür verantwortlich, ein Teamwork-Gedanke, der sich erst mit den Arbeiten für das Album *The Miracle* 1988 durchsetzen wird.

Queen nutzen hier und da deutsche Wörter auf *Hot Space*, »danke« am Ende von John Deacons »Back Chat« oder »Funktion« in Brian Mays »Dancer«. Hier spielt Brian den Bass auf einem Oberheim-Synthesizer. Zudem ist er auf einem Promo-Foto mit einer Linn LM-1 Drum Machine zu sehen. Ob freiwillig oder nicht, Brian nimmt aktiv teil an der Anwendung der neuesten technischen Geräte. Auf einem anderen Foto trägt er eine Windjacke, auf der sein Name von Hand eingestickt ist, darunter ist das Sugar-Shack-Logo (in Form von Zuckerwürfeln) auf einer Anstecknadel zu sehen. Die Grafiker platzieren verschiedenfarbige Würfel auf dem Albumcover von *Hot Space*. Das Cover erinnert an *Let It Be* von den Beatles. Roger ist in der Drummer-Position links unten, passend zu Ringo, zu sehen. Brian rechts unten, an der Stelle von George. Demnach nimmt Bassist John die Stellung Pauls auf dem Album ein, und Freddie befindet sich an John

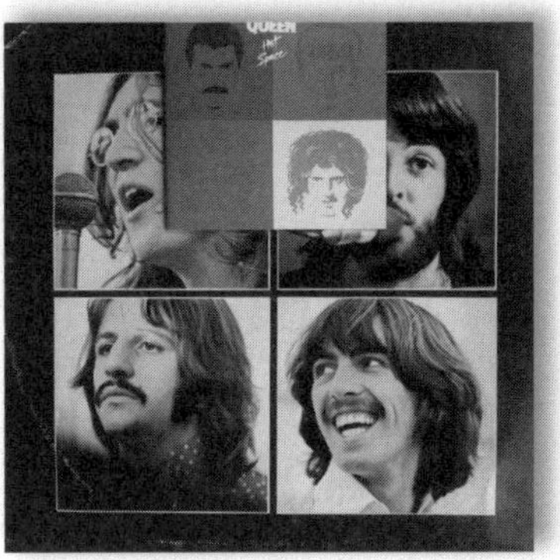

Das *Let It Be*-Cover der Beatles: Anregung für *Hot Space*.

Lennons Stelle. Freddie macht die Farbvorschläge. Gelb und Rot sind seine Lieblingsfarben. Auf dem Cover erscheint Freddie in Rot, John in Blau, Roger in Grün und Brian in Gelb. Das »Q« von Queen auf den verschiedenen Plattencovern ist ein spannendes Thema für Typografen. Fast jedes durchläuft viele optische Erscheinungsweisen, bevor alle damit zufrieden sind. Die Genese des Q auf *Hot Space* ist besonders langwierig, obwohl die Typo im Endeffekt unauffällig wirkt.

Brian Mays Song »Dancer« weist einige Eigenheiten auf: Die Worte »Hot Space«, die dem Album seinen Titel geben und direkt mit den Audio-Erfahrungen im Sugar Shack zusammenhängen, kommen darin vor, sowie die Stimme einer Mitarbeiterin des Hilton Park Hotels. Gegen Ende des Songs, der von einer frustrierend-schlaflosen Nacht erzählt, sagt sie bei Minute 3:25: »Guten Morgen. Sie wünschten geweckt zu werden.« In München kombinieren Queen die Erfahrung

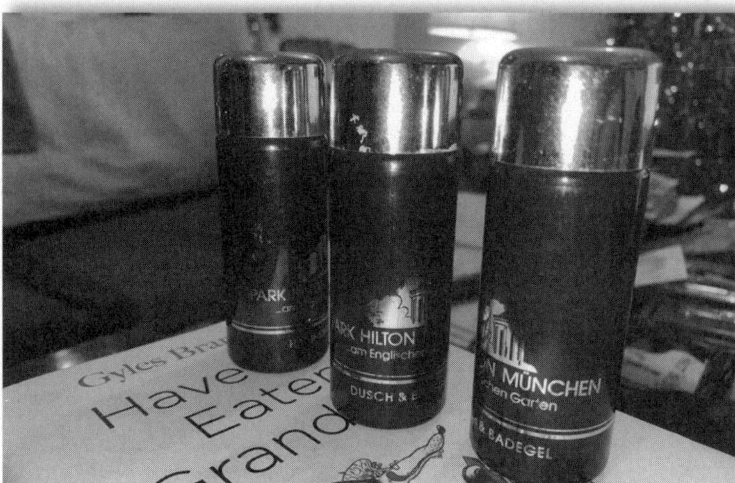

Für dieses Buch fotografiert Peter Straker seine Erinnerungsstücke an die Münchner Tage mit Freddie: Shampoo und Duschgel aus dem Hilton.

leidenschaftlich-verzweifelter Discothekennächte mit britischem Humor, der mittels deutscher Sprache zum Ausdruck kommt. Eine künstlerische Form, die in der Pop- und Rockmusik selten zu finden ist und durch den Einbezug von Alltagsgeräuschen an die Musique concrète erinnert, so zu hören auch auf »Bicycle Race«: Mehrere Fahrradgeschäfte von Montreux tragen damals zum Gelingen bei. Die sanfte Damenstimme aus dem Hilton kennt auch Peter Straker. Ihm gefällt es dort so gut, dass er das Badezeug aus dem Hotel als Souvenir noch heute besitzt.

WENN ER DA WAR, HAT KEINER HINGESCHAUT

Im September 1981 bereiten sich Queen in New Orleans auf ihre nächste Blitztournee mit mehreren Auftritten in Südamerika vor. Im November erscheint *Greatest Hits*, der größte Album-Verkaufserfolg der Band, der in den meisten, je nach Land leicht variierenden Editionen jeweils vier Songs aus *The Game* sowie »Flash« und manchmal auch »Under Pressure« enthält. In Großbritannien ist es bis heute das meistverkaufte Album aller Zeiten vor den *Greatest Hits* von ABBA und *Sgt. Pepper's Lonely Hearts Club Band* von den Beatles. Nach einem Abstecher im November nach Kanada für den heute unter dem Titel *Queen Rock Montreal* bekannten Konzertfilm ist die Band vom 6. bis zum 22. Dezember wieder in ihrem zweiten Zuhause in München, um die Aufnahmen für *Hot Space* zu beenden. Sie schaffen es nicht ganz: Der Feinschliff erfolgt im Februar und März 1982. Ingrid ist, wie von ihr vorhergesagt, schneller. Aber im März sind alle Aufnahmen im Kasten – vier Wochen nach Little Freddies Geburt. Ende März, Anfang April proben Queen in Los Angeles, um gemeinsam mit dem Keyboarder Morgan Fisher aufzutreten. Die *Hot Space*-Tour startet im April in Schweden. Optisches Markenzeichen sind die »Body Language«-Pfeile, auch an Freddies Kleidern. Zwei ausgezeichnete Konzerte im Hallenstadion in Zürich sind auf

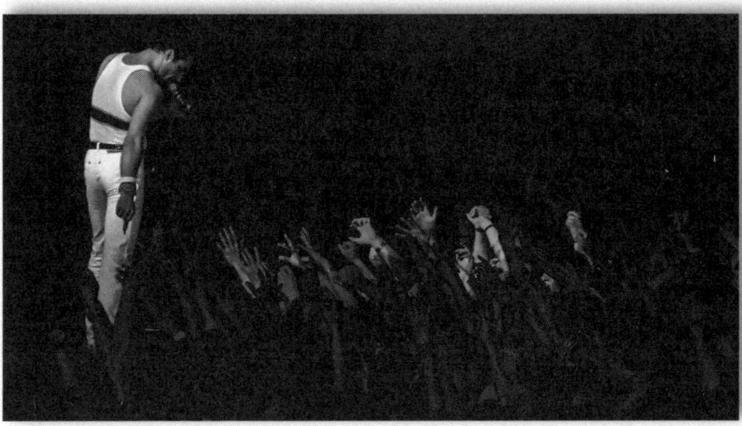

Freddie nah bei seinen Schweizer Fans im April 1982 im Hallenstadion Zürich.

Bootlegs dokumentiert, ebenso der Auftritt am 28. April in der Festhalle in Frankfurt. Die Band absolviert neunundzwanzig Auftritte, zehn davon in Deutschland. Am 9. Mai 1982 spielen Queen in Würzburg. Bei der Gelegenheit besucht Freddie die Rattenfänger-Stadt Hameln und ist begeistert. Er lässt Danny, einen Friseur aus London, einfliegen, der die Band dann einige Tage lang auf der *Hot Space*-Tour begleitet. Die Haare sind jetzt noch etwas kürzer als ohnehin schon. Queen sind frisch frisiert und gut eingespielt, als sie am 21. Mai 1982 wieder in der Olympiahalle auftreten. Das Ticket kostet 24 D-Mark im Vorverkauf und 27 Mark an der Abendkasse. Es ist die letzte Show in Deutschland auf dieser Tour. *Hot Space* erscheint nun auch in UK, wo Queen am 29. Mai in Leeds die Reise fortsetzen. Wieder ergibt sich die Möglichkeit, in der Zwischenzeit in München einige Tage zu pausieren, gute Freunde wiederzusehen und nachts um die Häuser zu ziehen.

Das letzte Konzert vom 5. Juni in der Milton Keynes Bowl wird 2004 auf CD und DVD veröffentlicht: *Queen on Fire – Live*

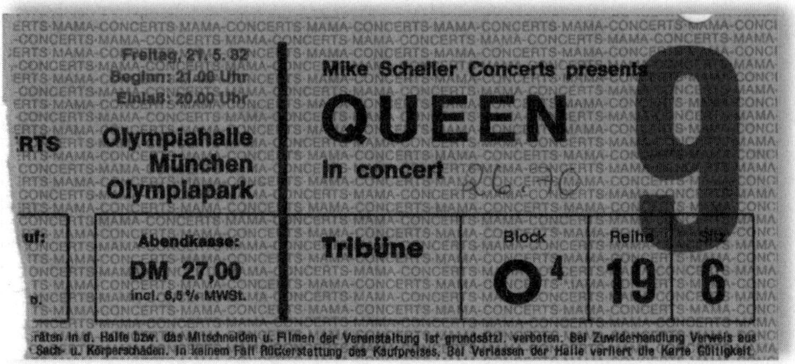

27 D-Mark für die letzte Show der *Hot Space*-Tour 1982 in Deutschland.

at the Bowl vermittelt einen Eindruck davon, wie es gut zwei Wochen zuvor auch schon in der Olympiahalle gebrodelt hat. Danach drehen Queen Videos für »Back Chat« und »Calling All Girls«, und im Juli beginnt schon die US-Tour mit dreißig Auftritten. Es folgen sechs Konzerte in Japan. Dazwischen, am 5. September 1982, feiert Freddie seinen sechsunddreißigsten Geburtstag in den Musicland Studios. Seit dem grandiosen Auftakt mit »Crazy Little Thing Called Love« fühlt sich Freddie hier immer heimischer und stets inspiriert. Mit von der Partie bei der Geburtstagsfete ist Hansi Hoffmann.

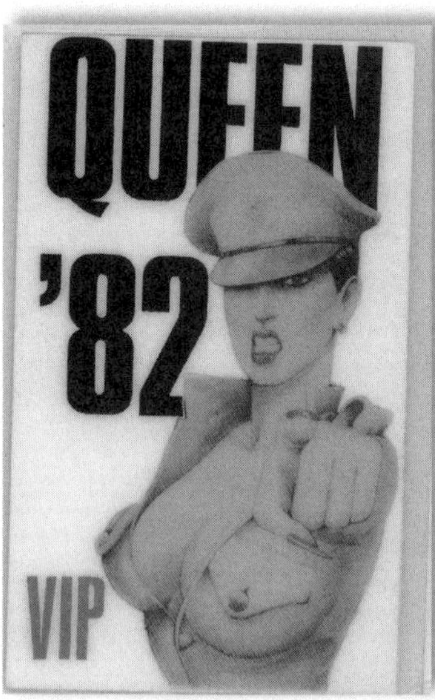

Sexy VIP-Pass für die *Hot Space*-Tour.

»Der Tumult konnte nicht wilder sein«, erinnert sich

Hansi an die Party. »Brian spielte auf dem Bösendorfer-Flügel ein wildes ›Happy Birthday‹.« In den Musicland Studios geht es deftig britisch-bajuwarisch zu. Hansi erinnert sich, wie er mit den jubelnden Gästen lautstark »For He's a Jolly Good Fellow« schmettert und wie Barbara Valentin im samtenen Dirndl und tief dekolletiert eine große Geburtstagstorte aus Bodo's Backstube präsentiert – frivole Zuckerbäcker-Kunst des Krapfenspezialisten und Kuchendesigners Bodo E. Müller. Er ist nur ein knappes Jahr jünger als Freddie und seit 1978 mit seiner Backstube am Sendlinger Tor [41] erfolgreich. Seine Torte besteht aus rosig-runden Marzipan-Pobacken, aus deren Mitte eine dicke Kerze emporragt. »Das Gejohle der drei Dutzend Gäste, stramme bayerische Kerle und Jüngelchen nebst halbseidenen Münchner Schickeria-People, wollte kein Ende nehmen«, erinnert sich Hansi. Champagner fließt in Strömen, und Freddie umarmt mit Tränen in den Augen seine Gäste. Danach fährt die Geburtstagsgesellschaft mit mehreren Privatautos und Taxis ins Henderson. Wieder fließen Champagner und Wodka. »Die letzten Gäste torkelten Arm in Arm in den Sonnenschein des warmen Septembermorgens.«

Wann immer Freddie in München Lust auf Süßes hat, ist Bodo seine erste Adresse, natürlich auch drei Jahre später im Henderson bei der Schwarz-Weiß-Party zum neununddreißigsten Geburtstag. Sechs Monate vor der von vielen als spektakulärste Rock'n'Roll-Party aller Zeiten bezeichneten Feier sorgt Bodo für Schlagzeilen. Er ist Faschingsprinz der Münchner Narrhalla und trägt den Ehrentitel »Prinz Bodo der Schaumschläger von Pralinesien«.

Die Beziehungen zueinander werden im Lauf der Jahre immer enger, nur nehmen die Münchner Freddie nicht immer ganzheitlich, nehmen nur Teile seiner Persönlichkeit wahr: Mack schimpft auf Barbara, sie sei sein Untergang; Barbara schimpft auf die Transen, sie wollten ihr Freddie stehlen; Miss Piggy schimpft auf Freddies Frauen, sie seien Freddies Verderben; Heiliggeiststüberl-Wirtin Bobby schimpft auf Piggy, er verdrehe die Tatsachen. Freddie ist sich des vielfältigen Problems bewusst: Die Münchner lieben ihn aus den verschiedensten Gründen. Natürlich kann er damals die posthumen Querelen nicht verhindern, er versucht aber zu Lebzeiten, die aktuellen Missstimmungen zu lindern. Er ist höflich und lieb zu allen, verteilt seine Gunst großzügig und verbringt gute Stunden mit den jeweiligen Freundinnen und Freunden, jedoch selten mit allen gemeinsam, um Reibereien zu vermeiden. Bei Mack zu Hause probiert er sich als Familienvater aus, bei Barbara ist er extrovertierter Künstler und Koksnase, bei Bobby putzt er bescheiden, ja demütig das Stüberl, mit Petra Dorén und Miss Piggy und ihren Freund*innen entfaltet Freddie seine Anima. Die Einzige, die Freddies Gesamtpersönlichkeit erfasst und liebt, ist möglicherweise Mary Austin, auch wenn die hervorragende Mercury-Biografin Lesley-Ann Jones in ihrem Buch *Love of My Life* andere Schlussfolgerungen zieht. Marys entscheidender Vorteil: Sie lernt Freddie kennen und lieben, bevor er berühmt wird.

Freddie fühlt sich in Bayern wohl, weil er hier nicht der Superstar, nicht der König von Queen ist. Mehrfach betont er, dass Barbara in München bekannter ist als er. Das macht ihm Spaß: Als Hänfling spaziert er an der Seite der Domina durch das nächtliche München. Vorher schüttelt er seine Begleiter und Bodyguards ab. Mit Barbara braucht er weder Phoebe noch Trixie als Schutz und Kommunikationshelfer. Barbara ist diesbezüglich die unumstrittene Nummer eins. Und als er von den deutschen Studiomusikern spricht, die später auf seinem Soloalbum *Mr. Bad Guy* spielen, meint er es ernst, wenn er darauf hinweist, dass sie in Deutschland in ihren jeweiligen Bands ebenfalls bekannter sind als er.

Freddie hat damals inzwischen sein eigenes Postfach in München in der Isarvorstadt: Die Post befindet sich dort immer noch an derselben Stelle an der Fraunhoferstraße 22a. 42 Gertis Schoppenstube ganz in der Nähe in der Fraunhoferstraße 43 43 besucht Freddie gerne mit Barbara. Zudem hat er in München sein Lieblingsgeschäft, wenn er sich neue Unterwäsche kaufen will. Die findet er bei Stefan Ottmann und seiner Mutter. Leider gibt es den Laden nicht mehr, der sich damals neben der Post befindet. Freddie betritt das Herrenfachgeschäft persönlich und regelmäßig. Er kauft mit Vorliebe String Tangas der Marke HOM in allen Farben. Über Stefans Mutter sagt er: »She's the nicest mother.«

Freddie genießt die Spaziergänge vom Chinesischen Turm hinab Richtung Hofgarten an der Schönfeldwiese mit ihren Nackerten und am japanischen Teehaus vorbei. Wo der Schwabinger Bach in den Eisbach mündet, verzaubert der kleine Wasserfall seit jeher die Spaziergänger. Die mit Moos überwachsenen Steine erinnern an das Cover von Led Zeppelins *Houses of the Holy* von 1973, das damals den Bombast-Rock von Queen beeinflusst. Der Wasserfall selbst ist winzig, aber aus der richtigen Perspektive betrachtet scheint es fast möglich, dass jeden Moment wie in der Wildnis Kanadas Lachse hochspringen und hungrige Bären auftauchen. Als Freddie im Hochsommer mal ermuntert wird, in Shorts ins Wasser zu steigen, um das erfrischende Rauschen zu genießen, mag er nicht. Obwohl er allabendlich genauso leicht bekleidet vor Tausenden und Abertausenden von Zuschauern auf der Bühne posiert, traut er sich nicht. Das liegt aber nicht daran, dass man ihn dabei beobachten könnte, sondern an Freddies Angst vor fließenden und tiefen Gewässern. In der gesamten Queen-Literatur, in allen Mercury-Dokumentationen gibt es keinen Hinweis auf Freddie als Schwimmer. Offenbar hat ihn niemand jemals kraulen oder tauchen sehen. Brian springt gerne auch vor laufenden Kameras in Pools, aber Freddie beobachtet das Geschehen lieber vom sicheren Beckenrand aus. Wahrscheinlich ist er trotz seiner Herkunft aus Sansibar zeitlebens Nichtschwimmer. In seiner Generation kommt es noch häufig vor, dass Kinder und Jugendliche zwar am Meer aufwachsen, aber großen Respekt davor haben und auch in der Schule nicht lernen, wie man sich zumindest im Wasser treiben lässt.

Der *Spartacus International Gay Guide* beurteilt in der Ausgabe von 1983, basierend auf Erfahrungen aus dem Jahr 1982, zwei Münchner Discotheken negativ. Schwule seien zwar willkommen, würden aber abgezockt, und die Profite würden nicht in die schwule Aktivisten-Szene reinvestiert werden, wie das manch andere Club-Betreiber tun. Daraufhin strengen Münchner Anwälte ein Verfahren gegen den *Spartacus*-Herausgeber John Stamford an. Die Discotheken-Inhaber weisen darauf hin, dass sie nicht in dessen Publikationen inseriert haben, und vermuten, dass Stamford deshalb die negativen Kritiken veröffentlicht. Der Verleger reist selbst viel und schreibt persönlich zahlreiche Club-Porträts. Es passiert oft, dass sich die Club-Inhaber über mangelnde Wertmaßstäbe und fehlende objektive Kriterien ärgern. Zudem vermuten sie, dass Stamford in München nicht herzlich genug empfangen wurde. Das kann Freddie nicht passieren. Er ist in jedem Münchner Club, in jeder Disco hochwillkommen.

Spartacus schreibt in derselben Ausgabe 1983 ausführlich über Aids. Freddie verdrängt die Gefahr und wechselt weiterhin oft die Partner. Es gibt drastische Schilderungen seines Verhaltens, was Flüchtigkeit, Häufigkeit und Schnelligkeit seiner sexuellen Kontakte betrifft. Dazu gehören bei Tourneen auch Quickies mit Strichern hinter der Bühne nach dem letzten Song des Konzerts und vor der ersten Zugabe. Es gibt aber auch gegenteilige Aussagen: Als sich ein Reporter am Tag nach Freddies Tod unter die Gäste der Deutschen Eiche mischt, erzählt ihm ein Gast, der nicht genannt werden will, wie wählerisch Freddie bei der Partnersuche gewesen ist.

Zweifellos schiebt Freddie aber die Gefahr beiseite: Er will nichts wissen vom noch unerforschten Virus. Es ist das Verdienst von Richards und Langthorne, in ihrer umfassenden Biografie Freddies sexuelle Orientierung analysiert und sein Verhältnis zur aufkommenden Seuche über die Jahre hinweg untersucht zu haben. Richards und Langthorne kommen zum Ergebnis, dass Freddie sich mit Sicherheit in den USA mit HIV infiziert hat, vermutlich in New York bereits 1981. Freddie genießt die Freuden des Lebens in München aber bis zuletzt, bis zu seinem – nicht definitiven – Abschied 1986, als er allmählich anfängt, sich ernsthaft Sorgen zu machen.

Der Viktualienmarkt gehört zu Freddies Lieblingsplätzen. Fanelli und Phoebe kaufen dort frisches Obst und Gemüse ein. Wenn die beiden nicht da oder anderweitig beschäftigt sind, kommt das Essen zu seinem Apartment in der Stollbergstraße via Catering-Service vom Hotel Vier Jahreszeiten. Und manchmal reicht auch »Hausmannskost«: Freddie liebe Kaviar mit Kartoffeln, sagt Barbara Valentin mal. Er esse ohnehin wie ein Vögelchen. Auswärts trinke er fast ausschließlich Wodka, sei aber diszipliniert und schwärme nicht ins Nachtleben aus, wenn er am nächsten Tag arbeiten muss. Mack meint, dass Freddie aber auch hin und wieder improvisiert und Termine kurzfristig cancelt. Einige Treffpunkte rund um den Viktualienmarkt gehören zu Freddies festen Anlaufstationen in München: Auch hier mag er die besonders kleinen Bars. Sie sind der willkommene Kontrast zur weitläufigen Pracht seines Superstar-Daseins. Sie sind auch die Antipoden zu den Stadionkonzerten. Winzige Künstler- und Schwulenboazn wie das Petit Café in der Marienstraße 2 [44] (das allerdings seinen Stammgästen noch ein verstecktes Hinterzimmer anzubieten hat) oder das urmünchnerische Heiliggeiststüberl sind zwei Favoriten bei Freddies nächtlichen Spaziergängen und sorgen für Abwechslung nach Studioaufnahmen oder kräftezehrenden Tourneen. Das Petit Café ist heute kaum verändert, das dunkle Holz ist noch dasselbe wie damals. Das Heiliggeiststüberl in seiner ursprünglichen Form lässt sich hingegen nicht mehr besichtigen.

Das Heiliggeiststüberl in der Heiliggeiststraße 1 existierte ab 1952. [45] Es war das Lebenswerk der Wirtin Bobby, mehr als vierzig Jahre lang die gute Seele des Stüberls. Bobbys besonderer Gästemix ist über Jahrzehnte einmalig, doch 2014 ist Schluss: Bobby muss sich zurückziehen. Ihre Pforte in die

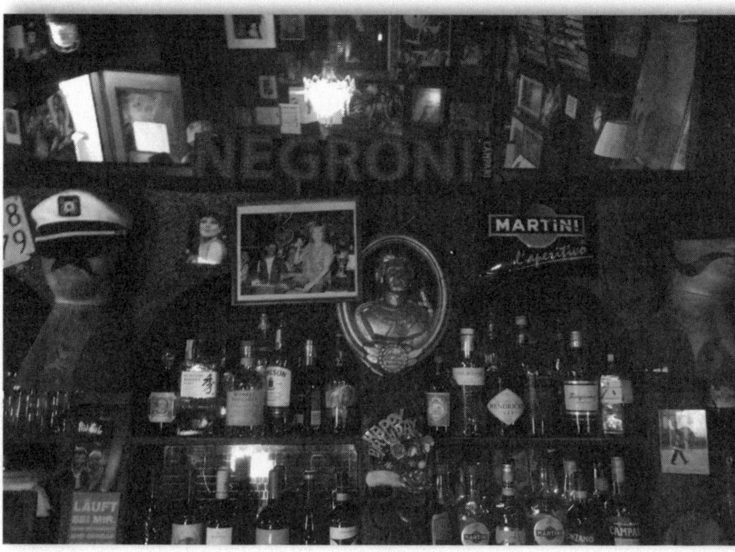

Spätnachts an der Bar des Petit Café: Hier verbringt Freddie viele glückliche Stunden mit dem Wirt Hermann.

mystische Heiliggeist-Welt muss für immer schließen. Die besondere Heimat für Münchner Unikate und für alle, die daran teilhaben wollen, gibt es nicht mehr.

Bobby lebt heute die meiste Zeit über in Spanien. Das Stüberl heißt inzwischen Bar Heiliggeist 1 und ist kaum noch wiederzuerkennen. Immerhin wissen die Nachfolger, in welch traditionsreichem Raum sie für ihre meist junge Hipster-Klientel den hier beliebten Aperol Spritz ausschenken und sie mit Elektropop berieseln. Auf der Getränkekarte steht wenigstens noch »Schwuler Hirsch«, Jägermeister mit Baileys. Und an der Wand hängt sie gerahmt: Bobby an ihrem geliebten Tresen. Die Aufnahme stammt von einem Dreh für *Monaco Franze.*

Die Heiliggeiststraße im Stadtbezirk Altstadt-Lehel wird von der Heilig-Geist-Kirche dominiert und gehört zu den engsten Gassen Münchens. Manche Häuser in ihrer heutigen Struktur entstehen dort gegen Ende des 19. Jahrhunderts. Der Eckbau am westlichen Ende mit der Schmuckfassade zum Viktualienmarkt hin steht unter Denkmalschutz: Der Giebel mit den spiralförmigen Verzierungen wird von fünf Türmchen gekrönt. Eine Balkonloggia mit Säulen fasziniert jeden aufmerksamen Betrachter. Freddies Sinn für das Schöne wird auch durch solche architektonischen Feinheiten angesprochen: Die Liebe zum Detail, der Perfektionismus, die minutiöse Sorg-

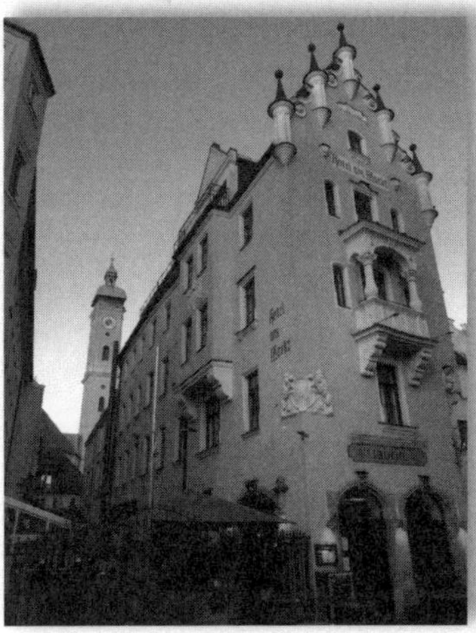

Schmuckvoller Eckbau beim Viktualienmarkt.

falt gepaart mit der großen Leidenschaft für Ästhetik finden sich in München auf ganz andere Weise als in London, Montreux, Tokio oder New York. Die Proportionen der Isarmetropole sprechen Freddie an: nicht zu groß und nicht zu klein und mit einem Stadtkern, der fußläufig zu erkunden ist.

In den Münchner Boazn sind Stammgäste in der Mehrzahl. Freddie liebt die familiäre Atmosphäre. Die alten Stüberl sind für ihre Gäste wie zweite Wohnzimmer. Die Lokale sind so klein, dass sich jeder mit jedem unterhalten kann, ohne seinen Platz verlassen zu müssen. Das Glas bleibt immer griffbereit. Das Heiliggeiststüberl misst nur 30,5 Quadratmeter. Durchschnittsgröße für Münchner Lokale dieser Art. Es gibt auch kleinere. Kein Wunder, dass die Wirte ihre Besucher persönlich kennen. Nicht selten kennen sie auch deren intimste Geheimnisse. Sie nehmen die Gäste in den Arm, denn sie wissen, wann Trost vonnöten ist.

Besonders Bobby hat ein Gespür für die ausgelassenen und fröhlichen, aber auch für die schwierigen Stimmungen ihrer Kunden. Ihre tiefe Reibeisenstimme ist noch heute ihr Markenzeichen. Bobby hat langes rotblondes Haar, liebt Motorräder, besonders die von Harley-Davidson, ist in den Achtzigerjahren leidenschaftliche Raucherin, oft auffallend geschminkt und sexy gekleidet: schwarze Lederjacke, schillernd besticktes Shirt, schwarze Leggings und Nietengürtel um ihre schmale Taille. Natürlich verguckt sich Freddie sofort in diese ganz außergewöhnliche Erscheinung des Münchner Nachtlebens, die einen interessanten Kontrast zu Barbara Valentin bildet. Da passt es wunderbar, dass Barbara und Bobby gute Freundinnen sind. Eine professionellere Barwirtin als Bobby, die mit ihrer Aura das gesamte Lokal erfasst, kann man sich kaum vorstellen. Jeder Handgriff sitzt. Der Tresen ist ihr Reich. Das Bier scheint, von ihren langgliedrigen Fingern gezapft, auf besondere Weise zu schäumen. Der Wodka und die Gläser sind stets eisgekühlt. Und auch die Stimmungsmusik im Heiliggeiststüberl – nicht selten sind es deutsche Schlager aus den Sechzigerjahren – ist für Freddies Ohren so exotisch, dass er immer wieder auf eine Schaumige samt Schnapserl in diese Perle der Münchner Kneipenkultur kommt.

Schummerlicht, mal rötlich, mal bläulich. Tiefhängende, schlangenartig gebundene Leuchtgirlanden. Lampions. Dicke Wachsschichten auf den bauchigen Weinflaschen, die den Tropfkerzen als Ständer dienen. Glitzersternchen. Lebkuchenherzen. Grünpflänzchen auf uraltem, dunkelbraunem Holz. Jägermeisterfläschchen als grüne Lämpchen, die Wände übersät mit Werbeblech und Gästefotos. Scheiben mit Stickern vollgeklebt. Eine Flut an Krusch und Nippes, alles liebevoll auf engstem Raum verteilt. Dominant der große Kühlschrank, der blinkende Spielautomat, irgendwo ein Ventilator, Federboas, ein nackter Schaufenstertorso, Plastikblumen und daneben die Tafel mit der Aufschrift »UNESCO-Weltkulturerbe«. Einen Teil dieser Gegenstände nimmt man damals bewusst wahr, wie die Original-Harley, die inzwischen nebenan im Le Clou residiert. Die große Mehrheit der unzähligen Deko-Stücke sorgt aber wie nebenbei für die einnehmende Atmosphäre und wirkt Schluck um Schluck im Unterbewusstsein weiter – auch bei den Mesnern und Pfarrern der Heilig-Geist-Kirche nebenan, die sich mit Bobby und ihren Gästen als große Familie verstehen.

»Ich kann mich an viele schöne Begebenheiten erinnern«, sagt der Pfarrer der Heilig-Geist-Kirche Rainer Maria Schießler den Medien, als das Stüberl von der Schließung bedroht ist. »Zum Beispiel, dass ich alle Bischöfe, die hier die Messe gefeiert haben, danach zu Bobby in ihre Kneipe eingeladen habe. Oder dass ich nach dem Requiem für den Generalmusikdirektor

Wolfgang Sawallisch mit der hohen Geistlichkeit da rüber bin. Mit dabei: Bischof Clemens aus Rom, der – wie alle Geistlichen, die ich ins Stüberl geführt habe – in voller Montur ins Lokal trat und restlos begeistert war. Die Wirtin Bobby ist ein Unikat. Vierzig Jahre lang da drinnen zu stehen und sich etliche Geschichten anzuhören, teils von nicht mehr ganz Nüchternen, da gehört schon was dazu. Ich dachte mir oft: ›Ich sitze im Beichtstuhl und nehme die Beichte ab, und gegenüber bei Bobby passiert gerade genau dasselbe‹«, so der Geistliche. Er initiiert seither in der Stadt oft ungewöhnliche Aktionen. Im Pandemie-Winter 2020 startet er beispielsweise eine neunmonatige »Gottesdienst-Roadshow«, nicht nur wegen Corona, sondern auch weil seine Kirche so lange renoviert wird und nicht nutzbar ist.

Bobby ist immer noch dankbar für die »Hilfe von oben«: Wir telefonieren an einem in München trüben Spätsommertag. In Spanien hingegen scheint die Sonne. Bobbys Stimme, die am ehesten mit der von Rod Stewart vergleichbar ist, strahlt Frohsinn und Lebensfreude aus. Kurz blitzt vor dem geistigen Auge die Supergroup auf, die für immer Fiktion bleiben wird: Nose, Teeth & Hair. Gemeint sind Rod, Freddie und Elton. Aber nicht die äußerlichen Attribute wären das Markenzeichen ihrer Lieder geworden, sondern der auf ganz besondere Weise von Rod dominierte Harmoniegesang. Montserrat Caballé, Michael Jackson, David Bowie – keins der realisierten Duette mit Freddie wäre mit der Dreistimmigkeit von Stewart, Mercury & John vergleichbar. Schade, dass die Schnapsidee ein Gedankenspiel der drei Superstars blieb. »Hola«, ruft Bobby am anderen Ende der Leitung in Spanien und kommt gleich zum Punkt: »Bei mir bestellten Barbara und Freddie auch gerne Asbach-Cola. Sie fühlten sich sehr wohl im Heiliggeiststüberl. Hier traf sich Gott und die Welt. Für mich war jeder gleich, egal, was er machte oder was er war: arbeitslos oder prominent, Student oder Direktor, Banker, Arbeiter, Künstler oder Großkopferter.« Bobby berichtet, dass sie am Vortag im Internet gestöbert hat. »Da stehen so private Sachen drin. So etwas erzählt man nicht. Das gefällt mir gar nicht. Ich war immer ein verschwiegener Wirt. Deshalb habe ich jetzt nachgedacht, und mir sind zwei nette Sachen eingefallen«, sagt Bobby.

»Ich habe meinen Laden jeweils um sechs Uhr früh aufgemacht, und abends um zehn war Schluss. Die Barbara Valentin habe ich in der Eiche kennengelernt, in der Fassbinder-Zeit. Den Fassbinder habe ich auch kennengelernt. Nach zehn Uhr konnte ich halt noch ausgehen. Und mit dem Aufstehen um vier oder fünf Uhr hatte ich noch nie ein Problem. Das macht mir nichts aus. Ich wusste ja lange Zeit nicht, dass das der Mercury ist. Für mich war das der Freddie. Ich hab der Barbara gesagt: ›Bring bitte den geilen Typen wieder mit.‹ Der hat so eine Ausstrahlung gehabt, das war der Wahnsinn. Da war ich immer fix und fertig. Das war so wie mit dem Curd Jürgens. Das sind Leute, die haben so eine Ausstrahlung: Wenn das Lokal leer war, und der kommt rein, dann war das Lokal voll. Das hatte der Freddie an sich.

Also, ich erzähle es dir genauso, wie es war: Ich habe mal wieder zugesperrt. Die Barbara hatte mir gesagt: ›Du, wenn du nach der Arbeit nicht heimgehen magst, dann komm doch vorbei. Wir sind im Frisco.‹ Damals wohnte ich noch in Sendling, und das Frisco lag praktisch auf meiner Heimstrecke. Ich bin rein, und da standen die beiden natürlich. Ich hab was bestellt. Aber die Barbara hat gesagt: ›Du, bitte, geh nach Hause, weil wir kommen morgen in der Früh zu dir.‹ Ich fand das einen Schmarrn, aber ich bin dann um kurz nach vier Uhr früh zum Metzger Wallner raus in die Großmarkthalle. Kennst du den noch? Der hatte damals die besten Weißwürste von

München. Ich hab sie immer bei ihm geholt. Die Brezen habe ich eingepackt, und so bin ich zum Stüberl und hab aufgesperrt, und tatsächlich: Um Viertel nach fünf stehen die beiden vor der Tür, die Barbara und der Freddie. ›Ich kann euch doch noch gar nicht reinlassen. Seht mal, wie der Laden ausschaut.‹ Da hat Barbara gesagt: ›Das haben wir gleich, bitte lass uns rein, Bobby.‹ Also habe ich sie hereingelassen. Sie hat dem Freddie einen Besen in die Hand gedrückt und mir beim Gläserspülen geholfen.« Bobbys raues Lachen klingt aus Spanien durch die Leitung nach München.

»Der Freddie hat gründlich gewischt, und als das Stüberl wieder sauber und ordentlich war, hat Barbara gesagt: ›Meinst du, wir kommen einfach so? Wir wollen jetzt die Weißwürste von dir. Und Butterbrezen dazu.‹ Sie wusste, dass ich die immer für meine Gäste in der Früh um sechs machte. Also habe ich die Weißwürste gemacht und die Butterbrezen für die beiden. ›Ich lade euch ein. Ihr habt mir ja beim Saubermachen geholfen‹, hab ich gesagt. Aber Barbara hat gemeint: ›Nein, nein, du bist unsere Freundin. Wir bezahlen unsere Sachen.‹ Und sie haben bezahlt. Ich wollte es gar nicht annehmen, aber sie gaben keine Ruhe. Also, ich glaube nicht, dass Freddie irgendwo auf der Welt jemals in einem Lokal sauber gemacht hat. Das ist ihm nur bei mir passiert. Und Barbara und Freddie kamen dann noch öfter zu mir in der Früh zum Weißwurst-Essen. Aber dann hab ich schon darauf geachtet, dass es präsentabel war im Stüberl, bevor sie kamen.«

Bobby sagt, wie überrascht sie ist, dass ein bestimmter Name nie genannt wird. »Der Hermann, das war der Schwulenwirt in der Ledererstraße hinten im Petit Café. Das Café gibt es noch. Schau es dir an. Und der Hermann war einer der besten Freunde von Freddie und von Barbara. Manchmal kamen sie vom Petit zu mir, manchmal gingen sie von mir zum Petit. Und als ich mal Geburtstag hatte, sagten der Freddie und der Hermann – ich meine ›die Hermine‹ natürlich – zu mir: ›Wenn du um zehn zumachst, geh nicht nach Hause. Komm ins Petit. Wir haben eine Himbeer-Bowle für dich hergerichtet.‹ Also machte ich den Laden dicht und ging rüber. Aber was ich nicht wusste: Das war eine Himbeer-Bowle mit sehr viel Himbeergeist. Da war natürlich bald eine Bombenstimmung. Der Freddie hat mit dem Hermann auf dem Tresen herumgetanzt und so weiter. Also, ich hatte eine sehr schöne Nacht. Einige Tage später kam dann der Hermann zu mir ins Stüberl und hat mir das Foto gebracht: der Hermann mit dem Freddie. Das ist dort an meinem Geburtstag entstanden.«

Bobby erzählt konzentriert und in einem fort. Sie reiht rasch und fast übergangslos eine Erinnerung an die nächste: »Und das Höchste war: Der Freddie ist auch gerne in die New York Bar in der Sonnenstraße gegangen und natürlich ins Henderson. Das hat die Frau Neumann geführt. Und der Heinz Neumann hat die New York Bar in der Sonnenstraße geführt. Der Freddie ist in beiden Lokalen verkehrt. Da kommt mal der Heinz, der Wirt, ins Stüberl rein zu mir und sagt: ›Du, Bobby, du musst unbedingt dann und dann bei mir drüben vorbeischauen. Der Freddie macht da seine Geburtstagsfeier.‹ Ich habe ja den Freddie gekannt. Aber nix vom Mercury gewusst. Ich hab viele Promis gekannt. Aber das war mir immer scheißegal. Dann hat der Heinz noch angerufen und gesagt: ›Komm heute Abend. Das ist die größte Show, die es jemals in München gegeben hat.‹ Da hab ich gedacht: Steckst deine Nase kurz rüber. Und da hat der Freddie das ganze Lokal schwarzweiß machen lassen. Sogar die Aschenbecher waren schwarzweiß. Die sind mit der Kutsche vorgefahren und so. Ich habe mich dann verkrümelt. Ja, die haben bis zum nächsten Tag gefeiert. Da waren die vom Käfer da. Ich kenn den Käfer gut.

Mit ihm war ich schon beim Skifahren auf der Zugspitze. Auf alle Fälle: Das war mir dann zu glamourös. Ich habe mich dann verdrückt. Und ein paar Tage später kommt der Heinz herein, der Wirt, und sagt zu mir: ›Du, Bobby, eigentlich muss ich dir eines sagen, das war wie dem Freddie sein Abschied. Der kann nicht mehr in München bleiben, weil er so krank ist.‹ Wir haben schon gewusst, dass er krank ist. Aber damals hat man nicht so darüber geredet. Da hat man ja auch noch gar nicht gewusst, was das ist, dieses Aids. Da hab ich gesagt: ›Was, der Freddie kommt gar nicht mehr nach München? Der hat sich doch mit der Barbara oben am Markt eine Wohnung gekauft.‹ Die hat er ihr gekauft. Das wusste ich schon. Ich hab gesagt: ›Das ist ja Scheiße.‹ Und der Heinz: ›Ja, der ist so krank, der wird nicht mehr kommen. Eigentlich war der Geburtstag ein indirekter Abschied von München.‹ Und dann fragt der Heinz noch: ›Du weißt schon, wer der Freddie ist?‹ Und ich: ›Unser Freddie halt.‹ Dann hat er gesagt: ›Ja, spinnst denn du. Das ist der Mercury. Schaust du nicht fern?‹ Ich habe den Freddie nicht in so eine Verbindung gebracht.« Bobby macht eine kurze Pause.

»Und als die Nachricht von Freddies Tod kam, da hat mich schon ein wenig der Schlag getroffen. Da hab ich mir ein Schnapserl einschenken müssen.« Bobby macht eine weitere Pause, obwohl es schon dreißig Jahre her ist. Dann fährt sie fort: »Zu mir sind die Promis immer gerne gekommen, weil die wussten, ich bin verschwiegen. Kennst du noch die Toni Netzle? Die war so wie ich. Die hat auch nicht über die Promis geplaudert. Und wenn die Netzle zugemacht hat, sind viele zu mir gekommen, weil ich schon um sechs Uhr in der Früh da war. Ob das der Götz George war oder wer auch immer. Dann habe ich offen gelassen bis etwa um zehn. Die waren ja auch besoffen. Dann hab ich zugemacht und geputzt und etwa um elf wieder aufgemacht. Immer so um neun, halb zehn hab ich gesagt: ›Sperrzeit‹, hab den Besen geholt und gekehrt. Da lagen ja auch die Weißwurst-Teller am Boden und so. Dann habe ich alles schön sauber gemacht und später wieder neu aufgemacht.«

Schließlich wundert sich Bobby: »Warum das New York nie erwähnt wird, oder der Neumann Heinz und seine Frau, das verstehe ich nicht. Die waren so befreundet mit dem Freddie. Und der Hermann vom Petit Café drüben, der lebt jetzt leider auch nicht mehr. Der Neumann auch nicht, der vom New York und vom Henderson. Es machen sich so viele wichtig, die ihn gar nicht gut gekannt haben. Das habe ich mir heute Nacht überlegt. Man muss schon mal vom engeren Kreis vom Freddie berichten. Natürlich leben die meisten nicht mehr. Aber ich lebe noch.« Bobby lacht ihr heiseres Lachen.

»Im Heiliggeiststüberl hatte keiner einen Stammtisch. Das mischte sich immer neu. Barbara und Freddie haben sich gern ins Eckerl reingedrückt und rumpoussiert. Ach, ich wüsste noch mehr. Aber man redet nicht drüber. Da wollte mal einer ein Buch über mich schreiben. Ich hab abgelehnt. Ich hab gesagt: ›Ich will noch länger leben, ich sag nichts, weil ich zu viel weiß.‹ Das ist so als Wirt. Da musst du verschwiegen sein. Aber die zwei netten Geschichten, das geht schon. Der Heinz hat gesagt, es hat vierzigtausend Mark gekostet, das Henderson in Schwarz-Weiß herzurichten für den Abschied. Die Barbara ist dann noch ein paarmal nach London geflogen. Aber der war plötzlich so schnell schwer krank. Der konnte nicht mehr kommen.

Der Freddie war fünf, sechs Jahre in München. Am besten hat es ihm am Viktualienmarkt gefallen. Weil da kannst du ein bisschen anonym bleiben. Wenn du in die In-Discothek gehst, da schaut dich ja jeder an. Er wollte seine Ruhe haben. Die hat er bei uns gefunden. Wenn er da war, hat keiner hingeschaut. Und ich hatte viele schwule Gäste. Ich war fast die einzige Frau, die in die Schwulenlokale durfte, ins Frisco oder ins New York. Barbara war schwer in Ordnung. In der Nacht vor der Scheidung vom Dietl waren wir im Pils in der Dultstraße. Der Dietl hatte im Heiliggeiststüberl *Monaco Franze* gedreht. Dietl hat meinen Busen gesehen, und dann hat er zur Barbara gesagt: ›Da drüben muss ich filmen.‹ Das Video ist im Internet. Da musste ich also mit der Barbara saufen. Sie hat zu mir gesagt: ›Du bist meine einzige Freundin.‹ Mit der Elisabeth Volkmann gab's ja immer Krach. Um acht Uhr früh hab ich gesagt: ›Jetzt muss ich gehen.‹ Um zehn Uhr war die Scheidung. Eine Woche später kam sie zu mir ins Stüberl und hat gesagt: ›Alles ist gut über die Bühne gegangen.‹ Barbara war ja mit dem Dietl viele Jahre verheiratet. Und ein Banker, ein großer Banker hat mir mal gesagt: ›Wenn Sie nicht da wären, ich würde nie im Leben in so ein Lokal gehen.‹ Wenig später war er dann Stammgast. Ach ja, das Foto wurde vorher gemacht, vor der Himbeer-Bowle, sonst wäre das gar nicht möglich gewesen. Der Hermann hat gleich am Dreifaltigkeitsplatz gewohnt, wo die Heiliggeiststraße aufhört. Der Freddie hat öfter bei ihm übernachtet, als sie von der Ledererstraße rüberkamen. Aber die haben nichts miteinander gehabt. Der Freddie ist nur rauf zum Schlafen. Das war nur Freundschaft. Mich stört es, wenn immer von so vielen Leuten Falsches erzählt wird. Man muss von den Menschen etwas Nettes erzählen und nicht immer so einen Scheiß. Ja, jetzt hast du ein Urgestein kennengelernt.«

Bei Unterhaltungen mit Queenologen tauchen immer wieder ähnliche Fragen auf, beispielsweise was Freddie heute täte, wie und wo er leben würde, ob er noch künstlerisch aktiv wäre wie die Rolling Stones oder Paul McCartney, mit denen sich Queen 1980 die EMI-Anzeigendoppelseite teilen. Dauern diese Queen-Gespräche länger, gelangen wir tiefer in die Materie. Hätte Freddie vielleicht eine Familie gegründet? Hätte er Kinder gezeugt? Hat er vielleicht sogar Kinder, von denen die Welt nichts weiß? Diesbezüglich finden in München entscheidende Weichenstellungen statt. Biograf Rick Sky und Reinhold Mack sind sich sicher, dass Freddie nie näher an einer grundlegenden Änderung seiner Lebensverhältnisse ist als zu seiner Zeit an der Isar. »Trotz Freddies homosexueller Promiskuität – München war der perfekte Ort, um sich ihr hinzugeben – glauben einige seiner Freunde, dass er sein Leben als Schwuler letztlich als unbefriedigend empfand«, schreibt Sky. Mack glaubt, dass der Sänger möglicherweise seinen bisherigen Lebensstil aufgeben, dass er heiraten und eine Familie gründen wollte. Er denkt, dass Freddie eine eigene Familie über alles geliebt hätte. Diese Sehnsucht habe ihre Wurzeln in der Kindheit gehabt, als er so oft und so lange von seinen Eltern und seiner Schwester getrennt war und das Internat in Indien letztlich ohne Abschluss verlassen musste. Erst danach – zu Hause in Sansibar und wenig später in London – ging es mit den schulischen Leistungen wieder aufwärts.

»Freddie hat mir mehrfach gesagt: ›Vielleicht gebe ich bald dieses ganze Schwulen-Ding auf.‹ Ich fand diese Äußerung überhaupt nicht seltsam. Freddie hat ja mehr oder weniger mit vierundzwanzig oder fünfundzwanzig Jahren entschieden, er sei schwul. Davor galt er als Hetero. Mit Freddie war nichts unmöglich. Ich bin überzeugt, dass er hätte aufhören können, schwul zu sein, denn er liebte die Frauen. Ich habe genau und oft gesehen, wie er in ihrer Anwesenheit war«, so Mack. Auf einem Foto zu viert sind Little Freddies Eltern und sein Taufpate glücklich zu sehen: Vater Reinhold links, daneben Mary Austin, dann Freddie und neben ihm rechts außen Ingrid. »Freddie war nicht der Typ des schwulen Mannes, der

Frauen aus seinem Leben verscheuchen will. Er war das Gegenteil«, erinnert sich Reinhold Mack. Der Produzent kann das wie kein anderer aus der Münchner Zeit beurteilen. In den glücklichen Stunden mit Mercury begreift Mack, wie sehr sich Freddie selbst eine Familie wünscht, eine Frau, Kinder, ein Haus. »Freddies größter Wunsch war es, eine Familie und ein normales Leben zu haben«, sagt Mack und fährt fort: »Ich hatte große Probleme, als ich vor Jahren von einem Steuerberater böse aufs Kreuz gelegt wurde. Ich musste sehr viele Steuern nachzahlen. Eines Tages sprach ich mit Freddie darüber, und er sagte mir: ›Fuck, das ist nur Geld! Warum solltest du dir deswegen Sorgen machen? Du hast es doch geschafft. Du hast alles, was du brauchst – eine wundervolle Familie und Kinder. Du hast alles, was ich nie haben kann.‹ Da wurde mir klar, dass er bei uns zu Hause alles genau beobachtete. Er saugte das alles auf. Er sah, wie so ein Familienleben sein konnte und wie es ihn hätte glücklich machen können. Meine Familie ist sehr eng.«

Mack erinnert sich, wie er eines Tages ein Gespräch zwischen Freddie und Felix, Macks zweitgeborenem Sohn, mitbekam. Freddie und Felix saßen auf dem Sofa zu Hause bei den Macks. Freddie habe sentimental und nostalgisch davon gesprochen, selbst nie so etwas gehabt zu haben. Als Kind habe er sehr viel Zeit getrennt von seinen Eltern leben müssen. Er sei in einem Internat gewesen und habe seine Familie fast nie gesehen. »Er hatte eine harte Kindheit. Vor allem als er als junger Teenager nach London kam«, berichtet Mack. Freddie sei aus einem seltsamen, exotischen Land nach Großbritannien gekommen und habe anders ausgeschaut als die anderen Kinder. Seine Schwester Kashmira Bulsara sagt: »Freddie wurde im Alter von achtzehn Jahren in England geboren.«

Feltham liegt etwa zwanzig Kilometer südwestlich von London. In Earls Court nimmt man die District Line bis Richmond. Dort steigt man in die South Western Railway Richtung Windsor & Eton Riverside um. Nach nur einer halben Stunde ist man von Earls Court aus, wo Queen große Erfolge feierten, in Feltham. Dort gibt es auf den Spuren Freddies einiges zu erkunden: den Gedenkstein an der Hauptstraße, das Zoroastrische Zentrum und Freddies ersten Wohnort in London. Er kommt 1964 schon im Alter von siebzehn Jahren mit seinen Eltern und seiner jüngeren Schwester Kashmira als Geflüchteter aus den Bürgerkriegswirren in Sansibar nach Westlondon. Bis 1965 gehört Feltham zur Grafschaft Middlesex, danach als Teil von Greater London zum Bezirk London Borough of Hounslow. Von Feltham fährt der Bus Nummer 90 in nur zwölf Minuten zum Flughafen Heathrow. Zum Ealing College dauert die Busfahrt schon etwas länger. Trotzdem

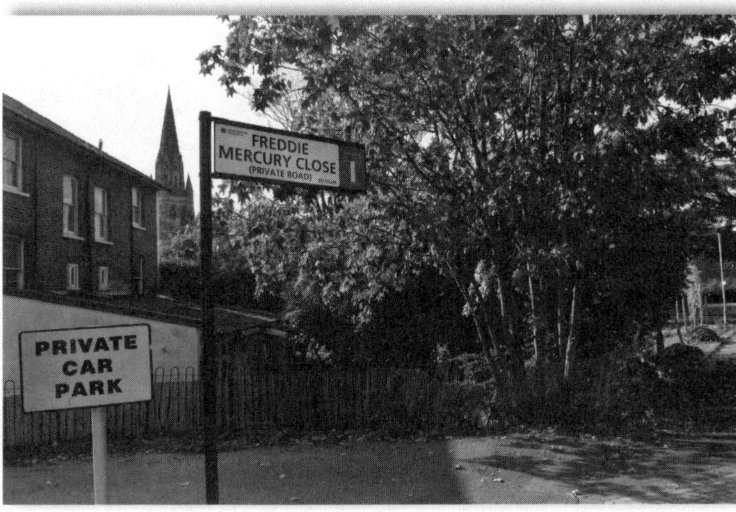

Eine Straße in Feltham erinnert an den berühmtesten Sohn der Stadt.

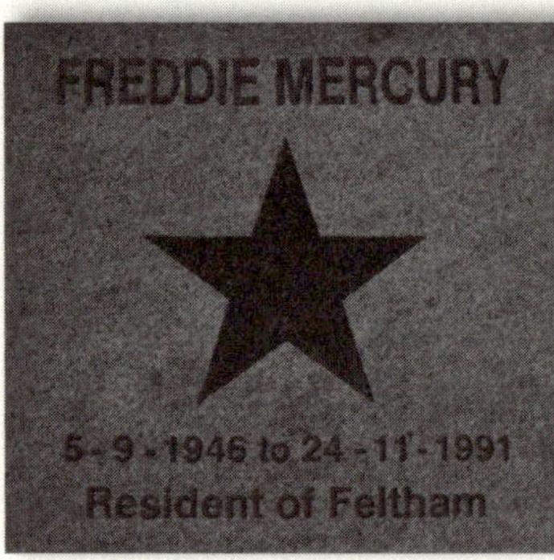

Die Steintafel ist im Gehweg bei einem Bäumchen eingelassen.

hat man wegen der besonderen Lage dieses Vororts das Gefühl, nahe dran zu sein an der großen weiten Welt: Landende Flugzeuge überfliegen Feltham in sehr niedriger Höhe. Seltsamerweise sieht man sie erschreckend deutlich von Freddies damaligem Wohnhaus aus, aber man hört sie kaum. Die Sträßchen sind wenig befahren. Der Ort wirkt etwas abseits vom Zentrum sehr friedlich und ruhig. Das Reihenhäuschen, in dem die Bulsaras unterkommen, erhält 2016 die aufwendig in Handarbeit erstellte blaue Ehrenplakette des English Heritage mit der Aufschrift: »Freddie Mercury (Fred Bulsara) 1946 – 1991 – Singer and Songwriter – lived here.«

Das blaue Schild befindet sich am Gebäude Gladstone Avenue 22. Das Haus und die Umgebung haben sich in den vergangenen fünfzig Jahren kaum verändert. Feltham repräsentiert das Kleinstädtische, das Freddie – auf viel reizvollere Weise – im Zentrum Münchens wiederfindet. Im Sommer 2020 sind die Gehwege, die Garten-

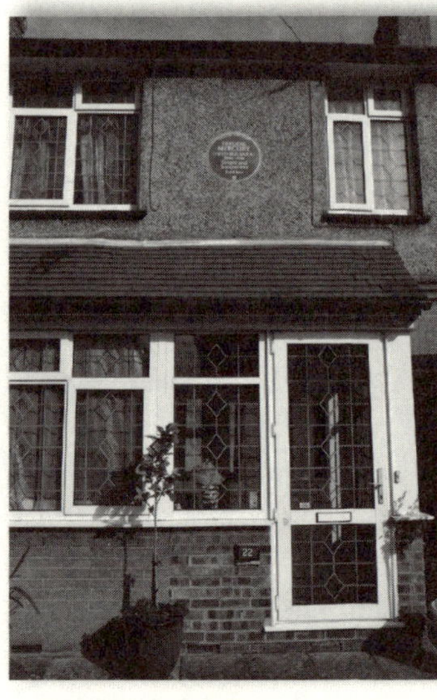

Freddies erstes Zuhause in Großbritannien.

mäuerchen, die Fassaden und Gärtchen von Feltham noch dieselben wie Mitte der Sechzigerjahre, als der schüchterne und zugleich zielstrebige Fred Bulsara versucht, in diesem neuen Ambiente Fuß zu fassen. »Freddie erzählte meinen Kindern ziemlich viel von seiner eigenen Kindheit. Und Freddie liebte Kinder. Sobald sie gehen und sprechen und ihm antworten konnten, beschäftigte sich Freddie mit ihnen«, so Mack. Er erzählt von Freddies enger Beziehung zu Mary, die bis zu seinem Tod innig war. »Vielleicht auch, weil Freddie Schuldgefühle hatte, Mary nicht geheiratet zu haben.« Alle, die ihm nahestanden, seien auf eine Art wie Familienangehörige behandelt worden, erinnert sich Mack. Biograf Sky schreibt: »Freddie lebte sieben Jahre lang mit Mary Austin, und die beiden waren schon damals kurz davor zu heiraten.«

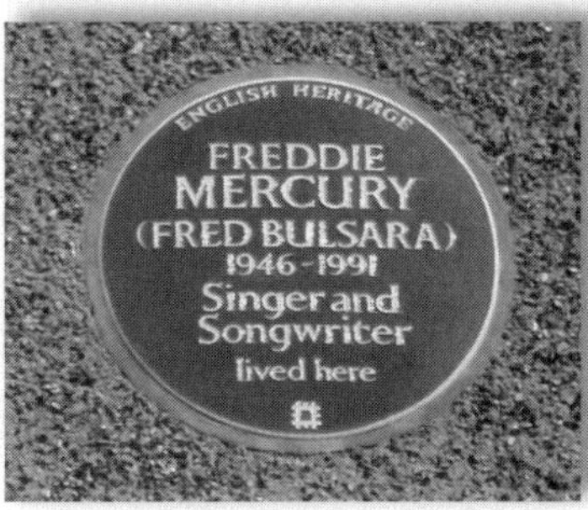

Aufwendig von Hand hergestellte Ehrenplakette.

TEIL VIER

It's all Scheiße!

POMPÖSER BALL IN DER TÜRKENSTRASSE 89

Anfang 1983 beginnt Roger Taylor mit den Arbeiten an seinem zweiten Soloalbum *Strange Frontier* in Montreux. Auch Freddie ist da. Er nimmt Demos auf, die er im weiteren Verlauf des Jahres für *Mr. Bad Guy* in München weiterentwickelt. Außerdem beschäftigt er sich in München mit Ideen für Giorgio Moroders Soundtrack zu Fritz Langs Stummfilm *Metropolis*. Brian May ist hingegen öfter in Los Angeles und arbeitet mit Eddie Van Halen, Fred Mandel und anderen an seinem *Star Fleet Project*. Im Mai ist auch Freddie in Kalifornien und arbeitet mit Michael Jackson an mehreren Songs, die jedoch in dieser Form nicht veröffentlicht werden. Die Solo-Aktivitäten häufen sich.

Roger Taylor tritt mit Robert Plant auf, John Deacon komponiert mit Man Friday und Robert Ahwai den Song »Picking Up Sounds«, der als Single unter dem Bandnamen Man Friday & Jive Junior erscheint. Der Funk-Rap mit dem einprägsamen Bassriff ist im Stil von Grandmaster Flashs »The Message« gehalten und klingt wie eine Weiterentwicklung des Sounds von *Hot Space*. Im Radio-Mix des Songs auf der B-Seite finden sich wieder Elemente der Musique concrète mit verschiedenen Satzfetzen in unterschiedlichen Sprachen: »Können wir Sie zu einer Tasse Kaffee einladen?« Zudem findet in London eine

Jamsession mit John Deacon, Scott Gorham (Thin Lizzy), Mick Ralphs (Bad Company), Martin Chambers (The Pretenders) und Simon Kirke (Free) statt, deren Ergebnisse jedoch nicht veröffentlicht werden.

Am 28. April 1983 wird im Münchner Westpark die Internationale Gartenausstellung (IGA) eröffnet. Freddie liebt Blumen und japanische Gärten. Die Ausstellung, die auch internationale Gäste anlockt, dauert bis zum 9. Oktober und ist ein großer Erfolg. Das ehemals verwahrloste Gelände wird zum Park, der heute noch dieselbe Landschaftsstruktur aufweist wie bei der Einweihung.

Im Sommer reist John mit Freddie nach Montreal, wo sie den Regisseur Tony Richardson treffen. Queen sollen den Soundtrack zu seiner John-Irving-Verfilmung *The Hotel New Hampshire* komponieren, aber die Zusammenarbeit wird im Herbst abgebrochen. Brian produziert mit Mack in München das Album *Lettin Lose* der schottischen Band Heavy Pettin, die sich mit ihrem Debüt zwischen Hardrock und Heavy Metal bewegt. Am 6. Juni 1983 erscheint die *Spiegel*-Titelstory »Tödliche Seuche Aids – Die rätselhafte Krankheit«. Zu diesem Zeitpunkt gibt es in Deutschland zwar nur hundert Verdachtsfälle und sechs Tote. Deutlich höher sind dafür die Zahlen in den USA. »Die Ärzte sind ratlos: Über die Ursache wird nur spekuliert, eine Behandlung gibt es nicht. In den nächsten zwei Jahren wird die Zahl der Aids-Kranken dramatisch zunehmen«, warnt der *Spiegel*.

Freddie nimmt im August 1983 in München mit Queen und Mack den Song »There Must Be More to Life Than This« auf, den er zuvor bereits als Duett mit Michael Jackson eingespielt hat. Die neue Version schafft es jedoch nicht auf das Album *The Works*. Danach nimmt Freddie das Lied erneut mit Mack – aber dieses Mal mit seinen deutschen Studiomusikern –

für sein Soloalbum auf, das aber erst 1985 veröffentlicht werden wird. Schließlich erscheint der Track noch einmal 2014 auf dem Album *Queen Forever* als neuer Mix mit der Gesangstonspur von Freddie und Michael Jackson sowie der Musicland-Aufnahme von Queen.

Nach diesen und weiteren Aktivitäten beginnen Queen mit Mack im August 1983 die Arbeit an *The Works*. Am 5. August 1983 stirbt in New York der erste Prominente Deutschlands an Aids: der Berliner Musiker, Countertenor und Begleitsänger von David Bowie, Klaus Nomi. Er ist erst neununddreißig Jahre alt.

Die Songs für *The Works* werden in Los Angeles in den Record Plant Studios und in München produziert. Die Aufnahmen werden durch fortlaufende Einzelaktivitäten unterbrochen und dauern bis Januar 1984. Der Einfluss von Ingrids Baby-Wette scheint immer noch Wirkung zu zeigen: Queen schaffen es diesmal in sechs statt in zehn Monaten, das Album fertigzustellen. Allgemeiner Konsens innerhalb der Band ist es, sich vom *Hot Space*-Disco-Sound zu verabschieden und wieder mehr nach Queen zu klingen, sprich: Brian und Roger haben wieder Oberwasser, aber ohne dass Freddie und John zu viele Federn lassen. Erstmals ist im Studio der Keyboarder Fred Mandel als Gastmusiker dabei, der unter anderem mit seinem Roland-Jupiter-8-Synthesizer den Sound von *The Works* stark beeinflusst. Die großen Hits gehören diesmal John mit »I Want to Break Free« und Roger mit »Radio Ga Ga«. Brian schafft mit »Hammer to Fall« einen neuen künftigen Hardrock-Live-Klassiker. Freddie ist mit »It's a Hard Life« (für Winnie Kirchberger und Barbara Valentin), »Man on the Prowl« (ein weiterer Rockabilly-Song aus München) und »Keep Passing the Open Windows« (»Bleib weg von offenen Fenstern«) vertreten. Letzteres liegt Freddie sehr am Herzen; es enthält den abgewandelten Lennon-Titel »Love is all you need« statt »All you need is love« und entsteht ursprünglich für die Irving-Verfilmung, wird aber von den Produzenten abgelehnt, was Freddie sehr ärgert. Schließlich hat er den ganzen Roman aufmerksam gelesen – eine bemerkenswerte Ausnahme. »Keep Passing the Open Windows« ist ein typischer Durchhaltesong mit mutigen Rhythmuswechseln und Jazzrock-Elementen à la Steely Dans *Aja* (1977) und Joe Jacksons »Steppin' Out« (1982), der Hoffnung vermittelt: Aus der Krise raus, dann wird's besser. So schenkt Freddie seinen Fans und sich Selbstvertrauen – noch ein Juwel in der Krone von Queen. Der Titel des Songs greift das Leitmotiv und den Abschlusssatz von Irvings Roman auf: »Bleib weg von offenen Fenstern« ist ein vieldeutiger und oft interpretierter Ratschlag. Er kann sich beispielsweise auf das Wahrnehmen jeder Gelegenheit zum Abenteuer beziehen oder auch auf die Suizidgefahr. Die Berrys in Irvings fantasievoller und komplexer Geschichte werden für viele Leser zu einer Art Ersatzfamilie, nach der auch Freddie sich immer wieder sehnt.

Während der *The Works*-Sessions wird auch »I Go Crazy« von Brian (die spätere B-Seite von »Radio Ga Ga«) eingespielt. In derselben Phase, im Januar 1984, entsteht Freddies und Giorgio Moroders »Love Kills«. Der Song wird zu Freddies erster Solosingle. Es ist das erste Mal, dass er ein Lied mit jemandem außerhalb von Queen komponiert. Die Single erreicht Platz 10 in UK und Platz 25 in Deutschland. Ein besonderes Trio sorgt für die Entstehung: Freddie, Giorgio und Mack. Niemand sonst. Die gesamte Musik wird mit Synthesizern erzeugt. Das Lied ist Teil von Moroders Soundtrack zur restaurierten Fassung von Fritz Langs Film *Metropolis*. »Liebe entschädigt nicht. Liebe zahlt keine Rechnungen. Liebe gibt keine Ratschläge. Liebe steht nicht still. Liebe tötet, bohrt sich durch dein Herz. Liebe bleibt ein Leben lang und lässt dich nicht los. Liebe rechtfertigt nicht. Sie schlägt zu wie kalter Stahl«, singt Freddie möglicherweise in Gedanken an Winnie. Eines Morgens stellt Freddie ein Mercedes-Cabrio vor das Sebastianseck, geschmückt mit einer großen Schleife. Es ist nicht das teuerste Geschenk, das er Winnie macht.

Giorgio Moroder erinnert sich an die Produktion von »Love Kills« in einem Interview mit Fazemag im Jahr 2019: »Die Zusammenarbeit mit Freddie war relativ kurz. Hauptproduzent war ja der Mack. Ich habe zusammen mit Freddie den Song geschrieben und final die Feinheiten der Produktion übernommen. Die Arbeit an sich war hervorragend. Freddie war eine absolute Koryphäe als Sänger, höchst professionell, und ich war immer etwas nervös. Du kannst zu einem Freddie Mercury nicht sagen: ›Sing das bitte noch mal.‹ Er war so ein Genie, dem ich entsprechend aufgeregt entgegentrat. Es war ein bisschen unangenehm, da ich so gehörigen Respekt vor ihm hatte. Ähnlich verhielt es sich mit David Bowie. Solche Leute arbeiteten so präzise und waren solche Ausnahmetalente. Da macht man keine zweite Runde. Da muss man nehmen, was man kriegt. Außerdem war es nicht nötig, eine Passage ein zweites Mal einsingen zu lassen. Alles war auf Anhieb perfekt.«

Vor Publikum und laufender Kamera erinnert sich Giorgio Moroder 2015 in einem Interview mit IAmMusic-TV etwas anders: »Ich hatte mal kleine Schwierigkeiten mit einem der besten Sänger überhaupt, mit Freddie Mercury. Ich hatte mit ihm ein Lied für den Soundtrack zum Stummfilm *Metropolis* geschrieben, ›Love Kills‹. Es gab damit zwei kleinere Probleme. Das eine betraf die Titelrechte zu ›Love Kills‹. Freddie war eine sehr einschüchternde Persönlichkeit: einer der besten Performer, einer der besten Komponisten, Sänger, Texter,

Background-Sänger, Divas, Ballett-Tänzer. Freddie zu sagen: ›Diesen hohen Ton, könntest du das noch mal machen?‹, das ist etwas, das tust du nicht. Das würde eine Menge Ärger provozieren.« Der Kontext des Interviews, die Ironie während des Gesprächs um schwierige Künstler und nicht zuletzt Moroders Gestik und Mimik, sein verschmitztes Schmunzeln implizieren die Möglichkeit, dass Moroder es damals in München wagt, Freddie darum zu bitten. Manche meinen fälschlicherweise, John, Roger und Brian als Musiker aus der Mercury-Moroder-Originalfassung herauszuhören. Fest steht, dass sich Roger und Brian das Lied 2013 noch einmal vornehmen und überarbeiten. Es erscheint 2014 als Ballade auf *Queen Forever*. Brian spielt Gitarre, und Roger programmiert den Drum-Computer. Vorher entfernen die beiden Moroders Disco-Beats. Später erscheinen zahlreiche Remixe. Als die Original-Single im September 1984 auf den Markt kommt, signiert sie Freddie mit den Worten »Love don't kills – With love, Freddie Mercury«.

Auch »It's a Hard Life« entsteht Anfang 1984 in München in den Musicland Studios. Die sinngemäße Übersetzung des Textes liest sich wie ein melancholischer Brief an Freddies zwei geliebte Menschen in München, Barbara und Winnie: »Ich will meine Freiheit nicht. Es gibt keinen Grund, mit einem gebrochenen Herzen zu leben. Das ist eine verzwickte Situation. Ich kann nur mir selbst die Schuld geben. Es ist eine einfache Tatsache des Lebens. Es kann

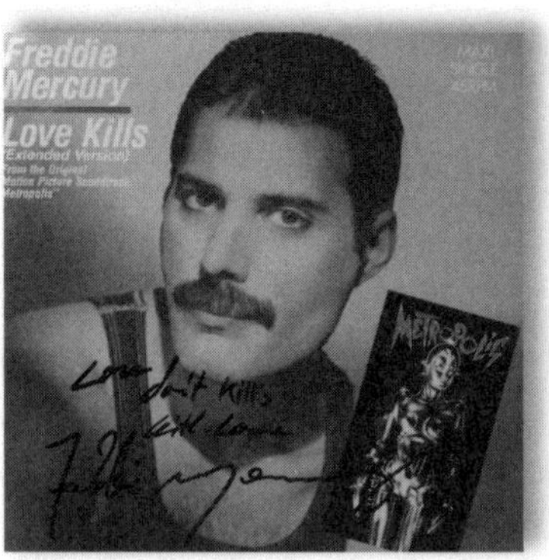

Tötet die Liebe oder tötet sie nicht?

jedem passieren. Du gewinnst. Du verlierst. Es ist ein Risiko, das man bei der Liebe eingehen muss. O ja, ich habe mich verliebt. Aber jetzt sagst du, es ist vorbei, und mich zerreißt es. Ja, es ist ein hartes Leben. Ein wahres Liebespaar zu sein, sich zu lieben und für immer im Herzen des anderen zu leben. Es ist ein langer, harter Kampf, zu lernen, füreinander zu sorgen, einander von Anfang an zu vertrauen, wenn man verliebt ist. Ich versuche es und flicke die Scherben. Ich versuche, die Tränen zurückzuhalten. Sie sagen, es ist nur eine Gemütsverfassung. Aber das passiert allen. Wie weh das tut, tief im Inneren. Das Leben ist hart, wenn man allein ist. Jetzt warte ich darauf, dass etwas vom Himmel fällt. Ich warte auf Liebe. Ja, es ist ein hartes Leben in einer Welt, die voller Kummer ist. Es gibt Menschen, die mit allen Mitteln die Liebe suchen. Aber ich werde immer für das Morgen leben. Ich werde zurückblicken und sagen, dass ich es aus Liebe tat. Ja, ich tat es für die Liebe.«

Brian schreibt 2017: »Das ist einer meiner absoluten Lieblingssongs, die Freddie je komponiert hat.« Fast zehn Jahre nach »Bohemian Rhapsody« und dem darin besungenen Scaramouche besinnt sich Freddie deutlich auf die hohe Kunst der Oper und zitiert gleich zu Beginn fast eins zu eins die Arie »Vesti la giubba« aus Ruggero Leoncavallos Zweiakter *Pagliacci* von 1892, die er in der Tonlage höher singt und noch stärker dramatisiert.

»Vesti la giubba« bedeutet: »Zieh das Kleid an.« In Italien ist das Stück besser bekannt unter dem Titel »Ridi, pagliaccio« (»Lach, Pagliaccio«). Die Geschichte beruht auf wahren Ereignissen und handelt von einem Eifersuchtsdrama, das mit Mord endet. Die Tragödie spielt sich innerhalb einer Theatergruppe ab. »Zieh das Kleid an« wird in dem Augenblick gesungen, in dem der prominenteste der Schauspieler namens Canio vom Verrat erfährt und seine Frau zur Rede stellen will, aber auf die

Bühne muss, hinaus vors Publikum, wie ein »Great Pretender«, um seine Rolle zu spielen. Freddie findet in der Oper die eigenen Erlebnisse mit seinen Dreiecksbeziehungen widergespiegelt. In »It's A Hard Life« feiert er sein München-Gefühl zwischen Überschwang und Melancholie. Die Kontraste, die er musikalisch und später optisch im Video setzt, sind enorm. Bei den Lyrics arbeiten Freddie und Brian stellenweise zusammen. Sie vertiefen sich in einzelne Sätze, variieren sie leicht und stellen fest, wie sehr das Texten sie mitnimmt.

Sie fragen sich, was die Kernaussage des Songs ist. »Da war uns bewusst, dass es egal war, über welche Art von Liebe oder Sexualität wir sprachen. Es ging um Gefühle des Verlassenwerdens und des Alleinseins und um die Bedeutung von Liebe«, so Brian. Auf den Faksimiles dominiert Freddies Handschrift, aber ganz unten auf dem zweiten Blatt ist deutlich Brians Schrift zu erkennen, der die später nur teilweise gesungenen Zeilen einfügt: »People searching for love without end/in any way/and the searching for love never ends«.

In den Wintermonaten 1983 beenden Queen die Arbeiten an *The Works*. Sie überschneiden sich im Januar 1984 mit Freddies Vorbereitungen für sein Soloalbum. So entsteht beispielsweise in nur zwei Tagen das Lied »Is This The World We Created …?«, das besser auf *The Works* passt als »There Must Be More to Life Than This«, das Freddie wie erwähnt wenig später noch einmal mit deutschen Studiomusikern und verändertem Arrangement aufnimmt. So erscheint es dann auch auf seiner Soloplatte. Ähnliches geschieht mit »Man Made Paradise«, das laut handschriftlicher Notiz von Freddie ursprünglich »Paradise For Man« heißt und erst mal als Queen-Song geplant ist. Wo sich dieses Paradies befindet, ist naheliegend: München, das Paradies für den Mann. Am 10. Februar 1984 nimmt Freddie ein Demo von »Money Can't Buy Happiness« auf, einem Song, der es nicht auf sein Soloalbum schaffen wird, aber auf *The Solo Collection*, eine sechs CDs umfassende Zusammenstellung, die 2010 erscheint und heute teuer gehandelt wird.

Im Februar kommt *The Works* heraus; in UK erreicht das Album Platz zwei, in Deutschland Platz drei, in den USA nur Position 23. Vier Singles werden aus *The Works* ausgekoppelt, darunter »It's a Hard Life«, das in UK Platz sechs erreicht. Im März nimmt Freddie den Song »She Blows Hot and Cold« auf. Auch davon gibt es zwei Versionen: mit Brian und mit seinem deutschen Ersatz Paul Vincent. Freddie bleibt in München, nimmt erste und manchmal schon fast endgültige Fassungen von »Let's Turn It On«, »Living on My Own«, »Love Me Like There's No Tomorrow«, »Made in Heaven«, »Foolin' Around« und »Gazelle« auf.

Im März 1984 gibt Freddie in München sein vielleicht bestes Interview: Es ist keine Kamera dabei, die ihn an seine Zähne denken lässt, und Mary Turner, die Freddie schon von früher her kennt und schätzt, bringt ihn zum Lachen und umgekehrt. Das Gespräch dauert über eine Stunde. Bei Minute 21:54 ruft Freddie: »Febee! More wine!« Dabei schwingt Schärfe in seiner Stimme mit; ein Befehlston wie im Umgang eines Herrn mit seinem Diener. Dann sagt er: »Dieses Jahr ist ein Höhepunkt … Ich will nicht hetzen. Ich nehme mir die Zeit für mein Soloprojekt … Mack weiß, was ich will, bevor ich es sage. Er kennt mich. Er hilft mir. Was Technik betrifft, bin ich nicht so gut. Auch da hilft er mir. Ich bin für den musikalischen Teil zuständig, fürs Kreative, und er macht den ganzen Rest.« Ob er schon den Titel habe, will Turner wissen: »Bislang schlicht *Freddie Mercury Solo*.« Und einmal mehr lobt Freddie München: »Hier drüben sind alle sehr cool. München ist wie ein Dorf. Ich bin jetzt schon so lange hier, und nach einer Weile haben sie eben einfach akzeptiert, dass ich da bin. Niemand belästigt mich.«

Im Mai 1984 verletzt sich Freddie, je nach Zeitzeuge, vor dem oder im New York. Eigentlich sei das völlig harmlos gewesen, meint Freddie später im Gespräch mit David Wigg. Aber der Bänderriss am rechten Knie ist doch so schwerwiegend, dass Freddie mehrere Wochen lang einen großen Gips vom Knöchel bis zum Oberschenkel trägt und Phoebe ihm im Alltag noch mehr behilflich sein muss als sonst. Ein britisches Magazin bezeichnet die Umstände des Unglücksfalls als »high jinks« (Halligalli), und Peter Freestone schildert 2020 auf udiscovermusic.com Freddies damalige Angewohnheit, Leute hochzuheben wie frischvermählte Gatten ihre Bräute. »Er machte das einfach, um anderen seine Kraft zu demonstrieren. Wir waren also in einer Bar, und er hob jemanden hoch. Im Gedränge hat ihn dann ein anderer gestoßen. Und als er mit dem zusätzlichen Gewicht zu Boden ging, drehte sich sein Knie nach außen.«

Der Gips hindert Freddie nicht daran, das Nachtleben zu genießen und weiter im Studio zu arbeiten. Er nimmt im Mai »Your Kind of Lover« auf. Bei aller Feierlaune setzt sich Freddie unter Druck, wenn es um die Arbeit geht. Ziel ist es, das Soloalbum vor Beginn der *The Works*-Tour fertigzustellen, die am 24. August in Brüssel starten wird. So kommuniziert er es auch seinen Kollegen und im Interview mit Mary Turner. Es ist seine Absicht, das Album im Oktober 1984 zu veröffentlichen. Der Gips hindert ihn auch nicht daran, das Konzert seines Freundes Elton John im Olympiastadion am 22. Mai zu besuchen, das er sich allerdings vom Bühnenrand aus ansieht. Elton witzelt vor dem Song »I'm Still Standing«: »Dieses Lied widme ich der alten Melina, der armen Kuh.« Dann performt er seinen Hit besonders energetisch. Und Freddie sagt zu

Phoebe: »Ich bringe ihn um.« Die beiden bleiben beste Freunde bis zu Freddies Tod.

Am 25. Mai nimmt Freddie »I Was Born to Love You« und seine Version von »There Must Be More to Life Than This« auf, wenig später drei weitere Songs. So geht es trotz Behinderung mit hohem Tempo voran. Kurz nachdem der Gips abgenommen wird, entsteht Mitte Juni das Video zu »It's a Hard Life«. Phoebe vermutet, dass die letzte Einstellung, in der sich Freddie auf die Treppe setzt, ganz einfach auch dazu diente, das Knie zu schonen. Allerdings ist die Einstellung bei genauer Betrachtung wohl nicht spontan aus Übermüdung entstanden, sondern ist genau so vom Regisseur geplant, denn die Spots richten sich auf den sitzenden Freddie. Er ist erschöpft. Es ist ein hartes Leben. Er singt es, und er verhält sich entsprechend.

Keinem anderen Lied widmet Brian in seinem Buch *Queen in 3-D* so viele Seiten wie diesem. Er beschreibt detailreich die große Bedeutung, die er »It's a Hard Life« beimisst, und die Situation während des Videodrehs, der im Juni 1984 in München in den Arri-Studios in der Türkenstraße 89 bis 91 46 stattfindet, in direkter Nachbarschaft zur Türken-Sauna. Die Aufnahmen dauern zwei volle Tage und ziehen sich bis in die Nächte hinein. Regisseur Tim Pope treibt schon im Vorfeld die Kostümierung zum Exzess. Freddie wechselt während des Songs von seinem Kurzhaarschnitt zu einer riesigen schwarzen Perücke, die ihm bis übers Gesäß reicht. Die Darsteller tragen eigens für das Video entworfene Fantasiekleider und -masken, die an die Commedia dell'arte und den Karneval von Venedig erinnern. Barbara Valentin, Macks Frau Ingrid und Kurt Raab (Rebecca – als Tänzerin verkleidet) sind ebenfalls mit von der Partie. Roger gibt den Harlekin mit weißer Halskrause, weißen Hemdsärmeln und einer Joppe mit dunklen Flickenkaros und schwarzer Hose. Die drei anderen weichen sehr viel stärker von historischen Vorbildern ab, lassen sich aber Dienerfiguren nach Carlo Goldoni wie Brighella, Pagliaccio oder Zanni zuordnen. Es ist zweifelhaft, ob Roger, John und Brian die tradierte Rollenverteilung klar ist. Daran, dass sie lediglich Statisten in diesem 120 000 Pfund teuren Schauspiel sind, haben sie jedoch keine Zweifel. Entsprechend kritisch äußert sich Roger später in einem Interview, entsprechend lustlos wirken vor allem Roger und John während des Drehs. John weiß nicht, wohin mit seinem Einhorn. Brian hingegen hält seine speziell angefertigte Totenkopf-Gitarre hoch, die er bis heute sorgfältig verwahrt. Das kostbare Accessoire ist manchmal Thema bei Interviews: Ja, sagt Brian, er spielt hin und wieder auf den drei Saiten, aber nur, wenn er alleine ist.

Die Kulisse erinnert an die divergierende Treppe im großen Treppenhaus des Palazzo Reale von Neapel im 17. Jahrhundert, die das Vorbild der gleichartigen Gesandtentreppe in Versailles sein könnte. Die vom französischen klassizistischen Barock geprägten Stufen sind Staffage für das höfische Empfangsprotokoll des Sonnenkönigs. Seine Inszenierungen der absolutistischen Macht finden viele Bewunderer und Nachahmer. In der Tat stellt auch Freddie im »It's a Hard Life«-Video wie ein melancholischer König Macht, Reichtum und Dekadenz dar. Nur Barbara tritt ihm frech auf den Fuß und lacht dann hell auf. Alle anderen sind begehrliche Bewunderer und Claqueure. Freddies Band-Kollegen schauen stumm und etwas ratlos dem Treiben zu. Dramaturgisch geschickt steht Freddie unter dem Balkon, als er singt: »Now I'm waiting for something to fall from the skies.« In dem Moment blickt er von der Narrentreppe hinauf. Die Kamera schwenkt hoch: Da ist Barbara groß im Bild. Und Freddie singt weiter: »Waiting for love.« Den echten Liebeskummer sublimiert Freddie mit der farbenprächtigen Inszenierung und einer großen Portion (Selbst-)Ironie.

Er muss ja auch eine Menge Spott seiner Freunde wegen des Krabbenkostüms ertragen. Aber Garnelen-Freddie weicht nicht von seiner Fantasiewelt ab und bleibt bei dieser alle Maßen sprengenden Skurrilität. Kein anderes Outfit prägt sich seinen Fans so sehr ein wie das hautenge, flammend rote Kostüm mit den vielen angsteinflößenden Augen quer über der Brust und an den Unterschenkeln. Spitzname »Mediterranean Prawn«: ein Schalentier samt großem Federschmuck, der ihm aus der linken Schulter wächst.

Zu den berührenden Momenten in Brians Schilderungen gehören die Drehpausen, in denen Freddie und er draußen im Freien auf der Türkenstraße stehen und Besuch von den Münchner Freunden bekommen. Freddie empfängt den Herzensbrecher Winnie, und Brian empfängt eine Geliebte, die nicht sein dürfte, da doch seine Frau und seine Kinder in London auf ihn warten. Drinnen das Lied, der pompöse Ball mit den vielen Statisten, Barbara und Freddie barfuß: ausgedachte Kunst im Arri, und davor das richtige Leben mit den echten Liebeswirren. »Leben? Kunst? Einerseits waren wir Rockstars, die ein fabelhaftes und opulentes Video drehten, aber auf einer anderen Ebene waren wir ein Haufen gewöhnlicher Leute, die in die Abgründe ihrer Gefühle blicken. Vielleicht geht es gerade darum in der Musik; vielleicht ist es das, was einen Dichter, einen Songwriter oder einen Künstler egal welcher Art ausmacht, weil Musik die Sprache der Seele und die Sprache des Herzens ist. Man kann in der Musik Dinge ausdrücken, die man anders nicht sagen kann«, erklärt Brian. Es sind die von Freddie inszenierten opernhaften Momente in den Arri-Studios als Reaktionen auf Ängste und Liebeskummer, die den Philosophen in Brian wecken.

Der aufwendige Dreh in München muss ohne verbotene Substanzen über die Bühne gehen. Barbaras und Freddies Dealer, den Lars Reichardt für die Biografie seiner Mutter interviewt, fliegt kurz vor Beginn der Dreharbeiten auf. Er wird in Holland festgenommen und muss für ein Jahr ins Gefängnis. Er verrät seine prominenten Kunden in München nicht, auch wenn Freddies Hektik und Ungeduld verantwortlich für die Verhaftung sind: Normalerweise ist Barbara die Kontaktperson. Aber dieses Mal ruft Freddie persönlich an und sagt, er brauche ganz schnell eine Lieferung für einen großen Dreh im Münchner Arri-Studio. Der bis dahin äußerst umsichtige Dealer berichtet Reichardt: »Ich sagte Freddie, ich benötige die üblichen zwei Wochen für die Lieferung. Er sagte, das sei viel zu lang, er schickt mir im Zweifel einen Hubschrauber. Da wusste ich, er meint es ernst mit dringend. Ich wusste ja, dass er genügend Geld hatte, um so was Verrücktes zu machen. Auf hundert bis zweihundert Millionen schätzte ich ihn. Später habe ich erfahren, dass es über sechshundert gewesen sein müssen.« Der Dealer unterlässt wegen der Hektik seine üblichen Vorsichtsmaßnahmen und nimmt selbst an der Übergabe in Holland teil, wo er erwischt wird.

Heiko Meyer, heute Corporate Communications Manager bei Arri, erzählt, dass das Video im damaligen Arri-Studio 2 gedreht wurde. Ein Kollege von Meyer ergänzt, dass »die damals nur das Studio gebucht« hätten, nicht aber Technik wie Kameras. »Das Arri-Studio 2 wurde erst kurze Zeit später, 1985/86, zu einem Fernsehstudio umgebaut. Es war 660 Quadratmeter groß und zehn Meter hoch. Dort fanden Bambi-Verleihungen sowie diverse Game- und Talkshows statt. Zuletzt wurde dort unter anderem die ZDF-Satiresendung *Die Anstalt* mit Publikum aufgezeichnet. Ab Januar 2018 wurde das Arri-Studio zur Astor Film Lounge mit drei Kinosälen umgebaut«, erklärt Meyer. Eigentümer der Immobilie ist nach wie vor Arri. Das ehemalige Studio ist nun der größte Saal der Astor Film Lounge mit 333 Plätzen sowie modernster Projektions- und Tontechnik. »Interessanterweise war der erste Film, der in diesem Kino bei der Eröffnung am 6. Dezember 2018 sowie einen Tag zuvor bei der ›Generalprobe‹ bei einem Mitarbeiter-Event gezeigt wurde, der Queen-Film *Bohemian Rhapsody*. Dieser wiederum wurde mit den Arri-Kamerasystemen ARRI ALEXA 65, ALEXA SXT und ARRIFLEX 35 BL aufgezeichnet«, so Meyer.

KÜSS' MICH, ALS GÄB'S KEIN MORGEN ...

Phoebe beschreibt Winnie als einen Mann, der alles darstellt, was Freddie mag: Winnie sei »chunky and hunky« (massig, sexy und gut drauf) und ein relativ unbeschriebenes Blatt, jemand, an dem Freddie seine Spuren hinterlassen, dem er seinen Stempel aufdrücken kann (»whom Freddie could leave his mark on«, so Phoebe). Wenn man die vielen Aufenthalte Freddies in Barbaras Wohnung nicht mitzählt, ist dies das erste und einzige Mal in Freddies Leben, dass er mit einem anderen, geliebten Menschen unter ein Dach zieht, das nicht ihm gehört. In London mit Mary sind ja beide für die Wohnung verantwortlich. Phoebes Job ist es, fast jeden Tag zum Sebastiansplatz zu fahren, sauber zu machen, Wäsche zu waschen und die Wohnung in Ordnung zu bringen. »He was happy with Winnie«, schreibt Phoebe in seinen Memoiren. Freddie genießt es, auf diese Weise mit jemandem zusammenzuleben. Sie schenken sich gegenseitig Ringe und bezeichnen sich in den letzten zwei Jahren ihrer Beziehung von 1983 bis 1985 als verheiratet. Auch nach dem finalen Krach auf Freddies Geburtstagsparty im Henderson im September 1985 trägt Freddie Winnies Ring noch bis Juni 1986.

In der Garden Lodge macht Jim Hutton seit der Henderson-Party Druck, und Freddie lässt Winnies Ring letztlich in einer

Schublade verschwinden. Im August, kurz vor Freddies vierzigstem Geburtstag, öffnet Jim Hutton heimlich die Schubladen von Freddies Nachttisch auf der Suche nach dem Ring, findet ihn und probiert ihn an. Er passt perfekt auf Jims kleinen Finger. Danach legt er ihn unbemerkt zurück. Mit diesem Wissen geht Jim zum Juwelier, der nun nach seinen Vorgaben einen neuen Ring anfertigt, den Freddie am 5. September 1986 als Geschenk bekommt.

Falls einmal ein Streit am Sebastiansplatz zu sehr eskalieren sollte, weiß Freddie, dass er bei Barbara immer willkommen ist. Auch dort hat er seine Utensilien, wie zum Beispiel Düfte von Armani für Herren, Monsieur de Givenchy und Givenchy L'interdit sowie Seifen in verschiedenen Duftnoten von Roger et Gallet. Freddie liebt Badetücher, je größer, desto besser. Mit Barbara deckt er sich bei Bettenrid in der Theatinerstraße 47 ein. Die große Filiale befindet sich seit 1978 an dieser Stelle und ist das Flaggschiff des traditionsreichen Familienbetriebs, in dem viele Jahre lang die Frauen das Sagen haben.

Freddie hat viele weitere Übernachtungsmöglichkeiten und nutzt sie auch. Wenn er nachts zu berauscht ist, schläft er bei diesem oder jenem Wirt. Auch hier gilt: Winnie muss treu sein, Freddie nicht. Trotzdem: »Dies ist die einzige Zeit in Freddies Erwachsenenleben, in der er einen verhältnismäßig normalen Alltag zu zweit mit einem anderen Mann hat«, sagt Phoebe, der außerdem davon überzeugt ist, dass sich Freddie in dieser Phase so sicher fühlt wie nie zuvor und nie danach. Phoebe begründet diese Vermutung mit der Tatsache, dass er selbst, Winnie und Barbara sich in der Wohnung über dem Sebastianseck um den angeschlagenen Rockstar kümmern, als er zu dieser Zeit zweimal kollabiert. Freddie verliert zwar kurz das Bewusstsein, muss aber nicht in die Klinik. Der herbeigerufene Arzt diagnostiziert: zu viel Alkohol und andere Drogen. Phoebe kann darin kein schädliches Verhaltensmuster erkennen, und Freddie wischt die Vorfälle vom Tisch.

Wie Richards und Langthorne ausführlich und detailliert in ihrer Freddie-Biografie schildern, kommt es meist etwa drei bis sechs Wochen nach einer Ansteckung mit HIV zu grippeähnlichen Symptomen. Die HIV-Infektion wird auch heute noch ohne konkreten Verdacht selten erkannt, denn die Symptome klingen rasch ab. Danach folgt eine Latenzphase von mehreren Jahren, bis schließlich Erkrankungen auftreten, die auf ein geschwächtes Immunsystem zurückzuführen sind. Wann und wo sich Freddie angesteckt hat, weiß er selbst nicht. Es könnte schon in der Zeit mit den New York Sisters passiert sein, oder auch irgendwo auf Tour. Richards und Langthorne sind sich sicher, dass es 1981 in New York geschah. Sie verweisen auch darauf, dass nach der Infektion das Immunsystem nicht mehr das alte ist, und weisen auf die vielen Erkältungen und kleinen gesundheitlichen Probleme hin, die Freddie seither hat. In einem Interview mit der BBC sagt Reinhold Mack 2011: »Während der *Mr. Bad Guy*-Sessions hatte Freddie einen Zusammenbruch, nicht physisch, sondern psychisch. Er scheuchte alle aus dem Studio hinaus. Dann zog er mich in den Kontrollraum. Er schloss alle Türen ab. Er setzte sich auf den Boden und begann zu weinen. Dann unterhielten wir uns darüber, was los war. Er sagte, dass er in einem Müllcontainer aufgewacht war. Und er konnte sich nicht erinnern, wie er dort hineingelangt war. Ihm sei jetzt klar geworden, dass er etwas ändern müsste.«

Richards und Langthorne stellen Bezüge her zwischen Freddies körperlicher Gesundheit und seiner Psyche. Phoebe hingegen beteuert, trotz der Breakdowns sei Freddie sehr glücklich während seiner Zeit mit Winnie. Und zu Freddies

Glück gehören Katzen. Das wird besonders deutlich, als er bei der Trennung von Tony Bastin Oscar behält, der eigentlich Tonys Kater ist. Oscar und fast alle anderen Katzen in der Garden Lodge überleben Freddie. Im Dezember 1991 und in den folgenden Monaten wird die Yellow Press das Schicksal seiner Katzen in Kensington genau verfolgen. Das letzte Foto von Freddie in der Garden Lodge, für das er im Sommer 1991 posiert, zeigt ihn mit Oscar im Garten. Nach Freddies Tod wird der Kater von den Nachbarn adoptiert.

Freddies Leidenschaft für die Samtpfoten beginnt aber bereits 1970, als Mary zwei Katzen in den Haushalt bringt – genannt Tom und Jerry. Auf Tour will Freddie, dass Mary den Telefonhörer an die Katzenohren hält, damit sie seine Stimme hören können. Am Ende seines Lebens besitzt Freddie zehn Katzen. Einige davon hat er aus Tierheimen gerettet und in das luxuriöse Leben auf seinem Grundstück verpflanzt, wo sie zu Weihnachten Geschenke und Spielsachen bekommen. Freddie liebt die Tiere, als wären es seine Kinder. Auch in München spielen Katzen eine wichtige Rolle. Freddie und Winnie haben eine gemeinsame Katze namens Dorothy. Und auch Barbara und Freddie haben ein »gemeinsames Kind«, wie »die deutsche Brigitte Bardot« sagt. Der Kater der beiden heißt Tarzan. Barbara bekommt das Tier schon vor ihrer Bekanntschaft mit Freddie, als sie ein schwules Paar, das in die USA auswandert, zum Flughafen bringt. Auf der Rückfahrt entdeckt sie den Kater, den die beiden im Auto versteckt haben. Freddie adoptiert ihn.

Freddie und Tarzan bleiben immer wichtig für Barbara. Ihr Sohn Lars Reichardt schreibt in seinem Buch: »1990 wird Barbara das erste Mal Großmutter, aber da ist sie nur mit Freddies Krankheit beschäftigt.« Auch Tarzan überlebt Freddie. Der Kater lebt weiter mit Barbara im dritten Stock in der

Hans-Sachs-Straße 22. Lesley-Ann Jones führt dort ein langes Interview mit ihr. 47

Winnies Katze Dorothy hat viele Väter: Nach Freddies Abgang 1986 kümmern sich Winnie, sein Kellner Polder und der Ire Patrick um das Tier. Barbara und Winnie haben seit 1986 immer weniger Kontakt. Aber eines Tages – so schildert sie es Lesley-Ann Jones – trifft sie den an Aids erkrankten Winnie und Dorothy verwahrlost in der Wohnung am Sebastiansplatz an. Barbara bringt Winnie 1993 in die Klinik und kümmert sich um Behördengänge. Winnie stirbt kurz darauf, nur zwei Jahre nach Freddie, an den Folgen seiner Aids-Erkrankung. 2002 stirbt Barbara mit nur einundsechzig Jahren nach einem Schlaganfall. Auf ihrer Beerdigung wird »Love Me Like There's No Tomorrow« gespielt.

Die Aufnahmen für Freddies Soloalbum dauern länger als geplant. Phoebe führt dies darauf zurück, dass der Input der anderen Queen-Mitglieder fehlt. Freddie scheint die Abwesenheit von Brian, Roger und John auch dadurch ausgleichen zu wollen, dass er selbst zum Perfektionisten wird. Gemeinsam mit Mack tüftelt er (mit und ohne Gips) so intensiv an Feinheiten, wie es eigentlich für Brian typisch ist. Freddie kompensiert das Queen-Vakuum im Studio durch höchste Ansprüche und extreme Sorgfalt. Wie wichtig ihm eine intensive Arbeitsatmosphäre bei diesem Album ist, zeigt sich schon daran, dass er sich für das Sheraton im Arabella-Haus entscheidet. Nach einer Weile stören sich Phoebe und Freddie an Hotelgästen aus dem Nahen Osten, die ihre mobilen Küchen in den Gängen aufstellen, um ihre Apartments von Gerüchen frei zu halten. Das ist aber nicht der eigentliche Grund, warum Freddie beschließt, zu Winnie in die Wohnung am Sebastiansplatz zu ziehen. Im Herzen Münchens ist es einfach schöner. Allerdings lässt damit auch die Arbeitsdisziplin nach. Zu groß sind die nächtlichen Versuchungen. Die Anwesenheits- und Arbeitszeiten im Musicland könnten länger sein. Der Schlagzeuger Curt Cress erinnert sich, dass Freddie das Studio für ein ganzes Jahr bucht. Es wird viel Scrabble gespielt, gut gegessen, abends und nachts wird gefeiert. Mack wünscht sich mehr Disziplin und Struktur bei der Produktion. Gleichzeitig bewundert er immer wieder die Schnelligkeit, mit der Freddie brillante Songskizzen entwirft.

Mack verpflichtet hiesige Musiker, darunter seinen Assistenten Stephan Wissnet für drei Songs am Bass. Auf den anderen Tracks spielt der Brite Neil Fairclough einen ausgeprägten Funk-Bass. Fairclough hat etwa mit Billy Cobham oder mit Steve Ferrone und Hamish Stuart zusammengearbeitet, beide Mitglieder der Average White Band. In jüngster Zeit spielt er immer wieder mal mit Queen + Adam Lambert. Schlagzeuger

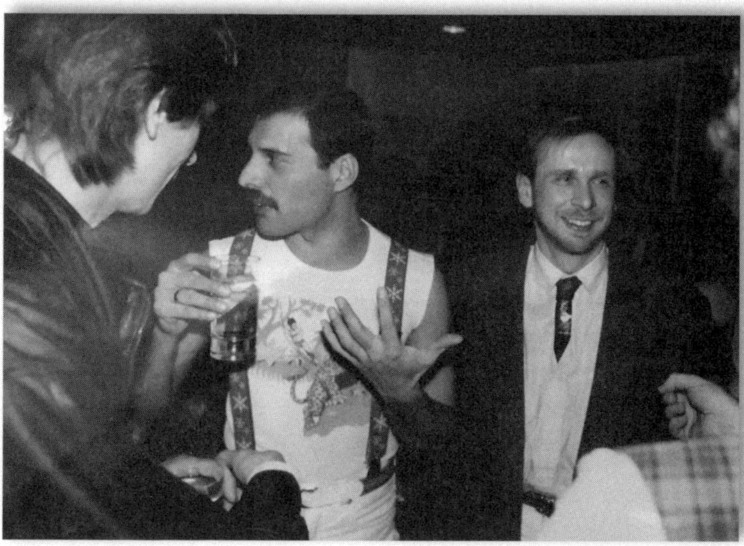

Premierenfeier für *Mr. Bad Guy*: Freddie mit Curt Cress.

auf allen elf Tracks von *Mr. Bad Guy* ist Curt Cress, den Freddie in höchsten Tönen lobt.

Der Opener auf *Mr. Bad Guy*, »Let's Turn It On«, beginnt mit einem Intro von Curt Cress, der in dem Song auch mit einem kurzen Solo glänzt. Die *Süddeutsche Zeitung* schreibt 2011 über den Drummer: »Seit seinem elften Lebensjahr steht Curt Cress auf der Bühne und seit seinem fünfzehnten Lebensjahr in Tonstudios. Seine Trommelkünste nahmen Künstler wie Falco, Saga, Freddie Mercury, Rick Springfield und Meat Loaf, die Münchener Freiheit und Tina Turner in Anspruch. Curt Cress gilt heute als einer der bekanntesten und besten Schlagzeuger der Welt.« Die Liste ist noch viel länger: Cress spielt mit Klaus Doldingers Passport, Inga Rumpf, Billy Squier, BAP, Boney M., den Scorpions, Alphaville, Spliff oder Peter Maffay. Zudem ist er mit seinen eigenen Bands unterwegs: Snowball und Curt Cress Clan. Er produziert Songs von Nena, Nina Hagen, Udo Lindenberg und Uwe Ochsenknecht sowie seine eigenen vier Soloalben. Cress arbeitet auch mit dem Royal Philharmonic Orchestra zusammen, ist als Fernseh- und Filmmusik-Komponist erfolgreich und betreibt als Eigentümer die CC Holding GmbH, zu der auch das Label F.A.M.E. ARTIST Recordings GmbH und die curtiz music publishing GmbH gehören. Wir telefonieren im Februar 2021.

Curt Cress: »Zuerst möchte ich erzählen, wie ich zu dem Engagement gekommen bin: Mack und ich kannten uns von der Produktion mit Billy Squier, BAP und anderen Gelegenheiten. Er buchte mich für die Freddie-Mercury-Produktion, dafür bin ihm auch ewig dankbar. Freddie war für mich etwas Besonderes. Ich erinnere mich gut an die erste Begegnung. Er kam rein. Er ist ein sehr kleiner Mensch, sogar kleiner als ich. Und da ist man schon sehr überrascht. Denn zugleich war Freddie eine unglaubliche Persönlichkeit. Wenn er den

Raum betrat, dann blieb einem die Luft weg. Die Luft war bei ihm.

Die Situation im Studio ist besonders. Das ist nicht wie bei ersten Begegnungen backstage oder sonst wo. Der Respekt ist groß, wenn man gemeinsam Musik macht. Und ich dachte mir, wenn man mich bestellt hat, dann wird das schon einen Grund haben. Danach haben wir gemeinsam Musik gemacht. Er war unglaublich nett, kollegial, easy, entspannt, überhaupt kein Stress. Es war wunderbar. Teilweise waren die Bänder schon vorbereitet, und viele Titel haben wir gemeinsam eingespielt. Freddie wollte nicht, dass die Kollegen von Queen auf seinem Album spielen. Da habe ich dann teilweise Takes ersetzt, die Roger gespielt hatte. Beim Titelsong ›Mr. Bad Guy‹ zum Beispiel. Ich fand das toll, dass ich das noch mal spielen sollte. Aber ich habe zur Sicherheit Roger Taylor gefragt, der in Los Angeles war, ob das okay ist. Denn immerhin sollte seine Spur gelöscht und durch mein Spiel ersetzt werden. Roger hat das ja sensationell gut gespielt. Aber er war einverstanden, und vor allem hatte ja auch Freddie schon entschieden, dass es keine Queen-Members auf seinem Soloalbum geben sollte. Also habe ich das gespielt. Und das passte. Und so sind wir zur nächsten Nummer gegangen.

Wir spielten dann einige Titel gemeinsam ein, der Keyboarder von Elton John und ein Bassist kamen noch hinzu. So ging das dann immer weiter. Allerdings ist die Platte auch teils Disco-orientiert. Da gab es manchmal auch schon Spuren mit Drum-Computern, und ich hab dann nur die Hi-Hat oder Becken gespielt. Einige Tracks sind also mit vollem Schlagzeug, bei anderen habe ich nur Overdubs gemacht. Und da gab es noch den Klassik-Part: Rainer Pietsch war ein toller Arrangeur und Produzent, mit dem ich viel gemacht habe. Aber dass er auch auf Freddies Album dabei ist, wusste ich damals nicht. Das habe ich erst später gesehen, als die Platte da war. Streicher hat man damals entweder im Arco in der Kreillerstraße oder im Union Studio hier in Solln aufgenommen. Leider weiß ich nicht, wo die Orchester-Aufnahmen für *Mr. Bad Guy* stattfanden. Beide Studios gibt's nicht mehr. Auch das Trixi im Norden und das Musicland sowieso, alle verschwunden.

Freddie hatte ja damals schon viel für Oper übrig. Während unseren Aufnahmen rief die Mailänder Scala an. ›Guess who called me up?‹, er war vollkommen aufgeregt. Er sollte in der Scala singen. Das war noch vor der Zusammenarbeit mit Montserrat Caballé. Es hat ihn immer schon in diese Welt der Oper getrieben, er liebte diese Musik. Er war superstolz, dass er eingeladen wurde.«

Cress weist mehrfach darauf hin, wie großartig die Zusammenarbeit mit Mack war. Und er erinnert sich auf besondere Weise an den Sänger: »Freddie hatte in München einen großen Freundeskreis. Wir waren mal mittags am Viktualienmarkt essen. Er geht da einfach im Unterhemd quer über den Viktualienmarkt. Das hat überhaupt niemanden gekümmert. Er ist ja nicht auffällig. Er ist einer, der läuft mit, setzt sich in die Kneipe, und meine Frau und ich essen in entspannter Atmosphäre mit ihm. Das Nachtleben mit ihm habe ich allerdings nicht mitgemacht. Ich war auch dauernd unterwegs. Mitte der Siebziger- bis in die Zweitausenderjahre war ich sehr viel in Italien, Los Angeles, London und New York. Ich kam gar nicht dazu, hier in München abends auszugehen. Eine Anlaufstelle für uns war aber das Domicile in der Siegesstraße und später in der Leopoldstraße.

Für mich war München nach den Stationen Hamburg, Frankfurt und Berlin immer eine Urlaubsstadt. Ich hatte das Gefühl, hier ist alles friedlich und nett. Da kann man nachts spazieren gehen und kriegt keine auf die Schnauze. In Hamburg und Frankfurt liefen damals viele Rocker rum. Viel Aggressivität und Kriminalität habe ich dort gespürt. München hatte immer dieses Feeling von Frieden. Und das ist ja heute noch so. Im Film *Bohemian Rhapsody* wird das so negativ dargestellt, als ob München für Freddie nichts gebracht hat. Das stimmt so nicht. Was richtig ist, bezogen auf das Soloalbum: Man kann in dieser kurzen Zeit kein Bandfeeling herstellen. Man sieht sich im Studio, gibt sich die Hand, und los geht's – während so eine Band jahrelang auf Tour und in Proberäumen war und so viel gemeinsam erlebt hat, sich bei der Komposition und bei der Produktion gestritten und dann wieder zusammengerauft hat. Das kann man in so einer kurzen Zeit nicht so schnell aufholen, aber trotzdem war die Atmosphäre sehr toll und lebhaft. Ich fand das im Film aber nicht ganz fair dargestellt, denn er wollte sich hier mal verwirklichen. Und das hat er ja dann auch gemacht. Ich höre seine Songs heute noch im Radio. Das hat ihm in München also schon sehr gut gefallen.

Er hatte hier unheimlich viel Spaß. Er war total verliebt in München. Ich habe ihn dann auch in der Olympiahalle erlebt. Und er meinte: ›Kommt doch vorbei.‹ Ich bin also mit meiner Frau hin, und wir sind in der Garderobe, und da steht dieser kleine Kerl vor dir, und dann sagt er: ›Oh, ich muss ja auf die Bühne.‹ Wir gehen also in die Halle. Das Konzert geht los, und plötzlich ist dieser Mann drei Meter groß. Das ist unfassbar, wie er auf der Bühne riesig wird. Unglaublich. Das haben wenige, die ich so treffe im Leben. Und er kann singen: Keine einzige Note, die ich von ihm gehört habe, war schräg. Er konnte gar nicht falsch singen. Erst kürzlich stand ich auf Sansibar in Stonetown vor seinem Geburtshaus. Ich bin sehr dankbar, mit so einem Menschen gemeinsam Musik gemacht zu haben. Thanks to Freddie in heaven!«

Auf der A-Seite der *Mr. Bad Guy*-Vinylplatte dominieren Synthesizer, auf der B-Seite wird's klassisch. In Interviews betont Freddie mehrfach, dass er sich hier endlich den Wunsch erfüllt, mit ausgebildeten Orchestermusikern zu spielen. Für das opernhafte und dunkel-düstere Streicherarrangement im Titelsong sorgt Rainer Pietsch. Als Kind singt Pietsch im Leipziger Thomanerchor, in den Sechzigerjahren ist er Mitglied von Ray & Typhoons, einer Vorläuferband der Bläck Fööss, und arbeitet danach als Arrangeur und Produzent. 1975 erhält er seine erste Goldene Schallplatte als Produzent von Michael Holms »Tränen lügen nicht«. Der Song »Mr. Bad Guy« ist in Bezug auf Komposition und Ausführung ein Vorläufer von »Barcelona« und weiteren Duetten mit Montserrat Caballé; das gilt auch für Freddies Gesangspart in der Coda von »Man Made Paradise«, der dort klingt wie in einer religiös getönten Arie. Nie erreicht Freddies Stimme höhere Höhen. Das Besondere auf der B-Seite des Albums: Mitten in der Hochphase des Synthesizers sind die Streicher echt. Es spielen Mitglieder der Münchner Philharmoniker und vermutlich auch des damaligen Symphonieorchesters des Nationaltheaters (heute bekannt unter dem Namen Bayerisches Staatsorchester) und des Symphonie-Orchesters Graunke (heute Münchner Symphoniker).

Der Komponist und Dirigent Kurt Graunke gründet das Symphonie-Orchester Graunke 1945 in München. 1990 wird es umbenannt in Münchner Symphoniker. Graunke stirbt 2005 in München. Das Orchester besteht bis heute. Es spielt mit sechzig fest angestellten Musikern rund hundert Aufführungen im Jahr, etwa im Prinzregententheater. Das »Munich Symphony Orchestra«, wie es im englischen Sprachraum heißt, nimmt mehr als fünfhundert Filmmusiken auf. Zu den besonderen Höhepunkten gehören der Science-Fiction-Film

Die Fliege (1958), der Western *Bravados* (1962), der Abenteuerfilm *Der Wind und der Löwe* (1975) oder Rainer Werner Fassbinders Melodram *Querelle* (1982). Es folgen Soundtracks für den Horrorfilm *Hellraiser II – Hellbound* (1988) oder für den Psychothriller *Das Schweigen der Lämmer* (1991). Die Verbindung zu den Musicland Studios ist auch durch die Zusammenarbeit mit dem Electric Light Orchestra gegeben.

1976 hilft der Musikstudent Max Spenger als Bratschist beim Symphonie-Orchester Graunke aus. Mit seinen Kollegen ist er im Juli an den von Mack produzierten Aufnahmen für das ELO-Album *A New World Record* beteiligt. Die Orchestermusiker glänzen insbesondere beim Intro des Songs »Livin' Thing«. Ebenfalls 1976 kommt Spenger zu den Münchner Philharmonikern. Hauptberuflich ist er bis zu seiner Pensionierung vierzig Jahre lang Bratschist bei diesem Orchester. Als Studiomusiker spielt er zudem unzählige Aufnahmen ein, unter anderem für das Album *Mr. Bad Guy*. Die Münchner Philharmoniker gibt es seit 1893, und sie musizieren bis heute.

1979 leitet erstmals Sergiu Celibidache das renommierte Orchester, er macht das bis zu seinem Tod 1996. In seine Zeit fällt der Skandal um die Posaunistin Abbie Conant, die sich bei der Bewerbung 1980 gegen zweiunddreißig Männer durchsetzt, aber dann von Celibidache diskriminiert wird. »Sie kennen das Problem. Wir brauchen einen Mann für die Soloposaune«, sagt Celibidache zu Conant. Conant ist seit 1992 Professorin an der Hochschule für Musik Trossingen.

Freddie kennt die ELO-Scheiben und auch Fassbinders Filme. Er ist stolz darauf, dass auf *Mr. Bad Guy* endlich ein echtes Orchester zu hören ist. Allerdings wird es in den Liner Notes nicht erwähnt. Max Spenger ist dabei, als die Orchester-Musiker für Freddies Soloalbum in den Musicland Studios ihr Bestes geben: »Wir waren ein kleines Orchester, ich schätze etwa vierzig oder fünfzig Musiker. Freddie Mercury hatte aber offensichtlich überhaupt keine Ahnung, was eine Studio-Produktion mit einem Symphonieorchester bedeutet. Er hatte seine Songs schon teilweise aufgenommen. Dann hat er gesagt, er will ein Orchester aufnehmen. Also wurde ein Orchester bestellt, das waren Musiker der Münchner Philharmoniker. Aber es waren keine Noten da. Es war gar nichts vorbereitet. Er hat uns das Playback vorgespielt und hat gedacht, jetzt spielen wir vierzig oder fünfzig Musiker ›so a bisserl dazu‹, wie man in Bayern sagt. Es war natürlich das komplette Chaos. Die klassischen Musiker brauchen Noten, jemand schreibt ein Arrangement, das dann eingespielt wird. Es ist nicht zu fassen, wie wenig Ahnung der Freddie von der Arbeitsweise eines Orchesters, von unserem Metier hatte. Das ging natürlich nicht. Ich hab gedacht, das müssen Wahnsinnige sein. Absolute Laien. Freddie saß nur da und sagte nichts. An den Tontechniker kann ich mich nicht mehr erinnern, aber an Freddie. Er war im Regieraum. Er hielt die rechte Hand an die Stirn und blickte verzweifelt auf das Mischpult. Dann war Pause. Ganz auf die Schnelle wurde ein Arrangeur beauftragt, der Rainer Pietsch, der die Noten schreiben sollte. Das haben wir am Nachmittag dann aufgenommen. Das ging dann besser.« Mit dem Endergebnis ist Freddie in dieser perfektionistischen Phase schließlich sehr zufrieden. Aber warum werden die Orchestermusiker in den Liner Notes mit keinem Wort erwähnt?

Die Mitarbeiterin eines Münchner Orchesters, die nicht genannt werden will, kennt die damaligen Usancen gut: »Solche Studioaufträge sprachen sich herum. Wenn nicht ein Orchester als Ganzes hochoffiziell gebucht wurde, dann organisierten das die Musiker untereinander selbst. Das ging kreuz und quer durch die Szene und war für die Auftraggeber günstiger. Die Musiker bekommen nach getaner Arbeit oft cash einen Betrag auf die Hand, eine Pauschale. Der Organisator unter den Musikern unterschreibt einen Vertrag, dass damit alle Rechte abgegolten sind. So lief das damals.«

Es gibt allerdings auch spezialisierte Agenturen, die für die Musiker das Vertragliche regeln: Sprenger erinnert sich an die Agentur Risavy von Rudi und Ingrid Risavy. Beide sind schon vor langer Zeit gestorben und allfällige Verträge mittlerweile verschollen. »Klar, das taucht in den Credits nicht auf. Bei ganz vielen Liner Notes auf Schallplatten lässt man das Orchester einfach weg. Ich habe unzähligen Alben eingespielt, bei vielleicht zehn Prozent davon steht das Orchester und fast nie stehen die einzelnen Namen der Musiker auf dem Cover«, so Spenger. Trotzdem knausert Freddie nicht. Er will ja bei jedem Aspekt seines Soloalbums für bestmögliche Qualität sorgen. Fred Mandel wird aus Los Angeles eingeflogen. Er trägt einige Synthesizer-Effekte bei und spielt Keyboards und Gitarre. Allein schon für seinen musikalischen Dialog mit Freddie, der in »Living On My Own« Scat singt, worauf Mandel am Piano in einen Boogie gleitet, lohnt sich der Flug. Das Album bildet eine starke Einheit und enthält doch viele Stilrichtungen, manchmal auch innerhalb eines Songs. Dieser eklektische Ansatz könnte ein Grund dafür sein, dass es die Platte 1985 auf dem Markt nicht leicht hat, aber seitdem gut gealtert ist. Mack beschreibt die Stimmung im Studio als locker und entspannt. »Studiomusiker protestieren nicht«, sagt Mack. »Freddie gibt seine Anweisungen, und die anderen geben ihr Bestes. Ich mag besonders ›Let's Turn It On‹, aber eigentlich alle Songs auf dem Album. Die Songs wollen nichts anderes sein als Freddie. Viele dachten, Freddie wolle den Publikumsgeschmack bedienen. Das wollte er nicht. Er wollte die Songs so, wie sie sind.« Curt Cress erinnert sich, dass Freddie ein Jahr in München damit verbringt, seinen Soloalbum-Sound zu finden.

Am 6. Juli 1984 nimmt Freddie mit Mack und seinen Studiomusikern den Song »New York« auf. Vieles im Text deutet darauf hin, dass er damit nicht nur den Big Apple meint: »Ich habe letzte Nacht nicht geschlafen. Ich hatte einen Drink und wurde nervös. Ich bin umgefallen. Wenn die Sonne reinkommt, bin ich drinnen. Wenn die Flut reinkommt, bin ich lebendig. Ich bin ganz hinüber, also rückt rüber. Hier komme ich, New York. New York, du holst mich ein. New York, du bist nur einen Schritt weit weg, aber ich bin hier, um zu bleiben.« Tatsächlich fällt Freddie nicht in den USA um und verletzt sich das Knie, sondern am Sendlinger Tor.

Am 12. Juli ereignet sich nach einer Hitzewelle der »Hagelsturm von München«. Zu jener Zeit entstehen weitere musikalische Kuriositäten: Mitten im bayerischen Hochsommer singt Freddie »Thank God It's Christmas« für den darauffolgenden britischen Winter, in dem die Single von Queen es aber nur auf Platz 21 schafft. Anfang August 1984 proben Queen zwei Wochen lang für ihre *The Works*-Europatour in der Bavaria Filmstadt in Grünwald. Phoebe erinnert sich: »Die Stimmung war sehr gut. Alle freuten sich, endlich wieder auf eine große Tour zu gehen.« In dieser Zeit gehen Freddie, Winnie, Barbara, Phoebe und einige weitere Freunde eines Abends ins Kino, um sich Wolfgang Petersens *Die unendliche Geschichte* anzusehen. Moroders und Limahls Filmsong »The NeverEnding Story« läuft damals unentwegt im Radio und schafft es Ende August bis auf Platz zwei der deutschen Charts. Im Kino ist Freddie völlig frustriert: Der Film, ursprünglich auf Englisch gedreht, läuft in der deutschen Synchronfassung ohne Untertitel. Winnie und Barbara lachen immer wieder, und Freddie hat keine Ahnung, warum. Dafür ist sein Deutsch nicht gut genug. Aber er will kein Spielverderber sein und bleibt bis zum Schluss im Kinosaal.

Am 16. September 1984 findet eine Queen-Pressekonferenz beim Haus der Kunst statt. Zwei dunkelblaue Mercedes bringen die Band, Jim Beach, Gerry Stickells und Paul Prenter zum Ort des Geschehens. Jim und Paul weisen den Weg zur Nordfassade. Als sie ankommen, ist Brian besonders gut gelaunt, lehnt als Erster an einer Säule mit Blick in den Englischen Garten. Um ihn herum gruppieren sich Dutzende von Fotografen. »Hello Boys«, begrüßt er die Journalisten. Die Medienleute merken erst gar nicht, dass John noch fehlt, der sich mühsam durch die Meute hindurchzwängen muss. Aber auch er strahlt mit frisch toupierten Haaren und ganz in Weiß mit Karottenhose. Brian trägt oben Weiß, unten Schwarz, graue Schuhe. Freddie schwarze Stoffjacke, weißes Unterhemd, hellblaue Jeans, Regular Fit. Roger mit Farrah-Fawcett-Frisur und blauer Jacke, darunter ein T-Shirt mit der Aufschrift »WORLDWIDE NUCLEAR BAN NOW« und noch hellblaueren Karottenjeans, nach damaliger Mode moonwashed. Roger, Freddie und John tragen weiße Schuhe. Die Fotos gehen um die Welt. Das Kleiderarrangement mit nur drei Farben wirkt lässig und ist doch durchdacht. Danach geht es hinein ins Haus der Kunst zum Empfang. Barbara weicht nicht von Freddies Seite. Abends tritt die Band in der Olympiahalle vor 16000 Zuschauern auf. »I think this is the biggest audience we've seen in Munich«, sagt Freddie, und Brian grüßt auf Deutsch: »Freunde in München.«

Der elfte Song dieser über hundert Minuten dauernden Darbietung ist – nach Freddies »Eyo«-Dialog mit dem Publikum – »It's a Hard Life«. Das Publikum klatscht im Takt, und Winnie, Barbara und Kurt schunkeln wahrscheinlich Arm in Arm im Publikum. Bei den Hardcore-Fans auf den Rängen fließt Champagner. Brian spielt ein filigranes und überspitztes Solo, das das von der Plattenaufnahme übertrifft. Am nächsten Abend treten sie in Paris auf. Die Europatour dauert bis zum 30. September, und schon am 5. Oktober spielen Queen in Sun City, am 20. Oktober in Botsuana. Der Aufenthalt mit Barbara und Winnie in Südafrika dauert über zwei Wochen. Wie gut gelaunt Freddie dort ist, zeigen die Fotos, die Andrzej Sawa von ihm macht, ein nach Südafrika emigrierter Pole und international renommierter Fotograf. Die Aufnahmen werden später für das Cover von *Mr. Bad Guy* verwendet.

Von November bis Januar ist Freddie wieder in München und in den Musicland Studios. Im Januar 1985 findet Rock in Rio statt, Queen sind wieder in Begleitung von Barbara und Winnie dort. Winnie ist wie immer auf Reisen auch als Chefkoch tätig. Im März 1985 beenden Mack und Freddie die Arbeiten an *Mr. Bad Guy*. Im selben Monat erscheint in der niederländischen Zeitschrift *Joepie* (deutsch in etwa »Hurra«, »Juhu«) ein Interview mit Barbara und Freddie. Die Zeitschrift ist vergleichbar mit *Brigitte* oder *Gala*. Sie existiert von 1973 bis 2015 und hat 2010 eine Auflage von rund 55 000 Exemplaren.

Die beiden werden in Wort und Bild als Liebespaar präsentiert, das kurz vor der Hochzeit steht. Die Überschrift lautet: »Freddie Mercury findet endlich Frieden in Barbaras Armen.« Zunächst wird Freddie zitiert: »›Nach der letzten Tournee hatte ich eine Krise‹, seufzte Freddie. ›Der Beifall war vorbei, aber meine Depressionen hatten zugenommen. Ich hatte jeden Kontakt zu meinem Freundeskreis in London verloren. Barbara half mir, das Schlimmste zu überwinden.‹ Der schnauzbärtige Queen-Sänger und die deutsche Schauspielerin Barbara Valentin sind seit langem befreundet, neuerdings aber immer zusammen. ›Für sie möchte ich Queen verlassen‹, gab Freddie zu. ›Ich habe Barbara zum ersten Mal vor zwei Jahren getroffen‹, sagte Freddie. ›Queen fiel auf ein tiefes Niveau. Ich hatte mit den anderen Jungs vereinbart, für eine Weile aus der Rockwelt zu verschwinden, um meine Batterien aufzuladen und Luft zu holen. Nach ein paar Wochen fing ich an, über meine Pläne bezüglich meines Soloalbums nachzudenken, und ich ging nach München. Ich dachte, ich würde mich in dieser anderen Umgebung entspannen, aber die Dinge liefen nicht so. München ist eine pulsierende Stadt. Ich kenne dort übrigens ziemlich viele Leute und bin regelmäßig zu Partys und solchen Dingen eingeladen worden. Auf einer dieser Partys habe ich Barbara zum ersten Mal getroffen. Ich erinnere mich noch sehr genau an diesen Abend. Sie fiel mir auf, als sie den Raum betrat. Ich fand sie provokant, aber mit Stil. Die Leute sprachen an der Bar über sie, und ich fand heraus, dass sie eine berühmte deutsche Schauspielerin war. Sie arbeitete mit Fassbinder und anderen, und all diese Dinge weckten mein Interesse. Ich fand den Mut, sie in den Tiefen der Nacht anzusprechen. Es stellte sich heraus, dass es eine gute Idee war. Wir verstanden uns auf Anhieb. Ich habe sie nicht sofort um ein weiteres Date gebeten, aber Barbara kam am nächsten Tag zu mir ins Studio. Seitdem stehen wir in regelmäßigem Kontakt zueinander. Dann kam die Welttournee, und ich musste München schweren Herzens verlassen. Ich war wochenlang auf Tournee. Außerdem begann ich mir Sorgen um meine Freundin in London zu machen. Sie hat sich dort um mein Haus gekümmert. Sie sagte, sie würde nach der Tournee auf mich warten. Ich fühlte mich zerrissen und verwirrt. Die Freundschaft mit Barbara verwandelte sich allmählich in intensive Liebe. Zurück in London fühlte ich mich sehr einsam. Ich gehörte dort nicht mehr hin. Ein verrücktes Gefühl für einen Mann, der jede Nacht von Tausenden von Fans umgeben ist. Meine Depressionen nahmen zu, und dann half mir Barbara, das Schlimmste zu überwinden.‹«

Danach kommt Barbara zu Wort: »›Das Publikum weiß nicht wirklich, was für ein Mann Freddie ist. Ich kann nicht sagen, dass ich alle Queen-Alben im Regal habe, aber ihr Leadsänger hat mich fasziniert. Er ist überhaupt nicht machohaft oder arrogant. Freddie ist ein sehr sensibler Mann. Außerdem haben wir beide sehr herausfordernde Karrieren. Diese Situation schafft ein Band. Gemeinsam können wir alle Schwierigkeiten besser überwinden.‹« Darauf Freddie lachend: »›Ich will ganz ehrlich sein. Ich habe alles bekommen, was mein Beruf mir geben konnte. Queen hat die Spitze erreicht. Ich muss nicht mehr um Geld kämpfen, und ich werde eines Tages alt werden. Freddie Mercury wird nicht ewig jung sein. Vielleicht ist es an der Zeit, mein Leben anders zu organisieren. Ich möchte das Leben genießen und gelassener älter werden.‹« Daraufhin kommentiert *Joepie*: »Der Sänger von Queen ist alles andere als alt. Während des größten brasilianischen Pop-Festivals in Rio beeindruckte Mercury das Publikum mit seiner schönen Bühnenperformance. Nach der Show wollte Freddie nicht lange in der Garderobe bleiben, er nahm ein Taxi und verschwand in den Alleen entlang der Bucht, wo er mit Barbara ein geräumiges Apartment gemietet hatte.« Darauf nochmal Freddie: »›Eine verfrühte Hochzeitsreise. Ich könnte Queen für Barbara verlassen.‹« Zum Schluss Barbara lachend: »›Vielleicht geht das jetzt ein bisschen zu schnell.‹«

Es erscheinen mehrere solcher Berichte über das neue Liebespaar Barbara und Freddie. Laut Phoebe ärgert sich Freddie sehr darüber. Phoebe meint, dass Freddie selbst nicht an diesen Interviews beteiligt ist und sie von Barbara lanciert werden.

Im April 1985 erscheint das Soloalbum, dessen Entstehung vergleichsweise lang gedauert hat. Allerdings sprechen die dicht gepackte Queen-Agenda oder die Knieverletzung dafür, dass die Verschiebung des Veröffentlichungstermins nicht nur mit Freddies Feierlaune zu tun hat. Während der Sessions sind außerdem viele Songs entstanden, die es nicht aufs Album schaffen. Die Liste ist lang; viele der Songs werden schließlich posthum auf *The Solo Collection* erscheinen. Alle elf Tracks auf *Mr. Bad Guy* hat Freddie selbst komponiert. Das Album schafft es auf Platz sechs der UK-Charts und schneidet damit besser ab als alle Solo-Veröffentlichungen der anderen Queen-Mitglieder – und sogar besser als zwei Alben der Band, das Debüt und *Flash Gordon*.

Die erste von vier Singleauskopplungen, »I Was Born to Love You«, erreicht Platz elf in UK und lässt damit einige Queen-Singles weit hinter sich. Von mehreren Liedern erscheinen im Lauf der Jahrzehnte zahlreiche Remixe. Je mehr Zeit vergeht, desto positiver werden die Besprechungen. Allmusic.com schreibt 2018 eine begeisterte Rezension zur Neuausgabe von *Mr. Bad Guy* und bezeichnet das Album als »herausragendes Werk«.

Der Song »Love Me Like There's No Tomorrow« hat eine besondere Entstehungsgeschichte, die mit dem Film *Festival Girls* (*Küss' mich, als gäb's kein morgen*) zusammenhängt. »Long live the Queen«, sagt ein Regisseur zu einer Schauspielerin im Film. »You could be King«, antwortet sie. Dieser Dialog ist wie für Freddie geschrieben, aber gesprochen wird er in *Festival Girls* von Barbara Valentin und Alexander D'Arcy.

Barbaras Tochter Minki Reichardt erinnert sich, wie oft mehrere Leute gleichzeitig auf Barbaras großem Bett rumlümmeln: »Die lungerten im Schlafzimmer meiner Mutter rum, und da wurde die ganze Nacht Musik gehört. Wir haben auch alte Filme meiner Mutter aus den Fünfziger- und Sechzigerjahren angeschaut. Da gab es einen Film, der hieß *Küss' mich, als gäb's kein morgen* … Und dann haben Barbara und Freddie vielleicht diese Filmmusik zusammen gesungen. Ich weiß nicht.

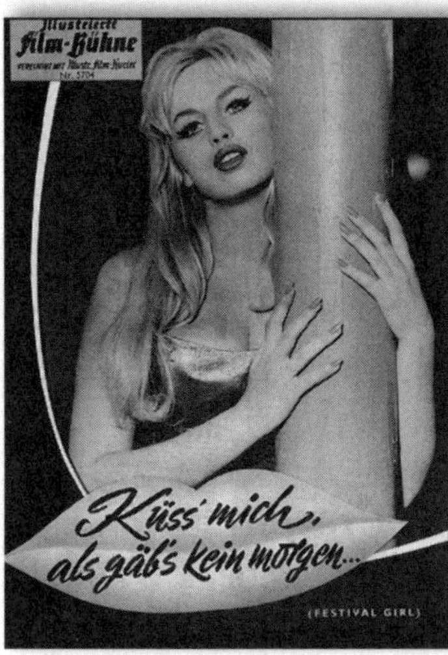

Filmtitel auf Lippen geschrieben: die verführerische Valentin.

Auf jeden Fall hat Freddie daraus selbst ein Lied gemacht. Das hieß ›Kiss Me Like There's No Tomorrow‹. Das war natürlich sehr schön. Denn das war wie eine Hommage an meine Mutter.« Minki Reichardt sagt das in einem Interview, das für Ingolf Lücks Kabel-Eins-Sendung *QUEEN – Die Show* (2006) aufgezeichnet wird. Während der Show selbst sitzt sie im Publikum. Der Titel heißt bei Freddie zwar »Love Me Like There's No Tomorrow«, aber auch Phoebe, der mit Jim Hutton und Klaus Meine bei Lück auf dem Sofa sitzt, bestätigt in seinen Memoiren, dass dieses Lied von Barbara beeinflusst wurde.

Freddie liebt es, sich ins Bett oder aufs Sofa zu kuscheln und Filme anzuschauen. Bei Barbara in der Stollbergstraße liegt er neben ihr und folgt gebannt diesem Schwarz-Weiß-Streifen von 1961. Ob Barbara für die Medien die deutsche Brigitte Bardot oder die deutsche Jayne Mansfield ist, spielt für Mercury keine Rolle. Der Augenmensch Freddie sieht den geliebten Menschen auf dem Bildschirm und spürt ihn gleichzeitig neben sich. Schon zu Beginn des Streifens liegt sie bewusstlos am Strand, nur mit einem knappen Bikini bekleidet. Der Filmregisseur Larry Worthington erkennt die Chance und beschließt, das schöne Mädchen aus bescheidenen Verhältnissen mit einem neuen Streifen groß herauszubringen. Dargestellt wird der Regisseur von dem ägyptischen Leinwandstar

Alexander Sarruf, besser bekannt als Alexander D'Arcy. Sieben Jahre bevor er mit Barbara vor der Kamera steht, spielt D'Arcy an der Seite von Marilyn Monroe im Film *Wie angelt man sich einen Millionär?* D'Arcy ist breitschultrig und sportlich, er trägt kurze schwarze Haare und einen Schnauzer. Er ist in dem Film von 1961 in den USA so gestylt wie Freddie zwanzig Jahre später in München.

Worthington kleidet Valentine – Barbaras Rollenname – bei einer bekannten Schneiderin neu ein. Valentine ist eine besondere Erscheinung, der die verschiedensten Kleider gut stehen. Der Film gibt ihr viele Gelegenheiten, von einer attraktiven Garderobe in die nächste zu schlüpfen. Worthington bringt sie in einem Luxushotel unter. In seiner Abwesenheit gönnt sie sich guten Wein und ein Schaumbad. Die Szene erinnert an Amateurvideos, auf denen Freddie in der Wanne, bedeckt mit Schaum, vor Vergnügen quietscht wie ein Kind. Sein letzter Liebhaber Jim Hutton schreibt in seinen Memoiren: »I never met anyone who enjoyed having a bath as much as Freddie.« Als Worthington zurückkehrt, räkelt Valentine sich verführerisch im Wasser. Das Rüschenhemd, das Barbara unmittelbar nach dem Bad trägt, erinnert an Freddies von Zandra Rhodes entworfene Bluse, die er bei seinem ersten Münchner Konzert 1974 anhat.

Als Worthington nicht auf ihre Verführungsversuche eingeht, setzt sich Valentine im Hotelrestaurant alleine an einen Tisch, worauf ein Kompagnon Worthingtons sagt: »Look, your butterfly is trying out her wings.« Worthington achtet nicht darauf. Er arbeitet bereits an den Dialogen für den Film und hat sich fest vorgenommen, sich ganz auf das Projekt zu konzentrieren und sich nicht von Valentines weiblichen Reizen ablenken zu lassen. Geld und Liebe, Intrigen und Verrat, ein Film im Film (er heißt passend *Blonde Dynamite*),

Perfektionismus beim Dreh, Paparazzi, eine Party nach getaner Arbeit, Autogrammjäger, Starrummel: All das sind Ingredienzien, die Freddie liebt. Und da ist Barbara, die nach einer Schlägerei zwischen ihrem Liebhaber und Worthington enttäuscht sagt: »I thought we were a happy trio«, wie bei Winnie und Freddie. »My happy trio, money, brain and beauty.«

Barbaras Gesangseinlage beginnt bei Minute 23: »Touch me, as if you want me here the next time/Want me, as if you really die without me/Whisper, that you'll slowly dim the light/Take me, til all the stars burst in their heaven/Kiss me, like there's no tomorrow/Let the devil take tonight«. Es ist ein melancholischer Tango, ein Schmachtfetzen. Als sich wenig später Worthington und Valentines Liebhaber in die Haare kriegen, sagt sie einen Satz, den sie so ähnlich vermutlich auch mehrfach in Anwesenheit von Winnie und Freddie sagen muss: »C'mon Boys! Put away the boxing gloves! We're supposed to celebrate the success. Remember, we're gonna have a big party at the Palace Hotel.« Originalaufnahmen von der Berlinale 1959 sind zu sehen, unter anderem mit Curd Jürgens, und später vom Filmfestival in Venedig. Das letzte Viertel des Films spielt in der Lagunenstadt. Ein korrupter Festival-Juror, ein früher Fall von MeToo in der Filmbranche, sorgt für Unruhe. Worthington rettet Valentine, kurz bevor sie vom Juror vergewaltigt wird. Der Film *Festival Girls* soll aus Barbara Valentin einen Hollywoodstar machen. Das klappt nicht. Aber zwanzig Jahre später inspiriert er Freddie zu einem seiner emotionalsten Solosongs: »Love Me Like There's No Tomorrow«.

Wer Barbara Valentin verstehen will, sollte das Buch ihres Sohnes Lars Reichardt lesen: *Barbara – Das sonderbare Leben meiner Mutter Barbara Valentin*. Reichardt, geboren am 5. September 1963, ist auf den Tag genau siebzehn Jahre jünger als Freddie.

»Jahrelang habe ich meine Mutter am 5. September nicht gesehen. War auch gut so. Ich war froh, dass sie jemanden hatte, der ihr wichtig war«, so Reichardt. Heute arbeitet er in der Textredaktion des Magazins der *Süddeutschen Zeitung*.

In seiner Biografie porträtiert er die außergewöhnliche Frau detailliert und erkenntnisreich als Person des öffentlichen Lebens, als Schauspielerin und als Privatperson. Geht es um ihre Beziehung zu Freddie, so kann Reichardt aus eigener Erfahrung sprechen. Außerdem unterhält er sich mit Zeitzeugen wie Harry Baer oder Franz Prost. Reichardt beschreibt seine Mutter als »offen, unterhaltsam, lustig, laut, mutig«. Barbara Valentin ist ein »impulsiver Bauchmensch«: Valentin als Teenager, die Badische Meisterin im Turmspringen. Valentin später in München, die Kellner anblafft, egal ob im Luxusrestaurant oder in der Deutschen Eiche. Valentin, die den Kater Tarzan verwöhnt, oft mehr als ihre Kinder oder ihre Männer. Tarzan wird fünfzehn Jahre alt. Als er 1999 stirbt, weint Barbara tagelang. »Die Bekannten meiner Mutter waren oft prominent, na und? Ich brachte es sogar fertig, kaum ein Wort mit Freddie Mercury zu reden.« Anfang der Achtzigerjahre lebt Freddie zeitweise bei Barbara. Lars Reichardt spielt gelegentlich den Chauffeur für die beiden – mit seinem Fiat 500. »Der schmächtige Sänger musste sich in den Fond zwängen, Barbara passte gerade so auf den Vordersitz.« Die Musik von Queen findet er als Jugendlicher doof. Dasselbe gilt für viele von Barbaras Freunden, erst recht ihre Liebhaber.

»Meine Ignoranz von damals bedauere ich heute sehr«, so Reichardt. Er setzt sich mit Begrifflichkeiten auseinander, mit der Herkunft von Wörtern, die im Zusammenhang mit Barbara Valentin in den Medien benutzt werden: das Busenwunder von Bruchsal, Busenstar, Sex-Star, Sexbombe, Kurvenkönigin, kurvenreiche Sirene, Skandalnudel, Vollblutfrau. Er analysiert die »Post-Busenstar-Jahre« bis hin zur Schwulenikone. Er schildert das freizügige und ausschweifende Leben, Filmrollen, in denen sie das Partymädchen in Strapsen spielt, und betont zugleich ihre Unabhängigkeit, Freiheit und Selbstbestimmung: »Barbara ist schon in jungen Jahren eine emanzipierte Frau.«

Viel Raum nehmen die Beziehungen zu Helmut Dietl und Rainer Werner Fassbinder ein. Fassbinder stirbt im Mai 1982. Schon vorher besucht Barbara immer seltener die Eiche, weil sie immer öfter mit Freddie bei Winnie im Sebastianseck isst. Lars Reichardt geht gerne mit Barbara in beide Lokale. Er weiß, dass ihr in ihren Stammkneipen das Essen schmeckt. Reichardt berichtet, dass Winnie seiner Schwester Minki nach dem Tod ihres Vaters einen riesigen Blumenstrauß schenkt, was sie ihm nie vergisst. »Echte Tunten, die übertrieben sprechen und beim Laufen mit den Hüften wackeln, kannte ich schon einige. Kurt Raab etwa. Neu in ihrem Bekanntenkreis sind die Ledertunten, so nennt Barbara sie selbst: Sie tragen Lederhose und Ledermütze, oft auch noch Lederweste«, erinnert sich Reichardt. Er beschreibt die Veränderungen des Modegeschmacks seiner Mutter: »Sie kleidet sich wie ein Kerl, als ob sie Männern bedeuten möchte, dass sie keine Frau mehr ist.«

Wir telefonieren im Februar 2021, und Reichardt erzählt: »Ich studierte seit 1982 in Berlin, hatte aber bis 1984 ein Zimmer bei meiner Mutter in der Wohnung in der Stollbergstraße. Und auch nach 1984 habe ich Barbara regelmäßig besucht. Ich erinnere mich an Weihnachten in München, an denen sie da war und Freddie auch. Ich habe aber nicht mit ihnen gefeiert. Ich weiß nur noch, dass ich nachts ankam und die Reste eines großen Abendessens gesehen habe, für das Freddie gesorgt hatte. Er hatte ja manchmal seinen Koch dabei und fast immer seinen Assistenten und sein Mädchen für alles, Peter Freestone.«

Reichardt erzählt von den vielen Künstlern, die bei seiner Mutter ein und aus gingen, unter ihnen auch Kurt Raab: »Er hatte übrigens auch mal bei meiner Mutter gewohnt. Oder er kam auf jeden Fall sehr oft zu Besuch. Vielleicht verwechsle ich das jetzt, aber ich glaube, dass das Kurt Raab war. Er hatte so einen Tick: Er hat immer gebügelt, auch für meine Mutter. Wann immer ich Freddie gesehen habe, war er sehr höflich. Er war nie laut. Ich habe die beiden wenige Male von der Stollbergstraße irgendwohin gefahren, aber nie weit, bestimmt nicht weiter als zwei Kilometer. Freddie ist immer hinten rein. Das ist ja ziemlich eng. Aber er hat sich nie beschwert. Meine Mutter sagte immer, sie sei groß für eine Frau. Sie war nicht größer als 1,72 oder 1,70 Meter, und sie war deutlich größer als Freddie. Mit der Musik von Queen habe ich immer noch Schwierigkeiten. Es gibt wenige Lieder, die ich toll finde. Ich mochte damals diese Art von Rock nicht. Aber mittlerweile kann ich schon begreifen und hören, dass das ein großartiger Sänger gewesen ist. Das wusste ich damals nicht. Es hat mich nicht so beschäftigt und auch nicht interessiert. Ich habe damals viel Jazz gehört, aber auch Tina Turner, Roxy Music, Lou Reed, Joan Armatrading. Ich finde, das ist ziemlich weit weg von Queen. Nach 1986 sahen sich Barbara und Freddie noch oft. Es gibt in meinem Buch ein Foto, auf dem sie sich umarmen. Ich finde, Freddie sieht da schon sehr krank aus. Dass auf Barbaras Begräbnis ›Love Me Like There's No Tomorrow‹ gespielt wurde, hat meine Schwester organisiert.«

Miss Piggy bestätigt die geringe Körpergröße: »Ich bin 1,72 Meter groß, und Freddie war deutlich kleiner als ich.« Phoebe hingegen sagt 2006 in einer TV-Show, Freddie sei 5,90 Fuß groß gewesen, das entspräche einer Körpergröße von 1,80 Meter. Die gängigen Antworten bei Internet-Recherchen ergeben meistens 1,77 Meter. Claus Cress betont, wie klein

Freddie ist. Bei Fotoshootings mit der Band steht Freddie meist im Vordergrund, wodurch er größer wirkt. Brian steht meistens hinten, etwas zurückversetzt, duckt sich gelegentlich oder geht gar leicht in die Hocke.

Freddies Soloalbum *Mr. Bad Guy* ähnelt stimmungsmäßig und den Stilmix betreffend vielen der vorhergehenden Queen-Alben. Der Opener »Let›s Turn It On« ist eine mitreißende Uptempo-Nummer, eine Aufforderung zum Denken, zu Tanz und Gesang, zu Glück und Liebe: »Bringen wir alle zum Denken, Denken, Denken. Lasst es uns alle singen und tanzen. Mögen alle aufhören zu streiten. Legen wir los und lassen alle springen und stampfen. Bringen wir alle zum Swingen. Lasst uns aufdrehen und in dieses schöne Gefühl eintauchen. Kommt alle zusammen, ihr glücklichen Menschen.« Der Song steht nicht zufällig an erster Stelle. Er gibt das Motto vor und mehr – wie es in der letzten Zeile heißt: »Let's make everybody crazy.« Das ist Freddies Ansage, und das ist sein München-Gefühl. Hätte Freddie den zweiten Song »Made in Heaven« je live performt, hätte er das Zeug zur bombastischen Stadion-Nummer gehabt. Track drei ist das große Liebeslied zum Dahinschmelzen. »I Was Born to Love You« mit jedem einzelnen Herzschlag: »Du bist meine Ekstase. Ich könnte töten für deine Liebe.« Freddie beklagt sich, dass er auf Queen-Alben zu wenig Raum für seine romantischen Emotionen bekommt. Hier nimmt er ihn sich. Im vierten Song »Foolin' Around« spielt er mit den Bedeutungen von »fooling«. Es geht um eine Foxy Lady, die ihn zum Narren hält, aber das hält ihn nicht davon ab, verrückt nach ihr zu bleiben: ein Midtempo-Song ideal für den Flirt am Tresen.

Der letzte Song auf der A-Seite, »Your Kind Of Lover«, beginnt als dramatischer Schieber voller Soul aus der Perspektive eines enttäuschten Liebhabers und entwickelt sich zum Uptempo-Aufreißer: »I wanna boogie down with you, brother/ Boogie down with the bass man/Win love on the grand slam«. Freddie improvisiert hier offenbar und reimt später »mother« auf »lover«: »I wanna be your kind of mother«. Schließlich seine Aufforderung: »Put a little bit of sense into your mind«. Das versteht auch Winnie. Schließlich: »Wir schaffen das. Lass mich zeigen, dass ich deine Art Lover bin.« Der Opener der B-Seite, der Titelsong des Albums »Mr. Bad Guy«, ist wie der Beginn der A-Seite eine grandiose Einladung zum Mitmachen: »Let's all take a trip on my ecstasy«. Beim dunkel-düsteren Auftakt mit dem Symphonieorchester fühlt man sich an Prokofjews Oper *Peter und der Wolf* erinnert, wobei jetzt Freddie, der böse Junge, der bedrohliche Wolf ist. Danach verwandelt er das Lied in eine maliziöse Hymne. Es folgt das vom Mann gemachte Paradies. Der italienische Maler Giuseppe Guerreschi setzt 1963 die Macher in den Plural, nennt eins seiner Gemälde »Men made paradise«. Aber Freddie meint einen bestimmten Mann, der ihn gerade ablehnt: »When you refuse me all the time I'm suicidal on my own«. Es folgt passend das dritte Stück der B-Seite, die Ballade mit der Einsicht und Hoffnung, dass es mehr im Leben geben muss als Hass, Tod und Zerstörung. Danach schildert Freddie sein Leben, wenn er auf sich selbst gestellt ist und die Einsamkeit groß wird, kontert aber entschlossen: »I don't have no time for monkey business«. Im fünften Song demonstriert Freddie, wie gefährlich seine Liebe ist. Und schließlich lässt er sein Solowerk mit einem seiner schönsten Liebeslieder ausklingen: Liebe mich, als gäb's kein morgen.

VERGESST ROCK'N'ROLL

Negative Bewertungen von Freddies Zeit in München gibt es einige, allen voran im Film *Bohemian Rhapsody* von 2018 mit Rami Malek in der Hauptrolle, in dem Barbara Valentin und Winnie Kirchberger überhaupt nicht vorkommen. Malek bekommt für seine schauspielerische Leistung den Golden Globe und den Oscar. Das Drehbuch für den vielfach preisgekrönten Streifen schreibt der Neuseeländer Anthony McCarten, der München sehr gut kennt. Das ändert jedoch nichts daran, dass die Isarmetropole nur kurz als Sündenpfuhl und absoluter Tiefpunkt in Mercurys Schaffen dargestellt wird.

Nach Freddies Tod veröffentlichen Brian, Roger und John verschiedene Bearbeitungen und Remixe von Songs, die manchmal dazu führen, dass die Chronologie ihrer Entstehung in Vergessenheit gerät. »Made in Heaven« ist ein gutes Beispiel für die Überarbeitung eines Songs von Freddie. Allgemein bekannt ist, dass das offiziell fünfzehnte Studioalbum der Band *Made in Heaven* heißt: Es erscheint nach Freddies Tod 1995 und ist das letzte, das den Namen Queen ohne Zusatz trägt. Bis 2008 wird es von Queen dann keine neuen Studiosongs mehr geben. Daher kommt diesem Album eine besondere Bedeutung zu. Es wirkt wie ein Vermächtnis.

Auf *Made in Heaven* gibt es einige Lieder, die Freddie in

seinem letzten Lebensjahr 1991 in den Mountain Studios in Montreux einsingt. Er spielt darauf auch Piano. Er will seinen drei Freunden so viele Lieder hinterlassen wie irgend möglich. Sie sollen sie später vervollständigen, was dann auch mit »You Don't Fool Me«, »A Winter's Tale« und »Mother Love« geschieht. Brian erinnert sich, dass er damals sehr viel Zeit im Studio in Montreux verbringt, immer darauf wartend, dass es Freddie etwas besser geht und er zu ihnen kommt. Und dann singt Freddie mit seiner einzigartigen Stimme und spielt Klavier. Doch die Sessions sind kurz, und sein Vibrato ist nicht mehr so grell und so schnell wie früher.

Auf dem Albumcover ist Irena Sedleckás Freddie-Statue zu sehen, die in Montreux steht. Die Bronzeskulptur wird von hinten fotografiert: Freddie blickt in der Dämmerung auf den Genfer See. Varianten zeigen auf der Rückseite und im Booklet die drei verbliebenen Bandmitglieder klein und verloren wirkend, während sie mal auf die Berge, mal auf den See schauen. Einmal ist es der Sonnenaufgang, das andere Mal der Sonnenuntergang. Freddie überragt sie als Denkmal – starr und majestätisch in einer seiner markanten Posen. Das Duck House befindet sich in Wirklichkeit nicht neben der Statue, sondern einige Kilometer westlich davon in Clarens. Das Sommerhaus wird in das Bild hineinmontiert. Das Cover des Albums besteht also aus drei Aufnahmen: von der Statue, dem Duck House sowie den überlebenden drei Queen-Mitgliedern Brian, Roger und John.

Für die weiteren Songs des Albums fassen die verbliebenen Bandmitglieder drei Jahre nach Freddies Tod einen merkwürdigen Entschluss: Sie bearbeiten Solo-Versionen von Freddie-Songs, um so Queen-Lieder daraus zu machen. Das titelgebende »Made in Heaven« ist das bekannteste Stück in dieser Kategorie. Ob diese Vorgehensweise von Queen ohne ihren

Frontmann klug ist, bleibt umstritten. Jedenfalls führt die Methode von Brian, Roger und John dazu, dass »Made in Heaven« inzwischen als einer der bekanntesten Queen-Songs gilt. Das gleichnamige Album erreicht 1995 in Deutschland, Großbritannien und in vielen weiteren Ländern Platz eins der Charts. Brian und Roger sind auch deshalb bis heute überzeugt, dass die Entscheidung in Ordnung war. Brian geht sogar so weit, dass er *Made in Heaven* für eins der besten Queen-Alben überhaupt hält. »Vielleicht ist es sogar das beste«, sagt er. In der Dokumentation *Days of Our Lives* von Regisseur Matt O'Casey von 2011 schildert er detailliert die aufwendige Arbeit in Montreux.

Der Album-Opener »It's a Beautiful Day« entsteht im Wesentlichen aber bereits 1980 in München in den Musicland Studios unter der Aufsicht Reinhold Macks. Während der Sessions zu *The Game* setzt sich Freddie in den Kellerräumen des Arabella-Hochhauses ans Piano und singt die Zeilen: »It's a beautiful day/The sun is shining/I feel good/And no-one's gonna stop me now«. Mack hält diese musikalisch hoch inspirierte Minute auf Band fest. Drei simple Sätze nur, die aber Symbolcharakter haben für Freddies München-Gefühl. Er wiederholt mit kleinen Varianten die gut gelaunten Zeilen und hängt am Ende noch ein »Mama« an. In der dritten Strophe singt er: »Sometimes I feel so sad, so sad, so bad/But no-one's gonna stop me now, no-one/It's hopeless, so hopeless to even try«. Die Intonation wirkt überwältigend, hymnisch und triumphal: Freddie dehnt das Wort »day«, demonstriert Entschlossenheit und legt bei »Mama« und »so hopeless to even try« Soul in seine Stimme. Die kraftvolle Aufnahme profitiert von der vertikalen Dynamik in München: oben das helle und pulsierende Leben in der Isarmetropole, unten die Gedanken daran und die Konzentration auf den musikalischen Ausdruck.

John Deacon zieht dreizehn Jahre später in den Mountain Studios in Montreux die drei kurzen Strophen von Freddie mit künstlichen Orchesterklängen in die Länge. Mithilfe der Synthesizer wird die Songskizze auf zweieinhalb Minuten gestreckt und in der gitarrenlastigen Reprise am Ende des Albums auf drei Minuten. Der Song ist der perfekte Auftakt für diese artifiziellste aller Queen-Platten. Morgendämmerung über Montreux, eine Faust Richtung Himmel nahe der Schweizer Alpen und über dem idyllischen See, die glatte Wasseroberfläche erwartungsvoll, aber ohne den von Deep Purple verewigten Rauch – dieses Bild entspricht der weit verbreiteten Auffassung eines großen Teils des Queen-Publikums. In Wirklichkeit handelt es sich im Lied aber um den tiefblauen bayerischen Himmel. »It's a Beautiful Day«, die Skizze aus den Musicland Studios, ist ein grandioser und dramatischer Beginn für einen Song und für ein neues Leben; das Lied gehört zu München. Erst 2011 erscheint Freddies Urfassung, ein Demo auf der Bonus-CD der remasterten Neuausgabe von *The Game*. Es ist mit den Worten versehen: »Original Spontaneous Idea, April 1980.« In der Studio-Atmosphäre zu Beginn ist Mack zu hören, der grünes Licht gibt. Diese wenigen improvisierten Zeilen Freddies sind das positiv gestimmte, mehr noch, das euphorische Programm für Freddies Jahre in der südlichsten Metropole Deutschlands. Direkt im Anschluss folgt auf der Platte das titelgebende »Made in Heaven«.

1995 erreichen die Anti-Aids-Kampagnen weltweit neue Höhepunkte. Freddie ist darin vier Jahre nach seinem Tod omnipräsent. Er ist das berühmteste und gleichzeitig das tragischste HIV-Opfer in der Welt der Rockmusik. Die Verwendung seines Konterfeis sorgt für Rekord-Spendensummen bei Wohltätigkeitsorganisationen. Vor diesem Hintergrund erscheint die neue »Made in Heaven«-Version der drei überlebenden Bandmitglieder. Der Titel insinuiert, hier handle es sich um ein Erbe Freddies – posthum und himmlisch: eine verschollene Gesangstonspur vielleicht, die der viel zu früh Verstorbene seinen drei Freunden überlässt, damit sie das Bestmögliche daraus machen. Doch dem ist nicht so. Das Lied ist über zehn Jahre alt und ein bayerisches Gwachs. Die Originalfassung entsteht Anfang der Achtzigerjahre in München.

»I'm taking my ride with destiny/Willing to play my part/Living with painful memories/Loving with all my heart«, singt Freddie zu Beginn seines Songs. Ähnlich wie in »It's a Beautiful Day« zeugen auch hier die Lyrics von Aufbruch, Entschlossenheit und Hoffnung: »When stormy weather comes around/It was made in heaven/When sunny skies break through behind the clouds/I wish it could last forever«. Zugleich ist es ein Schicksalssong, der von Ergebenheit in die Bestimmung zeugt: »Yes it was plain to see, yes it was meant to be/Written in the stars«. Es steht zwar in den Sternen geschrieben, aber natürlich streut Freddie eine Prise Zweifel in das Unausweichliche, indem er wiederholt, dass alle, wirklich alle ihm ständig erklären, dass es so kommen muss: »That's what everybody says/Everybody says to me/It was really meant to be (...) Yeah, everybody tells me so«.

Freddies Fähigkeit, sich keinen Deut um die Meinung anderer zu scheren, gehört zu seinen großen Vorzügen. Mit etwas Ironie mildert er auf diese Weise das Pathos, das auch in der Melodie vorherrscht. Mit düster-dunklen, sehr hart angeschlagenen, an Beethoven erinnernden und von Curt Cress an den Drums konterkarierten Klavierklängen setzt Freddie ein, um das Lied dann zur Hymne zu entfalten. Zehn Jahre später löschen seine Freunde Freddies Piano komplett, um es im Intro durch Synthesizer, danach durch Brians E-Gitarren-Riffs zu ersetzen. Ob »Made in Heaven« dadurch wirklich zum

Queen-Song wird, bleibt fraglich. Beim genauen Vergleich der Versionen von »Made in Heaven« drängt sich die Schlussfolgerung auf: Freddie ist drei Viertel von Queen, so wie John Lennon kurz nach seinem Tod von Journalisten als drei Viertel der Beatles definiert wurde. In den Münchner Jahren personifizieren Mercury und Mack zeitweise zu zweit die Band.

Was viele alte und neue Bewunderer und Fans Freddies in aller Welt nicht wissen (oder nach dem Kinofilm *Bohemian Rhapsody* nicht wahrhaben wollen), was aber naheliegend ist: »Made in Heaven« was made in Munich. Damit nicht genug: Das ganze Soloalbum soll noch bis kurz vor der Pressung den Titel dieses Songs tragen. Dokumentiert ist diese Absicht in einem Fernsehinterview: Freddie sitzt Anfang April 1985 in München bei der ersten Pressekampagne für sein Soloalbum im Rahmen eines Einzelinterviews auf einem weißen Sofa. Er trägt weiße Turnschuhe, Ringelsocken, eine weiße Hose, ein weißes, mit bunten Papageien bedrucktes T-Shirt und knallrote Hosenträger: »Ich hatte einfach keinen Titel. Albumtitel sind nicht so wichtig. Früher gab es Konzeptalben. Da musste der Titel passen. Aber jetzt nicht mehr. Auf dem Album ist ein wunderschöner Song. Er heißt ›Made in Heaven‹, und ich finde, er repräsentiert das Album gut.« Dann steckt er sich lachend eine Zigarette an. Einige Tage später entscheiden Freddie und die Plattenfirma Columbia sich für den Titel *Mr. Bad Guy*.

Was wird im Himmel gemacht? In welchem Himmel? Freddies erstes und einziges Soloalbum? Der Himmel könnte auch München mit den Musicland Studios, mit Mack sein. Die Stadt und der Produzent machen dieses erste eigenständige Werk möglich. Freddie bedankt sich im Begleittext zur Platte u.a. bei Barbara Valentin: »Special thanks to: Mary Austin, Barbara Valentin for big tits and misconduct, Winnie for board and lodging.« Und mit seinem berüchtigten Witz, der nicht selten an Sarkasmus grenzt, schreibt Freddie: »Special thanks to Brian, Roger and John for not interfering.« Die drei stören dann erst zehn Jahre später, als Freddie sich nicht mehr wehren kann. Wie würde Freddie reagieren, wenn er bei den Überarbeitungen anwesend wäre? Man sieht seine wegwerfende Handbewegung förmlich vor sich und hört seine kapriziös gesprochenen Worte: »Immer dieser Rock'n'Roll. Vergesst Rock'n'Roll.« Freddie wird sie sagen, als er sein zweites großes Projekt ohne Queen ankündigt, das Album *Barcelona* mit Montserrat Caballé.

STÖCKELSCHUHE AUF EIS

Im April 1985 sind die wesentlichen Renovierungsarbeiten in der Garden Lodge beendet. Freddie wohnt aber, wenn er in London ist, immer noch in der Stafford Terrace. Die Wohnung behält er auch während seiner Münchner Jahre. Er hat keine Zeit, sein neues Heim zu beziehen oder Einweihungspartys zu organisieren. »Trotz dieses wunderschönen Hauses war für Freddie immer noch seine Heimat in Deutschland«, erinnert sich Jim Hutton.

Mercury geht mit Queen auf große Tour: Vom 13. bis zum 29. April finden Konzerte in Down Under statt. Die erste Show im neuseeländischen Auckland ist turbulent, weil Freddie sich vorher mit Tony Hadley von Spandau Ballet mehrere Cocktails genehmigt. Tony kommt dann bei den Zugaben auf die Bühne und singt mit. In Melbourne treffen Queen Phil Collins. Freddie ist während dieser Konzerte besonders extrovertiert und manchmal auch leicht reizbar. Einige Bootlegs aus Australien zeigen Queen verspielt, selbstsicher und bei manchen Songs in Höchstform. Die Veröffentlichung von Freddies Soloalbum geht nahtlos in diese Queen-Aktivitäten über. Seine Münchner Solosongs wird er jedoch nie live performen. Er stellt sich auf der Bühne ganz in den Dienst der Band. Nur bei Interviews kommt er manchmal auf *Mr. Bad*

Guy zu sprechen. Gelegentlich werden auch entsprechende Pressekonferenzen organisiert, wo es nur um sein Soloalbum geht.

Bereits am 8. Mai treten Queen im Anschluss an Australien in Japan auf, wo sie ihre Blitztournee am 15. Mai in Osaka abschließen. Weniger als zwei Monate später, am 13. Juli 1985, legen Queen dann ihren legendären Auftritt beim Live-Aid-Konzert in London hin. Sie proben den Zwanzig-Minuten-Gig intensiv. Zur spektakulären Wembley-Show, die für viele als die beste Performance einer Rockband schlechthin gilt, trägt auch bei, dass Queen so kurz nach den Australien- und Japan-Gigs noch in der Live-Routine sind. Die Konzerte der beiden Tourneen finden in Stadien statt, die mit Wembley vergleichbar sind. Bemerkenswert ist erstmals live am *rechten* Oberarm Freddies Nietenarmband aus Leder passend zum Gürtel. Gemäß Hanky Code übernimmt er den passiven Part. Barbara und Jim sind auch dabei.

Bayern hat einen Hanky Code für Frauen im Dirndl: Ist die Schürze auf der rechten Seite gebunden, bedeutet es, dass die Trägerin verlobt oder verheiratet ist; auf der linken Seite, dass sie ledig ist; vorne, dass sie Jungfrau, und hinten, dass sie Witwe ist.

Zwischen den Konzerten in Osaka und Wembley gibt Freddie im Juni 1985 dem Sender Radio One in London ein Interview, in dem er sich zur bayerischen Landeshauptstadt bekennt: »Mit München habe ich einen Ort gefunden, an dem ich in Ruhe durch die Stadt laufen kann. Es fühlt sich an wie ein kleines Dorf. Ich habe dort eine Menge Freunde. Sie wissen, wer ich bin, aber sie behandeln mich wie ein ganz normales menschliches Wesen. Sie akzeptieren mich so, wie ich bin, und das hilft mir sehr dabei zu entspannen. Ich will nicht relaxen und dabei die Klappe halten müssen. Das mag ich nicht. Dann werde ich verrückt. Rascher noch als ohnehin schon. Ich mag es, all diese Dinge zu tun, Leute kennenlernen, Partys feiern, aber ohne die Sorge, dass ich nicht zu lange aufbleiben darf, weil ich morgen ein Treffen habe, oder eine Verpflichtung oder eine Show. Ich kann mich vollkommen davon lösen und bin trotzdem immer noch in derselben Stadt und kann entspannen.«

Roger Taylor nimmt im Juni – nach Osaka, aber vor Wembley – in den Musicland Studios in München an Sessions der Band Virginia Woolf teil, die er auch produziert. Auch Brian und John sind außerhalb von Queen musikalisch mit eigenen Projekten unterwegs. Am 20. Juni ist Freddie bei der Familie Mack zu Gast, um den zwölften Geburtstag von Julian Mack zu feiern. Wie von Julian gewünscht, tritt er im »It's a Hard Life«-Kostüm auf, was seinen Patensohn Little Freddie erschreckt. Am 1. Juli, keine zwei Wochen vor Live Aid, erscheint in UK Freddies Single »Made in Heaven«. Nach Live Aid fliegen Freddie und Jim nach Ibiza, um sich zu entspannen und aufzutanken. Schon Ende August sind Freddie, Brian und Roger wieder in München, um mit Mack an einem Song aus Rogers Feder namens »A Kind of Vision« zu arbeiten. John ist noch im Urlaub, wird diesen aber abbrechen, um nach München zu kommen. Jim erinnert sich: »Alle zwei Wochen flog ich nach München.« Dort wird er manchmal vom Flughafen direkt in die Musicland Studios gefahren. Es ist eine neue Erfahrung für ihn, seinen Liebhaber bei der Arbeit zu sehen. Aber in München geschehen auch Dinge, die für Jim unerfreulich sind. Freddies Beziehung zu Winnie ist noch nicht beendet. Einmal fährt Freddie mit Winnie in die Berge und lässt Jim allein in München zurück. Freddie kommt erst am nächsten Tag zurück. Die Qualen der Eifersucht sind groß, aber Jim hält sie aus. Er ist – im Gegensatz zu Winnie – ein bedächtiger Mensch und übt sich in Geduld. Seine Nehmerqualitäten scheinen grenzenlos. Derweil ist die Arbeitsatmosphäre im Studio intensiv, und Queen sind nach dem Live-Aid-Erfolg in Topform. Freddie ist so gut drauf, dass er sofort die umfangreichen Planungen für seinen neununddreißigsten Geburtstag am 5. September im Henderson in Auftrag gibt. Das gesamte Lokal muss umdekoriert, Schwarz-Weiß-Einladungen müssen gedruckt und verschickt werden und vieles mehr.

Queen könnten sich für die Aufnahmen von »A Kind of Vision« für ein Studio in London oder für ihre Mountain Studios in Montreux entscheiden, aber sie wählen wieder die Musicland Studios. Aus »A Kind of Vision« werden im Verlauf der Proben in München zwei Songs: »One Vision« und »A Kind of Magic«, der spätere Titelsong des im Juni 1986 erscheinenden zwölften Studioalbums von Queen. Jim erinnert sich an Freddies Hyperaktivität im Studio. Er ist beeindruckt von der Schaffenskraft seines Freundes. Nach einem Acht-Stunden-Tag geht es noch ins Bermuda-Dreieck und am nächsten Tag wieder ins Studio. Freddie schont sich nicht. Was Jim bewundert: Freddie ruft im Studio an, um Bescheid zu sagen, dass er bald kommt, aber nicht lange bleiben wird. Daraus werden dann jedoch viele Stunden. So entstehen an der Isar einige der besten Songs.

Aber wie blicken die Einheimischen auf Queen in München? Warum zieht es Freddie 1985 immer noch an die Isar? Joanna de Alencar Baban recherchiert für ihre Masterarbeit *Auf den Spuren von Musiklegenden* im Glockenbachviertel. In ihrer Arbeit bereitet sie eine Reportage mit folgendem Text vor: »Die Paradiso Tanzbar, früher ›Old Mrs. Henderson‹ genannt, war der kleine Laden in der Rumfordstraße, Ecke Müllerstraße. Das war einer von Freddie Mercurys Hotspots.

Ein Hauch von Burlesque und Moulin Rouge zeichnen den Club bis heute aus. Er zieht immer noch junge wie ältere Besucher an – zum Feiern, zum Trinken und zum Tanzen. Freddie hat die Gegend hier geliebt, das Glockenbachviertel in München. Die Akzeptanz für liebenswerte Paradiesvögel ist in diesem Szeneviertel riesig – und das schon seit den Fünfzigern. Viele kommen hierher, um Teil dieser Szene zu sein, die aus der Masse heraussticht. Freddie Mercury kam hierher, um Teil der Masse zu sein: einfach mal ausgelassen feiern, ohne drüber nachdenken zu müssen, was andere denken. In der Hinsicht sind Freddie Mercury und ich uns wohl sehr ähnlich. Für ihn war das Glockenbachviertel aber viel mehr als nur eine Feiermeile: Es war sein Rückzugsort, an dem seit Jahrzehnten stolz die Regenbogenflagge in der Stadtluft weht und Mensch einfach Mensch sein darf. Und trotz der Dekadenz und der Eskapaden, die zur Paradiso Tanzbar einfach dazugehören, fühlt sich vieles hier erstaunlich normal an. ›Normalität‹ ist wahrscheinlich genau das, was ein Weltstar braucht.

Ich stehe hier auf dem Gehweg, auf dem auch er schon stand – und es fühlt sich fast schon so an, als wäre er immer noch da. Durch die Club-Tür dröhnen seine Hits – und selbst diejenigen, die noch nie hier waren, kennen diesen Ort. Aus dem Musikvideo zu Freddies erster Solosingle ›Living on My Own‹, das genau hier gedreht wurde. Nämlich auf Freddie Mercurys neununddreißigstem Geburtstag 1985. Freddie Mercury war eine Rampensau auf der Bühne, ein Partytier im Club und trotzdem ein Mensch wie du und ich. Er hat sich hier wohlgefühlt, viele Freundschaften geschlossen und in diesem charmanten Viertel gelebt und gefeiert. Wenn ich hier so stehe und in die glücklichen Gesichter der Feiermeute schaue, versteh ich's: Die Gegend ist frei, weltoffen und auch ein bisschen ungestüm. Genau wie Freddie.«

Joanna spricht mit Helmut Birner. Er ist damals gerade mal zwanzig und darf nach seiner Schicht spontan auch auf Freddies Geburtstagsparty. Der ehemalige Türsteher des New York wird von der Studentin in ihrer Arbeit zitiert: »Freddie Mercury habe ich etwa im Jahr 1985 kennengelernt. Da habe ich als Türsteher in einer Gay-Disco gearbeitet, in München am Sendlinger Tor, und er kam mit seiner Entourage relativ regelmäßig spätnachts zum Abfeiern bei uns in den Keller vorbei. Ich habe ihn natürlich sofort erkannt, und beim ersten Mal habe ich leichte Schnappatmung bekommen, weil man es gar nicht wahrhaben will. Wenn man ihn aber als Türsteher zum zwanzigsten oder dreißigsten Mal reinlässt und seine – ich habe sie immer als ›Claqueure‹ bezeichnet, die ihm eben auf Schritt und Tritt gefolgt sind, dann wurde es zur Normalität. Er war ein ganz freundlicher Mensch, überhaupt keine Starallüren, immer höflich, hat immer seinen Spaß gehabt, ist nie vor meinen Augen irgendwie ausgerastet oder betrunken die Treppe rauf oder runter gestürzt. Er war völlig unscheinbar auch von der Größe, von der körperlichen Statur. Seine Oberzähne waren natürlich nicht unbedingt so, wie man sie als Mutter gern hätte für seine Kinder. Aber das hat er mit seinem Witz, mit seinem Esprit wettgemacht. Wenn er einen angeschaut hat – man kannte ihn aus dem Fernsehen –, und der steht dann einen Meter vor dir, dann ist das schon … Er sagte: ›Hello, have a nice evening‹, und dann war er schon wieder verschwunden. Er konnte in München speziell nachts in der Szene auftreten, ohne dass er gejagt oder ständig fotografiert und verfolgt wurde. Freddie hat einem immer in die Augen geschaut mit einem netten Wort. Er war immer sehr freundlich, auch beim Kommen und beim Gehen. Das war ja dann Stunden später mit Alkohol und allem Drum und

Dran. Ich fand ihn in seinem privaten Leben einen Menschen wie du und ich. Es war ein Star, aber er war am Boden neben dir. Starallüren hast du da keine gespürt. Und das hat auch die Nähe zugelassen. Man hat keinen Abstand gebraucht zu ihm. Er hat dich rangelassen an sich. Das fand ich das Sympathische an ihm. Er konnte so sein, wie er es eigentlich gerne gehabt hat.

Irgendwann hat er seinen Partner kennengelernt, der ja jetzt auch kein Hollywood-Star oder berühmter Schauspieler aus London war, sondern ein gestandenes bayerisches Mannsbild mit einem Wirtshaus am Viktualienmarkt. Die waren viele Jahre ein Paar. Ich glaube, die waren eigentlich ganz glücklich miteinander, in einer wahrscheinlich offenen Beziehung. Bodenständigkeit war das, was Freddie am liebsten mochte. Da konnte er von seinen Weltreisen und von seinen Riesentourneen und Auftritten wieder geerdet werden. Ich habe damals für eine Firma gearbeitet, die zu der Zeit drei Discos hatte, schwul-lesbisch, alles Mögliche. Und in einer dieser Discos, die tagelang vorher umgebaut wurde auf Black and White, da fand diese Party statt. Ich habe zwar etwas läuten hören, habe aber in einer anderen Disco, die zur Firma gehörte, gearbeitet. Und erst am Abend, als die Party lief, kam der Chef zu mir und sagte: ›Wenn du jetzt Feierabend hast, kannst du rübergehen in die andere Disco zu Freddies Party.‹ Ich dachte, ich werde ohnmächtig. Ich war gar nicht angezogen dafür. Ich kann mich an den Abend noch gut erinnern. Ich bin rübergegangen oder mit der Tram gefahren, das weiß ich nicht mehr. Es war schon sehr spät, es war noch gerammelt voll. Es waren – wie man später auf dem Videoclip auch sehen konnte – drei Kameras, also ein Kameramann mit einer Kamera auf der Schulter, eine, die war auf einem Stativ festgemacht, und eine rannte an der Decke back and forth. Freddie habe ich überhaupt nicht gesehen. Der war entweder schon gegangen oder in irgendeinem Kabäuschen abgetaucht. Ich weiß nur noch, dass der ganze Abend gratis war. Champagner, Gin Tonic ... Ich bin so was von betrunken auf Freddies Kosten nach Hause gekommen. Für mich war es der Abend meines Lebens. Und später das Video bei YouTube zu sehen ... Ich bin natürlich da nicht drauf, aber ich erkenne jede einzelne Szene. Es war herrlich dekadent. Wenn in Amerika etwas verboten wird, dann hat es ja meistens mit nackter Haut oder mit Sexualität zu tun. Davon habe ich, ehrlich gesagt, überhaupt nichts mitgekriegt. Und wenn da tatsächlich was vor meinen Augen passiert ist, dann hat mich das überhaupt nicht beschämt oder ergriffen, sondern dann war das irgendwie für so ein Fest zu seinem Geburtstag was ganz Normales. Dekadent war es bis zum Gehtnichtmehr. Aber Dekadenz kann ja auf Stunden hinaus was Wunderbares sein.

Das Glockenbachviertel hat sich stark verändert. Der Unterschied ist natürlich jetzt exorbitant. Es war damals das hippe Viertel für Schwule und Lesben, Lesben fast ein bisschen weniger. Es war sehr schwul-dominiert. Mittlerweile ist es ja hetero-dominiert mit ganz wenigen schwulen Tupferln drin. Als älterer Schwuler hat man in München eigentlich kaum noch eine Möglichkeit wegzugehen, und die Jungen brauchen sie nicht mehr, weil sie sich ja vermischen mit der normalen Gesellschaft. Das ist einfach so. Und wenn man sich da anpassen kann, kann man auch heute noch ganz gut leben. Wenn nicht, führt man ein tristes Dasein.

Aber in den Siebzigerjahren in München hatte man jede Menge Auswahl. Mitte der Neunziger gab es fünf oder sechs schwul-lesbische Discos. Da ging dann die Post schon auch noch ab in München. Das ist jetzt leider nicht mehr der Fall.

Das ist jetzt ruhiger geworden. Viele sagen, München sei mit Berlin nicht zu vergleichen. Das war ja noch vor der Wende. Aber wer Berlin nicht kannte, hat in München gar nichts vermisst. Du musstest dich nur umhören. Es gab kein Internet. Man hat gewisse Kneipen gehabt, wo ein bisschen Talk of the Town stattgefunden hat. Man hat sich abends um sechs erst kundig gemacht, wo man um zwölf Uhr hingeht. So habe ich es zumindest gemacht. Pilz 2000 war eine kleine Bar in der Dultstraße, eine Seitenstraße der Sendlinger Straße. Da hat man sich Samstagnachmittag ab 17 Uhr getroffen. Um 19 Uhr war es da gerammelt voll. Und um 22 Uhr wusstest du genau, wo du hingehst. So ging das. Ohne Handy in der Hand. Jeder hat jedem ins Gesicht geschaut.

Ich bin 1976 nach München gezogen. Da war alles schon sehr offen, vor allen Dingen, wenn man die Geschichte vom Glockenbachviertel anschaut. Da gibt es auch tolle Bücher dazu. Es war immer schon ein bisschen so ein Scherbenviertel mit Nutten und Zuhältern, auch schon vor hundert Jahren. Und auch die ersten Schwulenkneipen waren hier. 1920 gab es schon welche, der Rumpler hinten am Glockenbach und einige mehr. Ob das dann in den Jahrzehnten weitergewachsen ist oder in den Genen der ortsansässigen Heterosexuellen steckt: Es gab jedenfalls eine riesengroße Akzeptanz und Toleranz. Heutzutage ist das wieder ganz anders. Jetzt hat das Glockenbachviertel die zweithöchste Kinderdichte von München. Jetzt sind die Schwulen und Lesben den Kindern und Familien gegenüber tolerant.

Es ist eigentlich unglaublich. Ja, es war schon eine tolle Zeit. Fasching im Glockenbachviertel, in den Siebzigerjahren. Das kann man mit heute nicht mehr vergleichen. Jede kleine Kneipe hat ihren eigenen Haus-Ball gehabt. Du bist an einem Abend auf zehn, zwölf verschiedenen Haus-Bällen gewesen, überall a Rüscherl. Kannst dir vorstellen, wie du um vier Uhr früh ausgesehen hast. Und dann gab es noch Winter mit Schnee und Eis. Die findet man ja jetzt auch kaum noch. Stöckelschuhe auf Eis ist nicht so toll.«

Petra Dorén, Miss Piggy und viele andere Transvestiten in München, die Freddie gerne mag, kennen das Problem unbequemer Damenschuhe in Verbindung mit Straßenglätte. Doch der 5. September 1985 ist eine milde Spätsommernacht. Freddie manipuliert an seinem Geburtstag nicht nur seine Lover, sondern dirigiert auch die große Gästeschar zu seinen Gunsten. Die Anweisung lautet, in Drag und in Schwarz-Weiß zur Party ins Henderson zu kommen. Das gilt sogar für den Fotografen Richard Young. Viele Männer halten sich daran. Ausnahmen bilden die Mitglieder des Filmteams, die eigene Overalls tragen, damit sie einander in der Menge sofort erkennen. Also erscheinen die Herren als Frauen verkleidet, derweil Freddie sich besonders maskulin zeigt, mit militärischer Jacke aus Kolonialzeiten samt Epauletten, die seine Schultern breiter erscheinen lassen. Vorne lässt er die Jacke aufgeknöpft und präsentiert seine stark behaarte Brust.

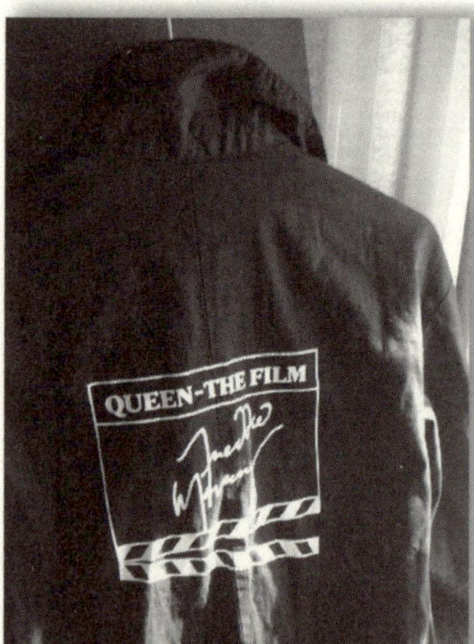

Overalls für die Film-Crew im Mrs. Henderson.

Der King of Queen ist der virilste Mann vor Ort. Die auffallende Jacke schneidern ihm die sogenannten Sweethearts. Der Kostümdesigner Bernd Stockinger, der in den Siebziger- und Achtzigerjahren gemeinsam mit Rolf

Albrecht an der Leopoldstraße 54 die Promi-Modeboutique Sweetheart leitet, erinnert sich: »Freddie wollte mal ganz breite Schultern, aber das war in den Achtzigerjahren ja eh Mode. Und er wollte einen Military-Look, der mit Glamour verbunden war. Also haben wir Brillant-Orden draufgesetzt und das Ganze noch einmal mit Strass eingefasst. Das war schon sehr showartig.« Auf einem Foto ist zu sehen, wie Freddie – neben dem stark geschminkten Brian, der einen eleganten Damenhut trägt – in der Jacke vor Freude strahlt. Selten wirkt Brian – hier als Hexe verkleidet mit aufgeklebten langen grünen Nägeln an seinen feingliedrigen Fingern – femininer als an diesem Abend. Er lächelt neben diesem aufgedrehten Kerl aus Sansibar, seinem guten Freund Farrokh Bulsara: Die beiden sehen so glücklich aus, als würden sie sich in diesem Moment an ihre Anfangszeiten und an die lange Wegstrecke erinnern, die sie gemeinsam zurückgelegt haben. Es ist ein Augenblick tiefer Freundschaft in einer turbulenten Nacht.

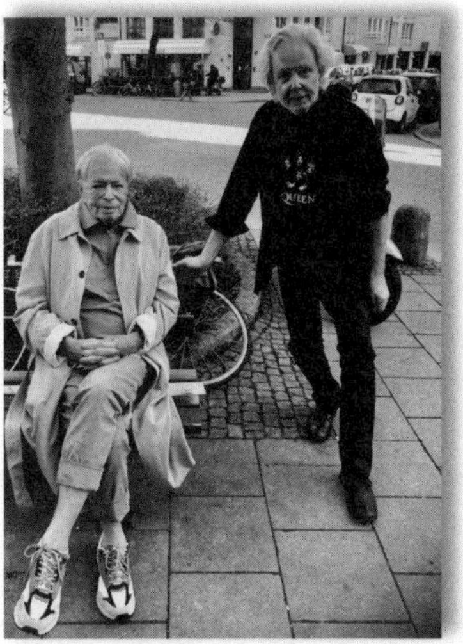

Modedesigner Bernd Stockinger (sitzend) mit dem Autor.

Die Party ist aber auch Schauplatz einer heftigen Auseinandersetzung. Michael Graeter, Reporter bei der *Abendzeitung*, erinnert sich: »Der ›Dom Perignon Rosé‹ zum Flaschenpreis von 600 Mark floss in Strömen, während die Servicekräfte vom ›Käfer‹ unaufhörlich Kaviar aus der 1,8-Kilo-Dose dazu verteilten. Freddie selbst war mit einer Schar Londoner

Freunde erschienen, darunter die Gruppe ›Frankie goes to Hollywood‹. Alle hatten sie ihre Hosenböden herzförmig ausgeschnitten und die blanken Hinterteile mit Lippenstift bemalt. Barbara Valentin konkurrierte an der rückwärtigen Stelle mit einer Rose. Obwohl eigentlich Freddies Geburtstag gefeiert wurde, bekam Winnie einen 2,5-karätigen Brillantring geschenkt, den er sich allerdings wieder vom Finger riss, als es plötzlich zum Streit zwischen den beiden kam. Das 20 000 Mark teure Schmuckstück kullerte zu Boden und ward nie mehr gefunden (zumindest nicht von seinem Besitzer). Es war sowieso nicht Freddies Abend, denn irgendjemand hatte ihm irgendetwas in den Drink gekippt, und das Geburtstagskind erlitt arge Schlagseite. Kurz zuvor waren noch mehrere Kameras an der Decke entlang geschwebt: für Filmaufnahmen zum neuen Song ›Living on My Own‹. Im entsprechenden Video ist das wilde Treiben tatsächlich verewigt.« Miss Piggy meint, der Ring habe 200 000 Mark gekostet. Er sei aus Versehen zu Boden gefallen. Noch viele Jahre später habe sich Winnie nach diesem Schmuckstück gesehnt.

Für Aufmerksamkeit sorgt auch Steve Strange, der Sänger der Band Visage. Er ist ein enger Freund von Freddie. In London ist Strange 1979 und 1980 regelmäßig Gastgeber im Nachtclub Blitz, der sich in Covent Garden zwischen zwei Kunsthochschulen (St Martin's School und Central School) befindet. Strange lädt jeden Dienstag zu einer »private party« ein, legt Wert auf ausgefallene Frisuren, auf Make-up und Kostüme, lässt die noch unbekannten Spandau Ballet im Blitz auftreten und gilt als Wegbereiter der Musik- und Modewelle New Romantic, die Freddie von Anfang an fasziniert. Mit »Fade to Grey« liefern sie einen der größten Hits der Ära. Unter den rund dreihundert Gästen befindet sich neben

Strange und Frankie Goes To Hollywood laut *New Musical Express* und dem deutschen *Rolling Stone* auch Boy George. Freddie hat enge Beziehungen zu all den Genannten: Ausschließen lässt sich deren Anwesenheit im Henderson nicht, allerdings fehlt entsprechendes Bildmaterial. Steve Strange aber ist in jener Nacht mit Sicherheit in München, wie das Cover-Foto dieses Buches beweist, das ihn an Freddies Seite zeigt.

WARUM NICHT EINE LAUFKATZE, JIM?

Queen erlauben Moderator Bob Harris und seinem Team 1977 Einblicke in die Studio-Arbeit bei der Entstehung von *News of the World*. Grundsätzlich gilt aber, dass Gäste im Studio unerwünscht sind. Erst recht sollen keine Film- und Fotokameras die Musiker von der Arbeit ablenken. Harris' Aufnahmen sind zwar historisch wertvoll, aber cineastisch betrachtet eher dürftig. Acht Jahre später machen Queen wieder eine Ausnahme, aber dieses Mal mit hohen Ansprüchen.

Wolfgang Simon ist ein preisgekrönter österreichischer Kameramann und Filmproduzent: 1985 dreht er als Chef-Kameramann und Produzent unter der Regie von Dolezal und Rossacher zwei wichtige Videos, für Queens »One Vision« in den Musicland Studios und Freddies »Living on My Own« im Henderson. Wolfgang Simon rechnet die Kosten für diese Filme direkt mit der Firma Queen Production Ltd. in London ab. Kurz danach gewinnt er mit dem Kinofilm *Heidenlöcher* (1986) den Deutschen Filmpreis für die beste Kamera. 1988 dreht er *Geierwally* mit Barbara Valentin. Hinzu kommen in seiner Filmografie Arbeiten über Placido Domingo und Frank Zappa oder die Doku *Fasching in München*. Die Liste ist lang.

Genau wie für die große Leinwand lässt Wolfgang auch für Freddie und Queen all seinen Einfallsreichtum walten, wodurch die Videos heute noch begeistern. Von den vielen Erzählungen über Freddies legendäre Party und die Entstehung der zugehörigen Filme sind Wolfgangs Berichte die ausführlichsten, genauesten und überzeugendsten.

Wir treffen uns in Wien im Garten des Magdas Hotels. Der Prater ist nah. Wolfgang hat den Ort vorgeschlagen. Einige Tage vor dem Termin schreibt er auf WhatsApp: »Dort ist's ruhig und grün … Grün war ja die Lieblingsfarbe von Freddie«, und setzt dahinter einen Crazy-Smiley. Auf die Nachfrage zu Freddies Lieblingsfarbe lacht Wolfgang: »Das war ein kleiner Scherz. Freddie hat Grün gehasst. Als ich in London in seiner Garden Lodge war und er mir den Garten zeigte, sagte er: ›Ich hatte nur einen Baum dort. Der war grün. Ich habe ihn so lange angestarrt, bis er umgefallen ist.‹«

Wolfgang kommt gut gelaunt mit seiner Lebensgefährtin Michaela in den Garten. Er hat einen dicken Umschlag mit Fotos dabei. 1984, etwa ein Jahr bevor seine Zusammenarbeit mit Queen beginnt, zieht er mit seiner damaligen Frau von Wien nach München. Er nimmt auch seine kleine Filmproduktionsfirma mit nach Deutschland. Mit seiner Frau lebt er bescheiden in einer kleinen Wohnung im Süden Münchens am Hermelinweg. Sein Büro befindet sich im Nachbarhaus. Im Frühjahr 1985 wird Wolfgangs Sohn geboren, im Sommer beginnt die Arbeit für Queen.

Wolfgang hat schon in Wien mit den Regisseuren Rudi Dolezal und Hannes Rossacher zusammengearbeitet. Die beiden melden sich bei ihm: Queen seien wieder in München. Ob er Zeit und Lust habe, ihre Arbeit in den Musicland Studios für ein paar Tage mit der Kamera zu begleiten. Wolfgang hält dort zunächst einfach nur Impressionen fest. Erste Muster, interessante Ausschnitte aus den Aufnahmen werden von Queen, Dolezal, Rossacher und Simon begutachtet. Freddie ist sehr angetan. Es wird beschlossen, einen offiziellen Videoclip daraus zu machen. So entsteht am Ende das Video zu »One Vision«. Was harmlos beginnt, wird zu einer der intensivsten Arbeitsphasen in Wolfgangs Laufbahn, denn hinzu kommt der Geburtstagsdreh, und die beiden Arbeiten überlappen sich. Wolfgang verhandelt direkt mit Jim Beach und dem Queen-Management. Als Chef-Kameramann arbeitet er außerdem eng mit Freddie zusammen.

Für seine Firma hat Wolfgang einen Schneideraum in der Nähe des Hauptbahnhofs in München eingerichtet. »Freddie hat mich in diesem Schneideraum oft besucht, um sich die Aufnahmen anzuschauen. Für ihn durfte es natürlich nicht ein kleiner Schneideraum, sondern es musste eine ›Editing Suite‹ sein, mit Vorraum, Kühlschrank und Sitzgelegenheiten. So habe ich erst erfahren, was Superstars für Bedürfnisse haben«, lacht Wolfgang. »Aus den geplanten paar Tagen sind fast vier Monate geworden, in denen mein Team und ich durchgearbeitet haben. Queen Fulltime.« Er vergrößert seine Filmproduktionsfirma, sie organisiert die beiden kompletten Drehs, manchmal bis hin zur Reservierung von Hotelbetten. Auf dem Höhepunkt der Arbeiten für Queen hat Wolfgang ein Team von fast vierzig Mitarbeitern.

Es wird nun gezielt für Videoclips aufgenommen, es geht nicht mehr nur um etwas Studio-Atmosphäre. Die Standards der Band gehören zu den höchsten in der Musikbranche. »Die Geierwerke, das waren unsere Kopierwerke damals, haben sich gefreut über die Mengen an Filmmaterial, die wir jeweils angeliefert haben.« Wolfgang schüttelt immer noch ungläubig den Kopf, als er sich daran erinnert. Freddie ist im Schneideraum oft anwesend. Er verfolgt den Arbeitsprozess

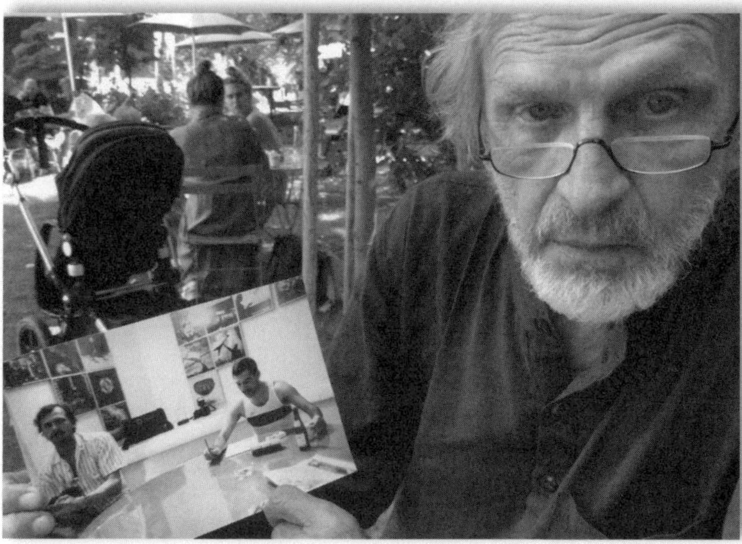

Produzent und Kameramann Wolfgang Simon 2020 in Wien
mit einem Foto von sich und Freddie 1985 in den Musicland Studios.

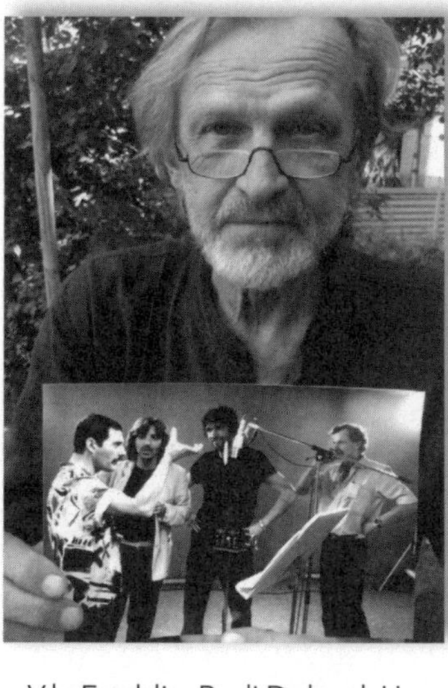

V.l.: Freddie, Rudi Dolezal, Hannes Rossacher, Wolfgang Simon.

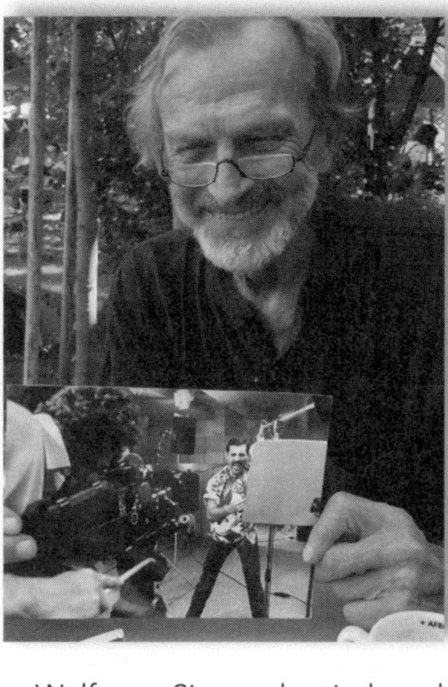

Wolfgang Simon akustisch und optisch nah dran an Freddie.

mit höchster Aufmerksamkeit. Er will, dass alle seine Freunde mindestens einmal im Bild sind, und wenn auch nur für einige Sekunden. Im Kühlschrank ist immer eine Flasche Wodka. Das Oktoberfest beginnt. »Das hat alles gut zusammengepasst«, sagt Wolfgang. Er erinnert sich auch gerne an Jim Beach, der mit ausgesuchter britischer Höflichkeit immer wieder für Heiterkeit sorgt. Ein Filmproduzent aus Wien, Peter Roehsler, den Wolfgang nach München einlädt, hält mehrfach die Filmarbeiten mit seinen Fotokameras fest.

Wir gehen im Garten des Magdas Hotels Bild für Bild durch. Zu jeder Aufnahme erzählt Wolfgang eine Anekdote. Es ist ein bestimmtes, ein einziges Erlebnis, das alle anderen überragt: Wolfgang steht in den Musicland Studios mit seiner Kamera auf der Schulter direkt vor Freddie. Die Entfernung von der

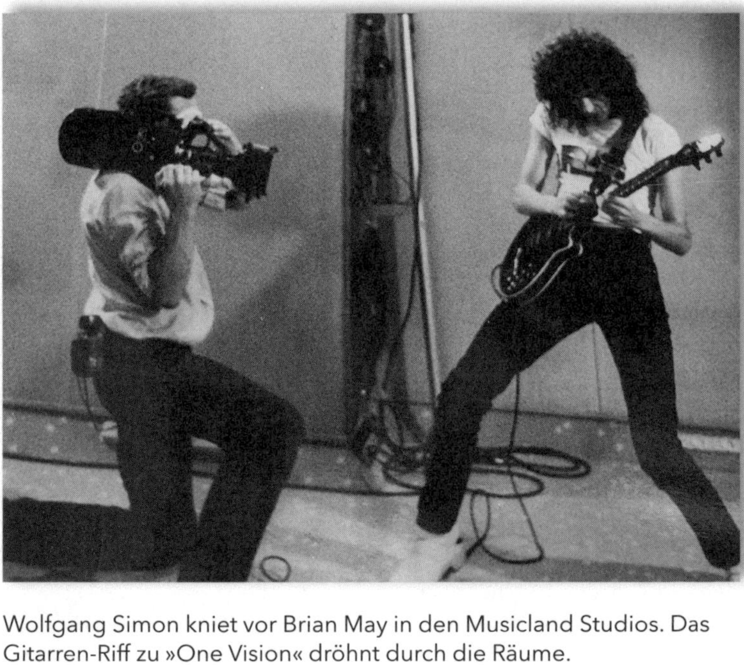

Wolfgang Simon kniet vor Brian May in den Musicland Studios. Das Gitarren-Riff zu »One Vision« dröhnt durch die Räume.

Linse zu Freddies Mikrofon beträgt weniger als einen Meter. Und Freddie singt, Freddie schreit: »No wrong, no right/ I'm gonna tell you there's no black and no white«. Wolfgang filmt. Aber er kann sich nicht konzentrieren. Zum ersten Mal hört er nicht nur Freddies Sprechstimme, sondern seinen Gesang – doch nicht aus Lautsprechern, nicht über den Umweg eines Mikrofons, sondern direkt aus Freddies Mund in seine Ohren. »Das war irre. Das ist unbeschreiblich.« Wolfgang fehlen die Worte. Dieser Moment gehört zu den denkwürdigsten seines Lebens. Und die Kamera von Peter Roehsler macht Klick: Wolfgang und Freddie.

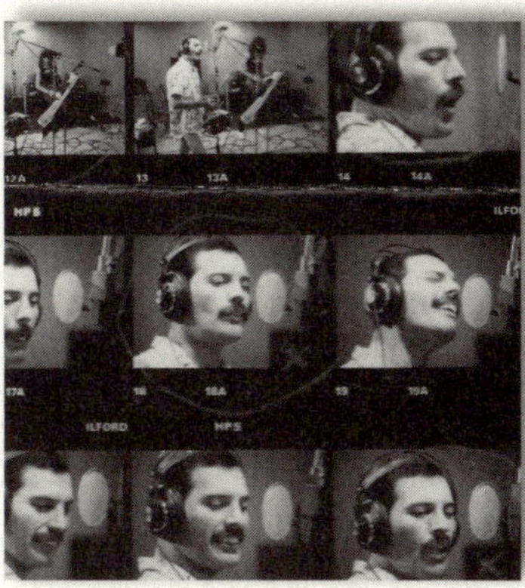

Aus Dutzenden von Fotos ausgewählt, aber nie veröffentlicht.

Die Filmaufnahmen zeigen Mack am Mischpult in einer eher defensiven Haltung. Wird etwas Neues angehört, überlässt er es Freddie, das erste Urteil auszusprechen, um sich dann daran anzuschließen; als könne er schwerlich voraussagen, was dem Sänger gefallen wird. Wie viel Spaß die Jungs in diesem angeblich so düsteren Kellergewölbe des so unheimlichen Arabella-Hauses haben, zeigt einerseits Freddies Wortwitz, der während der Sessions improvisiert: »One dump, one turd, two tits, John Deacon« oder »one sex position« sowie als Abschluss »fried chicken«. Zudem zeugt die Stuhlhopser-Szene von purer Lebensfreude, in der links außen Roger auf seinem Sessel regelrecht ausflippt und Freddie die Stuhlfedern im Rhythmus so arg strapaziert, dass Mack wegen des kindischen Gebarens seiner Zöglinge den Kopf in gespielter Verzweiflung aufs Mischpult sinken lässt.

Die Zusammenarbeit mit Queen, Mack und mit Freddies Entourage wird während des »One Vision«-Drehs im Umgangston immer lockerer, immer vertrauter, erinnert sich Wolfgang. Es werden manche Abende gemeinsam privat verbracht. »Ich habe zeitweise auch im Hilton übernachtet, wo alle waren. Das wurde manchmal nachts ein ziemlicher Zirkus.« Trotzdem empfindet Wolfgang die Arbeiten insgesamt als diszipliniert.

Meist erscheinen die Akteure schon mittags in den Musicland Studios: »Wir waren mal wieder unten bei Mack an den Tischen. Da kommt Jim Beach unglücklich aus der Stadt zurück. Er habe Ärger in einem Lokal mit dem Elektriker.« Wolfgang hat eine vielfältige Ausbildung: Er studierte an der Hochschule für Musik und Darstellende Kunst in Wien, Abteilung Film und Fernsehen, er hat ein Diplom für Bildtechnik und ist zudem Ingenieur für Flugtechnik. Er bietet sich Jim als Dolmetscher an. Er komme gerne das nächste Mal mit. Mit dem Elektriker könne er bestimmt besser reden als Jim, auch was das Technische betrifft. Ein wenig kenne er sich ja aus.

Wolfgang erinnert sich auch, wie Freddie an einem der Tische im Keller bei Mack sitzt und Skizzen macht. Es geht um seine Geburtstagsparty. Er zeichnet einen Drachen. »Jetzt weiß ich das Thema des Abends: The Black and White Dragon. Alle Gäste müssen schwarz-weiß gekleidet kommen«, erklärt Freddie. Nur er darf als Einziger ein wenig bunt sein. Wolfgang erzählt von Brian May, der brav wie alle anderen auch schwarzweiß gekleidet zur Party kommt – aber seine Fingernägel sind grasgrün. »Alle zusammen hatten in München unheimlich viel Spaß. Die üblichen Sticheleien und kleinen Kämpfe gab es natürlich zwischen ihnen, manchmal auch im Studio. Aber für mich als Beobachter waren das keine ernsthaften Streitigkeiten, sondern Spielereien, so zwischen Ironie und Sarkasmus«, erklärt Wolfgang.

Und immer sind da viel Humor und Witz. »Das Henderson passt schon, aber es ist mir zu schwül – zu schwul – zu schwül eingerichtet«, habe Freddie einmal gesagt, erinnert sich Wolfgang. Und in der Tat ist das Old Mrs. Henderson in den Siebziger- und Achtzigerjahren eine Institution schwuler Subkultur in München, gleichzeitig aber auch bei einem gemischten Publikum beliebt.

Zunächst will Freddie das P1 als Party-Location testen. Er geht mit Barbara und Winnie hin, aber der Türsteher lässt sie nicht rein. Dann erkennt er Freddie und bietet an, Freddie Zugang zu gewähren, aber die beiden anderen müssten draußen bleiben. Freddie ist wütend und will seither nie wieder etwas mit dem P1 zu tun haben.

Zu Freddies Vorstellungen passt aber die Henderson-Einrichtung nicht. »Plüschrosa, schwerste Vorhänge«, sagt Wolfgang. Das alles muss auf Freddies Wunsch hin verschwinden, obwohl er sich sonst in dem Lokal mit seiner üblichen Innendeko sehr wohlfühlt. Alles muss nun schwarz-weiß werden, wirklich alles, bis hin zu den Aschenbechern. Es wird ein riesiger Aufwand betrieben, aber Freddie entlohnt alle fürstlich. »Das war auch für mich finanziell eine andere Dimension«, merkt Wolfgang an. Als er mit Jim Beach das Lokal betritt, um die Probleme mit der Elektrik zu klären, wird eine exakte Ortserkundung daraus, und ein ausführliches Gespräch entwickelt sich. Zunächst ist Wolfgang vor allem der kenntnisreiche Dolmetscher, der mit dem Elektriker klärt, wie die Lightshow installiert werden kann, denn das bestehende Licht reicht Freddie bei Weitem nicht. Aber bald stellt sich die Kardinalfrage: Warum sollte nicht auch Freddies Party so wie die »One Vision«-Sessions gefilmt werden? Wenn ja, wie? Wolfgang ist der Experte vor Ort. Wenn schon zusätzliche Scheinwerfer installiert werden, dann doch so, dass das Licht für Filmaufnahmen ideal ist. Doch die innenarchitektonischen Probleme sind erheblich. Wie viele Gäste werden erwartet? Mit wie vielen Kameras kann gefilmt werden? Wo stehen die Lautsprecherboxen? Wo die Büfetts? Wie gestaltet sich das Catering? Wie filme ich die Transvestiten-Show an der Bar? Fest steht schon zu Beginn der Planungen: Es wird eng. Wolfgang steht mit Jim im leeren Henderson und blickt hoch zur Decke: »Warum nicht eine Laufkatze, Jim?«

Jim Beach ist begeistert. »That's a good idea«, sagt er. Die Schiene an der Decke wird schon wenige Tage später montiert. Daran soll eine etwa dreißig Kilogramm schwere 35-Millimeter-Kamera hin und her fahren. Es handelt sich um die neuartige, von Fritz Gabriel Bauer entwickelte Moviecam. (Wolfgang war an der Planung dieser für damalige Verhältnisse leichten Kamera beteiligt. Die »One Vision«-Sessions wurden mit 16-Millimeter-Kameras gedreht.) Wolfgang hängt sich testweise an die Schiene. Schon damals funktioniert der Betrieb via Fernsteuerung. Auch der Schwenkkopf wird über Funk gesteuert. Wolfgang schwebt quer durch das Henderson. Sofort ist klar: Die Statik ist am Limit. »Die Decke wäre fast heruntergekommen«, lacht Wolfgang. Glücklicherweise sind die Räume über dem Henderson leer. Nun werden Löcher durch die Decke gebohrt, damit die Schiene zusätzlich von oben stabilisiert werden kann.

Wolfgang organisiert für seine Crew einheitliche Overalls, damit die Filmleute einander im Getümmel erkennen. Auf dem Rücken jedes Overalls ist eine Filmklappe mit dem Namen des jeweiligen Crew-Mitglieds zu sehen. Es wird mit vier Kameras gedreht. Es gibt fünfzig Overalls. Davon werden etwa vierzig gebraucht. »Ich habe keine Ahnung, wo die restlichen sind. Vielleicht werden sie als Devotionalien auf Ebay gehandelt«, schmunzelt Wolfgang. In der Partynacht werden fast 13 000

Meter Filmmaterial an die Geierwerke geschickt, wo man nonstop durcharbeitet. Am nächsten Morgen sind die Muster da. Nachmittags begutachtet Freddie das Material und beschließt am darauffolgenden Tag, dass daraus das Musikvideo zu »Living on My Own« werden soll. Später werden die Briten die Feier im Henderson aufgrund des zunächst zensierten Videoclips »the mother of all parties« nennen. Der Abbau im Henderson ist schon in vollem Gange, als die Arbeiten plötzlich gestoppt und rückgängig gemacht werden. Freddie findet, dass nachgedreht werden muss. Also wird einige Tage später, dann aber teilweise mit Komparsen, weitergearbeitet. »Dolezal und Rossacher haben das toll arrangiert«, erinnert sich Wolfgang. Es werden noch mal zweitausend Meter gedreht. Der offizielle Videoclip enthält am Ende eine Mischung aus den Aufnahmen des Partydrehs und der zweiten, rein professionellen Dreharbeiten. Allerdings hatten die Akteure auch dieses Mal sehr viel Spaß, wie die US-amerikanische Sängerin Jo Dare berichtet. Sie spielt die schöne Katze an der Seite Freddies und erinnert sich an viel nackte Haut auch in Abwesenheit der Partygäste.

Die Arbeiten für »One Vision« und »Living on My Own« überschneiden sich. Wolfgang filmt die Band samt Entourage auch an einem Swimmingpool oder in Bars und im Englischen Garten. Manche dieser Szenen sind in den »Extended Versions« zu sehen. Kompliziert wird es, als sich herausstellt, dass für das »One Vision«-Video weitere Zwischenschnitte benötigt werden. Freddie ist in München, aber die drei anderen sind schon in London und nicht bereit, nur dafür nach Bayern zu kommen. »Also mussten Freddie, ich und Teile meiner Crew alle nach London in ein Filmstudio, wo nachgedreht wurde«, erinnert sich Wolfgang an den enormen Aufwand, der betrieben wird; dort baut man sogar Macks Studio nach. Aufwendig ist auch die Produktion der Metamorphosen der Queen-Gesichter im »One Vision«-Clip. Damals gibt es nur wenige Möglichkeiten für solche Effekt-Spielereien. Aber Freddie will State of the Art sein und sorgt dafür, dass neben den »One Vision«-Effekten auch die roten Strahlen aus seinen Augen und die Wellenverformungen, die in »Living on My Own« die Zuschauer überraschen, realisiert werden. Sie entstehen in einem Studio von Leo Kirch, das bei Filmtricks der US-Konkurrenz in nichts nachsteht. »Es waren die Anfänge der elektronischen Special Effects im Film«, sagt Wolfgang, »und Bayern stand an vorderster Front.« Wolfgang macht in dieser Hinsicht einen weiteren Vorschlag: »Freddies Gesicht sollte bei der Party als Hologramm mitten im Henderson erscheinen.« Technisch wäre es machbar, wenn auch für viel Geld. Wolfgang entwickelt mit einem Ingenieur am Chiemsee die Pläne dafür. Doch der Einfall überzeugt Freddie letztlich nicht oder übersteigt doch seine Budget-Vorstellungen. »Eine Sensation wäre es gewesen«, sagt Wolfgang nostalgisch.

Es sind unvergessliche Monate für den Chef-Kameramann, in denen Arbeit und Privatleben nahtlos ineinander übergehen. Erstaunt beobachtet Wolfgang Freddies Zigarettenkonsum: »Das waren vierzig bis sechzig Zigaretten am Tag. Er hatte nie selbst seine eigenen Zigaretten dabei. Wie auch? Freddie war immer perfekt gestylt und seine Kleidung sehr enganliegend. Da passte keine Zigarettenschachtel in die Hosentasche. Jemand aus der Entourage reichte ihm die Glimmstängel.« Wodka muss stets zugänglich sein, aber Kokain gibt es nur in sehr intimem Rahmen, und Wolfgang lässt sich dann nicht zweimal bitten. Doch bei aller Lebensfreude und Genusssucht, die Arbeit und die Disziplin dominieren. Rossacher-Dolezal und Wolfgang bilden ein Dreier-Team, wobei die finanzielle Verantwortung bei Wolfgang liegt. Es handelt sich um hohe Umsätze, und neben der privaten Freundschaft herrscht ein großes geschäftliches Vertrauen. »Es gab einen ersten kleinen Vertrag für die ersten paar Tage. Und es wurde immer bar im Voraus gezahlt. Danach arbeiteten wir mit Abrechnungen, mit Belegen. Das war der Job meiner Frau und meines Steuerberaters. Viel Bürokram mit Lohnverrechnungen auch für alle anderen Mitarbeiter.«

Wolfgang ist fasziniert von der Zusammenarbeit zwischen Queen und Mack im Studio. »Dieses Teamwork, das habe ich sehr bewundert. Mit welcher Selbstverständlichkeit Ideen von anderen verfolgt und verfeinert werden bis hin zum Gesamtkunstwerk. Der Song ›One Vision‹ hat sich vor meinen Augen während des Drehs entwickelt.« Gegessen wird oft zwischendurch im Studio. Manchmal organisiert Wolfgang das Catering. Aber die großen gemeinsamen Mahlzeiten während der Arbeit, wo alle an einem Tisch sitzen, die gibt es nicht. »In einer Bar haben wir nebenbei Impressionen mitgedreht. Da wurde auch geknabbert und getrunken. Alle waren da, auch Mack. Ich wollte die Szene von oben festhalten«, erinnert sich Wolfgang. Er steht also mit seiner Kamera auf dem Tresen und will loslegen. »Da macht sich Freddie über mein Hosentürl lustig, was denn damit los sei«, lacht Wolfgang. »So war er, der Freddie. So hat das Arbeiten allen Spaß gemacht.«

KATZENPFOTE AUF VINYL

Der österreichische Kameramann und Produzent Peter Roehsler lebt und arbeitet in Wien. Er studiert an der Wiener Filmakademie und geht nach dem Diplom für zweieinhalb Jahre nach Kenia. Dort baut er für die Regierung Jomo Kenyattas eine wöchentlich erscheinende Kinowochenschau auf. Nach seiner Rückkehr nach Europa gründet Roehsler seine eigene Filmproduktionsfirma, aus der die heutige nanookfilm GmbH hervorgeht. Wir telefonieren während eines Corona-Shutdowns und unterhalten uns auch über die Situation der Kinos.

Roehsler kommt damals als zweiter Kameramann zum »One Vision«-Dreh nach München und fotografiert nebenbei. »Wolfgang Simon, ein Kollege aus der Filmakademie, war in München ansässig und ist als Produzent aufgetreten, Dolezal und Rossacher haben die Regiearbeit geleistet. Meine Fotos scheinen dem Freddie und dem Rest der Band gefallen zu haben.« Roehslers Bilder, die er 1985 von Freddie macht, gehören zu den interessantesten in jenem Jahr. Im Internet finden sich viele seiner Aufnahmen von 1985. Es gibt auch einen Kalender von 1986 mit zahlreichen, heute nahezu unbekannten Bildern von Queen. »Die Atmosphäre im Studio war intensiv und sehr konzentriert. Der Dreh dauerte mehrere Tage.

Es gab relativ wenige Pausen, wenig untätiges Herumstehen. Wenn, dann wurden die Pausen für Besprechungen genutzt. Wir waren Beobachter im Hintergrund, und es gab viel zu tun. Wolfgang Simon war als erster Kameramann für das Licht verantwortlich. Es sind etliche Inseln herausgehoben worden, mal das Schlagzeug, mal der Bass, mal die Gitarre, mal der Leadsänger. Das hat jeweils bedeutet, dass man manchmal kleine Korrekturen vornehmen musste. Aber das ist nicht ins Gewicht gefallen. Die Band hat nie auf uns, auf den Film gewartet. Es ist unglaublich wenig Wartezeit vergangen. Von dem Augenblick an, wo es hieß: ›Jetzt geht es los‹, ist es auch losgegangen. Natürlich gab es zwischendurch immer wieder den Rückzug ans Mischpult, um Dinge anzuhören, die Fortsetzung zu besprechen und so weiter. Alle waren voll konzentriert«, berichtet Roehsler. In Bezug auf Alkohol oder Drogen ist ihm nichts aufgefallen.

Ein besonderes Foto entsteht am Tresen der Musicland Studios. Im Videoclip ist Freddie hier nie zu sehen. Roehsler befindet sich mit seiner Kamera hinter der Bar. Vor ihm stehen zahlreiche Gläser. Freddie blickt mit Zigarette in der Hand gedankenverloren und zufrieden an der Kamera vorbei. Er steht am Tresen und stützt seinen Unterarm darauf ab, neben ihm sitzt Mack, der mit geschlossenen Augen Rauch inhaliert, die Zigarette schwebt noch vor seinem Mund, und die Armbanduhr zeigt Mitternacht. Die beiden Männer wirken mit der geleisteten Arbeit zufrieden. Der Schnappschuss zeigt das große und stille Einverständnis von Freddie und Mack und wird vom Queen-Management auch fünfunddreißig Jahre später noch gerne verwendet. »Ich habe relativ unauffällig fotografiert. Die Wertnutzungsrechte der Fotos liegen bei Queen. Ich kenne die Bilder nur von Repros und aus dem Internet. Ich habe keine Negative, die sind alle in London im Archiv von Queen«, erklärt Roehsler.

Er erinnert sich an einen weiteren Moment in den Musicland Studios: Freddie sitzt an einem runden Tisch, den Kopf auf beide Hände gestützt. Roehsler hebt die Kamera, will fotografieren. Aber dann geschieht etwas, das für Mercury sehr typisch ist: »Freddie war sehr freundlich, aber auch voll professionell. Es gibt also diese Situation im Vorraum am runden Tisch. Ich bin so herumgestanden und habe die Kamera hochgehoben. Er aber hat mich unterbrochen und gesagt: ›Let's do this right.‹ Dann hat er sein Arrangement getroffen, wie er aufgenommen werden wollte. Das ist mir damals schon sehr professionell vorgekommen. Nicht unbemerkt und so nebenbei, sondern konzentriert mit Blick in die Kamera. In der Körperhaltung, die er auf dem Bild haben wollte. Das war schon sehr gut.«

Richard Young ist nicht der einzige Fotograf auf der Party im Henderson. Peter Roehsler ist auch unter den Gästen: »Jim Beach hat mich über Dolezal und Rossacher angefragt. Natürlich hat mich das gefreut, und ich war gerne wieder dabei.« Bei einigen Bildern von der Party ist die Urheberschaft schwer zu klären. Daraufhin analysiert Roehsler eine bestimmte Aufnahme: »Ich kann nicht mit Sicherheit sagen, ob ich das Foto gemacht habe. Was dagegen spricht, ist die Tatsache, dass Freddie und die anderen aus Augenhöhe mit Blitzlicht aufgenommen sind. Die Hälse unter dem Kinn sind jeweils hell ausgeleuchtet. Ich habe aber kein Blitzgerät verwendet. Das Filmlicht Wolfgang Simons im Henderson kam ja von der Decke, damit wären bei meinen Fotos Schatten auf den Hälsen zu sehen.« Die Party läuft noch, als Roehsler sie um circa fünf Uhr morgens verlässt und mit dem Filmmaterial zum vorgewarnten Labor fährt. Dann geht er ins Hilton, schläft einige Stunden, holt die entwickelten Diafilme ab und übergibt sie dem Management für den Transport nach London.

Auch der Münchner Fotograf Volker Derlath erinnert sich an die nächtliche Aktion. Er selbst befindet sich nicht auf der Party; sein Job ist es, weitere Filme noch in derselben Nacht zu entwickeln. Er hat einen Freund überreden können, der im Fotolabor einer Klinik arbeitet, ihm diese Räumlichkeiten dafür zu überlassen. Das Material bekommt Volker in den frühen Morgenstunden vor dem Mrs. Henderson. Er fährt damit in die Klinik, entwickelt es, fährt zurück und übergibt es rechtzeitig zum Frühstück.

Richard Young ist einer der wichtigsten Fotografen in Freddies Leben. Sie lernen sich 1978 kennen und bleiben bis zu Mercurys Tod befreundet. Youngs Foto von Freddie mit seiner Katze Tiffany aus dem Jahr 1988 ist Teil des Bestandes der National Portrait Gallery in London. Er ist außer Peter Roehsler der einzige offizielle Fotograf auf der Geburtstagsparty. Im »Living on My Own«-Video ist er kurz mit seiner langen braunen Perücke und den beiden umgehängten Fotokameras zu sehen. Unsere Gespräche finden in Youngs Fotogalerie in der Holland Street 4, ganz in der Nähe der Tube-Station High Street Kensington, statt. Freddie Mercury und Mary Austin leben einige Jahre lang in der Holland Road 100. Youngs Galerie ist nur einen idyllischen Spaziergang von etwa zwanzig Minuten durch den Holland Park davon entfernt. Auch die Stafford Terrace und die Garden Lodge liegen in der Nähe.

Die Galerie wirkt von außen klein, doch eine Wendeltreppe führt in ein geräumiges Souterrain, dessen Wände voller Fotos sind und das manchmal zum Fotostudio umfunktioniert wird. Richards Frau Susan kümmert sich um das Geschäftliche. In einer Ecke neben ihrem Schreibtisch stehen Vitrinen mit Schmuck, die Susan zum Kauf anbietet. Eine Kundin unterhält sich mit Susan, als wir uns zum Interview treffen. Wir stehen

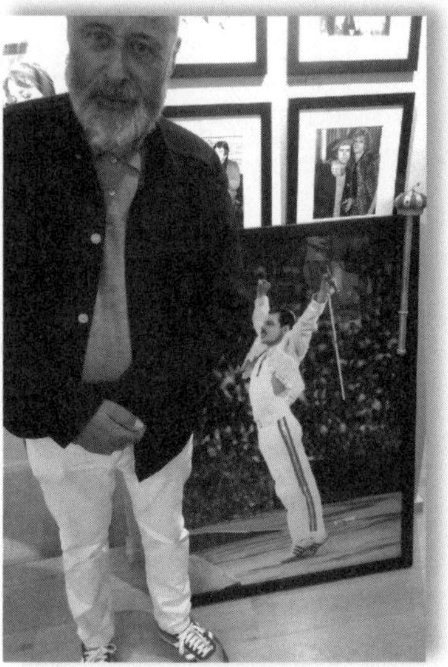

Richard Young in seiner Galerie in Kensington.

einige Minuten zu viert da. Oh, sie kenne München sehr gut, sagt die sympathische Kundin. Irgendetwas an ihr wirkt vertraut. Schließlich fragt sie, ob das Juweliergeschäft Sandler in München noch existiert. Spätere Recherchen nach der Rückkehr aus London ergeben, dass es in der Schützenstraße 3 während Freddies Jahren einen Juwelier namens Bumek Sandler gab. Gut möglich, dass er hier den Ring für Winnie und weiteren Schmuck kauft. Heute befindet sich an der Stelle das Geschäft Ghassano Gold. Die fremde und zugleich vertraut wirkende Frau verabschiedet sich sehr herzlich von Susan und Richard. Sie sind offenbar eng befreundet. Erst sehr viel später, bei den Recherchen zum Münchner Juwelier, fällt mir auf, dass die Fremde mit den guten München-Kenntnissen der gealterten Mary Austin ähnlich sieht.

Wir sitzen zu zweit, umgeben von Richards Fotos, in gemütlichen Sesseln, und der Fotograf erzählt: »Ich war öfter in München. Ich habe dort mit Kunstfotografie angefangen. Mein erstes Stillleben entstand in Schwabing in der Wohnung von Gisela Getty 1974. Sie war mit dem jungen Paul Getty junior verheiratet. Ich begleitete die beiden auf ihrer Hochzeitsreise und machte auch Fotos bei der Hochzeit. Ich habe oft auf Hochzeiten fotografiert, aber nie während einer Hochzeitsreise. Das ist eine lange und ziemlich verrückte Geschichte.

Aber zurück zu Freddie. Er rief mich an und sagte, ich solle zu seiner Geburtstagsparty nach München kommen. Er sagte: ›Alle Männer kommen als Frau verkleidet.‹ Ich sagte: ›Klar, in Ordnung, kein Problem.‹ Danach er: ›*Alle!*‹ Ich lieh mir ein Kleid von meiner Frau, und sie ging in ein Fachgeschäft für Perücken. Der Verkäuferin sagte sie, das Haarteil sei nicht für sie, sondern für ihren Mann. Darauf blickte die Verkäuferin Susan mitfühlend und verständnisvoll an und sagte: ›Aber ja, das kennen wir.‹ Ich schätze, wir waren etwa acht Leute. David Wigg und Dave Clark waren auch dabei und einige andere.«

Jim Hutton erinnert sich, dass er der Einzige von der Gruppe im Flugzeug ist, für den Freddie einen Platz in der ersten Klasse hat reservieren lassen. Er bekommt Gratis-Drinks und besseres Essen. Mary sagt ihm, er solle eine Flasche Wein stibitzen und nach hinten bringen, was Jim jedoch nicht tut.

Richard erzählt: »Wir waren alle im Park Hilton untergebracht. Als wir im Hotel ankamen, war ein Fotografen-Team der *Vogue* in der Lobby. Die machten Modefotos. Wir fragten, ob sie uns schminken könnten. Wir bezahlten ihnen so viel, dass sie in unsere Zimmer kamen und für unser Make-up sorgten. Das Umziehen war ganz schön umständlich. Ich hatte ein schwarzes Kleid mit Farbtupfern. Wir sahen danach alle blendend aus. Wir starteten in mehreren Autos. Freddie kam mit dem letzten an. Ich glaube, sein Freund Jim und Mary waren mit in seinem Wagen. Er sah mich in Drag und schmunzelte: ›Hello, Miss Muriel.‹ Ich erinnere mich gut, wie er mit seinem Harlekin-Anzug ankam. Ich dachte mir, dass ich sofort draußen ein Ganzkörperfoto von ihm machen musste. Drinnen im Gedränge könnte das schwierig werden. Das ist das Bild mit der Trambahn im Hintergrund und der Spaten-Werbung. Danach habe ich sehr viele Bilder während der Party gemacht. Ich glaube nicht, dass ich vor fünf oder sechs Uhr früh im Hotel war. Ich weiß noch, dass wir am selben Tag nach London zurückflogen. ›Budget, Darlings, Budget‹, sagte Freddie. Wir hätten ja auch schwerlich alle für vier Tage oder so in München bleiben können.

Damals war alles analog. Ich arbeitete mit zwei Leica-M4-Kameras. Das war insofern ein Problem, als sich die langen Haare meiner Perücke beim Zurückspulen der Filme im Gedränge und im Halbdunkel des Henderson im Gewinde verfingen. Die Perücke verrutschte, und ich verlor kostbare Zeit. Ich musste mich in eine Ecke setzen und mit einer Schere die Haare abschneiden. Es war zum Verrücktwerden. Aber danach passte ich auf. Und die Leica M4 war ideal für den Job. Sie ist nicht zu klobig. Das klappte alles sehr gut. Ich konnte sehr rasch von Farbe auf Schwarz-Weiß wechseln. Ich saß dann also in meinem Hotelzimmer mit ungefähr zwanzig Filmrollen. Es waren definitiv mehr Schwarz-Weiß-Filme. Ich dachte damals stark tageszeitungsorientiert. Dort begann man erst Anfang der 1990er-Jahre, Farbfotos abzudrucken. Die Technik war noch nicht so weit für Farbe, und es war zu teuer. Aber ich arbeitete damals auch für eine Londoner Agentur, und die wollten natürlich auch Farbfotos haben.«

Das Technische ist wichtig für Richard Young, aber bei seinen Erinnerungen überwiegen die Emotionen: »So um vier Uhr früh kam ein Mädchen auf mich zu. Das war kein Junge, da bin ich mir sicher, das war ein Mädchen. Und sie sagte: ›Oh, Darling, deine Schuhe verraten dich.‹ Meine Schuhe? Was war mit meinem Bart? Barbara Valentin habe ich auch fotografiert. Klar, du konntest sie nicht übersehen. Sie war so groß. Ich habe sie nicht nur in München fotografiert. Sie war auch in Rio und immer wieder in London. Freddie zu fotografieren, war immer eine Freude: Er war freundlich, er lächelte gerne, und vor allem mochte er es, direkt in meine Linse zu blicken. Das war eher die Ausnahme verglichen mit anderen Stars. Da war ein Grundvertrauen da. Das gab es so nicht bei anderen Promis. Und vor allem musste ich ihm kaum jemals etwas sagen: Er sah immer sehr gut aus, und er wusste selbst am besten, wie und von wo aus er aufgenommen werden wollte. Wenn er noch leben würde, wäre er immer noch mein Freund. Wir würden immer noch zusammenarbeiten. Er würde immer noch Musik machen. Er wäre immer noch so wunderbar wie früher. Es war schlimm, ihn langsam sterben zu sehen. Ich vermisse ihn sehr. Die letzten veröffentlichten Fotos von ihm habe ich nach den BRIT Awards 1990 gemacht. Es gab eine große Party im Groucho Club in Soho. Ich habe Fotos von ihm mit Liza Minnelli gemacht. Ich glaube, George Michael war auch da und viele andere. Aber Freddie sah schon nicht mehr so gut aus. Das war ja nur ein gutes Jahr vor seinem Tod. Heute ist die Medizin so weit, dass man nicht mehr sterben müsste.«

Freddies Freund, der Journalist David Wigg, erinnert sich auch gerne an die Party. Für ihn beginnen die Anekdoten schon beim Hinflug: »Ich musste noch nie meinen Koffer öffnen bei Flughafenkontrollen. Aber an dem Tag wollte ein Beamter in Heathrow sehen, was ich mitführte. Ich öffnete, und er zog Unterwäsche, Frauenkleider, High Heels heraus, und ich sagte: ›Wir gehen zu Freddie Mercurys Geburtstagsparty in München.‹ Und er sagte: ›Ja, bestimmt, Sir‹, und schloss den Koffer.«

Simon, Dolezal und Rossacher drehen im Sommer 1985 nicht nur in den Musicland Studios und im Henderson, sie filmen auch für die Doku *Queen: Magic Years* von 1987 Alltagssituationen in München: John strahlt einen Grenzpolizisten am Flughafen an. Freddie kommt aus dem Apartment 252 im Stollberg Plaza (die Post wird an das Apartment 251 geliefert, vermutlich aus Diskretionsgründen, und weil dort Prenter,

Phoebe, Fanelli & Co. wohnen und den Bürokram erledigen), steigt in einen dunklen Mercedes und wird ins Musicland gefahren. Am Isartor dreht sich Freddie um und orientiert sich im Gespräch mit dem Fahrer. Brian May trägt ein Live-Aid-T-Shirt und überquert schwungvoll die Perusastraße, hinter ihm das Münchner Traditionsgeschäft Roeckl am Eck mit Handschuhen, Ledertaschen, Tüchern und Kaschmiraccessoires. Daneben passend ein Baldachin mit der Aufschrift »Regina«, italienisch für Queen. Freddies Definition des Bandnamens bleibt bis in die Gegenwart gültig: »Ich mag zweideutige Dinge. Früher benutzte man das Wort in England für Schwule. Gleichzeitig verkörpert es das Stockkonservative unseres Landes, die Königin.« Roger lässt sich nicht chauffieren, sondern sitzt selbst am Steuer eines offenen BMW-Cabrios mit Überrollbügel. Die Jungs haben Spaß: Sechs Jahre nach den ersten »glory days of the Munich era«, wie Brian sie nennt, sind Queen an der Isar wieder so aufgeräumt und zufrieden wie in den Anfangszeiten in München. Freddie und John strahlen, Roger genießt es sichtlich auf dem Fahrersitz (auf der linken Seite), nur Brian schaut manchmal etwas skeptisch. Am Stachus-Brunnen wird er unwissentlich gefilmt und wirkt in sich gekehrt. Brian ist depressiv veranlagt. Seine erste Ehe ist zu dieser Zeit gefährdet. Die Trennung naht. Die Konsequenz: Er wird nicht mehr mit seiner Frau und seinen drei Kindern unter einem Dach leben.

Brians Depressionen werden sich nach Freddies Tod verstärken. Queen gibt es nicht mehr, sein Vater stirbt, und danach auch seine Mutter. Brian ist Mitte der Neunzigerjahre suizidgefährdet und weist sich selbst in eine Klinik ein. Hier wächst in ihm die Erkenntnis: Es geht nicht nur darum, sich nicht das Leben zu nehmen, um seinen Liebsten kein Leid anzutun, sondern es geht auch darum, die Depressionen abzuschütteln. Denn natürlich ist es auch schwer für seine Liebsten, wenn er morgens vor Verzweiflung nicht aus dem Bett kommt. Brian überwindet die Krise. Seit den Nullerjahren ist er ein gereifter, in sich ruhender Mann, der als Astronom, Musiker und Tierschützer sehr aktiv am gesellschaftlichen Leben teilnimmt und mit Roger und Adam Lambert den Mythos Queen fördert.

Nach der Stachus-Szene führt die Kamera hinab in die Musicland Studios, wo Brian an einem »Harlem Globetrotters on Tour«-Flipperautomaten, Baujahr 1979, spielt. Alle Studios der Welt stehen Queen offen, aber sie wählen immer wieder das Musicland mit der besonderen Atmosphäre. Sie wählen München, weil sie sich immer noch wohlfühlen. Und vielleicht ist es gerade das Arabella-Haus, von dem aus Menschen in den Tod springen, das auch aus Brian – selbst wenn er das Gebäude nicht mag – das Beste herausholt: anfangs die Riffs in »Dragon Attack«, jetzt die in »One Vision«. Und wie er dabei in die Kamera blödelt, während Freddie sich heiser schreit. Phoebe fehlt. Er kümmert sich um die Garden Lodge und kann nicht mehr wie früher in der kleinen Küche der Musicland Studios Bœuf Stroganoff mit Vor- und Nachspeise und andere Drei-Gänge-Menüs für etwa ein Dutzend Leute kochen. Dafür ist Joe Fanelli zur Stelle, Freddies Chefkoch Nummer eins.

Hannes Rossacher ist nach wie vor als Filmemacher tätig, sowohl für Musikdokumentationen als auch Konzertfilme und Musikvideos. Er arbeitet im Auftrag von ARTE, BBC, PBS und anderen. Rossacher lebt in Wien. Wir zoomen während des Lockdowns 2020. Er erinnert sich noch an Einzelheiten: »1978 hat Queen das erste Mal in Wien in der Stadthalle gespielt. Da habe ich die Band, also auch Freddie, zum ersten Mal gesehen. Erstmals persönlich getroffen und interviewt habe ich Freddie backstage nach dem Queen-Konzert in Wien

1982. Das Interview war eigentlich nur für einen kleinen Reportage-Bericht gedacht, ist mittlerweile aber auch auf einer Queen-DVD als Bonusmaterial erschienen.«

Rossachers Erinnerung weicht von der Simons ab. Demnach gibt es zwei Versionen von den geschäftlichen Beziehungen im Zusammenhang mit den Münchner Drehs. Rossacher bettet die Dreharbeiten in München in ein Großprojekt, in die Dokumentation *Magic Years* ein. Er legt Wert darauf, dass zunächst Jim Beach ihn angerufen hat, worauf er Simon kontaktiert hat: »In München ist die Studiosession für *Magic Years* gedreht worden, daraus ist das ›One Vision‹-Video entstanden. Im September wurde dann die Geburtstagsparty gedreht, und daraus ist dann das ›Living on My Own‹-Video entstanden. Die Party war wirklich gelungen, sehr ausgelassen, die Leute haben sich amüsiert. Ich kann das sagen, weil ich wegen der Arbeit komplett nüchtern bleiben musste. Jim Hutton habe ich in München und später in London mehrmals getroffen, weil er ja Freddies Partner war. Er ist auch im Video zu sehen. Mit Winnie hatte ich nichts zu tun, das war wohl schon vorbei, als wir 1985 in München gedreht haben. Die Arbeit im Studio schien extrem konzentriert. Wobei es Tage gab, an denen alle vier da waren, und dann Tage, an denen zum Beispiel Brian mehrere Spuren Gitarrensolo für einen Song aufgenommen hat. So haben sie auch alleine an ihren Bereichen gearbeitet, dann wieder zusammen. Oder Freddie war im Kontrollraum, wenn Roger Drums eingespielt hat.

Auf der Leopoldstraße gab es das Munich, da wurde öfters in großer Runde nach Recording Sessions hingegangen. Außerdem gab es einen Italiener gleich im Arabellapark hinterm Studio, bei dem im Freien gegessen wurde. Auch in Kay's Bistro wurde verkehrt. Freddie hat immer großzügig eingeladen, aber die Rechnungen haben Leute aus seiner Entourage wie

Joe Fanelli oder Chris Taylor beglichen. Joe ist auch im Geburtstagsvideo zu sehen. Barbara Valentin kam öfters im Musicland Studio vorbei. Offensichtlich um Koks zu liefern. Gesehen habe ich nichts, weil ich selbst kein User war oder je gewesen bin und alle User immer ›verschwunden‹ sind. Ansonsten, glaube ich, haben Freddie, Barbara Valentin and Friends hauptsächlich in Freddies Apartment verkehrt, weil sie da ungestört waren.« Rossacher lobt explizit Wolfgang Simons Arbeit: Beispielsweise habe Simon eine Möglichkeit gefunden, das gesamte Studio vom Mischpult bis zum Schlagzeug so auszuleuchten, dass während der Arbeiten niemand geblendet wurde. »Es mussten keine Scheinwerfer mehr ein- und ausgeschaltet werden. Das war die Dauerbeleuchtung. Alle haben sich daran gewöhnt, und dadurch waren Queen ungestört«, so Rossacher.

Er betont mehrfach, dass der Erstkontakt für das Projekt via Jim Beach und DoRo gelaufen ist. Wolfgang Simon habe als Service-Produktion für »DoRo/Queen« die Dreharbeiten durchgeführt, die 1985 in München stattfanden. Dafür wurde auch noch 1986 und 1987 an vielen internationalen Schauplätzen ohne Simons Mitarbeit gedreht. Das Musikvideo für »One Vision« sei ein »Nebenprodukt«, das aus dem Material für *Magic Years* entstanden sei. Andererseits ist unbestritten, dass Simon direkt mit Jim Beach und dem Queen-Management abgerechnet hat und dass erst nach dem Sommer in München die DoRo-Queen-Zusammenarbeit richtig durchstartet, allerdings nicht mehr mit Engagements an der Isar. Simon stirbt im Juli 2021 in Wien.

Das Musikvideo von der Henderson-Party zeigt nur bruchstückhaft die dortige Freizügigkeit. Mal wird ein nackter Hintern verpixelt, mal ein schwingender Schwanz. Queen Mum of Munich Petra Dorén, die in der Spinne, in der Bar Bei

Cosy oder im Mosquito den Gästen die Köpfe verdreht, erzählt von ihrem letzten Strip für Freddie, der auch ihr letzter überhaupt ist: »Barbara Valentin kam gelegentlich zum Mittagessen in die Deutsche Eiche, verdrückte Handfestes und erzählte ihre Storys. Mit Freddie Mercury aßen wir Schweinsbraten im Sebastianseck, mit dessen Wirt er befreundet war. Freddie wollte unbedingt, dass ich an seinem Geburtstag am 5. September 1985 für ihn auftrete.« Dorén hat zu der Zeit ein Engagement in Hannover. Freddie lässt ihn also extra einfliegen. »Er wollte meine Divine- und Tina-Turner-Nummern und – einen Totalstrip. Draußen blitzten Scheinwerfer, ein roter Rollteppich führte bis zum Portal, drinnen hingen Stahlschienen für die Fernsehkameras an der Decke, und das gesamte Lokal schwelgte an diesem Abend in schwarzen und weißen Rosen. Der Videoclip, der damals für sein ›Living on My Own‹ dort gedreht wurde, gewann in Frankreich einen Preis, im prüden und gleichzeitig sexsüchtigen Großbritannien wurde das Verdikt ›zu homosexuell‹ ausgesprochen. Es war mein allerletzter Strip, der selbst Bob Lockwood – als Joan Collins im Publikum – begeisterte. Als ich mich rhythmisch aus dem schwarzgoldenen Brokatspitzenmantel häutete, mit kreisenden Flatterhänden von meiner echt Münchner Figur – Stau am Mittleren Ring – abzulenken versuchte, da dachte ich: Komm, Petra, das ist ein würdiges Finale deiner Stripperkarriere. Freddie will es so, und gefilmt wirst du auch! Und dann ließ ich mein Cache-sexe in die Rosenbouquets fliegen und meinen Valentino-bestäubten Stachel das letzte Mal in die Öffentlichkeit spitzen.«

Die Party ist ein Höhepunkt in Freddies Münchner Jahren. Sein Alltag danach und davor ist verglichen damit eher unbekannt. Die Zeit solo und mit Queen in den Musicland Studios erfordert viel Ausdauer. Verbürgt ist Freddies Leidenschaft für das Buchstabenspiel Scrabble. Manchmal pausieren Band und Entourage stundenlang und tüfteln nach passenden Wörtern. Eine Denkbewegung, die der Entwicklung von Songtexten nicht unähnlich ist. Dokumentiert ist die Suche nach passenden Wörtern bei bestimmten Melodien und Rhythmen im Studio. Die Silbenzahl muss stimmen. Eindrücklich geschieht dies, als die Lyrics zu »One Vision« entstehen.

Beim Scrabbeln wird in Zweifelsfällen das Wörterbuch erst am Ende konsultiert. Freddie ist ehrgeizig und freut sich, wenn er die höchste Punktzahl erreicht, und ärgert sich, wenn er es nicht schafft. Er spielt aber nicht Bridge oder andere Spiele, die das Gedächtnis strapazieren, wie Schach. Am Scrabble gefällt ihm, dass alles offen vor ihm liegt: die geglückten Wortfindungen und das Material für die bevorstehenden. Freddies zweitliebstes Gesellschaftsspiel kommt später hinzu: Trivial Pursuit. Er mag nutzloses Wissen. Die Antworten sorgen für Heiterkeit. Freddies Sinn für Ästhetik, L'art pour l'art und das Spielen um des Spielens willen gehen Hand in Hand.

Hollywood-Star Rock Hudson stirbt am 2. Oktober 1985 an den Folgen von Aids. Öffentlich wird seine Erkrankung bereits im Juli und sorgt für große Medienaufmerksamkeit. Laut Richards und Langthorne verfolgt Freddie seit Hudsons ungewolltem Outing exakt die Ereignisse: Hudsons Ruf wird in der Phase zwischen Outing und Tod stark beschädigt. Freddie folgert daraus, dass er sein Ende für sich und Queen medial anders gestalten muss.

In der zweiten Jahreshälfte 1985 erreichen Freddie zwei gewichtige Projekt-Ideen. Eine davon betrifft das Musical *Time*. Dave Clark, Initiator des Musicals und Autor des Librettos, fliegt extra nach München, um Freddie zur Mitarbeit zu überreden. Die Aufnahmen finden im Oktober in London statt. Freddie singt zwei Songs live vor Publikum und wird dabei gefilmt, tritt selbst aber nicht im Musical auf. Die andere Idee ist wieder ein Soundtrack: Der schottische Regisseur Russell Mulcahy kontaktiert Queen im November mit der Bitte, Songs für seinen Film *Highlander* zu komponieren. Die Tatsache, dass Christopher Lambert die Hauptrolle spielt, den Queen mögen, sowie die Qualität bereits gedrehter Szenen wirken sich positiv auf die Entscheidung aus. Die Band nimmt die Herausforderung an, was sie noch enger zusammenschweißt und zur Entstehung des Albums *A Kind of Magic* beiträgt.

Freddie hat sich da noch nicht entschieden, wo er seinen künftigen Lebensmittelpunkt sieht. Er fragt seinen neuen Lover Jim, ob er mit ihm nach München ziehen will. Dieser sagt grundsätzlich Ja. Einzige Bedingung: Er brauche einen Job an der Isar. Das könnte Barbara leicht organisieren: Jim Huttons Friseursalon in der Maxvorstadt könnte ein Promi-Treffpunkt werden. Denkbar ist auch eine feste Stelle im Hilton, vergleichbar seiner Anstellung im Hotel Savoy in London. Aber aus alledem wird letztlich nichts. Immerhin bleibt München auch nach der Henderson-Party noch für einige Zeit aktuell, attraktiv und eine realistische Option für Freddie. Noch ist ihm zwar seine Aids-Erkrankung nicht anzumerken, aber seine besten Jahre neigen sich allmählich dem Ende entgegen: Aids wird auch in der Öffentlichkeit immer bedrohlicher, und die Garden Lodge könnte später der geeignetere Ort sein, um gegen die Krankheit zu kämpfen.

Der *Spiegel* schreibt am 20. Januar 1986: »Keine andere westdeutsche Großstadt ist von der tödlichen Seuche so sehr betroffen wie München. Schon 1983 entfielen von den damals vom Bundesgesundheitsamt registrierten 42 Aids-Fällen 12 auf München, das damit vor Frankfurt (sieben Erkrankungen) sowie Köln/Bonn und West-Berlin (je sechs) lag. Inzwischen gibt es in München 85 akut an Aids Erkrankte, 28 sind inzwischen gestorben, 20 allein im letzten Jahr.« Am 10. Februar ergänzt das Magazin: »Offiziell gibt es, folgt man den Angaben des Bundesgesundheitsamtes, nur 39 Münchner mit eindeutigen Symptomen der Aids-Krankheit – in Wahrheit sind es, wie eine telefonische Umfrage des Medizinprofessors Frank-Detlef Goebel bei den Kollegen ergab, fast dreimal so viele. Weil es keine Meldepflicht gibt, erfährt das Bundesgesundheitsamt von den meisten Kranken nichts.« Zudem klärt der *Spiegel* auf: »Dem Mann, der sich mit dem Aids-Erreger ansteckt, ist eine lange Leidenszeit gewiss, voller Unsicherheiten und Gefahren. (…) Noch ist ungewiss, ob alle mit dem Virus Infizierten das letzte, tödliche Stadium der Seuche erreichen. Die Wissenschaftler sind sich jedoch einig, dass alle Virus-Infizierten in allen Krankheitsstadien die Infektion weitergeben können. Wer das letzte Krankheitsstadium erreicht – nur diese Periode wird offiziell ›Aids‹ (in der britischen Presse ›full blown aids‹) genannt –, der ist nach dem gegenwärtigen Stand der Medizin todgeweiht.«

Für die weiteren Aufnahmen zu *A Kind of Magic* trennen sich Queen zeitweise: Brian und Roger arbeiten mit David Richards in Montreux an den Liedern, die eher Soundtrack-Charakter haben und dann auch für *Highlander* verwendet werden. Freddie und John hingegen arbeiten mit Mack in München an mehreren Songs mit Hit-Potenzial. Dort entstehen »Friends Will Be Friends« und »Princes of the Universe«. Mack und sein Mitarbeiter Stephan Wissnet tüfteln am Mischpult. Als Freddie die ersten Ergebnisse hört, ist er begeistert und baut darauf die weitere Arbeit an »Princes« auf. Beiden Aufnahmen kommt neuestes technisches Equipment zugute, unter anderem die Mikrofone Neumann U47 FET und AKG C414, die optimal platziert das Beste aus Rogers Schlagzeug herausholen. Im April 1986 finden die letzten Sessions im Musicland statt. Dabei entstehen auch etliche Aufnahmen, die es nicht auf das Album schaffen. Die Planungen für die *Magic*-Tour laufen an. In dieser Phase trifft sich Freddie in München wieder mit Jo Dare, der verführerischen Katze an seiner Seite im Henderson-Musikvideo. Freddie findet immer mehr Gefallen an der Produktionstätigkeit. Er kümmert sich intensiv um Jo, hilft ihr beim Komponieren, singt manchmal die Zweitstimme und setzt sich mit Mack ans Mischpult, um ihre Songs zu optimieren. Zudem entsteht ein Lied, das viele Kinogänger in Deutschland bald hören werden.

Der Film *Zabou* (1987) beginnt mit einer schwarzen Katze, die auf einem Transistorradio steht. Darin eingebaut ist ein Plattenspieler. Die Klappe ist offen. Eine Single dreht sich. Die Katze legt kurz ihre Pfote auf das schwarze Vinyl, hebt sie und tappt dann wieder darauf. Freddie liebt diese Szene: schwarze Katzenpfote auf rotierendem Vinyl. Die Idee stammt von Drehbuchautor Martin Gies, umgesetzt hat sie der Regisseur Hajo Gies. Der Film beruht auf den Schimanski-Krimis der ARD-Reihe *Tatort*. Im Vorspann singt Joe Cocker den melancholischen Song »Now That You're Gone«. Zum hochkarätig besetzten Soundtrack tragen außerdem Tina Turner, Tony Carey, Klaus Lage, Albert Mangelsdorff, Diether Dehm, Wolf Maahn, Purple Schulz und Talk Talk bei. Allein schon wegen der Musik lohnt sich ein Wiedersehen mit diesem Kino-*Tatort*. Und auch zeitgeschichtlich liefert der Film besondere Momente, beispielsweise als Kinder dem Kommissar keine fünfzig Pfennig für die Telefonzelle geben wollen.

Kriminalhauptkommissar Horst Schimanski (Götz George) hat es in *Zabou* mit Crackdealern zu tun. Bereits die dritte Szene des Films spielt im anrüchig-vornehmen Münchner

Club Sunflash, in dem sich Promis hinter Masken verbergen. Hinter Käfiggittern tanzen mehrere leicht bekleidete Frauen und ein Mann zum Song »Big Shot« von Next Big Error, der 1987 auch als Single erscheint. Sound, Stimmung und Kulisse erinnern an *Hot Space*, insbesondere an das erotisch aufgeladene »Body Language«-Video. Disco-Dekadenz und Drogenmissbrauch werden im Film deutlich in Szene gesetzt, der schon damals als politisch inkorrekt, vor allem als frauendiskriminierend gilt und für Diskussionen sorgt. »Komm, wir gehen irgendwohin, wo es lustiger ist als hier«, sagt Schimmi zu seiner Ziehtochter Conny, die sich jetzt Zabou nennt. Wie ein Neandertaler wirft er sie dann gegen ihren Willen über seine Schulter und schleppt sie vor aller Augen weg. Schon zum Auftakt des Films werden Gut und Böse klar getrennt: hier der moderne Tanztempel als Sündenpfuhl, dort Schimanskis gemütliche Kneipe; hier Crack, das Koks für Arme, dort die Nostalgie, das heile Leben, die aufrichtigen Gefühle. Die Gegensätze wirken wie Paul Prenter versus Mary Austin im Film *Bohemian Rhapsody*.

Freddie und Jo Dare sind mit ihrem Song »Hold On« kurz nach Minute 16 zu hören. Der Song ist zunächst kaum wahrnehmbar und sehr leise, aber mit Hall versehen, so als liefe er im weitläufigen Tanzlokal als Hintergrundmusik. Schimanski ist wie besessen auf der Suche nach dem Stoff. Er schlitzt in der Küche Fische auf und durchwühlt in den Garderoben der Tänzerinnen und Prostituierten deren Schminktische. Schließlich findet er im Walkman eines Mädchens ein Briefchen mit Crack. Jetzt rückt die Musik in den Vordergrund. Jo Dare singt: »You know I tried to be a good girl«. Die Worte »shake hands« singen Jo und Freddie gemeinsam. »Then I went and let you down«, dann Freddie solo. Die beiden ergänzen sich gut. Das Wechselspiel geht elegant eine Weile weiter, wobei Jo dem Superstar stimmlich Paroli bietet. »Baby, you're really something to me/You've got a flame in my heart/We ain't never gonna part«, singen sie gemeinsam. »Hold On« ist neben Cockers Song das gesanglich herausragende Lied des Films.

»Na bitte. Wer sagt's denn. Das ist die Ration für die Angestellten, nicht? Aber für den Anfang reicht's«, stellt Schimmi fest und hält das Crack-Beutelchen hoch. Die »Hold On«-Melodie hat Mack komponiert. Der Text stammt von Freddie. Produziert haben Freddie und Mack »Hold On« gemeinsam. Der Song wird 1986 in den Musicland Studios aufgenommen, der Film entsteht fast gleichzeitig teilweise in München. Die Polizisten Schimanski und Kollege Thanner (Eberhard Feik) tragen wie immer üppige Schnauzer.

Minute 40, Schimmi liegt nach einer Drogenfahrt im Krankenhaus. Er steht unter Mordverdacht und muss nun seinen Bewacher loswerden. Er bittet ihn an sein Bett. »Du bist doch nicht schwul geworden«, sagt der Bewacher und streichelt ihm wie gewünscht die Hand. Schimmi mimt den Schwulen mit zärtlichen Erinnerungen so lange, bis sich der Bewacher zu ihm legt und dann Schimmis Pissflasche übergebraten bekommt, wonach Hetero-Macho-Schimmi wieder auf Dealer-Jagd gehen kann, jedoch von Conny ein zweites Mal in die Falle gelockt wird. Politisch inkorrekt wie gegenüber Frauen handelt Schimmi auch gegen Schwule. Der Bewacher wird gedemütigt und unfreiwillig geoutet, nur damit Schimmi beim Publikum mit seiner Menschenkenntnis punkten kann. Wenig später hat er im Umgang mit Connys Elektra-Komplex deutlich mehr Probleme als im Umgang mit dem schwulen Kollegen.

»Hold On« ist ein weiterer der vielen wenig beachteten Münchner Songs in Freddies Œuvre. Die treffende Amazon-

Kundenrezension eines *Zabou*-Soundtrack-Käufers lautet denn auch: »Wonderful and very rare disc. Joe Cocker, Tina Turner and the most valuable thing on the disc – Freddie Mercury's ›Hold On‹! Here gathered the whole atmosphere of the 80s!« Jo Dare erinnert sich im Gespräch mit der spanischen Fanseite Royal Trilogy an die Entstehung des Songs: »Ich war in München und habe in den Musicland Studios mit Mack mein Album aufgenommen. Da schaute Freddie vorbei, und ich konnte es kaum glauben. Er war so nett zu mir, und wir wurden rasch Freunde. Freddie fragte mich dann, ob ich bei seinem ›Living on My Own‹-Video mitmachen wolle. Natürlich habe ich zugesagt. Der Nachdreh fand vier oder fünf Tage nach der eigentlichen Party statt. Das war so geplant, damit sich alle von den Festivitäten erholen konnten. Wir hatten alle sehr viel Spaß und benahmen uns ziemlich verrückt. Manchen der Jungs rutschten die Röcke runter, wahrscheinlich absichtlich. Der Dreh war so, als wären wir wirklich auf der Party. Freddie war dann weiterhin sehr oft im Studio während meiner Aufnahmen für mein Album. Eines Tages nahm er einfach meine Hand und sagte: ›Warum singen wir nicht etwas gemeinsam, Darling?‹ Und ich sagte: ›Natürlich!‹ Das war eine wundervolle Erfahrung. Ich liebe das Resultat, den Song ›Hold On‹.«

Wie beschwingt ist Freddie in diesen Situationen und wie spontan: Er erkennt Jo Dares Talent und schlägt aus heiterem Himmel ein Duett vor. Er schreibt einen Text, und Mack skizziert die Melodie dazu. Dann studieren sie die passenden Einsätze und Arrangements ein und ziehen es durch. Es ist Arbeit und Vergnügen zugleich, so wie Freddie es mag. Und es findet gegen Ende seiner Münchner Jahre statt, zu einem Zeitpunkt also, an dem er laut einiger seiner Biografen und gemäß dem Drehbuch zu *Bohemian Rhapsody* geistig und seelisch am

Ende sein müsste. Das Gegenteil ist der Fall. »Hold On« ist ein Beispiel für Freddies intuitives Schaffen und für seine überragende Kreativität. Nur etwa zwei Jahre nach den Aufnahmen zu dem Song in München tritt Freddie Mercury am 14. April 1988 im Dominion Theatre in London auf: Es ist das letzte Mal, dass sein Gesang vor Publikum live zu hören ist. Barbara Valentin wird ihn noch mehrfach in London besuchen. Reinhold Mack versucht es, dringt aber nicht mehr zu ihm durch.

Jo Dare sagt im Interview mit Royal Trilogy: »Das letzte Mal sah ich ihn 1988, kurz bevor ich zurück nach New York ging. Das war ein trauriger Abschied. Ich wusste, dass ihm der Tod bevorstand. Ich betete dafür, so wie viele andere, dass ihm mehr Zeit bleiben möge. Ich war in New York, als ich es im Radio hörte. Ich war nicht bereit dafür. Es bricht mir heute noch das Herz.« Über München sagt sie zum Schluss: »A beautiful city.«

Am 7. Juni 1986 beginnt die *Magic*-Tour in Stockholm. Es ist die letzte Queen-Tour mit Freddie. Seine Gesundheit lässt weitere Konzertreisen nicht mehr zu. Mit Sorge beobachten Brian, Roger und John, dass Freddie nicht mehr an den Aftershow-Gelagen teilnimmt. Abends zieht er sich früh zurück, was für ihn vollkommen unüblich ist. Die *Magic*-Tour dauert zwei Monate. Bei sechsundzwanzig Konzerten spielt die Band vor insgesamt über einer Million Menschen. Derweil erreicht das Album Platz eins der Charts in UK und Platz vier in Deutschland. Nach Mannheim pilgern am 21. Juni 1986 auch einige Münchner Queen-Fans, die den Auftritt drei Wochen später in der Olympiahalle nicht abwarten wollen. Es ist leicht bewölkt, ein milder Abend. Freddie ist auf dem Maimarktgelände in Hochform. Das Open-Air-Konzert verfolgen fast 86 000 Zuschauer. Es wird zudem von SWF3 aufgezeichnet und im Radio europaweit übertragen. Der Mitschnitt des kompletten Konzerts ist unter dem Titel *The Classic German Broadcast – Mannheim* 1986 auf Doppel-CD erhältlich, Gesamtspieldauer 108 Minuten. Die Show beginnt wie alle anderen auf dieser Tour mit »One Vision«, gefolgt von »Tie Your Mother Down«. Vor dem dritten Stück »In The Lap Of The Gods« schreit Freddie: »Alles klar?« Der »Eyo«-Dialog findet zwischen dem sechsten Stück »A Kind of Magic« und »Under Pressure« statt. Freddie variiert seine Rufe besonders oft und ausdauernd und beendet seinen Dialog mit dem Publikum nicht so vornehm wie bei Live Aid mit »all right«, sondern mit »fuck you«. Während Wembley punktgenau und aus vollem Hals mit »all right« reagiert, schimpft das deutsche Publikum herzhaft zurück und freut sich wenig später über Freddies Fortführung seines Skat-Gesangs mit weiteren »Eyos« bei »Another One Bites the Dust«. Vor dem neunten Stück »Who Wants to Live Forever« sagt Freddie: »A lot of people are saying that Queen are gonna split up. But that's a lot of bullshit. Okay? It's all Scheiße! It's the only German word I know. And a little bumsenbumsen and all that shit.«

Selbstverständlich versteht Freddie mehr Deutsch als diese zwei Worte. Die Worte »sehr gut« gehören zum festen Queen-Wortschatz, auch im Studio und auch noch in den späten Achtzigern, als sie wieder in London und Montreux arbeiten. Die Worte »Lass dir raten« kennt Freddie vom Bier: »Lass Dir raten, trinke Spaten.« Heute noch wird der Spruch von der Brauerei eingesetzt. Die Werbung ist inzwischen auch Teil internationaler Sprachschnellkurse vor dem Oktoberfestbesuch. Die Empfehlung »Lass Dir raten, trinke Spaten« gibt es bereits seit 1924. Gut möglich, dass Scrabble-Freddie sie auch noch seinem letzten festen Freund Jim Hutton in der Londoner Garden Lodge sagt, wenn dieser zu lange im Garten arbeitet und Erdlöcher für neue Pflanzen gräbt. Spaten ist auch das Bier, das in den Achtzigern in vielen Schwulenclubs ausgeschenkt wird, beispielsweise im Ochsengarten.

Freddies Aussprache klingt nach gepflegtem Hochdeutsch mit britischem Akzent. Winnie und viele seiner Freunde in München sprechen Bayerisch, in Winnies Fall mit österreichischem Einschlag. Miss Piggy betont: »Freddie hat in München Deutsch gelernt. Er wollte sich ein wenig mit den Leuten hier unterhalten können. Uns hat er oft aufgefordert, Deutsch mit ihm zu sprechen. Und im Stollberg Plaza hatte er ein Wörterbuch und machte einen Deutschkurs.«

Nur wenigen Rockbands wird die Ehre zuteil, einen eigenen Eintrag im »Boarischen Wikipedia« zu bekommen. Der Queen-Text lässt etwas von der akustischen Stimmung der Münchner Bars erahnen, in der Freddie sich bewegt. So werden die Besonderheiten der Band auf »Obaboarisch« beschrieben: »Da charakteristische Klang vo Queen wurd vo oim vom Freddie Mercury seim Gsang und am Brian May seiner Gitarr prägt. An hohn Wiedererkennungswert hom a des aufwendige Zsammspui vo olle vier Stimma in de Refrains, des ma so eingle mehrad vo moderne gsangslastige Pop-Gruppn kennt ois vo na Rock-Band. Wenn ma se de vaschiednen Solo-Albn vo de Mitgliada oherd merkt ma a das eana Musik immer aus a Spannung zwischn de Stilrichtunga vo de oanzln Mitgliada entstandn is. So hom de härtern Rock-Liadl an fast scho ungewöhnlich klarn Gsang und a de eha poplastign Baladn recht deftige E-Gitarrn-Soli. In der Zeit wos am Freddie Mercury scho schlechter ganga is, des aba no koana offiziell gwußt hod sans amoi gfrogd worn, warums so sejdn Konzerte spuin. Do homs gsogt, des warad zwar sejdn, aba effektiv, se warn in oam Jahr nua an drei Wochaend ned dahoam und hom trotzdem voa iaba a Million Leid gspuid.«

Das ist schon etwas weit hergeholt. Schließlich sind Queen während ihrer Karriere öfter auf Tour als viele andere Bands. Aber es geht ja um die letzten Jahre und um das Überspielen von Freddies schlechtem Gesundheitszustand.

»Ois abzumseng war, dass da Freddie Mercury boid an Aids sterm werd homs eana gor koa Mia mehr gem Liadl fias naxte Album komplett fertig zum stejn. Se hom stattdessn an Haffa neie Liadl komponiert fia de dann eascht amoi nur am Freddie Mercury sei Stimm aufgnumma worn is. Eascht nach seim Doad ham de iabrign Drei ernan Gsang und de Instrumente zua de Liadl aufgnumma und mit dem Zeig as Album ›Made in Heaven‹ rausbracht.« Der Text ist eine »Bavarian Rhapsody«, die tiefe Verneigung eines bayerischen Fans vor Freddie und Queen.

Am 26. Juni 1986 treten Queen in Berlin auf. Der 27. Juni, ein Freitag, ist spielfrei. Freddie nutzt die Zeit, um seine Freunde in München zu treffen. Die Neuigkeiten, die er erfährt, sind besorgniserregend. Einige ihm sehr vertraute Männer im Glockenbachviertel sind erkrankt. Symptome sind sichtbar, wie bei Kurt Raab. Manche sind gestorben. Am Samstag, dem

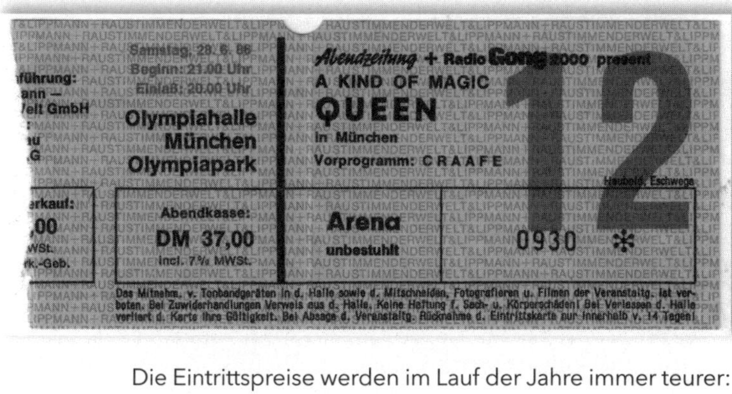

Die Eintrittspreise werden im Lauf der Jahre immer teurer:
Samstag, 28. Juni 1986, Freddies letztes Konzert in München.

28. Juni 1986, findet dann das erste von zwei Konzerten in der Münchner Olympiahalle statt. Der Sänger ist während der Show schlecht drauf. Einiges geht musikalisch schief. Als das Publikum »Mustapha« hören will, schreit Freddie zurück: »Fuck Mustapha. I don't know him.« Brians Song »Who Wants to Live Forever« leitet Freddie mit den Worten ein: »I mean, who really does, anyway?« Vor Brians Solo sagt er: »I'm gonna fuck off quietly.« Freddie trägt während der ganzen Show lange Hosen. Das ist ungewöhnlich. John spielt die Zugaben in kurzen Hosen. Abgang Freddie mit Krone und Hermelinmantel – ein Outfit, das Didi Zill in München schon zwölf Jahre früher vorschlägt.

Am Sonntag, dem 29. Juni 1986, findet schließlich das letzte Queen-Konzert mit Freddie in München statt; zeitgleich läuft im Aztekenstadion von Mexiko-Stadt das Finale der Fußball-WM zwischen Argentinien und Deutschland. In der 84. Minute schießt Burruchaga das 3:2 für Argentinien. Nach etwa einer Stunde des Queen-Konzerts, ausgerechnet kurz nach »Another One Bites the Dust«, steht die Niederlage für Deutschland fest. »We Are the Champions« wird dann besonders innig und trostspendend gesungen. Erstmals auf dieser Tour sagt Freddie in München den Satz: »We're gonna stay together until we die.« Danach verhaspelt er sich, spricht von zumindest einigen Tagen oder Nächten und fährt dann fort: »Anyway, we'd like to do a new song written by Brian. This is from the new album. If you don't know it yet, this is a preview. It's called ›Who Wants to Live Forever‹.« Freddie variiert den Text. Er singt zuerst »There's no place for us«, danach »There's no time for us«. Brian sagt vor »Love of My Life«: »Actually we spent a lot of time here, because this city has been an inspiration for a lot of our work.« »Friends Will Be Friends« wird als Zugabe gespielt.

Im Publikum befindet sich an diesem Abend auch Sabrina Berndt. Bereits 1973 kommt sie in die schwule Szene Münchens. 1990 findet die geschlechtsangleichende Operation vom Mann zur Frau statt. Seit 2013 ist sie aktives Mitglied bei der Rosa Liste und tritt zweimal in München als Stadtratskandidatin an. Seit 2019 ist Sabrina Berndt im Vorstand des Forums Queeres Archiv München. Wir unterhalten uns in den Räumen des Archivs, die sich in der Nähe des Hauptbahnhofs befinden. »Ich bin transsexuell und war noch Mann, als ich Freddie einige Male begegnet bin. Ich arbeitete im Lokal Zarah in direkter Nachbarschaft zum Sebastianseck. Wenn Winnie, also Sebastian, mal etwas brauchte oder umgekehrt, dann haben wir uns gegenseitig geholfen. Wir hatten eine Verbindungstür im Flur. Winnie wohnte mit Freddie in der Wirtswohnung im ersten Stock, hatte aber auch immer noch seine Dachzimmerwohnung.

Das erste Mal traf ich Freddie bei einer Geburtstagsparty von Winnie. Sie fand im Sebastianseck statt. Ich schätze, das war 1985. Jutta von Roms, das war die Besitzerin des Zarah, und ich waren eingeladen. Wir kommen also rein, und da ist eine Badewanne voll mit Champagner und Heidelbeeren. Da hast du dann einen frischen Bierkrug bekommen und konntest ihn in die Wanne tauchen. Freddie war sehr schüchtern und ich mit meinem schlechten Englisch ihm gegenüber auch. Es waren nur geladene Gäste da. Ich kenne die Szene ja ganz gut, und ich weiß sehr schnell, ob jemand schwul ist. Was da bei den Toiletten abging, das spricht Bände.

Die Musik von Queen ist nicht so mein Ding. Ich stehe mehr auf Oper und Musicals. Jutta kannte Freddie besser und hat sich öfter mit ihm unterhalten. Ich weiß nicht mehr, ob das auf dieser Party ausgemacht wurde, jedenfalls vereinbarte Freddie mit uns, dass wir das Zarah eine Zeitlang immer um sechs Uhr früh öffnen sollten. Und so kam es, dass Freddie und Winnie in der Früh gelegentlich zu uns ins Lokal gekommen sind. Barbara Valentin war wie immer auch dabei und auch Freddies Entourage. Die hatten durchgemacht, wo, weiß ich nicht. Und hinter ihnen musste ich zusperren. Freddie befürchtete, dass sonst der Andrang zu groß werden würde. Das ist in meiner Zeit zweimal passiert. Also habe ich zugesperrt, hatte aber in wenigen Stunden mit diesen wenigen Gästen dreitausend Mark Umsatz. Das war Rekord.

Freddie habe ich danach noch zweimal im Together in der Hans-Sachs-Straße getroffen, das war die Schwulendisco, die von den zwei Lesben Erika und Hannelore geführt wurde. Da war er sehr oft. Heute befindet sich dort das Restaurant Faun. Im Together habe ich öfter Show gemacht, *Hello Dolly!* in Frauenkleidern. Meistens Mittwoch, Freitag und Sonntag. Vielleicht war Miss Piggy auch dabei. Wir wurden vorgewarnt, dass Freddie kommen würde, und dann kam er auch tatsächlich. Travestie hat ihm immer sehr gut gefallen. Das letzte Mal habe ich ihn in der Olympiahalle 1986 gesehen. Wir hatten Extra-Karten an der Seite der Bühne und waren vor dem Konzert auch kurz backstage bei ihm. Das Konzert war mir dann viel zu laut, aber eindrücklich war es schon.«

Der Abschied Freddies von München erfolgt für viele sehr plötzlich und ohne Vorwarnung. Barbara Valentin beklagt sich, dass Freddie seinen Sinneswandel zunächst nicht erklärt habe. Die Biografen Richards und Langthorne sind sich sicher, dass ein in München erstellter positiver Aids-Test (weitere sollten in London folgen) die Ursache für Freddies Weggang ist.

In einem BBC-Interview von 2011 sagt Mary Austin, dass Freddie während dieser Tour schon weiß, dass er HIV-positiv ist. Sie erinnert sich, dass Freddie bereits achtzehn Monate vorher den Bescheid von den Ärzten bekommt, die Hiobsbotschaft ihr gegenüber aber leugnet: Die Information sei falsch, sagt ihr Freddie, er habe einen neuen Test machen lassen, er sei in Wirklichkeit gesund. Barbara Valentin sagt, dass Freddie es schon 1985 weiß. Miss Piggy glaubt, dass Freddie bereits 1985 Medikamente gegen Aids nimmt. Das Ende von Freddies Zeit in München ist auch der Anfang vom Ende seines Lebens. Die besten Jahre sind vorbei. Die Aids-Diagnose ist spätestens 1986 da. Sex gehöre der Vergangenheit an, sagt Freddie 1987 auf Ibiza, er lebe jetzt keusch wie eine Nonne. Im selben Jahr sagt Freddie seiner Freundin Montserrat Caballé, dass es kein zweites Album mit ihr geben wird, weil er nicht mehr lange zu leben hat. Sie kann es nicht fassen. »Du bist doch so kräftig«, antwortet sie.

Und Freddie hält durch, so lange er kann. Im März 1987 tritt er in der ARD-Samstagabendshow *Vier gegen Willi* auf. Mike Krüger kündigt ihn in Augsburg auf merkwürdige Weise an: »Er war früher der Leadsänger von der Gruppe Queen. Und deshalb kennen Sie ihn alle. Ich bin wahnsinnig froh und stolz, dass er zu *Vier gegen Willi* gekommen ist. Und ich freue mich riesig auf Freddie Mercury.« Darauf sprüht Mike die Kameralinse lila ein. Schnitt. Freddie, glatt rasiert, singt eine Playbackversion von »I'm the Great Pretender«. Das Publikum ist aber nicht zu sehen. Es handelt sich um eine Aufzeichnung, und möglicherweise ist Freddie während der Ausstrahlung schon wieder in München.

Den Solo-Hit »The Great Pretender« performt Freddie meist ohne Schnauzer – allerdings trägt er ihn noch auf dem Single-Cover. 1988 ist er öfter ohne Schnauzer zu sehen und ab 1989 meistens mit Vollbart, um das Kaposi-Sarkom zu verbergen, und 1990 meist glatt rasiert, aber stark geschminkt.

Am 4. Mai 1987 sagt Paul Prenter in einem hochbezahlten Interview für *The Sun*, Freddie habe mit Hunderten von

Männern geschlafen, hauptsächlich aus Angst, alleine zu sein. Freddie habe ihm gesagt, er hätte seine ersten homoerotischen Erfahrungen schon als Vierzehnjähriger im Internat in Indien gemacht. Auf Tour habe Freddie jede Nacht einen anderen Mann gehabt. John Murphy ist eine von Freddies »New York Daughters«. Murphy stirbt bereits 1986 mit siebenunddreißig Jahren an Aids. Auch Tony Bastin verstirbt im selben Jahr mit nur fünfunddreißig Jahren an derselben Krankheit. Freddie habe ihn, so Prenter, schon kurz nach Bastins und Murphys Tod angerufen und über seine Sorgen gesprochen, zumal Freddie mit beiden Sex gehabt habe. Diese und weitere Enthüllungen verletzen Freddie sehr. Trotzdem wird er erst einen Tag vor seinem Tod den Medien mitteilen, dass er ebenfalls an Aids erkrankt ist.

Barbara Valentin berichtet, dass Freddie eines Tages mit einem Blumenstrauß vor ihrer Tür steht, um sich bei ihr zu entschuldigen. Sie ignoriert ihn. Sie ist wütend, weil seit seinem Abgang nach der Henderson-Party Funkstille herrscht. Die beiden versöhnen sich. In den Folgejahren lädt Freddie sie immer wieder ein: Es gibt Fotos von den beiden nach 1987 in Montreux, Ibiza und London. Im Oktober 1988 fliegt Freddie mit Peter Straker für einige Tage nach München, und dort stoßen sie mit Barbara auf die alten Tage an, wie Jim Hutton in seinen Memoiren schildert. Freddie fordert ihn daraufhin auf, auch nach München zu kommen. Wegen vorhergehender Differenzen und einer aufkommenden Erkältung ist Freddie aber gereizt. Schließlich gehen sie alle im Hotelrestaurant zum Abendessen: Freddie, Jim, Peter und Phoebe. Der Plan ist, danach zu Barbara zu gehen und weiterzufeiern. »To go drinking in bars in the Bermuda Triangle, my old stomping ground with Freddie«, wie Jim es ausdrückt. Doch die Erkältung setzt Freddie zu. Er will ins Zimmer zurück und drängt die anderen, ohne ihn zu Barbara zu gehen. Als Jim spätnachts betrunken im Hotel ankommt, gibt es einen heftigen Krach. Für Jim ist klar, dass das weniger mit ihm, sondern vielmehr mit Freddies Aids-Erkrankung zu tun hat. Er bekommt Freddies Frust und Nervosität zu spüren. Aber sie versöhnen sich wieder.

Laut Franz Prost ist Freddie 1989 zum letzten Mal in München. Er habe schon sehr krank ausgesehen, aber keinen Ton dazu gesagt. »Wir haben eh nur Smalltalk geredet. Dabei fand ich ihn irrsinnig sympathisch, er war immer nett, hat nie Allüren gezeigt«, so Prost. Freddie habe ihn auch mehrmals nach London eingeladen, aber er sei diesen Einladungen nie gefolgt.

Auch bei Freddies vorletztem Geburtstag, den er im September 1990 in größerer Runde in der Garden Lodge feiert (der allerletzte ist nicht dokumentiert), ist Barbara Valentin noch dabei. Sie bekommt an der reich gedeckten Festtafel einen Ehrenplatz: Sie sitzt von Freddie aus gesehen links neben ihm, an seiner Herzseite. Mary sitzt rechts von ihm. In Montreux, geschützt vor neugierigen Journalisten, nimmt Freddie schließlich letzte Songs mit Brian, Roger, John und David Richards in den Mountain Studios auf. Freddie arbeitet bis zum Schluss. Als klar ist, dass die Kräfte nicht mehr reichen, dass es wirklich zu Ende geht, beschließt Freddie am Genfer See, die Medikamente abzusetzen. Am 9. November 1991 fliegt er zurück nach London. Zwei Wochen später ist er tot. Barbara hält auch in Freddies letztem Jahr telefonisch Kontakt. Peter Freestone berichtet, dass er ihren letzten Anruf nur wenige Stunden nach Freddies Tod entgegennimmt, wodurch Barbara eine der allerersten Personen ist, die von Freddies Tod am 24. November 1991 erfahren. Zwei Tage danach titelt die *Abendzeitung*: »Sie weint – Sie

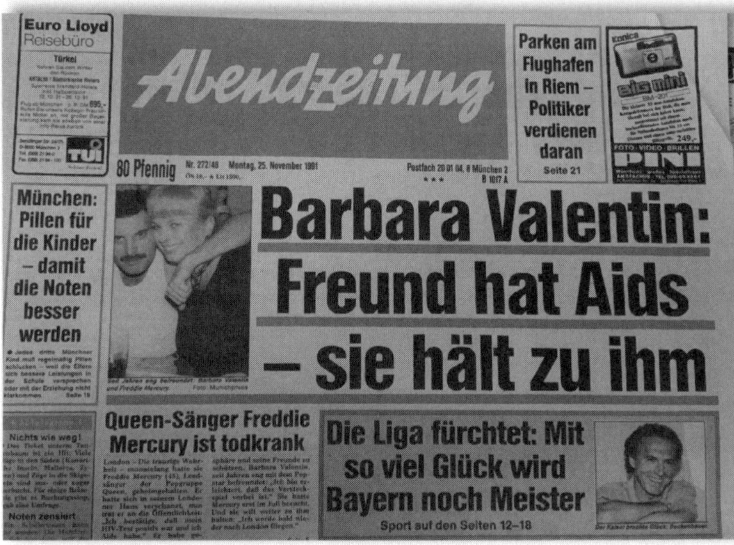

Euro Lloyd
Reisebüro
Türkei

Abendzeitung

Parken am Flughafen in Riem – Politiker verdienen daran
Seite 21

80 Pfennig Nr. 272/48 Montag, 25. November 1991
Postfach 20 01 04, 8 München 2
B 1017 A

München: Pillen für die Kinder – damit die Noten besser werden

Barbara Valentin: Freund hat Aids – sie hält zu ihm

Queen-Sänger Freddie Mercury ist todkrank

Nichts wie weg!

Noten zensiert

Die Liga fürchtet: Mit so viel Glück wird Bayern noch Meister
Sport auf den Seiten 12–18

Barbara Valentin hielt engen Kontakt zur Garden Lodge. Sie war die erste Person in Deutschland, die von Freddies Tod erfuhr.

erbt«, daneben jeweils ein Foto von Barbara und von Mary. Mary ist Haupterbin, aber es hätte vielleicht nicht viel gefehlt, um das Verhältnis umzukehren. Lars Reichardt schreibt über seine Mutter und Freddie: »Sie gehen regelmäßig gemeinsam aus. Sie reden von Hochzeit, kein Mensch weiß, wie ernst die es meinen. Ein ulkiges Paar: Er eher klein, kleiner als sie.« Reichardt beschreibt die beiden mit Lederjacken. Freddie habe ihr seine alte geschenkt. Sie sei weit geschnitten an den Schultern. Aber man habe den Eindruck, dass sie den Reißverschluss über dem Busen nicht schließen könne, so klein sehe die Jacke an ihr aus: »In ihrer Art sind sie ohnehin gegensätzlich: Sie laut und launisch, er höflich, leise, bescheiden – zumindest in der Öffentlichkeit.«

Mit Freddies Abschied von München endet die Party-Tradition an der Isar nicht, aber sie verändert sich. Als Queen

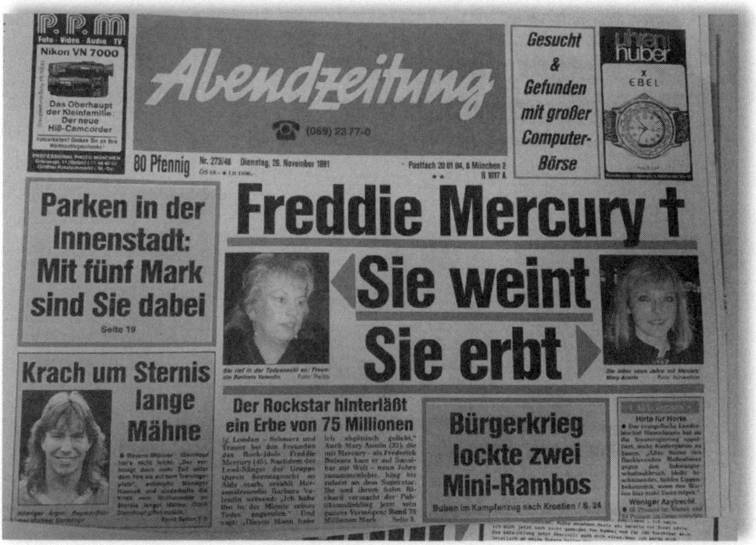

P.P.M
Foto · Video · Audio · TV
Nikon VN 7000
Das Oberhaupt der Kleinfamilie: Der neue Hi8-Camcorder

Abendzeitung
(089) 2377-0

Gesucht & Gefunden mit großer Computer-Börse

uhren huber
EBEL

80 Pfennig

Nr. 273/46 Dienstag, 26. November 1991

Postfach 20 01 04, 8 München 2

Freddie Mercury †

Sie weint Sie erbt

Parken in der Innenstadt: Mit fünf Mark sind Sie dabei

Seite 19

Krach um Sternis lange Mähne

Der Rockstar hinterläßt ein Erbe von 75 Millionen

Bürgerkrieg lockte zwei Mini-Rambos

Buben im Kampfanzug nach Kroatien / S. 24

Weniger Asylrecht

Freddie Mercury war sehr großzügig. Alle engen Freunde wurden bedacht, auch Barbara Valentin, aber Haupterbin ist Mary Austin.

1986 München den Rücken kehren, erscheint auch die achte und letzte Ausgabe der Zeitschrift *Mode und Verzweiflung*. Der Schriftsteller Thomas Meinecke hat 1978 in München die erste Ausgabe veröffentlicht. Sein Kollege Thomas Palzer erinnert sich an die Namensgebung: »Wenn ich mich nicht irre, war es Bernd Kühl, der den entscheidenden Anstoß gab für die Verbindung von Mode und Verzweiflung: der baudelaireschen Melancholie und dem David-Bowie-haften Glamourjackett oder der schmalen Lederkrawatte.« Thomas Meinecke zieht manchmal von Kneipe zu Kneipe und bietet die Zeitschrift zum Kauf an. Freddie und Queen sind jedoch kein Thema für ihn, eher Roxy Music: »Ich sah immer nur den Gitarristen von Queen, wenn ich in Schwabings Klappe meine Hefte verkaufte.«

Meinecke erinnert sich an Queen nur am Rande. Und doch gibt es Verbindungslinien. Auch Palzer nennt Roxy Music als

Gegensatz zu Queen. Palzer geht ins Babalu, nicht ins Frisco. Dort gibt es die in der Zeitschrift verehrten schmalen Lederkrawatten, die auch Freddie populär macht. Und in der Zeitschrift finden sich Slogans wie »Disco-Umsturz-Landpartie« oder »Wir sind Gewinner«, fünf Silben wie bei Freddies »We Are the Champions«. Da ist Meineckes »Ja zur modernen Welt« kurz nach dem Album *News of the World* mit den Fahrradklingeln, den Versatzstücken wie bei der Musique concrète. Da ist Meineckes 1980 gegründete Avantgarde-Band F.S.K. (Freiwillige Selbstkontrolle) und das heute noch verpixelte Video »Living on My Own«. Meinecke beschließt, dass 1986 Schluss ist mit der Zeitschrift: »Es machte nicht mehr so viel Spaß mit dem Ja zur modernen Welt, mit der Affirmation. Es gab bereits Mitte der Achtzigerjahre eine große Lifestyle-Szene. 1986 kamen die Zeitschriften *Tempo* und *Wiener* auf. Da wurde uns klar, dass unsere Aufgabe eigentlich erledigt war.«

Die Verbindungen zwischen Freddie Mercury und München sind so eng, dass der Rockstar auch in den folgenden Jahrzehnten an der Isar präsent bleibt. Es gibt unzählige Events, die hier an Freddie erinnern: die Lasershow im Deutschen Museum, das Musical *We Will Rock You* im Deutschen Theater, die Fans des FC Bayern, die auf dem Marienplatz »We Are the Champions« singen, die Konzerte von Brian und Roger zunächst mit Paul Rodgers, danach mit Adam Lambert. Und auch Austrofred mit sei-

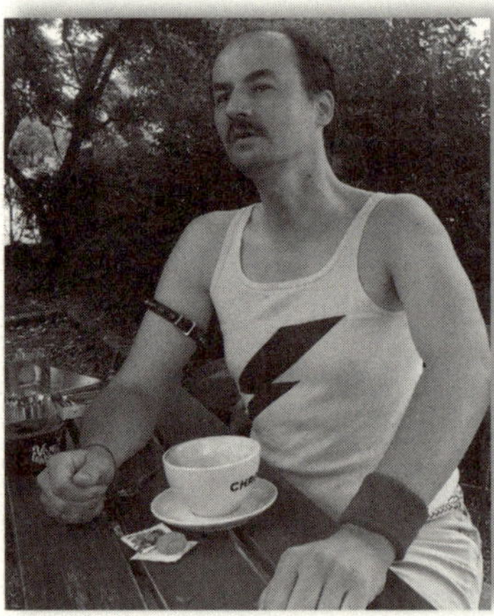

Austrofred beim Interview im Café Sax.

nen Shows im Vereinsheim und vielen anderen Münchner Locations. Der Österreicher verbringt mehrere Monate im Jahr an der Isar. Der Entertainer und Autor, der unter seinem bürgerlichen Namen Franz Adrian Wenzl auch Sänger der österreichischen Indierock-Band Kreisky ist, hat eine klare Position, was das Verhältnis der Stadt zu Freddie betrifft, und veröffentlicht sie in sozialen Netzwerken: »Ein Wahnsinn eigentlich, wie wenige Leute in München wissen, wo die Wohnung vom Freddie war. Ich meine, das ist doch Kulturgeschichte! Eine jede andere Stadt täte sich da city-brandingtechnisch voll draufsetzen und das so richtig Liverpool-mäßig inszenieren, aber nein, die Stadt München schaltet da auf stur und sagt, was brauche ich den Freddie Mercury, die Led Zeppelin, die ELO, die Donna Summer oder die Rolling Stones – lauter Welt-Acts, die große Hits in den Münchner Musicland Studios aufgenommen haben –, ich habe eh das Oktoberfest. Wenn ich da jetzt in Bogenhausen wo ein Musicland-Museum hinstelle, sagt sich die Stadt München, das verbraucht mir doch den Platz von sechs Luxus-Lofts, das geht ja doch nicht! Sollte die Stadt München in absehbarer Zeit gescheiter werden, kann sie gerne bei mir anrufen, weil dann ziehen wir eine gscheite Rock-City-Sightseeing-Tour mit Doppeldeckerbus und Freibier auf, Titel, jetzt mal aus der Hüfte geschossen: *Beer Heart Attack, Beer Will Rock You, Beerhemian Rhapsody, I Want Some Beer Free* … Na ja, der richtige Titel war noch nicht dabei, aber du checkst in etwa, wo ich hinziele mit meinem Brainstorming. Da lob ich mir im Vergleich dazu den Umgang mit der Popgeschichte in Obertauern. Dort waren die Beatles 1965 einmal für knapp zwei Tage, damit sie die Ski-Szenen für ihren Film *Help!* drehen, und immer noch schwebt ein beatlesker Schatten weit über der pittoresken Ski-Schaukel. Du kannst dir sicher sein, dass in jedem Hotel im Umkreis von fünfzig

Kilometern ein Bildl vom John, vom Paul, vom George oder vom Ringo auf äußerst uncarvingmäßigen Skiern hängt, und dass, wenn du länger als fünf Sekunden vor so einem Bildl stehen bleibst, sofort ein braungebrannter Salzburger zu dir hersticht und sagt: ›Mein Vater, Schwiegervater, Großvater, Trompetenlehrer, Milchfahrer hat den John, Paul, George, Ringo damals ja gedoubelt. Mei, hat dem John, Paul, George, Ringo unser Zirbenschnaps geschmeckt!‹ Die damaligen Ski-Doubles werden auch immer noch regelmäßig fürs Fernsehen interviewt, sie gelten in Österreich zu Recht als die ranghöchsten Pop-Experten.«

Auch Altersgenossen von Freddie setzen sich dafür ein, dass seine Zeit in München nicht in Vergessenheit gerät und nicht unterschätzt wird, allen voran Reinhold Mack. Als ihn beispielsweise der Fanclub QueenItalia 2012 nach Rom einlädt, öffnet Mack sein privates Fotoalbum. Es werden Bilder auf eine große Leinwand projiziert, die selten zu sehen sind oder bisher noch unveröffentlicht waren. Sie zeigen vor allem Mercury mit Macks Familie und zeugen davon, wie eng der Rockstar mit den Macks in München verbunden ist. Ingrid hält bei Freddie juniors Taufe 1982 das Baby im Arm. Dahinter steht Mercury ganz in Weiß. John ist bei der Feier ebenfalls anwesend, denn auch er ist Patenonkel. Dann ist Onkel Freddie zu sehen, der seinen kleinen Patensohn im Arm hält. Mack kommentiert: »Freddie ist wohl etwas in Sorge, dass er ihn fallen lassen könnte. Aber er findet Spaß daran. Er will das Baby gar nicht mehr weggeben. Er behauptet, es sei sein Sohn.« Das ist bemerkenswert, wenn man an die Ähnlichkeit des erwachsenen Mack-Sohns mit Bulsara denkt, vor allem auch an den Überbiss. Auf Fotos presst Freddie junior die Lippen meist so zusammen wie Freddie senior.

Es folgen Fotos von Mercury im Krebskostüm mit Perücke an Julian Macks Geburtstag. Allerdings erschrickt der jüngste Sohn der Macks, Freddie junior, so sehr, dass danach Bilder zu sehen sind, auf denen der Rockstar seine Perücke abnimmt und seinen Patensohn zu beruhigen versucht. Viele weitere Bilder illustrieren das enge Verhältnis des Sängers zu den Macks: Freddie und Felix nachmittags nach der Taufe in Siegerpose in Macks Garten, nachdem die beiden ein Fußballspiel gewonnen haben, vermutlich gegen Mack und Julian. Freddie und Mack in der Küche in der Garden Lodge. Beide blicken abwechselnd durch ein Kaleidoskop, das Mack Freddie geschenkt hat. »Das hat ihn beeindruckt.« Klein Freddie lachend in Triumph-Pose im Badezimmer des Patenonkels. »Nicht jeder war da schon mal drin«, kommentiert Reinhold. Macks mittlerer Sohn Felix in Freddies Bett. Zu Weihnachten schenkt Mercury seinem Patensohn ein Schaukelpferd. Das sieht für den Kleinen aber täuschend echt aus und ist sehr groß, weshalb er in Tränen ausbricht. Freddie mit Felix an dessen Geburtstag. »Wenn es zeitlich klappte, kam er immer zu unseren Geburtstagen.« Ingrid, Felix, Freddie und Jim in der Garden Lodge. »Ich musste arbeiten, und sie gab in London das ganze Geld aus«, so Mack schmunzelnd. Faschingsfotos in München, alle lustig verkleidet: Phoebe, Ingrid, Reinhold, Mary und ihr Freund. Mercury fehlt auf dem Foto. Eine Zeichnung Freddies, die er zu Hause bei den Macks gemacht und dort gelassen hat. Eine Weihnachtskarte von Freddie an Mack (»To Big Daddy«), die mit »Lots of love – your groupie Freddie« unterzeichnet ist. Eine andere an Ingrid: »To the stylish Mama, Merry Xmas xxx Not too many Schwartzkopf please!! Lots of love from your dear friend Freddie.« Dazu Fotos von den Geschenken, japanische Vasen und ein Adler für Felix. Die drei Söhne bekommen handschriftliche Weihnachtskarten. Eine Autogrammkarte:

»To my dear Freddie – You're made in heaven. Happy Birthday to My Godson Freddie, A Big Hug from Godfather Freddie – 1987.« Eine andere: »My dear F.M. Junior – Well, what can I say! Just Go For it – My Love is with You – Always – Your Godfather Freddie.«

Ein Foto, das beim »It's a Hard Life«-Video entstanden ist, kommentiert Reinhold: »Ingrid, Freddie and a guy called Kurt.« Es ist Kurt Raab. Das letzte Foto für das Publikum in Rom: Mercury in der Hocke. Er hält Freddie junior fest. »Niemand weiß, woher dieses Foto stammt«, sagt Mack den italienischen Queen-Fans. Es wäre naheliegend, dass es von Ingrid stammt. Auf anderen Fotos ist immer mal wieder ein ominöser Cowboyhut zu sehen, den Freddie geschenkt bekommen hat – vielleicht als Symbol für Freddie als Mann, wie ihn sich eine Frau wünscht. Wie sagt Freddie doch so schön rückblickend auf seine wilden Jahre: »Ich habe wirklich nichts ausgelassen.« Weitere Aufnahmen zeigen Mercury, Mary Austin, Mack und Ingrid an deren Geburtstag in der Garden Lodge wahrscheinlich 1988. Freddie lädt alle ins Maxims ein, »das berühmte und teure französische Restaurant in London«. Alle sind fein angezogen, Freddie im Smoking, aber mit Turnschuhen. Das Kaposi-Sarkom breitet sich an Beinen und Füßen aus, weshalb er möglichst bequeme Schuhe trägt. Es folgt ein Foto, das nach dem Essen aufgenommen wurde, Mary und Ingrid rauchend und lachend, Mack kommentiert: »Danach gab's noch Zigaretten und vielleicht auch Kokain.«

Mack betont immer wieder, wie gut er sich mit Freddie verstanden hat: »Freddie war das Beste, was mir in meinem ganzen Leben passiert ist. Das kann man gar nicht anders sagen. Besser geht's einfach nicht.«

Die Geschichte von Freddie Mercury und Queen hängt eng mit ihren Produzenten zusammen: Nach Roy Thomas Baker in London übernimmt 1979 maßgeblich Reinhold Mack die Geschicke der Band im Studio. Zusätzlich und im Anschluss daran ab 1986 arbeitet der britische Toningenieur und Produzent David Richards in den Mountain Studios in Montreux für Queen. Richards mischt bereits 1979 die Doppel-LP *Live Killers* in Montreux. Dort entstehen auch Songs wie »Under Pressure« (1981) mit David Bowie, der damals in der Nähe von Montreux wohnt, zudem die ersten beiden Soloalben von Roger Taylor, bei denen Richards auch mitkomponiert und Keyboards spielt. Richards und Taylor produzieren 1985 den ersten Hit von Jimmy Nail, »Love Don't Live Here Anymore«, der Platz drei der britischen Charts erreicht. Im Video sitzt Roger dabei am Schlagzeug und sorgt für die markanten Einsätze, Rick Parfitt von Status Quo spielt Gitarre. Die Beziehung zwischen Queen und Richards bleibt eng: In den Mountain Studios sorgt Richards als Koproduzent für das Gelingen der Alben *Barcelona* (1988) mit Freddie und Montserrat Caballé, für *The Miracle* (1989), *Innuendo* (1991) und *Made in Heaven* (1995). Schon kurz nach Freddies Tod übernimmt er 1991 das Studio von Queen als neuer Eigentümer. David Richards stirbt 2013 im Alter von nur siebenundfünfzig Jahren.

Ein weiterer Nachfolger Reinhold Macks wird Mike Moran, den Freddie in London als Sänger in Dave Clarks Musical *Time* (1986) kennenlernt. Die berufliche Kooperation mit dem Pianisten und Arrangeur Moran vor allem bei Freddies zweitem großen Soloprojekt *Barcelona* mündet rasch in eine enge Freundschaft. Freddie und Moran wohnen in jener Zeit beide in London, und Moran ist wie Dave Clark oder Peter Straker ein gern gesehener Gast in der Garden Lodge. Mack hingegen arbeitet nach 1986 vorwiegend in Los Angeles, und der Kontakt zu Freddie wird nach fast sieben sehr engen Münchner Jahren nach 1986 immer seltener, ohne jedoch völlig abzubrechen. Mack versöhnt sich in jener Zeit aber auch mit Freddies Ex-Freund David Minns.

In der DoRo-Produktion *Freddie Mercury – The Untold Story* erinnert sich Mack noch einmal an dessen Münchner Zeit: »Freddie suchte etwas Neutrales, er wollte eine Stadt, in der eine andere Sprache gesprochen wird. Er konnte herumspazieren und einkaufen, ohne dass ihm die Presse oder Fans auf den Fersen waren. Er konnte in Biergärten gehen und sich mehr oder weniger wie eine normale Person benehmen, was er ja auch war, wenn er nicht auf der Bühne stand. Er war sehr aufgeschlossen und kontaktfreudig in München. Er hatte nichts zu verlieren. Er konnte ganz normal in Bars mit Leuten sprechen. Niemand sagte: ›Ah, du bist der Sänger?‹ Die Frage kam dann vielleicht schon, aber erst später. Zunächst hatten wir einfach Spaß. Das war alles. Wir tanzten und mehr. Ich habe lange Zeit gebraucht, um zu verstehen, dass es in Wirklichkeit nicht viele Menschen um uns herum gibt, die wirklich liebenswert sind. Ich hatte das große Glück, viele Jahre mit ihm zusammenarbeiten zu dürfen – und nicht ein Sklave am Mischpult zu sein und dabei versuchen zu müssen, nicht besonders begabte Künstler in etwas zu verwandeln, das sich die Schallplattenfirma erwartet. Ich glaube, dass in der Zeit, in der wir zusammen waren, alles gesagt worden ist, was gesagt werden musste. Aber als er krank geworden ist, wurde es schwieriger, ihn zu erreichen. Sei es am Telefon, sei es direkt. Ich bin zu ihm nach London, aber er war nicht zu Hause, er besuchte seine Mutter. So versuchte ich es, aber vielleicht nicht hartnäckig genug. Ich hätte mich mehr anstrengen müssen. Das ist das Einzige, was ich bereue.«

Erfreuliches in der Beziehung zwischen München und Mercury ereignet sich 2020, als die Stadt bekannt gibt, dass eine Straße nach Freddie benannt wird. Die Initiative geht auf den Radiosender Rock Antenne Bayern zurück. »Ich bin Jahrgang 1974, war also zur Blütezeit von Freddie Mercury und Queen noch fast zu jung für die Konzerte. Wenn ich allerdings die Möglichkeit hätte, durch eine Zeitreise ein einziges Konzert zu besuchen, wäre es natürlich das vom 12. Juli 1986 im Wembley-Stadion«, sagt Guy Fränkel, der Boss des Senders mit dem Slogan »Deutschlands Rock-Radio Nr. 1«. Die Magie Freddies beruht aus seiner Sicht auf verschiedenen Eigenschaften, die Mercury verkörperte: »Ganz oben stehen sein außergewöhnliches Auftreten und sein Äußeres. Viele Menschen haben Freddie sicherlich für seinen Mut bewundert, so zu leben und sich so zu verwirklichen, wie er eben war, egal, was die anderen sagen. Er hatte sich ab einem gewissen Punkt von allen gesellschaftlichen Zwängen befreit. Und dann natürlich seine unglaubliche künstlerische Qualität – man musste in den Bann gezogen werden. Wer sonst konnte Rock und Opernmusik besser verbinden? Mal hart, mal zart, mal Stadionrock, mal einfühlsame Ballade, mal Schnauzbart, mal Damenkleidung. Dem Ganzen setzte Freddie, im wahrsten Sinne des Wortes, die Krone auf durch die Inszenierung von Queen und sich selbst. So viel Pathos, so viel Eleganz und trotzdem eine waschechte Rockband – das haben bislang nur wenige andere Stars wie zum Beispiel Michael Jackson und Elton John geschafft.«

Fränkel ist in München geboren und aufgewachsen. »Mir ist absolut klar, warum er sich hier so wohlgefühlt hat: Das München der Siebziger- bis späten Achtzigerjahre hat mit dem München von heute nur noch sehr wenig zu tun. München war eine Quelle der musikalischen Kreativität, des freien Denkens und auch der freien Liebe. Das schätzte nicht nur Freddie Mercury. Auch Stars wie Prince konnte man in Schwabing im Babalu-Club beim Feiern treffen. Es gab unzählige große

Tonstudios in der Stadt, Plattenlabels, Zeitschriften. München war ein künstlerischer Hotspot in Europa. ›Mia san mia‹ war das Lebensmotto der Stadt und nicht nur der Slogan eines Vereins. Hier konnte man frei leben: ob nackt an der Isar, mit dem Joint am Monopteros oder als Dragqueen im P1. Heute erinnert nicht mehr allzu viel an diese Zeit und Freddie. So waren wir bei Rock Antenne der Meinung, dass es Zeit für ein Denkmal wurde.

Los ging alles, als wir im Oktober 2015 zusammen mit unseren Hörern die Aktion ›Rock Antenne: Rock the Road – rockige Straßennamen braucht das Land!‹ an den Start brachten. Die Idee dahinter: Es gibt einige Orte in Deutschland mit engen Verbindungen zur Rockwelt und ihren Stars – Hamburg hat den Beatles-Platz, in Berlin gibt es die Frank-Zappa-Straße. Aber das war's dann auch schon. Da haben wir uns gefragt, warum eigentlich, und haben daraufhin beschlossen: Neue Straßennamen braucht das Land! Unsere Rock-Community hat fleißig geholfen und Vorschläge geschickt. Dabei stachen zwei Städte besonders heraus: Landsberg am

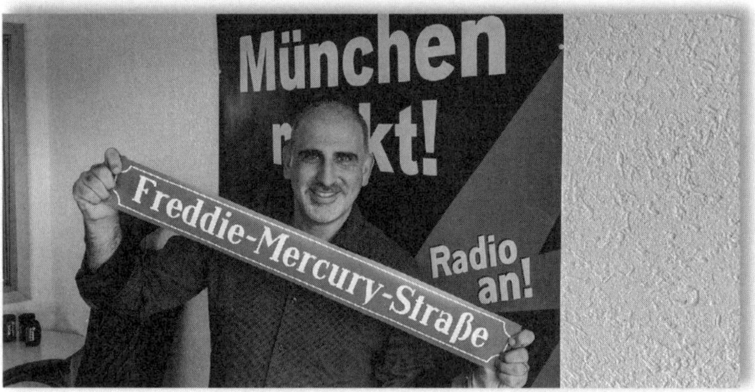

Guy Fränkel, Chef der Rock Antenne Bayern, hat Erfolg mit der Idee, eine Straße in München nach Freddie zu benennen.

Lech mit dem Johnny-Cash-Weg und München mit einer Freddie-Mercury-Straße. Beide Anträge haben wir dann noch im Oktober 2015 eingereicht. Freddie Mercury verband eine persönliche Liebe mit der Stadt. Deshalb fanden wir, dass es an der Zeit wäre, ihm die in München gebührende Ehre zu erweisen. Nachdem sich die beiden Rockstars und somit die beiden Straßen herauskristallisiert hatten, haben wir die Städte aufgesucht und in beiden Fällen positive Signale bekommen. Nach fünf Jahren Wartezeit in München sind wir natürlich super happy, dass es endlich geklappt hat.«

Die Freddie-Mercury-Straße befindet sich in einer erstaunlich ruhigen Gegend unweit von Freddies erstem München-Auftritt 1974 im Kreativquartier an der Dachauer Straße in München-Neuhausen. Von hier aus könnte die Erinnerungskultur an einen der größten Rocksänger aller Zeiten und an seine besten Jahre an der Isar einen neuen Anfang nehmen.

ANHANG

NACHWORT

Einige Treffen mit Zeitzeugen und Freddie-Experten finden im Garten des Café Sax statt, benannt nach der Hans-Sachs-Straße. Es ist ein warmer Sommernachmittag im Corona-Jahr 2020: Ein Künstler, der nicht genannt werden will, kennt das Werk von Queen genau. Nach dem Gespräch schlägt er vor, beim Café NiL vorbeizuschauen. Es sind nur wenige Schritte. Vielleicht hänge dort ein Foto von Freddie. Bestimmt aber eins von Barbara. Und wenn wir Glück hätten, sei der Chef da. Und tatsächlich ist er schon von Weitem mit seinem schlohweißen Haar zu erkennen. Manfred Krischer, ein Doyen der Schwulen-Szene Münchens, sitzt mit seinem Freund direkt neben dem offenen Eingang. Sofort bittet uns Manfred an seinen Tisch. Sein Alter ist ihm nicht anzusehen. Er strahlt eine große Freundlichkeit, Neugier und Vitalität aus.

Im fast vollbesetzten Schanigarten werden Stühle gerückt. Manchmal schalten sich andere Gäste – an diesem Nachmittag sind ausschließlich Männer da – in unsere Gespräche ein. Das Oktoberfest fällt wegen der Pandemie aus, das steht schon fest, aber die Fröhlichkeit ist hier nicht verschwunden. Wir sitzen mit dem Rücken zum Fenster wie auf dem Präsentierteller. Hier kennt jeder jeden. Wir genießen die aufgeräumte und freundliche Atmosphäre mitten in der Covid-Krise. Der

Himmel ist blau, das Bier schmeckt, alle sind leicht bekleidet. Manchmal begrüßt oder verabschiedet Manfred einen Gast. Ein Innenarchitekt kommt vorbei, der vor Kurzem einiges im Lokal renoviert hat. Er und Manfred diskutieren über die Toiletten. Sex-Witze schließen sich an. Alle lachen. Hier ist ein Hauch von der Lebensfreude aus vergangenen Zeiten zu spüren, von der Freddie so oft spricht. Wir verabschieden uns mit dem Versprechen, uns bald wiederzusehen und das Gespräch über Barbara und Freddie konzentriert fortzuführen, doch dann folgt der harte Lockdown. Das NiL muss wie alle anderen Lokale schließen, sogar der Schanigarten verschwindet.

Der betreffende Nachmittag ist aber noch nicht vorbei. Der Spaziergang führt den Glockenbach entlang bis zum Wirtshaus Beim Franz . Die hochsommerliche Stimmung ist euphorisierend, erst recht in der Abenddämmerung und in der Nacht. Wozu braucht es Klappen, wenn am Ufer des Baches so viele Bäume stehen? Manchmal befinden sich dort auch kleinste Parkanlagen. Das sind wunderbare Orte für Verliebte. Sie bieten Schutz und sind romantisch. Blätterrascheln und das Plätschern des Glockenbachs. Das Pissoir am Holzplatz ist ganz in der Nähe. Vorhin im Sax-Garten war die Rede vom Alten Südfriedhof nebenan. Man kletterte nachts über die Mauern und liebte sich zwischen den Gräbern.

Nach seinem Tod schreibt die *Sun:* »Freddie, the one and only, he rocked us, he is the champion.« Brian May versucht sich immer wieder vorzustellen, was sein Freund, der Sänger zwischen Belcanto und Rock'n'Roll, heute sagen, was er singen, was er komponieren oder wie er sich verhalten würde. Als Queen im März 2001 in die Rock and Roll Hall of Fame aufgenommen werden, wird Brian beim anschließenden Dinner gefragt, was Freddie wohl dazu sagen würde. »Oh, wonderful«, so May. Weiter nichts.

Das maskierte Londoner Künstlerduo @allontheboard nutzt seit Jahren die offiziellen Informationstafeln an den Tube Stations, um Kommentare aller Art, kurze Anekdoten oder Sinnsprüche darauf festzuhalten. Eine erste Sammlung ist in Buchform erschienen und ein heimlicher Bestseller. Darin ist noch nicht die Würdigung Freddie Mercurys enthalten, die das Duo zum neunundzwanzigsten Todestag am 24. November 2020 auf das U-Bahn-Tableau schreibt. Es ist eine Zusammenfassung von Freddies Wirken und eine der typischen Hymnen, wie sie posthum auch dreißig Jahre nach seinem Tod immer wieder zu lesen sind und in ihrer Intensität und in ihrem Pathos ständig zunehmen: »You were the greatest frontman and showman in this universe. From Barcelona to the Seven Seas of Rhye. The Great Pretender was more than a Rockstar. You are a legend that will never die. A lover of life. A writer and singer of songs, with a voice made in heaven and destined to breakthru; thank you for blessing this world with your magic. Freddie Mercury, we will always love you.«

Freddies flamboyantes Leben in den Münchner Jahren von 1979 bis 1985 findet seinen Höhepunkt bei der Geburtstagsparty im Henderson, und das dort gefilmte »Living on My Own«-Video wird zu einem der berühmtesten der Rockgeschichte. Es bildet einen starken Kontrast zur Garden Lodge, wo Freddie stirbt. Sie befindet sich mitten in Kensington. Das Anwesen ist eine gut geschützte Insel der Ruhe. Die lange Backsteinwand, die das Anwesen umgibt, im Lauf

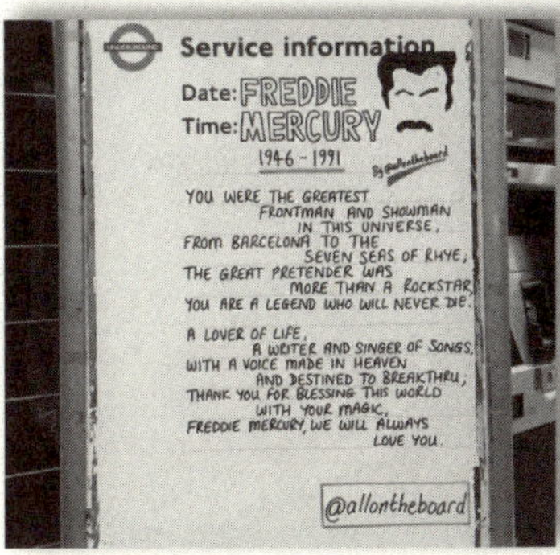

Das Londoner Künstlerduo @allontheboard huldigt Freddie.

der Jahrzehnte immer höher gemauert, immer wieder von Fan-Graffiti gesäubert und mit Stacheldraht stetig stärker befestigt worden ist, wirkt wie eine unüberwindbare Schlossmauer. Der Flamboyant, der »flame tree« Delonix regia gedeiht gut in London, wo auch prächtige Palmen überwintern. Das Wort Delonix stammt aus dem Griechischen, bezieht sich auf die Flammenblätter und bedeutet: Klaue. Regia heißt Residenz, Schloss, königlicher Palast, Königsburg. Die royalen Attribute des Flammenbaums sind Freddie, Frontmann von Queen, Liebhaber alles königlich Schönen, würdig. Don't stop us now, we're still having a good time: The show must go on. Rock in Peace, Freddie.

* * *

AUSGEWÄHLTE LITERATUR UND WEBSEITEN

LITERATUR

Alencar Baban, Joanna de: Auf den Spuren von Musiklegenden. Hochschule für Musik und Theater München, 2020.

Angstmann, Gustl: Ein ganz normaler Mann. Friedl Brehm, 1982.

Arnold, Thor/Lee, Nolan: Freddie Mercury In New York. Don't Stop Us Now. Page Publishing, 2020.

Baer, Harry: Das Mutterhaus. Erinnerungen an die »Deutsche Eiche«. Ein weltbekanntes urbayrisches Gasthaus in München. Rosa Winkel, Edition Fassbinder, 2001.

Benoit, Clerc: Queen. All the songs. The story behind every track. Black Dog & Leventhal, 2020.

Blake, Mark: Is this the real life? The untold story of Queen. Aurum, 2011.

Bret, David: The Freddie Mercury Story: Living on the edge. Robson, 1999.

Brooks, Greg: Queen Live – A Concert Documentary. Bosworth, 2005.

Brooks, Greg/Lupton, Simon: Freddie Mercury. His life in his own words. Omnibus, 2009.

Dorén, Petra: Vom Fresco zum Straps – Ein Leben. Edition diá, 1994.

Evans, David/Minns, David: This was the real life. The tale of Freddie Mercury. Tusitala, 2015.

Freestone, Peter/Evans, David: Freddie Mercury: An intimate memoir by the man who knew him best. Omnibus, 2001.

Graeter, Michael: Extrablatt. Autobiografie. Langen Müller, 2009.

Gunn, Jacky/Jenkins, Jim: Queen. As it began. Pan, 1993.

Hayward, Mark: Queen. On camera, off guard. Pavillon, 2011.

Hecktor, Mirko (Hrsg.): Mjunik Disco – von 1949 bis heute. Blumenbar, 2008.

Hince, Peter: Queen Unseen. My life with the greatest rock band of the 20th century. John Blake, 2011.

Hutton, Jim/Wapshott, Tim: Mercury & Me. Bloomsbury, 1995.

Jackson, Laura: Mercury. The king of Queen. Smith Gryphon, 1996.

Jones, Lesley-Ann: Freddie Mercury. The definitive biography. Hodder & Stroughton, 2011.

Landeshauptstadt München: Geschichte der Lesben und Schwulen in München, Themengeschichtspfad, 2015.

Lemieux, Patrick/Unger, Adam: Queen chronology. Across the Board, 2018.

Marten, Neville/Hudson, Jeffrey: Freddie Mercury & Queen. Castle, 1995.

May, Brian: Queen in 3-D. The London Stereoscopic Company, 2017.

Mercury Songs Ltd./O'Hagan, Sean (Text): Freddie Mercury. The great pretender. Carlton, 2012.

Oswald, Georg M.: Vorleben. Piper, 2020.

Pleschinski, Hans: Bildnis eines Unsichtbaren. Roman. Hanser, 2002.

Queen Productions Ltd.: Queen. The complete illustrated lyrics. Backbeat, 2012.
Queen Productions Ltd./Doherty, Harry: The Treasures of Queen. SevenOaks, 2011.
Reichardt, Lars: Barbara. Das sonderbare Leben meiner Mutter Barbara Valentin. btb, 2018.
Richards, Matt/Langthorne, Mark: Somebody to love. The life, death, and legacy of Freddie Mercury. Weldonowen, 2016.
Roth, Christopher: 200 D. Edition Belleville, 1982.
Sky, Rick: The show must go on. The life of Freddie Mercury. Fontana, 1992.

WEBSEITEN

www.aboutfreddiemercury.com
www.brianmay.com
www.communitaqueeniana.weebly.com
www.deaky.net
www.destinationqueen.org
www.freddiemercury.com
www.freddiemercury4ever.wordpress.com
www.freddiemercurymuseum.com
www.freddiemercuryonline.net
www.gerberhart.org
www.londonstereo.com
www.mercuryphoenixtrust.com
www.petra-doren.de
www.queen-tribute.de
www.queenarchives.com
www.queenconcerts.com
www.queen.fandom.com

www.queenitalia.com
www.queenlive.ca
www.queenonline.com
www.queenpedia.com
www.queensongs.info
www.queenvault.com
www.queenworld.com
www.queenzone.com
www.royaltrilogy.blogspot.com
www.ultimatequeen.co.uk

INSTAGRAM

Freddiemercuryqueenmunich

* * *

DANKSAGUNG

Vielen Dank an Joanna de Alencar Baban, Friedrich und Ina Ani, Merve Arslan und Sevi (Ealing College – heute University of West London), Austrofred, Vera Bardola, Sabrina Berndt (Vorstand Queeres Archiv München), Bobby und ihr Heiliggeiststüberl, Robert Braunmüller, Karl Bruckmaier, Andreas Brunnmüller (Grafik & Design MLC München), Anke Buettner und die Monacensia, Archie Carmichael, Curt Cress, Volker Derlath, Jacky Ducry, Lore Eberl (Hilton Munich Park), Guy Fränkel und seine Rock Antenne, Ueli »Dr. Jazz« Frey, Berta Gammenthaler und Linda Strehl vom Forum Queeres Archiv München, Jeffrey Garrett, Rainer »Gussie« Germann, Dr. Stefan Hauck, Herbert »Herbi« Hauke und sein Rockmuseum, Peter »Ratty« Hince, Florian Hoffmann, Claudia Hubner und ihr muenchen-verzaubert.de, Sissy Höfferer, Volker Isfort, Lesley-Ann Jones, Najet K., Birgit Klier, Fred Kogel, Manfred Krischer und sein Café NiL, Hanspeter Kuenzler, Andrea Lehner, Freddie Mack, Thomas Meinecke, Heiko Meyer, Barny Murphy, Markus Naegele, David Numberger, Miss Piggy (Peter Ambacher), Hans Pleschinski, Jens Poenitsch, Eckhard Preuß, Lars Reichardt, Peter Roehsler, Edmee Romegialli, Hannes Rossacher, Romina Satiro, Kristine Schmidt (wissenschaftliche Mitarbeiterin beim Schwulen

Museum Berlin), Judith Schnaubelt, Günther Siegl, Wolfgang Simon, Max Spenger, Manfred »Lohengrin« Stavenhagen, Bernd Stockinger, Jacky (Gunn) Smith und ihr Official International Queen Fan Club, Peter Straker, Sem C. Sutter, Christian Tauber und die Münchner Philharmoniker, Jürgen Thürnau, Gaby Werth, Annika Wiemer, Kay Wörsching und sein Café Marimba, Richard und Susan Young, Didi Zill, Lars Zwickies und an all diejenigen, die hier fehlen. Besonderer Dank gilt der Bibliothek Gerber/Hart in Chicago. Die 1981 gegründete Gerber/Hart Library and Archives hat sich zum Ziel gesetzt, die Geschichte und Kultur der LGBTQ-Gemeinschaften zu bewahren und zugänglich zu machen, um das übergeordnete Ziel voranzutreiben, Gerechtigkeit und Gleichberechtigung zu erreichen. Gerber/Hart ist offen für alle und hat sich der Förderung von Forschung und Lehre in einer sicheren und einladenden Atmosphäre verschrieben, die die Vielfalt der Gemeinschaften widerspiegelt, denen sie dient. Gerber/Hart glaubt, dass die Kenntnis der LGBTQ-Geschichte in all ihrer Vielfalt und Komplexität das Verständnis und den konstruktiven Wandel in der Gesellschaft fördert. »Wir stellen uns eine Welt vor, in der Gerechtigkeit, Gleichheit, Respekt und Inklusion die Grundsätze sind, mit denen LGBTQ-Menschen und alle Mitglieder der Gesellschaft behandelt werden«, so die Vision der Gerber/Hart Library.

* * *

BILDNACHWEISE

BUCHTEIL

Die Bilder und Illustrationen im Buch stammen aus dem Archiv des Autors, außer die folgenden:

Curt Cress: S. 319
Ueli Frey: S. 273
Herbi Hauke/Rockmuseum: S. 32, 33, 85, 304, 404, 405
Markus Naegele: S. 359
Rock Antenne Bayern: S. 414
Judith Schnaubelt: S. 196
Wolfgang Simon: S. 358, 366, 367
Peter Straker: S. 270

BILDTEIL

Alle Bilder stammen von Didi Zill, mit Ausnahme von:

Action Press: 14 o. li., 14 u. li. (Rex Features/Rex Features), 14 o. re., 14 u. re. (REX FEATURES LTD.);

EMI Electrola: 16: alle

Getty Images: 5 o. li., 5 u. (FG/Bauer-Griffin/Kontributor), 11 u. re. (Mark and Colleen Hayward/Kontributor), 12 o. li., 12 o. re., 12 u. (Mirrorpix/Kontributor);

Herbi Hauke: 1 o. li. (Tom Schmid/Magic-Moments UG);

Picture Alliance: 9 u. (picture alliance/Fryderyk Gabowicz), 11 u. li. (dpa/Ursula Düren), 13 o., 13 u. (Fryderyk Gabowicz | Fryderyk Gabowicz);

Queeres Archiv, München: 11 o., 15: alle

AUF FREDDIES SPUREN IN MÜNCHEN

Übersicht der im Text vermerkten Karteneinträge mitsamt Adresse (die grau hinterlegten Ziffern im Buch finden sich auf der München-Übersichtskarte im Vorsatz, die schwarz hinterlegten in der Innenstadt-Detailkarte im Nachsatz)

01 Mrs. Henderson, Rumfordstraße 2
02 Theater an der BS / Volkstheater, Brienner Straße 50
03 Freddie-Mercury-Straße
04 *Bravo*-Studio, Erzgießereistraße 9
05 Kostümhaus Heiler, Corneliusstraße 7
06 Olympiahalle München, Spiridon-Louis-Ring 21
07 Moro, Müllerstraße 30
08 Mandys Club, Baaderstraße 11
09 Cadillac, Theklastraße 1
10 Sugar Shack, Herzogspitalstraße 6
11 New York Tanzbar, Thalkirchnerstraße 2
12 Blow Up, Franz-Joseph-Straße 47
13 Rudi-Sedlmayer-Halle, Grasweg 74
14 Zum Lohengrin, Maistraße 10
15 Musicland Studios/Arabella-Haus an der Arabellastraße 5
16 Chinesischer Turm, Englischer Garten 3
17 Eisbachwelle, Prinzregentenstraße 1
18 Haus der Kunst, Prinzregentenstraße 1
19 Hilton Hotel, Tucherpark 7
20 Max-Joseph-Brücke

21 Disco East Side, Rosenheimer Straße 30
22 Kay's Bistro am Viktualienmarkt, Utzschneiderstraße 1
23 Café Marimba, Utzschneiderstraße 8
24 Pimpernel, Müllerstraße 56
25 Karl-Heinrich-Ulrichs-Platz, Ecke Am Glockenbach/Holzstraße
26 Historisches Pissoir am Holzplatz
27 Beim Franz, Holzstraße 41
28 Ochsengarten, Müllerstraße 47
29 Teddy Bar, Pestalozzistraße 22
30 Sebastianseck am Sebastiansplatz 4
31 Stollberg Plaza, Stollbergstr 2–4
32 Barbaras Valentins Wohnung in der Stollbergstraße 11
33 Pension Eulenspiegel, Müllerstraße 43a
34 Eagle, Buttermelcherstraße 2a
35 Pop-As, Thalkirchnerstraße 12
36 Frisco, Blumenstraße 43
37 Feinkost Käfer, Prinzregentenstraße 73
38 Fisherman's Sauna/Caesar's Club, Isartor 48
39 Türken-Sauna, Türkenstraße 70
40 Deutsche Eiche, Reichenbachstraße 13
41 Bodo's Backstube, Herzog-Wilhelm-Straße 29
42 Post in der Fraunhoferstraße 22a
43 Gertis Schoppenstube, Fraunhoferstraße 43
44 Petit Café, Marienstraße 2
45 Heiliggeiststüberl, Heiliggeiststraße 1
46 ARRI Studios, Türkenstraße 89–91
47 Bettenrid, Theatinerstraße 47
48 Barbara Valentins Wohnung in der Hans-Sachs-Straße 22
49 Boutique Sweetheart, Leopoldstraße 54
50 Juwelier Sandler, Schützenstraße 3

Freddies Stationen im Münchner Glockenbachviertel

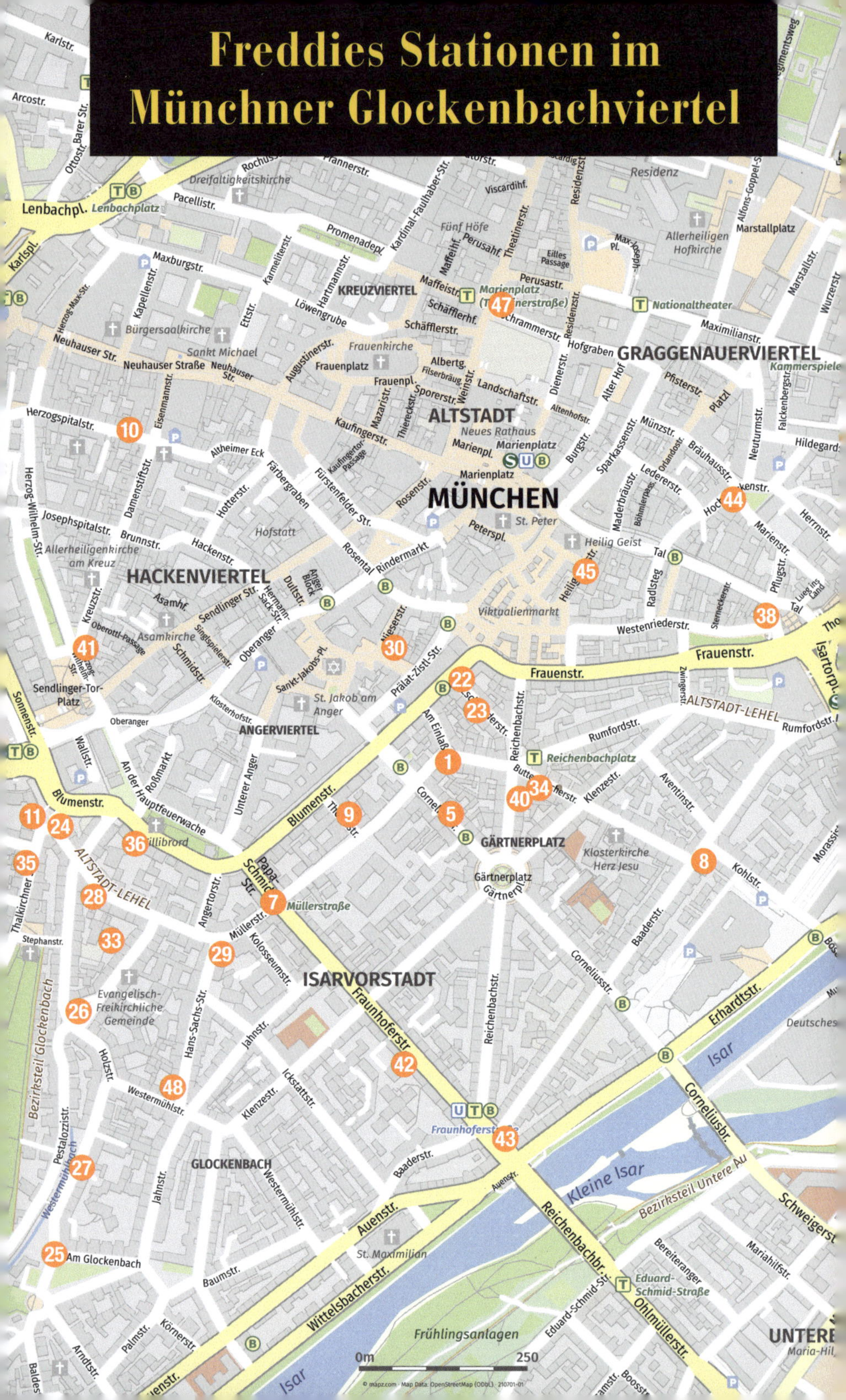